钱鍾書集

錢鍾書集

圍城
人·獸·鬼

生活·讀書·新知 三聯書店

圖書在版編目（CIP）數據

錢鍾書集：圍城；人·獸·鬼／錢鍾書著. —2 版. —北京：生活·讀書·新知三聯書店，2007.10 （2022.8 重印）

ISBN 978 – 7 – 108 – 02750 – 4

Ⅰ. 錢… Ⅱ. 錢… Ⅲ. ①錢鍾書（1910~1998）– 文集 ②社會科學 – 文集 Ⅳ. C52

中國版本圖書館 CIP 數據核字（2007）第 086086 號

書名題簽　錢鍾書　楊　絳

責任編輯　馮金紅
裝幀設計　陸智昌
責任印制　董　歡
出版發行　**生活·讀書·新知** 三聯書店
　　　　　（北京市東城區美術館東街 22 號）
郵　　編　100010
經　　銷　新華書店
印　　刷　北京新華印刷有限公司
版　　次　2001 年 1 月北京第 1 版
　　　　　2007 年 10 月北京第 2 版
　　　　　2022 年 8 月北京第 4 次印刷
開　　本　640 毫米 × 965 毫米　1/16　全套總印張 327.125
印　　數　09,001 – 11,000 冊
定　　價　998.00 元(全十冊)

出 版 説 明

　　錢鍾書先生（一九一〇——一九九八年）是當代中國著名的學者、作家。他的著述，如廣爲傳播的《談藝録》、《管錐編》、《圍城》等，均已成爲二十世紀重要的學術和文學經典。爲了比較全面地呈現錢鍾書先生的學術思想和文學成就，經作者授權，三聯書店組織力量編輯了這套《錢鍾書集》。

　　《錢鍾書集》包括下列十種著述：

　　《談藝録》、《管錐編》、《宋詩選註》、《七綴集》、《圍城》、《人·獸·鬼》、《寫在人生邊上》、《人生邊上的邊上》、《石語》、《槐聚詩存》。

　　這些著述中，凡已正式出版的，我們均據作者的自存本做了校訂。其中，《談藝録》、《管錐編》出版後，作者曾做過多次補訂；這些補訂在兩書再版時均綴於書後。此次結集，我們根據作者的意願，將各次補訂或據作者指示或依文意排入相關章節。另外，我們還訂正了少量排印錯訛。

　　《錢鍾書集》由錢鍾書先生和楊絳先生提供文稿和樣書；陸谷孫、羅新璋、董衡巽、薛鴻時和張佩芬諸先生任外文校訂；陸文虎先生和馬蓉女士分別擔任了《談藝録》和《管錐編》的編輯工作。對以上人士和所有關心、幫助過《錢鍾書集》出版的人，我們都表示誠摯的感謝。

生活・讀書・新知 三聯書店

一九九九年十二月一日

　　此次再版，訂正了初版中少量的文字和標點訛誤；並對《談藝録》、《管錐編》的補訂插入位置稍做調整。

生活・讀書・新知 二聯書店

二〇〇七年八月二十日

錢鍾書對《錢鍾書集》的態度

（代　序）

楊　絳

　　我謹以眷屬的身份，向讀者説説錢鍾書對《錢鍾書集》的態度。因爲他在病中，不能自己寫序。

　　他不願意出《全集》，認爲自己的作品不值得全部收集。他也不願意出《選集》，壓根兒不願意出《集》，因爲他的作品各式各樣，糅合不到一起。作品一一出版就行了，何必再多事出什麽《集》。

　　但從事出版的同志們從讀者需求出發，提出了不同意見，大致可歸納爲三點。（一）錢鍾書的作品，由他點滴授權，在臺灣已出了《作品集》。咱們大陸上倒不讓出？（二）《談藝録》、《管錐編》出版後，他曾再三修改，大量增删。出版者爲了印刷的方便，《談藝録》再版時把《補遺》和《補訂》附在卷末，《管錐編》的《增訂》是另册出版的。讀者閲讀不便。出《集》重排，可把《補遺》、《補訂》和《增訂》的段落，一一納入原文，讀者就可以一口氣讀個完整。（三）儘管自己不出《集》，難保旁人不侵權擅自出《集》。

　　錢鍾書覺得說來也有道理，終於同意出《錢鍾書集》。隨後他因病住醫院，出《錢鍾書集》的事就由三聯書店和諸位友好協力擔任。我是代他和書店並各友好聯絡的人。

　　錢鍾書絕對不敢以大師自居。他從不廁身大師之列。他不開宗立派，不傳授弟子。他絕不號召對他作品進行研究，也不喜旁人為他號召，嚴肅認真的研究是不用號召的。《錢鍾書集》不是他的一家言。《談藝錄》和《管錐編》是他的讀書心得，供會心的讀者閱讀欣賞。他偶爾聽到入耳的稱許，會驚喜又驚奇。《七綴集》文字比較明白易曉，也同樣不是普及性讀物。他酷愛詩。我國的舊體詩之外，西洋德、意、英、法原文詩他熟讀的真不少，詩的意境是他深有領會的。所以他評價自己的《詩存》祇是恰如其分。他對自己的長篇小說《圍城》和短篇小說以及散文等創作，都不大滿意。儘管電視劇《圍城》給原作贏得廣泛的讀者，他對這部小說確實不大滿意。他的早年作品喚不起他多大興趣。"小時候幹的營生"會使他"駭且笑"，不過也並不認為見不得人。誰都有個成長的過程，而且，清一色的性格不多見。錢鍾書常說自己是"一束矛盾"。本《集》的作品不是洽調一致的，祇不過同出錢鍾書筆下而已。

　　錢鍾書六十年前曾對我說：他志氣不大，但願竭畢生精力，做做學問。六十年來，他就寫了幾本書。本《集》收集了他的主要作品。憑他自己說的"志氣不大"，《錢鍾書集》祇能是菲薄的奉獻。我希望他畢生的虛心和努力，能得到尊重。

一九九七年十一月二十一日

四十年代寫《圍城》的錢鍾書

作者與《圍城》的德文譯者莫妮克 (一九八四)

總 目 次

围城

書名由楊絳先生題簽

目　次

重印前記

　　《圍城》一九四七年在上海初版，一九四八年再版，一九四九年三版，以後國內沒有重印過。偶然碰見它的新版，那都是香港的"盜印"本。沒有看到臺灣的"盜印"本，據說在那裏它是禁書。美國哥倫比亞大學夏志清教授的英文著作裏對它作了過高的評價，導致了一些西方語言的譯本。日本京都大學荒井健教授很久以前就通知我他要翻譯，近年來也陸續在刊物上發表了譯文。現在，人民文學出版社建議重新排印，以便原著在國內較易找着，我感到意外和忻幸。

　　我寫完《圍城》，就對它不很滿意。出版了我現在更不滿意的一本文學批評以後，我抽空又寫長篇小說，命名《百合心》，也脫胎於法文成語（le cœur d'artichaut），中心人物是一個女角。大約已寫成了兩萬字。一九四九年夏天，全家從上海遷居北京，手忙腳亂中，我把一疊看來像亂紙的草稿扔到不知哪裏去了。興致大掃，一直沒有再鼓起來，倒也從此省心省事。年復一年，創作的衝動隨年衰減，創作的能力逐漸消失——也許兩者根本上是一回事，我們常把自己的寫作衝動誤認爲自己的寫作才能，自以爲要寫就意味着會寫。相傳幸運女神偏向著年輕小伙子，料想文藝女神也不會喜歡老頭兒的；不用說有些例外，而有例外正因爲有公例，我慢慢地從省心進而收心，不作再寫小説的打算。事隔三十餘年，我也記不清楚當時腹稿裏的人物和情節。就是追憶清楚了，也還算不得數，因爲開得出菜單並不等于擺得成酒席，要不然，誰都可以馬上稱爲善做菜的名廚師又兼大請客的闊東道主了，秉承曹雪芹遺志而擬定"後四十回"提綱的學者們也就可以湊得成和抵得上一個或半個高鶚了。剩下來的衹是一個頑固的信念：假如《百合心》寫得成，它會比《圍城》好一點。事情沒有做成的人老有這類根據不充分的信念；我們對採摘不到的葡萄，不但想像它酸，也很可能想像它是分外地甜。

這部書初版時的校讀很草率，留下不少字句和標點的脱誤，就無意中爲翻譯者安置了攔路石和陷阱。我乘重印的機會，校看一遍，也順手有節制地修改了一些字句。《序》裏删去一節，這一節原是鄭西諦先生要我添進去的。在去年美國出版的珍妮·凱利（Jeanne Kelly）女士和茅國權（Nathan K. Mao）先生的英譯本裏，那一節已省去了。

一九八○年二月

這本書第二次印刷，我又改正了幾個錯字。兩次印刷中，江秉祥同志給了技術上和藝術上的幫助，特此誌謝。

一九八一年二月

重印前記

　　我乘第三次印刷的機會，修訂了一些文字。有兩處多年蒙混過去的訛誤，是這本書的德譯者莫妮克（Monika Motsch）博士發覺的。

一九八二年十二月

　　爲了塞爾望－許來伯（Sylvie Servan-Schreiber）女士的法語譯本，我去年在原書裏又校正了幾處錯漏，也修改了幾處詞句。恰好這本書又要第四次印刷，那些改正就可以安插了。蘇聯索洛金(V. Sorokin)先生去年提醒我，他的俄譯本比原著第一次重印本早問世五個月，我也藉此帶便提一下。

一九八四年十一月

序

在這本書裏，我想寫現代中國某一部分社會、某一類人物。寫這類人，我沒忘記他們是人類，祇是人類，具有無毛兩足動物的基本根性。角色當然是虛構的，但是有考據癖的人也當然不肯錯過索隱的機會、放棄附會的權利的。

這本書整整寫了兩年。兩年裏憂世傷生，屢想中止。由于楊絳女士不斷的督促，替我擋了許多事，省出時間來，得以鎦銖積累地寫完。照例這本書該獻給她。不過，近來覺得獻書也像"致身於國"、"還政於民"等等佳話，祇是語言幻成的空花泡影，名説交付出去，其實祇彷彿魔術家玩的飛刀，放手而並沒有脱手。隨你怎樣把作品奉獻給人，作品總是作者自己的。大不了一本書，還不值得這樣精巧地不老實，因此罷了。

三十五年〔一九四六年〕十二月十五日

一

　　紅海早過了，船在印度洋面上開駛著，但是太陽依然不饒
人地遲落早起，侵佔去大部分的夜。夜彷彿紙浸了油，變成半透
明體；它給太陽擁抱住了，分不出身來，也許是給太陽陶醉了，
所以夕照晚霞隱褪後的夜色也帶著酡紅。到紅消醉醒，船艙裏的
睡人也一身膩汗地醒來，洗了澡趕到甲板上吹海風，又是一天開
始。這是七月下旬，合中國舊曆的三伏，一年最熱的時候。在中
國熱得更比常年利害，事後大家都說是兵戈之象，因為這就是民
國二十六年〔一九三七年〕。

　　這條法國郵船白拉日隆子爵號（Vicomte de Bragelonne）
正向中國開來。早晨八點多鐘，沖洗過的三等艙甲板濕意未乾，
但已坐立滿了人，法國人、德國流亡出來的猶太人、印度人、安
南人，不用說還有中國人。海風裏早含著燥熱，胖人身體給炎風
吹乾了，蒙上一層汗結的鹽霜，彷彿剛在巴勒斯坦的死海裏洗過
澡。畢竟是清晨，人的興致還沒給太陽曬萎，烘懶，說話做事都
很起勁。那幾個新派到安南或中國租界當警察的法國人，正圍了
那年輕善撒嬌的猶太女人在調情。俾斯麥曾說過，法國公使大使

的特點，就是一句外國話不會講；這幾位警察並不懂德文，居然傳情達意，引得猶太女人格格地笑，比他們的外交官強多了。這女人的漂亮丈夫，在旁顧而樂之，因爲他幾天來，香煙、啤酒、檸檬水沾光了不少。紅海已過，不怕熱極引火，所以等一會甲板上零星菓皮、紙片、瓶塞之外，香煙頭定又遍處皆是。法國人的思想是有名的清楚，他們的文章也明白乾淨，但是他們的做事，無不混亂、骯髒、喧嘩，但看這船上的亂糟糟。這船，倚仗人的機巧，載滿人的擾攘，寄滿人的希望，熱鬧地行著，每分鐘把沾污了人氣的一小方水面，還給那無情、無盡、無際的大海。

　　照例每年夏天有一批中國留學生學成回國。這船上也有十來個人。大多數是職業尚無著落的青年，趕在暑假初回中國，可以從容找事。那些不愁沒事的學生，要到秋涼纔慢慢地肯動身回國。船上這幾位，有在法國留學的，有在英國、德國、比國等讀書，到巴黎去增長夜生活經驗，因此也坐法國船的，他們天涯相遇，一見如故，談起外患內亂的祖國，都恨不得立刻就回去爲它服務。船走得這樣慢，大家一片鄉心，正愁無處寄託，不知哪裏忽來了兩副麻將牌。麻將當然是國技，又聽說在美國風行；打牌不但有故鄉風味，並且適合世界潮流。妙得很，人數可湊成兩桌而有餘，所以除掉吃飯睡覺以外，他們成天賭錢消遣。早餐剛過，下面餐室裏已忙著打第一圈牌，甲板上祇看得見兩個中國女人，一個算不得人的小孩子──至少船公司沒當他是人，沒要他父母爲他補買船票。那個戴太陽眼鏡、身上攤本小說的女人，衣服極斯文講究。皮膚在東方人裏，要算得白，可惜這白色不頂新鮮，帶些乾滯。她去掉了黑眼鏡，眉清目秀，祇是嘴唇嫌薄，擦了口紅還不够豐厚。假使她從帆布躺椅上站起來，會見得身段瘦削，也許輪廓的綫條太硬，像方頭鋼筆劃成的。年齡看上去有二十五六，不過新派女人的年齡好比舊式女人合婚帖上的年庚，需要考訂學家所謂外證據來斷定真確性，本身是看不出的。那男孩子的母親已有三十開外，穿件半舊的黑紗旗袍，滿面勞碌困倦，加上天生的倒掛眉毛，愈覺愁苦可憐。孩子不足兩歲，塌鼻子，眼睛兩條斜縫，眉毛高高在上，跟眼睛遠隔得彼此要害相思病，活像報上諷刺畫裏中國人的臉。他剛會走路，一刻不停地要亂跑；母親在他身上牽了一條皮帶，他跑不上三四步就給拉回來。他母親怕熱，拉得手累心煩，又惦記著丈夫在下面的輸贏，不住罵這孩子討厭。這孩子跑不到哪裏去，便改變宗旨，撲向看書的女人身上。那女人平日就有一種孤芳自賞、落落難合的神情——大宴會上沒人敷衍的來賓或喜酒席上過時未嫁的少女所常有的神情——此刻更流露出嫌惡，黑眼鏡也遮蓋不了。孩子的母親有些覺得，抱歉地拉皮帶道："你這淘氣的孩子，去跟蘇小姐搗亂！快回來。——蘇小姐，你真用功！學問那麼好，還成天看書。孫先生常跟我説，女學生像蘇小姐纔算替中國爭面子，人又美，又是博士，這樣的人到哪裏去找呢？像我們白來了外國一次，沒讀過半句書，一輩子做管家婆子，在國內念的書，生小孩兒全忘了——嚇！死討厭！我叫你別去，你不幹好事，準弄髒了蘇小姐的衣服。"

蘇小姐一向瞧不起這位寒磣的孫太太，而且最不喜歡小孩子，可是聽了這些話，心上高興，倒和氣地笑道："讓他來，我最喜歡小孩子。"她脱下太陽眼鏡，合上對著出神的書，小心翼翼地握住小孩子的手腕，免得在自己衣服上亂擦，問他道："爸爸呢？"小孩子不回答，睜大了眼，向蘇小姐"波！波！"吹唾沫，學餐室裏養的金魚吹氣泡。蘇小姐慌得鬆了手，掏出手帕來自衛。母親忙使勁拉他，嚷著要打他嘴巴，一面歎氣道："他爸爸在下面賭錢，還用說麼！我不懂爲什麼男人全愛賭，你看咱們同船的幾位，沒一個不賭得昏天黑地。贏幾個錢回來，還說得過。像我們孫先生輸了不少錢，還要賭，恨死我了！"

蘇小姐聽了最後幾句小家子氣的話，不由心裏又對孫太太鄙夷，冷冷說道："方先生倒不賭。"

孫太太鼻孔朝天，出冷氣道："方先生！他下船的時候也打過牌。現在他忙著追求鮑小姐，當然分不出工夫來。人家終身大事，比賭錢要緊得多呢。我就看不出鮑小姐又黑又粗，有什麼美，會引得方先生好好二等客人不做，換到三等艙來受罪。我看他們倆要好得很，也許船到香港，就會訂婚。這真是'有緣千里來相會'了。"

蘇小姐聽了，心裏直刺得痛，回答孫太太同時安慰自己道："那絕不可能！鮑小姐有未婚夫，她自己跟我講過。她留學的錢還是她未婚夫出的。"

孫太太道："有未婚夫還那樣浪漫麼？我們是老古董了，總算這次學個新鮮。蘇小姐，我告訴你句笑話，方先生跟你在中國是老同學，他是不是一向說話隨便的？昨天孫先生跟他講賭錢手運不好，他還笑呢。他說孫先生在法國這許多年，全不知道法國人的迷信：太太不忠實，偷人，丈夫做了烏龜，買彩票準中頭獎，賭錢準贏。所以，他說，男人賭錢輸了，該引以自慰。孫先生告訴了我，我怪他當時沒質問姓方的，這話什麼意思。現在看來，鮑小姐那位未婚夫一定會中航空獎券頭獎；假如她做了方太太，方先生賭錢的手氣非好不可。"忠厚老實人的惡毒，像飯裏的砂礫或者出骨魚片裏未淨的刺，會給人一種不期待的傷痛。

蘇小姐道："鮑小姐行爲太不像女學生，打扮也够丟人——"

那小孩子忽然向她們椅子背後伸了雙手，大笑大跳。兩人回頭看，正是鮑小姐走向這兒來，手裏拿一塊糖，遠遠地逗著那孩子。她祇穿緋霞色抹胸，海藍色貼肉短褲，漏空白皮鞋裏露出塗紅的指甲。在熱帶熱天，也許這是最合理的妝束，船上有一兩個外國女人就這樣打扮。可是蘇小姐覺得鮑小姐赤身露體，傷害及中國國體。那些男學生看得心頭起火，口角流水，背著鮑小姐説笑個不了。有人叫她"熟食鋪子"（charcuterie），因爲祇有熟食店會把那許多顏色暖熱的肉公開陳列；又有人叫她"真理"，因爲據説"真理是赤裸裸的"。鮑小姐並未一絲不掛，所以他們修正爲"局部的真理"。

鮑小姐走來了，招呼她們倆説："你們起得真早呀，我大熱天還喜歡懶在牀上。今天蘇小姐起身我都不知道，睡得像木頭。"鮑小姐本想説"睡得像豬"，一轉念想説"像死人"，終覺得死人比豬好不了多少，所以向英文裏借來那個比喻。她忙解釋一句道："這船走著真像個搖籃，人給它擺得迷迷糊糊祇想睡。"

"那麼，你就是搖籃裏睡著的小寶貝了。瞧，多可愛！"蘇小姐説。

鮑小姐打她一下道："你！蘇東坡的妹妹，才女！"——"蘇小妹"是同船男學生爲蘇小姐起的外號。"東坡"兩個字給鮑小姐南洋口音唸得好像法國話裏的"墳墓"(tombeau)。

蘇小姐跟鮑小姐同艙，睡的是下鋪，比鮑小姐方便得多，不必每天爬上爬下。可是這幾天她嫌惡著鮑小姐，覺得她什麼都妨害了自己：打鼾太響，鬧得自己睡不熟，翻身太重，上鋪像要塌下來。給鮑小姐打了一下，她便說："孫太太，你評評理。叫她'小寶貝'，還要挨打！睡得著就是福氣。我知道你愛睡，所以從來不聲不響，免得吵醒你。你跟我講怕發胖，可是你在船上這樣愛睡，我想你又該添好幾磅了。"

小孩吵著要糖，到手便咬，他母親叫他謝鮑小姐，他不瞅睬，孫太太祇好自己跟鮑小姐敷衍。蘇小姐早看見這糖惠而不費，就是船上早餐喝咖啡時用的方糖。她鄙薄鮑小姐這種作風，不願意跟她多講，又打開書來，眼梢却瞟見鮑小姐把兩張帆布椅子拉到距離較遠的空處並放著，心裏罵她無恥，同時自恨爲什麼去看她。那時候，方鴻漸也到甲板上來，在她們前面走過，停步應酬幾句，問"小弟弟好"。孫太太愛理不理地應了一聲。蘇小姐笑道："快去罷，不怕人等得心焦麼?"方鴻漸紅了臉傻笑，便撇下蘇小姐走去。蘇小姐明知留不住他，可是他真去了，倒悵然有失。書上一字沒看進去，耳聽得鮑小姐嬌聲說笑，她忍不住一看，方鴻漸正抽著煙，鮑小姐向他伸手，他掏出香煙匣來給她一支，鮑小姐銜在嘴裏，他手指在打火匣上作勢要爲她點煙，她忽然嘴迎上去，把銜的煙頭湊在他抽的煙頭上一吸，那支煙點著了，鮑小姐得意地吐口煙出來。蘇小姐氣得身上發冷，想這兩個人真不要臉，大庭廣衆竟藉煙捲來接吻。再看不過了，站起來，說要下面去。其實她知道下面沒有地方可去，餐室裏有人打牌，臥艙裏太悶。孫太太也想下去問問男人今天輸了多少錢，但怕男人輸急了，一問反在自己身上出氣，回房艙又有半天吵嘴；因此不敢冒昧起身，祇問小孩子要不要下去撒尿。

蘇小姐罵方鴻漸無恥，實在是冤枉的。他那時候窘得似乎甲板上人都在注意他，心裏怪鮑小姐太做得出，恨不能說她幾句。他雖然現在二十七歲，早訂過婚，却沒有戀愛訓練。父親是前清舉人，在本鄉江南一個小縣裏做大紳士。他們那縣裏人僑居在大都市的，幹三種行業的十居其九：打鐵，磨豆腐，抬轎子。土產中藝術品以泥娃娃爲最出名；年輕人進大學，以學土木工程爲最多。鐵的硬，豆腐的淡而無味，轎子的容量狹小，還加上泥土氣，這算他們的民風。就是發財做官的人，也欠大方。這縣有個姓周的在上海開鐵鋪子發財，又跟同業的同鄉組織一家小銀行，名叫"點金銀行"，自己榮任經理。他記起衣錦還鄉那句成語，有一年乘清明節回縣去祭祠掃墓，結識本地人士。方鴻漸的父親是一鄉之望，周經理少不得上門拜訪，因此成了朋友，從朋友攀爲親家。鴻漸還在高中讀書，隨家裏作主訂了婚。未婚妻並沒見面，祇瞻仰過一張半身照相，也漠不關心。兩年後到北平進大學，第一次經歷男女同學的風味。看人家一對對談情說愛，好不眼紅。想起未婚妻高中讀了一年書，便不進學校，在家實習家務，等嫁過來做能幹媳婦，不由自主地對她厭恨。這樣怨命，怨父親，發了幾天呆，忽然醒悟，壯著膽寫信到家裏要求解約。他國文曾得老子指授，在中學會考考過第二，所以這信文縐縐，没把之乎者也用錯。信上説什麼："邇來觸緒善感，歡寡愁殷，懷抱劇有秋氣。每攬鏡自照，神寒形削，清癯非壽者相。竊恐我躬不閱，周女士或將貽誤終身。尚望大人垂體下情，善爲解鈴，毋小不忍而成終天之恨。"他自以爲這信措詞淒婉，打得動鐵石心腸。誰知道父親快信來痛罵一頓："吾不惜重資，命汝千里負笈，汝埋頭攻讀之不暇，而有餘閑照鏡耶？汝非婦人女子，何須置鏡？惟梨園子弟，身爲丈夫而對鏡顧影，爲世所賤。吾不圖汝甫離膝下，已濡染惡習，可歎可恨！且父母在，不言老，汝不善體高堂念遠之情，以死相嚇，喪心不孝，於斯而極！當是汝校男女同學，汝覩色起意，見異思遷；汝託詞悲秋，吾知汝實爲懷春，難逃老夫洞鑒也。若執迷不悔，吾將停止寄款，命汝休學回家，明年與汝弟同時結婚。細思吾言，慎之切切！"方鴻漸嚇矮了半截，想不到老頭子竟這樣精明。忙寫回信討饒和解釋，説：鏡子是同室學生的，他並沒有買；這幾天吃美國魚肝油丸、德國維他命片，身體精神好轉，臉也豐滿起來，衹可惜藥價太貴，捨不得錢；至於結婚一節，務請到畢業後舉行，一來妨礙學業，二來他還不能養家，添他父親負擔，於心不安。他父親收到這封信，證明自己的威嚴遠及於幾千里外，得意非凡，興頭上匯給兒子一筆錢，讓他買補藥。方鴻漸從此死心不敢妄想，開始讀叔本華，常聰明地對同學們説："世間哪有戀愛？壓根兒是生殖衝動。"轉眼已到大學第四年，衹等明年畢業結婚。一天，父親來封快信，上面説："頃得汝岳丈電報，駭悉淑英病傷寒，爲西醫所誤，遂於本月十三日下午四時長逝，殊堪痛惜。過門在即，好事多磨，皆汝無福所致也。"信後又添幾句道："塞翁失馬，安知非福，使三年前結婚，則此番吾家破費不貲矣。然吾家積德之門，苟婚事早完，淑媳或可脱災延壽。姻緣前定，勿必過悲。但汝岳父處應去一信唁之。"鴻漸看了有犯人蒙赦的快活，但對那短命的女孩子，也稍微憐憫。自己既享自由之樂，願意旁人減去悲哀，於是向未過門丈人處真去了一封慰唁的長信。周經理收到信，覺得這孩子知禮，便吩咐銀行裏文書科王主任作復。文書科主任看見原信，向東家大大恭維這位未過門姑爺文理書法都好，並且對死者情詞深摯，想見天性極厚，定是個遠到之器。周經理聽得開心，叫主任回信說：女兒雖沒過門，翁婿名分不改，生平祇有一個女兒，本想好好熱鬧一下，現在把陪嫁辦喜事的那筆款子加上方家聘金爲女兒做生意所得利息，一共兩萬塊錢，折合外匯一千三百鎊，給方鴻漸明年畢業了做留學費。方鴻漸做夢都沒想到這樣的好運氣，對他死去的未婚妻十分感激。他是個無用之人，學不了土木工程，在大學裏從社會學系轉哲學系，最後轉入中國文學系畢業。學國文的人出洋"深造"聽來有些滑稽。事實上，惟有學中國文學的人非到外國留學不可。因爲一切其他科目像數學、物理、哲學、心理、經濟、法律等等都是從外國灌輸進來的，早已洋氣撲鼻；祇有國文是國貨土產，還需要外國招牌，方可維持地位，正好像中國官吏、商人在本國剝削來的錢要換外匯，纔能保持國幣的原來價值。

方鴻漸到了歐洲，既不鈔敦煌卷子，又不訪《永樂大典》，也不找太平天國文獻，更不學蒙古文、西藏文或梵文。四年中倒換了三個大學，倫敦、巴黎、柏林；隨便聽幾門功課，興趣頗廣，心得全無，生活尤其懶散。第四年春天，他看銀行裏祇剩四百多鎊，就計劃夏天回國。方老先生也寫信問他是否已得博士學位，何日東歸。他回信大發議論，痛罵博士頭銜的毫無實際。方

老先生大不謂然，可是兒子大了，不敢再把父親的尊嚴去威脅
他；便信上説，自己深知道頭銜無用，決不勉强兒子，但周經理
出錢不少，終得對他有個交代。過幾天，方鴻漸又收到丈人的
信，説什麼：“賢婿才高學富，名滿五洲，本不須以博士爲誇耀。
然令尊大人乃前清孝廉公，賢婿似宜舉洋進士，庶幾克紹箕裘，
後來居上，愚亦與有榮焉。”方鴻漸受到兩面夾攻，纔知道留學
文憑的重要。這一張文憑，彷彿有亞當、夏娃下身那片樹葉的功
用，可以遮羞包醜；小小一方紙能把一個人的空疏、寡陋、愚笨
都掩蓋起來。自己没有文憑，好像精神上赤條條的，没有包裹。
可是現在要弄個學位，無論自己去讀或倩槍手代做論文，時間經
濟都不够。就近漢堡大學的博士學位，算最容易混的了，但也需
要六個月。乾脆騙家裏人説是博士罷，祇怕哄父親和丈人不過；
父親是科舉中人，要看“報條”，丈人是商人，要看契據。他想
不出辦法，準備回家老著臉説没得到學位。一天，他到柏林圖書
館中國書編目室去看一位德國朋友，瞧見地板上一大堆民國初年
上海出的期刊，《東方雜誌》、《小説月報》、《大中華》、《婦女雜
誌》全有。信手翻著一張中英文對照的廣告，是美國紐約什麼
“克萊登法商專門學校函授部”登的，説本校鑒於中國學生有志
留學而無機會，特設函授班，將來畢業，給予相當於學士、碩士
或博士之證書，章程函索即寄，通訊處紐約第幾街幾號幾之幾。
方鴻漸心裏一動，想事隔二十多年，這學校不知是否存在，反正
去封信問問，不費多少錢。那登廣告的人，原是個騙子，因爲中
國人不來上當，改行不幹，人也早死了。他住的那間公寓房間現
在租給一個愛爾蘭人，具有愛爾蘭人的不負責、愛爾蘭人的急

智、還有愛爾蘭人的窮。相傳愛爾蘭人的不動產（Irish for-
tune）是奶和屁股；這位是個蕭伯納式既高且瘦的男人，那兩項
財產的分量又得打個折扣。他當時在信箱裏拿到鴻漸來信，以爲
郵差寄錯了，但地址明明是自己的，好奇拆開一看，莫名其妙，
想了半天，快活得跳起來。忙向鄰室小報記者借個打字機，打了
一封回信，説先生既在歐洲大學讀書，程度想必高深，無庸再經
函授手續，祇要寄一萬字論文一篇附繳美金五百元，審查及格，
立即寄上哲學博士文憑，回信可寄本人，不必寫學校名字。署名
Patrick Mahoney，後面自贈了四五個博士頭銜。方鴻漸看信紙
是普通用的，上面並沒刻學校名字，信的内容分明更是騙局，擱
下不理。愛爾蘭人等急了，又來封信，説如果價錢嫌貴，可以從
長商議，本人素愛中國，辦教育的人尤其不願牟利。方鴻漸盤算
一下，想愛爾蘭人無疑在搗鬼，自己買張假文憑回去哄人，豈非
也成了騙子？可是——記著，方鴻漸進過哲學系的——撒謊欺
騙有時並非不道德。柏拉圖《理想國》裏就説兵士對敵人，醫生
對病人，官吏對民衆都應該哄騙。聖如孔子，還假裝生病，哄走
了孺悲，孟子甚至對齊宣王也撒謊裝病。父親和丈人希望自己是
個博士，做兒子女婿的人好意思教他們失望麼？買張文憑去哄他
們，好比前清時代花錢捐個官，或英國殖民地商人向帝國府庫報
效幾萬鎊換個爵士頭銜，光耀門楣，也是孝子賢婿應有的承歡養
志。反正自己將來找事時，履歷上決不開這個學位。索性把價錢
殺得極低，假如愛爾蘭人不肯，這事就算吹了，自己也免做騙
子。便復信説：至多出一百美金，先寄三十，文憑到手，再寄餘
款；此間尚有中國同學三十餘人，皆願照此辦法向貴校接洽。愛

爾蘭人起初不想答應，後來看方鴻漸語氣堅決，又就近打聽出來美國博士頭銜確在中國時髦，漸漸相信歐洲真有三十多條中國糊塗蟲，要向他買文憑。他並且探出來做這種買賣的同行很多，例如東方大學、東美合眾國大學、聯合大學（Intercollegiate University）、真理大學等等，便宜的可以十塊美金出賣碩士文憑，神玄大學（College of Divine Metaphysics）廉價一起奉送三種博士文憑；這都是堂堂立案註冊的學校，自己萬萬比不上。於是他抱薄利暢銷的宗旨，跟鴻漸生意成交。他收到三十美金，印了四五十張空白文憑，填好一張，寄給鴻漸，附信催他繳款和通知其他學生來接洽。鴻漸回信道，經詳細調查，美國並無這個學校，文憑等於廢紙，姑念初犯，不予追究，希望悔過自新，匯上十美金聊充改行的本錢。愛爾蘭人氣得咒罵個不停，喝醉了酒，紅著眼要找中國人打架。這事也許是中國自有外交或訂商約以來唯一的勝利。

鴻漸先到照相館裏穿上德國大學博士的制服，照了張四寸相。父親和丈人處各寄一張，信上千叮萬囑說，生平最恨"博士"之稱，此番未能免俗，不足爲外人道。回法國玩了幾星期，買二等艙票回國。馬賽上船以後，發見二等艙祇有他一個中國人，寂寞無聊得很，三等的中國學生覺得他也是學生而擺闊坐二等，對他有點兒敵視。他打聽出三等一個安南人艙裏有張空鋪，便跟船上管事人商量，自願放棄本來的艙位搬下來睡，飯還在二等吃。這些同船的中國人裏，祇有蘇小姐是中國舊相識，在里昂研究法國文學，做了一篇《中國十八家白話詩人》的論文，新授博士。在大學同學的時候，她眼睛裏未必有方鴻漸這小子。那時候蘇小姐把自己的愛情看得太名貴了，不肯隨便施與。現在呢，宛如做了好衣服，捨不得穿，鎖在箱裏，過一兩年忽然發見這衣服的樣子和花色都不時髦了，有些自悵自悔。從前她一心要留學，嫌那幾個追求自己的人沒有前程，大不了是大學畢業生。而今她身爲女博士，反覺得崇高的孤獨，沒有人敢攀上來。她對方鴻漸的家世略有所知，見他人不討厭，似乎錢也充足，頗有意利用這航行期間，給他一個親近的機會。沒提防她同艙的鮑小姐搶了個先去。鮑小姐生長澳門，據説身體裏有葡萄牙人的血。"葡萄牙人的血"這句話等於日本人自説有本位文化，或私行改編外國劇本的作者聲明他改本"有著作權，不許翻譯"。因爲葡萄牙人血裏根本就混有中國成分。而照鮑小姐的身材估量，她那位葡萄牙母親也許還間接從西班牙傳來阿拉伯人的血胤。鮑小姐纖腰一束，正合《天方夜譚》裏阿拉伯詩人所歌頌的美人條件："身圍瘦，後部重，站立的時候沉得腰肢酸痛。"長睫毛下一雙欲眠似醉、含笑、帶夢的大眼睛，圓滿的上嘴唇好像鼓著在跟愛人使性子。她那位未婚夫李醫生不知珍重，出錢讓她一個人到倫敦學產科。葡萄牙人有句諺語説："運氣好的人生孩子，第一胎準是女的。"因爲女孩子長大了，可以打雜，看護弟弟妹妹，在未嫁之前，她父母省得下一個女用人的工錢。鮑小姐從小被父母差喚慣了，心眼伶俐，明白機會要自己找，快樂要自己尋。所以她寧可跟一個比自己年齡長十二歲的人訂婚，有機會出洋。英國人看慣白皮膚，瞧見她暗而不黑的顏色、肥膩辛辣的引力，以爲這是道地的東方美人。她自信很能引誘人，所以極快、極容易地給人引誘了。好在她是學醫的，並不當什麼一回事，也没出什麼亂子。她在英國過了兩年，這次回去結婚，跟丈夫一同掛牌。上船以後，中國學生打聽出她領香港政府發給的"大不列顛子民"護照，算不得中國國籍，不大去親近她。她不會講法文，又不屑跟三等艙的廣東侍者打鄉談，甚覺無聊。她看方鴻漸是坐二等的，人還過得去，不失爲旅行中消遣的伴侶。蘇小姐理想的自己是"艷如桃李，冷若冰霜"，讓方鴻漸卑遜地仰慕而後屈伏地求愛。誰知道氣候雖然每天華氏一百度左右，這種又甜又涼的冰淇淋作風全行不通。鮑小姐祇輕鬆一句話就把方鴻漸鈎住了。鴻漸搬到三等的明天，上甲板散步，無意中碰見鮑小姐一個人背靠著船欄杆在吹風，便招呼攀談起來。講不到幾句話，鮑小姐笑説："方先生，你教我想起我的 fiancé，你相貌和他像極了！"方鴻漸聽了，又害羞，又得意。一個可愛的女人説你像她的未婚夫，等於表示假使她沒訂婚，你有資格得她的愛。刻薄鬼也許要這樣解釋，她已經另有未婚夫了，你可以享受她未婚夫的權利而不必履行跟她結婚的義務。無論如何，從此他們倆的交情像熱帶植物那樣飛快地生長，其他中國男學生都跟方鴻漸開玩笑，逼他請大家喝了一次冰咖啡和啤酒。

　　方鴻漸那時候心上雖怪鮑小姐行動不檢，也覺得興奮。回頭看見蘇小姐孫太太兩張空椅子，僥倖方纔煙捲的事没落在她們眼裏。當天晚上，起了海風，船有點顛簸。十點鐘後，甲板上祇有三五對男女，都躲在燈光照不到的黑影裏喁喁情話。方鴻漸和鮑小姐不説話，並肩踱著。一個大浪把船身晃得利害，鮑小姐也站不穩，方鴻漸勾住她腰，傍了欄杆不走，饞嘴似地吻她。鮑小姐的嘴唇暗示著，身體依順著，這個急忙、粗率的搶吻漸漸穩定下來，長得妥帖完密。鮑小姐頂靈便地推脱方鴻漸的手臂，嘴裏深深呼吸口氣，道："我給你悶死了！我在傷風，鼻子裏透不過氣來——太便宜了你，你還没求我愛你！"

"我現在向你補求，行不行?"好像一切没戀愛過的男人，方鴻漸把"愛"字看得太尊貴和嚴重，不肯隨便應用在女人身上；他祇覺得自己要鮑小姐，並不愛她，所以這樣語言支吾。

"反正没好話説，逃不了那幾句老套兒。"

"你嘴湊上來，我對你嘴説，這話就一直鑽到你心裏，省得走遠路，拐了彎從耳朵裏進去。"

"我纏不上你的當！有話斯斯文文地説。今天够了，要是你不跟我胡鬧，我明天……"方鴻漸不理會。又把手勾她腰。船身忽然一側，他没拉住欄杆，險些帶累鮑小姐摔一跤。同時黑影裏其餘的女人也尖聲叫："啊喲!"鮑小姐藉勢脱身，道："我覺得冷，先下去了。明天見。"撇下方鴻漸在甲板上。天空早起了黑雲，漏出疏疏幾顆星，風浪像饕餮吞吃的聲音，白天的汪洋大海，這時候全消化在更廣大的昏夜裏。襯了這背景，一個人身心的攪動也縮小以至於無，祇心裏一團明天的希望，還未落入渺茫，在廣漠澎湃的黑暗深處，一點螢火似的自照著。

從那天起，方鴻漸飯也常在三等吃。蘇小姐對他的態度顯著地冷淡。他私下問鮑小姐，爲什麼蘇小姐近來愛理不理。鮑小姐笑他是傻瓜，還説："我猜得出爲什麼，可是我不告訴你，免得添你驕氣。"方鴻漸説她神經過敏，但此後碰見蘇小姐愈覺得侷促不安。船又過了錫蘭和新加坡，不日到西貢，這是法國船一路走來第一個可誇傲的本國殖民地。船上的法國人像狗望見了家，氣勢頓長，舉動和聲音也高亢好些。船在下午傍岸，要停泊兩夜。蘇小姐有親戚在這兒中國領事館做事，派汽車到碼頭上來接她吃晚飯，在大家羨慕的眼光裏，一個人先下船了。其餘的學生決議上中國館子聚餐。方鴻漸想跟鮑小姐兩個人另去吃飯，在大家面前不好意思講出口，祇得隨他們走。吃完飯，孫氏夫婦帶小孩子先回船。餘人坐了一回咖啡館，鮑小姐提議上跳舞廳。方鴻漸雖在法國花錢學過兩課跳舞，本領並不到家。跟鮑小姐跳了一次，祇好藏拙坐著，看她和旁人跳。十二點多鐘，大家興盡回船睡覺。到碼頭下車，方鴻漸和鮑小姐落在後面。鮑小姐道："今天蘇小姐不回來了。"

"我同艙的安南人也上岸了，他的鋪位聽說又賣給一個從西貢到香港去的中國商人了。"

"咱們倆今天都是一個人睡，"鮑小姐好像不經意地說。

方鴻漸心中電光瞥過似的，忽然照徹，可是射眼得不敢逼視，周身的血都升上臉來。他正想說話，前面走的同伴回頭叫道："你們怎麼話講不完！走得慢吞吞的，怕我們聽見，是不是？"兩人沒說什麼，趕上船，大家道聲"晚安"散去。方鴻漸洗了澡，回到艙裏，躺下又坐起來，打消已起的念頭彷彿跟女人懷孕要打胎一樣的難受。也許鮑小姐那句話並無用意，去了自討沒趣；甲板上在裝貨，走廊裏有兩個巡邏的侍者防閑人混下來，難保不給他們瞧見。自己拿不定主意，又不肯死心。忽聽得輕快的腳步聲，像從鮑小姐臥艙那面來的。鴻漸心直跳起來，又給那腳步捺下去，彷彿一步步都踏在心上，那腳步半路停止，心也給它踏住不敢動，好一會心被壓得不能更忍了，幸而那腳步繼續加

一

快地走近來。鴻漸不再疑惑，心也按束不住了，快活得要大叫，跳下鋪，沒套好拖鞋，就打開門簾，先聞到一陣鮑小姐慣用的爽身粉的香味。

明天早晨方鴻漸醒來，太陽滿窗，錶上九點多了。他想這一晚的睡好甜，充實得夢都沒做，無怪睡叫"黑甜鄉"，又想到鮑小姐皮膚暗，笑起來甜甜的，等會見面可叫她"黑甜"，又聯想到黑而甜的朱古力糖，祗可惜法國出品的朱古力糖不好，天氣又熱，不宜吃這個東西，否則買一匣請她。正懶在牀上胡想，鮑小姐外面彈艙壁，罵他"懶蟲"，叫他快起來，同上岸去玩。方鴻漸梳洗完畢，到鮑小姐艙外等了半天，她纔打扮好。餐室裏早點早開過，另花錢叫了兩客早餐。那伺候他們這一桌的侍者就是管方鴻漸房艙的阿劉。兩人吃完想走，阿劉不先收拾桌子上東西，笑嘻嘻看著他們倆，伸出手來，手心裏三隻女人夾頭髮的釵，打廣東官話拖泥帶水地說："方先生，這是我剛纔鋪你的牀撿到的。"

鮑小姐臉飛紅，大眼睛像要撐破眼眶。方鴻漸急得暗罵自己糊塗，起身時沒檢點一下，同時掏出三百法郎對阿劉道："拿去！那東西還給我。"阿劉道謝，還說他這人最靠得住，決不亂講。鮑小姐眼望別處，祗做不知道。出了餐室，方鴻漸抱著歉把髮釵還給鮑小姐，鮑小姐生氣地擲在地下，說："誰還要這東西！經過了那傢伙的髒手！"

這事把他們整天的運氣毀了，什麼事都彆扭。坐洋車拉錯了地方，買東西錯付了錢，兩人都沒好運氣。方鴻漸還想到昨晚那中國館子吃午飯，鮑小姐定要吃西菜，說不願意碰見同船的熟人。便找到一家門面還像樣的西菜館。誰知道從冷盤到咖啡，没有一樣東西可口：上來的湯是涼的，冰淇淋倒是熱的；魚像海軍陸戰隊，已登陸了好幾天；肉像潛水艇士兵，曾長時期伏在水裏；除醋以外，麵包、牛油、紅酒無一不酸。兩人吃得倒盡胃口，談話也不投機。方鴻漸要博鮑小姐歡心，便把"黑甜"、"朱古力小姐"那些親暱的稱呼告訴她。鮑小姐怫然道："我就那樣黑麽?"方鴻漸固執地申辯道："我就愛你這顏色。我今年在西班牙，看見一個有名的美人跳舞，她皮膚祇比外國燻火腿的顏色淡一點兒。"

鮑小姐的回答毫不合邏輯："也許你喜歡蘇小姐死魚肚那樣的白。你自己就是掃煙囱的小黑炭，不照照鏡子!"説著勝利地笑。

方鴻漸給鮑小姐噴了一身黑，不好再講。侍者上了雞，碟子裏一塊像禮拜堂定風針上鐵公雞施捨下來的肉，鮑小姐用力割不動，放下刀叉道："我没牙齒咬這東西! 這館子糟透了。"

方鴻漸再接再厲地鬥雞，咬著牙説："你不聽我話，要吃西菜。"

"我要吃西菜，没叫你上這個倒楣館子呀! 做錯了事，事後怪人，你們男人的脾氣全這樣!"鮑小姐説時，好像全世界每個男人的性格都經她試驗過的。

過一會，不知怎樣鮑小姐又講起她未婚夫李醫生，説他也是虔誠的基督教徒。方鴻漸正滿肚子委屈，聽到這話，心裏作噁，想信教在鮑小姐的行爲上全没影響，祇好藉李醫生來諷刺，便説："信基督教的人，怎樣做醫生?"

鮑小姐不明白這話，睜眼看著他。

鴻漸替鮑小姐面前攪焦豆皮的咖啡裏，加上沖米泔水的牛奶，說："基督教十誡裏一條是'別殺人'，可是醫生除掉職業化的殺人以外，還幹什麼?"

鮑小姐毫無幽默地生氣道："胡說! 醫生是救人生命的。"

鴻漸看她怒得可愛，有意撩撥她道："救人生命也不能信教。醫學要人活，救人的肉體；宗教救人的靈魂，要人不怕死。所以病人怕死，就得請大夫，吃藥；醫藥無效，逃不了一死，就找牧師和神父來送終。學醫而兼信教，那等於說：假如我不能教病人好好地活，至少我還能教他好好地死，反正他請我不會錯，這彷彿藥房掌櫃帶開棺材鋪子，太便宜了!"

鮑小姐動了真氣："瞧你一輩子不生病，不要請教醫生。你祇靠一張油嘴，胡說八道。我也是學醫的，你憑空爲什麼損人?"

方鴻漸慌得道歉，鮑小姐嚷頭痛，要回船休息。鴻漸一路上賠小心，鮑小姐祇無精打采。送她回艙後，鴻漸也睡了兩個鐘點。一起身就去鮑小姐艙外彈壁喚她名字，問她好了沒有。想不到門簾開處，蘇小姐出來，說鮑小姐病了，吐過兩次，剛睡著呢。鴻漸又羞又窘，敷衍一句，急忙逃走。晚飯時，大家見桌上沒鮑小姐，向方鴻漸打趣要人。鴻漸含含糊糊說："她累了，身子不大舒服。"蘇小姐面有得色道："她跟方先生吃飯回來害肚子，這時候什麼都吃不進。我祇擔心她別生了痢疾呢!"那些全無心肝的男學生哈哈大笑，七嘴八舌道：

"誰教她背了我們跟小方兩口兒吃飯?"

"小方真丟人哪! 請女朋友吃飯爲什麼不挑乾淨館子?"

“館子不會錯，也許鮑小姐太高興，貪嘴吃得消化不了。小方，對不對?”

“小方，你倒没生病? 哦，我明白了! 鮑小姐秀色可餐，你看飽了不用吃飯了。”

“祇怕餐的不是秀色，是——”那人本要説“熟肉”，忽想當了蘇小姐，這話講出來不雅，也許會傳給鮑小姐知道，便摘塊麵包塞在自己嘴裹嚼著。

方鴻漸午飯本來没吃飽，這時候受不住大家的玩笑，不等菜上齊就跑了，餘人笑得更利害。他立起來轉身，看見背後站著侍候的阿劉，對自己心照不宣似的眨眼。

鮑小姐睡了一天多纔起牀，雖和方鴻漸在一起玩，不像以前那樣的脱略形骸，也許因爲不日到香港，先得把身心收拾整潔，作爲見未婚夫的準備。孫氏一家和其他三四個學生也要在九龍下船，搭粵漢鐵路的車; 分別在即，拚命賭錢，祇恨晚上十二點後餐室裏不許開電燈。到香港前一天下午，大家回國後的通信地址都交換過了，彼此再會的話也反復説了好幾遍，彷彿這同舟之誼永遠忘不掉似的。鴻漸正要上甲板找鮑小姐，阿劉鬼鬼祟祟地叫“方先生”。鴻漸自從那天給他三百法郎以後，看見這傢伙就心慌，板著臉問他有什麼事。阿劉説他管的房艙，有一間没客人，問鴻漸今晚要不要，祇討六百法郎。鴻漸揮手道:“我要它幹嗎?”三腳兩步上樓梯去，祇聽得阿劉在背後冷笑。他忽然省悟阿劉的用意，臉都羞熱了。上去吞吞吐吐把這事告訴鮑小姐，還罵阿劉渾蛋。她哼一聲，没講別的。旁人來了，不便再談。吃晚飯的時候，孫先生道:“今天臨別紀念，咱們得痛痛快快打個通宵。阿劉有個空艙，我已經二百法郎定下來了。”

鮑小姐對鴻漸輕蔑地瞧了一眼，立刻又注視碟子喝湯。孫太太把匙兒餵小孩子，懦怯地說：“明天要下船啦，不怕累麼？”

孫先生道：“明天找個旅館，睡它個幾天幾晚不醒，船上的機器鬧得很，我睡不舒服。”

方鴻漸給鮑小姐一眼看得自尊心像泄盡氣的橡皮車胎。晚飯後，鮑小姐和蘇小姐異常親熱，勾著手寸步不離。他全無志氣，跟上甲板，看她們有說有笑，不容許自己插口，把話壓扁了都擠不進去；自覺沒趣丟臉，像趕在洋車後面的叫化子，跑了好些路，沒討到手一個小錢，要停下來卻又不甘心。鮑小姐看手錶道：“我要下去睡了。明天天不亮船就靠岸，早晨不能好好地睡。今天不早睡，明天上岸的時候人萎靡沒有精神，難看死了。”蘇小姐道：“你這人就這樣愛美，怕李先生還會不愛你！帶幾分憔悴，更教人疼呢！”

鮑小姐道：“那是你經驗之談罷？——好了，明天到家了！我興奮得很，衹怕下去睡不熟。蘇小姐，咱們下去罷，到艙裏舒舒服服地躺著講話。”

對鴻漸一點頭，兩人下去了。鴻漸氣得心頭火直冒，彷彿會把嘴裏香煙銜著的一頭都燒紅了。他想不出爲什麼鮑小姐突然改變態度。他們的關係就算這樣了結了麼？他在柏林大學，聽過名聞日本的斯潑朗格教授（Ed Spranger）的愛情（Eros）演講，明白愛情跟性慾一胞雙生，類而不同，性慾並非愛情的基本，愛情也不是性慾的昇華。他也看過愛情指南那一類的書，知道有什麼肉的相愛、心的相愛種種分別。鮑小姐談不上心和靈魂。她不是變心，因爲她没有心；祇能算日子久了，肉會變味。反正自己並没吃虧，也許還佔了便宜，没得什麼可怨。方鴻漸把這種巧妙的詞句和精密的計算來撫慰自己，可是失望、遭欺騙的情慾、被損傷的驕傲，都不肯平伏，像不倒翁，捺下去又豎起來，反而搖擺得利害。

　　明天東方纔白，船的速度減低，機器的聲音也換了節奏。方鴻漸同艙的客人早收拾好東西，鴻漸還躺著，想跟鮑小姐後會無期，無論如何，要禮貌周到地送行。阿劉忽然進來，哭喪著臉向他討小費。鴻漸生氣道："爲什麼這時候就要錢？到上海還有好幾天呢。"阿劉啞聲告訴，姓孫的那幾個人打牌，聲音太鬧，給法國管事查到了，大吵其架，自己的飯碗也砸破了，等會就得捲鋪蓋下船。鴻漸聽著，暗喚僥倖，便打發了他。吃早飯時，今天下船的那幾位都垂頭喪氣。孫太太眼睛紅腫，眼眶似乎飽和著眼淚，像夏天早晨花瓣上的露水，手指那麼輕輕一碰就會掉下來。鮑小姐瞧見伺候吃飯的換了人，問阿劉哪裏去了，没人回答她。方鴻漸問鮑小姐："你行李多，要不要我送你下船？"

　　鮑小姐疏遠地説："謝謝你！不用勞你駕，李先生會上船來接我。"

　　蘇小姐道："你可以把方先生跟李先生介紹介紹。"

　　方鴻漸恨不得把蘇小姐瘦身體裏每根骨頭都捏爲石灰粉。鮑小姐也没理她，喝了一杯牛奶，匆匆起身，説東西還没收拾完。方鴻漸顧不得人家笑話，放下杯子跟出去。鮑小姐頭也不回，方鴻漸喚她，她不耐煩地説："我忙著呢，没工夫跟你説話。"

方鴻漸正不知怎樣發脾氣纔好，阿劉鬼魂似地出現了，向鮑小姐要酒錢。鮑小姐眼迸火星道：“伺候吃飯的賞錢，昨天早給了。你還要什麼賞？我房艙又不是你管的。”

阿劉不講話，手向口袋裏半天掏出來一隻髮釵，就是那天鮑小姐擲掉的，他擦地板，三隻祇撿到一隻。鴻漸本想罵阿劉，但看見他鄭重其事地拿出這麼一件法寶，忍不住大笑。鮑小姐恨道：“你還樂？你樂，你給他錢，我半個子兒沒有！”回身走了。

鴻漸防阿劉不甘心，見了李醫生胡說，自認晦氣，又給他些錢。一個人上甲板，悶悶地看船靠傍九龍碼頭。下船的中外乘客也來了，鴻漸躲得老遠，不願意見鮑小姐。碼頭上警察、腳夫、旅館的接客擾嚷著，還有一群人向船上揮手巾，做手勢。鴻漸想準有李醫生在內，倒要仔細認認。好容易，扶梯靠岸，進港手續完畢，接客的衝上船來。鮑小姐撲向一個半禿頂，戴大眼鏡的黑胖子懷裏。這就是她所說跟自己相像的未婚夫！自己就像他？嚇，真是侮辱！現在全明白了，她那句話根本是引誘。一向還自鳴得意，以爲她有點看中自己，誰知道由她擺佈玩弄了，還要給她暗笑。除掉那句古老得長白鬍子、陳腐得發霉的話：“女人是最可怕的！”還有什麼可說！鴻漸在憑欄發呆，料不到背後蘇小姐柔聲道：“方先生不下船，在想心思？人家撇了方先生去啦！沒人陪啦。”

鴻漸回身，看見蘇小姐裝扮得裊裊婷婷，不知道什麼鬼指使自己說：“要奉陪你，就怕沒福氣呀，沒資格呀！”

他說這冒昧話，準備碰個軟釘子。蘇小姐雙頰塗的淡胭脂下面忽然暈出紅來，像紙上沁的油漬，頃刻佈到滿臉，腼腆得迷人。她眼皮有些擡不起似地說："我們沒有那麼大的面子呀!"

鴻漸攤手道："我原說，人家不肯賞臉呀!"

蘇小姐道："我要找家剃頭店洗頭髮去，你肯陪麼?"鴻漸道："妙極了! 我正要去理髮。咱們理完髮，擺渡到香港上山瞧瞧，下了山我請你吃飯，飯後到淺水灣喝茶，晚上看電影，好不好?"

蘇小姐笑道："方先生，你想得真周到! 一天的事全計劃好了。"她不知道方鴻漸祇在出國時船過香港一次，現在方向都記不得了。

二十分鐘後，阿劉帶了衣包在餐室裏等法國總管來查過好上岸，艙洞口瞥見方鴻漸在蘇小姐後面，手傍著她腰走下扶梯，不禁又詫異，又佩服，又瞧不起，無法表示這種複雜的情緒，便"啐"的一聲向痰盂裏射出一口濃濃的唾沫。

二

　　據説"女朋友"就是"情人"的學名，説起來莊嚴些，正像玫瑰花在生物學上叫"薔薇科木本複葉植物"，或者休妻的法律術語是"協議離婚"。方鴻漸陪蘇小姐在香港玩了兩天，纔明白女朋友跟情人事實上絕然不同。蘇小姐是最理想的女朋友，有頭腦，有身份，態度相貌算得上大家閨秀，和她同上飯館戲院並不失自己的面子。他們倆雖然十分親密，方鴻漸自信對她的情誼到此而止，好比兩條平行的直綫，無論彼此距離怎麼近，拉得怎麼長，終合不攏來成爲一體。祇有九龍上岸前看她害羞臉紅的一刹那，心忽然軟得没力量跳躍，以後便没有這個感覺。他發現蘇小姐有不少小孩子脾氣，她會頑皮，會嬌癡，這是他一向没想到的。可是不知怎樣，他老覺得這種小姐兒腔跟蘇小姐不頂配。並非因爲她年齡大了；她比鮑小姐大不了多少，並且當著心愛的男人，每個女人都有返老還童的絕技。祇能説是品格上的不相宜；譬如小貓打圈兒追自己的尾巴，我們看著好玩兒，而小狗也追尋過去地回頭跟著那短尾巴檾亂轉，就風趣減少了。那幾個一路同船的學生看小方纔去了鮑小姐，早換上蘇小姐，對他打趣個不亦樂乎。

　　蘇小姐做人極大方；船到上海前那五六天裏，一個字沒提到鮑小姐。她待人接物也溫和了許多。方鴻漸並未向她談情說愛，除掉上船下船走跳板時扶她一把，也沒拉過她手。可是蘇小姐偶然的舉動，好像和他有比求婚、訂婚、新婚更深遠悠久的關係。她的平淡，更使鴻漸疑懼，覺得這是愛情超熱烈的安穩，彷彿颶風後的海洋波平浪靜，而底下隨時潛伏著洶湧翻騰的力量。香港開船以後，他和蘇小姐同在甲板上吃香港買的水菓。他吃水蜜桃，耐心地撕皮，還說：“桃子爲什麼不生得像香蕉，剝皮多容易！或者乾脆像蘋菓，用手帕擦一擦，就能連皮吃。”蘇小姐剝幾個鮮荔枝吃了，不再吃什麼，願意替他剝桃子，他無論如何不答應。桃子吃完，他兩臉兩手都掛了幌子，蘇小姐看著他笑。他怕桃子汁弄髒褲子，祇伸小指頭到袋裏去勾手帕，勾了兩次，好容易拉出來，正在擦手，蘇小姐聲音含著驚怕嫌惡道：“啊喲！你的手帕怎麼那麼髒！真虧你——噲！這東西擦不得嘴，拿我的去，拿去，別推，我最不喜歡推。”

　　方鴻漸漲紅臉，接蘇小姐的手帕，在嘴上浮著抹了抹，說：“我買了一打新手帕上船，給船上洗衣服的人丟了一半。我因爲這小東西容易遺失，他們洗得又慢，祇好自己洗。這兩天上岸玩兒，沒工夫洗，所有的手帕都髒了，回頭洗去。你這塊手帕，也讓我洗了還你。”

　　蘇小姐道：“誰要你洗？你洗也不會乾淨！我看你的手帕根本就沒洗乾淨，上面的油膩斑點，怕還是馬賽一路來留下的紀念。不知道你怎麼洗的。”說時，吃吃笑了。

二

等一會，兩人下去。蘇小姐撿一塊自己的手帕給方鴻漸道："你暫時用著，你的手帕交給我去洗。"方鴻漸慌得連說："沒有這個道理！"蘇小姐努嘴道："你真不爽氣！這有什麼大了不得？快給我。"鴻漸沒法，回房艙拿了一團皺手帕出來，求饒恕似地說："我自己會洗呀！髒得很，你看了要嫌的。"蘇小姐奪過來，搖頭道："你這人怎麼邋遢到這個地步。你就把這東西擦蘋菓吃麼？"方鴻漸爲這事整天惶恐不安，向蘇小姐謝了又謝，反給她說"婆婆媽媽"。明天，他替蘇小姐搬帆布椅子，用了些力，襯衫上迸脱兩個鈕子，蘇小姐笑他"小胖子"，叫他回頭把襯衫換下來交給她釘鈕子。他抗議無用，蘇小姐說什麼就要什麼，他祇好服從她善意的獨裁。

方鴻漸看大勢不佳，起了恐慌。洗手帕，補襪子，縫鈕扣，都是太太對丈夫盡的小義務。自己憑什麼享受這些權利呢？享受了丈夫的權利當然正名定分，該是她的丈夫，否則她爲什麼肯盡這些義務呢？難道自己言動有可以給她誤認爲丈夫的地方麼？想到這裏，方鴻漸毛骨悚然。假使訂婚戒指是落入圈套的象徵，鈕扣也是扣留不放的預兆。自己得留點兒神！幸而明後天就到上海，以後便沒有這樣接近的機會，危險可以減少。可是這一兩天内，他和蘇小姐在一起，不是怕襪子忽然磨穿了洞，就是擔心什麼地方的鈕子脱了綫。他知道蘇小姐的效勞是不好隨便領情的；她每釘一個鈕扣或補一個洞，自己良心上就增一分向她求婚的責任。

中日關係一天壞似一天，船上無綫電的報告使他們憂慮。八月九日下午，船到上海，僥倖戰事並没發生。蘇小姐把地址給方鴻漸，要他去玩。他滿嘴答應，回老鄉望了父母，一定到上海來拜訪她。蘇小姐的哥哥上船來接，方鴻漸躲不了，蘇小姐把他向她哥哥介紹。她哥哥把鴻漸打量一下，極客氣地拉手道："久仰！久仰！"鴻漸心裏想，糟了！糟了！這一介紹就算經她家庭代表審定批准做候補女婿了！同時奇怪她哥哥説"久仰"，準是蘇小姐從前常向她家裏人説起自己了，又有些高興。他辭了蘇氏兄妹去檢點行李，走不到幾步，回頭看見哥哥對妹妹笑，妹妹紅了臉，又像喜歡，又像生氣，知道在講自己。一陣不好意思。忽然碰見他兄弟鵬圖，原來上二等找他去了，蘇小姐海關有熟人，行李免查放行。方氏兄弟還等著檢查呢，蘇小姐特來跟鴻漸拉手叮囑"再會"。鵬圖問是誰，鴻漸説姓蘇。鵬圖道："唉，就是法國的博士，報上見過的。"鴻漸冷笑一聲，鄙視女人們的虛榮。草草把查過的箱子理好，叫了汽車準備到周經理家去住一夜，明天回鄉。鵬圖在什麽銀行裏做行員，這兩天風聲不好，忙著搬倉庫，所以半路下車去了。鴻漸叫他打個電報到家裏，告訴明天搭第幾班火車。鵬圖覺得這錢浪費得無謂，祇打了個長途電話。

　　他丈人丈母見他，歡喜得了不得。他送丈人一根在錫蘭買的象牙柄藤手杖，送愛打牌而信佛的丈母一隻法國貨女人手提袋和兩張錫蘭的貝葉，送他十五六歲的小舅子一支德國貨自來水筆。丈母又想到死去五年的女兒，傷心落淚道："淑英假如活著，你今天留洋博士回來，她纔高興呢！"周經理哽著嗓子説他太太老糊塗了，怎麽今天快樂日子講那些話。鴻漸臉上嚴肅沉鬱，可是滿心慚愧，因爲這四年裏他從未想起那位未婚妻，出洋時丈人給他做紀念的那張未婚妻大照相，也擱在箱子底，不知退了顏色没有。他想贖罪補過，反正明天搭十一點半特別快車，來得及去萬國公墓一次，便説："我原想明天一早上她的墳。"周經理夫婦對鴻漸的感想更好了。周太太領他去看今晚睡的屋子，就是淑英生前的房。梳妝桌子上並放兩張照相：一張是淑英的遺容，一張是自己的博士照。方鴻漸看著發呆，覺得也陪淑英雙雙死了，蕭條黯淡，不勝身後魂歸之感。

吃晚飯時，丈人知道鴻漸下半年職業尚無著落，安慰他説："這不成問題。我想你還是在上海或南京找個事，北平形勢凶險，你去不得。你回家兩個禮拜，就出來住在我這兒。我銀行裏爲你掛個名，你白天去走走，晚上教教我兒子，一面找機會。好不好？你行李也不必帶走，天氣這樣熱，回家反正得穿中國衣服。"鴻漸真心感激，謝了丈人。丈母提起他婚事，問他有女朋友没有。他忙説没有。丈人説："我知道你不會有。你老太爺家教好，你做人規矩，不會鬧什麽自由戀愛，自由戀愛没有一個好結果的。"

丈母道："鴻漸這樣老實，是找不到女人的。讓我爲他留心做個媒罷。"

丈人道："你又來了！他老太爺、老太太怕不會作主。咱們管不著。"

丈母道："鴻漸出洋花的是咱們的錢，他娶媳婦，當然不能撇開咱們周家。鴻漸，對不對？你將來新太太，一定要做我的乾女兒。我這話説在你耳朵裏，不要有了新親，把舊親忘個乾淨！這種没良心的人我見得多了。"

鴻漸祇好苦笑道："放心，決不會。"心裏對蘇小姐影子説：

"聽聽！你肯拜這位太太做乾媽麽？虧得我不要娶你。"他小舅子好像接著他心上的話説："鴻漸哥，有個姓蘇的女留學生，你認識她麽？"方鴻漸驚駭得幾乎飯碗脱手，想美國的行爲心理學家祇證明"思想是不出聲的語言"，這小子的招風耳朵是什麽構造，怎麽心頭無聲息的密語全給他聽到！他還没有回答，丈人説："是啊！我忘了——效成，你去拿那張報來——我收到你的照相，就教文書科王主任起個新聞稿子去登報。我知道你不愛出風頭，可是這是有面子的事，不必隱瞞。"最後幾句話是因爲鴻漸變了臉色而説的。

丈母道："這話對。賠了這許多本錢，爲什麽不體面一下！"

鴻漸已經羞憤得臉紅了，到小舅子把報拿來，接過一看，夾耳根、連脖子、經背脊紅下去直到腳跟。那張是七月初的《滬報》，教育消息欄裏印著兩張小照，銅版模糊，很像乩壇上拍的鬼魂照相。前面一張照的新聞説，政務院參事蘇鴻業女公子文紈在里昂大學得博士回國。後面那張照的新聞字數要多一倍，説本埠商界聞人點金銀行總經理周厚卿快婿方鴻漸，由周君資送出洋深造，留學英國倫敦、法國巴黎、德國柏林各大學，精研政治、經濟、歷史、社會等科，莫不成績優良，名列前茅，頃由德國克萊登大學榮授哲學博士，將赴各國遊歷考察，秋涼回國，聞各大機關正爭相禮聘云。鴻漸恨不能把報一撕兩半，把那王什麽主任的喉嚨扼著，看還擠得出多少開履歷用的肉麻公式。怪不得蘇小姐哥哥見面了要説"久仰"，怪不得鵬圖聽説姓蘇便知道是留學博士。當時還笑她俗套呢！像自己這段新聞纔是登極加冕的惡俗，臭氣薰得讀者要按住鼻子。況且人家是真正的博士，自己算什麽？在船上從没跟蘇小姐談起學位的事，她看到這新聞會斷定自己吹牛騙人。德國哪裏有克萊登大學？寫信時含混地説得了學位，丈人看信從德國寄出，武斷是個德國大學，給内行人知道，豈不笑歪了嘴？自己就成了騙子，從此無面目見人！

周太太看方鴻漸捧報老遮著臉，笑對丈夫説："你瞧鴻漸多得意，那條新聞看了幾遍還不放手。"

效成頑皮道："鴻漸哥在仔細認那位蘇文紈，想要她來代替姐姐呢。"

方鴻漸忍不住道："別胡説！"好容易克制自己，没把報紙擲在地下，没讓羞憤露在臉上，可是嗓子都沙了。

周氏夫婦看鴻漸笑容全無，臉色發白，有點奇怪，忽然彼此做個眼色，似乎瞭解鴻漸的心理，異口同聲罵效成道："你這孩子該打。大人講話，誰要你來插嘴？鴻漸哥今天纔回來，當然想起你姐姐，心上不快活。你説笑話也得有個分寸，以後不許你開口——鴻漸，我們知道你天性生得厚，小孩子胡説，不用理他。"鴻漸臉又泛紅，效成骨朵了嘴，心裏怨道："別裝假！你有本領一輩子不娶老婆。我不稀罕你的鋼筆，拿回去得了。"

方鴻漸到房睡覺的時候，發現淑英的照相不在桌子上了，想是丈母怕自己對物思人，傷心失眠，特來拿走的。下船不過六七個鐘點，可是船上的一切已如隔世。上岸時的興奮，都蒸發了，覺得懦弱、渺小，職業不容易找，戀愛不容易成就。理想中的留學回國，好像地面的水，化氣升上天空，又變雨回到地面，一世的人都望著、説著。現在萬里回鄉，祖國的人海裏，泡沫也没起一個——不，承那王主任筆下吹噓，自己也被吹成一個大肥皂泡，未破時五光十色，經不起人一搠就不知去向。他靠紗窗望出去。滿天的星又密又忙，它們聲息全無，而看來祇覺得天上熱鬧。一梳月亮像形容未長成的女孩子，但見人已不羞縮，光明和輪廓都清新刻露，漸漸可烘襯夜景。小園草地裏的小蟲瑣瑣屑屑地在夜談。不知哪裏的蛙群齊心協力地乾號，像聲浪給火煮得發沸。幾星螢火優遊來去，不像飛行，像在厚密的空氣裏漂浮，月光不到的陰黑處，一點螢火忽明，像夏夜的一隻微綠的小眼睛。這景色是鴻漸出國前看慣的，可是這時候見了，忽然心擠緊作痛，眼酸得要流淚。他纔領會到生命的美善、回國的快樂，《滬報》上的新聞和紗窗外的嗡嗡蚊聲一樣不足介懷。鴻漸舒服地歎口氣，又打個大呵欠。

　　方鴻漸在本縣火車站下車，方老先生、鴻漸的三弟鳳儀，還有七八個堂房叔伯兄弟和方老先生的朋友們，都在月臺上迎接。他十分過意不去，一個個上前招呼，說：“這樣大熱天，真對不住！”看父親鬍子又花白了好些，說：“爸爸，你何必來呢！”

　　方遯翁把手裏的摺扇給鴻漸道：“你們西裝朋友是不用這老古董的，可是總比拿草帽搧著好些。”又看兒子坐的是二等車，誇獎他道：“這孩子不錯！他回國船坐二等，我以爲他火車一定坐頭等，他還是坐二等車，不志高氣滿，改變本色，他已經懂做人的道理了。”大家也附和讚美一陣。前簇後擁，出了查票口，忽然一個戴藍眼鏡穿西裝的人拉住鴻漸道：“請別動！照個相。”鴻漸莫名其妙，正要問他緣故，祇聽得照相機咯嗒聲，藍眼鏡放鬆手，原來迎面還有一個人把快鏡對著自己。藍眼鏡一面掏名片說：“方博士昨天回到祖國的？”拿快鏡的人走來了，也掏出張名片，鴻漸一瞧，是本縣兩張地方日報的記者。那兩位記者都說：
"今天方博士舟車勞頓，明天早晨到府聆教。"便轉身向方老先生
恭維，陪著一路出車站。鳳儀對鴻漸笑道："大哥，你是本縣的
名人了。"鴻漸雖然嫌那兩位記者口口聲聲叫"方博士"，刺耳得
很，但看人家這樣鄭重地當自己是一尊人物，身心龐然膨脹，人
格偉大了好些。他纔知道住在小地方的便宜，祇恨今天沒換身比
較新的西裝，沒拿根手杖，手裏又揮著大摺扇，滿臉的汗，照相
怕不會好。

到家見過母親和兩位弟媳婦，把帶回來的禮物送了。母親
笑說："是要出洋的，學得這樣周到，女人用的東西都會買了。"

父親道："鵬圖昨天電話裏說起一位蘇小姐，是怎麼一
回事？"

方鴻漸惱道："不過是同坐一條船，全沒有什麼。鵬圖
總——喜歡多嘴。"他本要罵鵬圖好搬是非，但當著鵬圖太太的
面，所以沒講出來。

父親道："你的婚事也該上勁了，兩個兄弟都早娶了媳婦，
孩子都有了。做媒的有好幾起，可是，你現在不用我們這種老厭
物來替你作主了。蘇鴻業呢，人倒有點名望，從前好像做過幾任
實缺官——"鴻漸暗想，為什麼可愛的女孩子全有父親呢？她
孤獨的一個人可以藏匿在心裏溫存，拖泥帶水地牽上了父親、叔
父、兄弟之類，這女孩子就不伶俐灑脫，心裏不便窩藏她了，她
的可愛裏也就攙和渣滓了。許多人談婚姻，語氣彷彿是同性戀
愛，不是看中女孩子本人，是羨慕她的老子或她的哥哥。

母親道："我不贊成！官小姐是娶不得的，要你服侍她，她

不會服侍你。並且娶媳婦要同鄉人纔好，外縣人脾氣總有點不合式，你娶了不受用。這位蘇小姐是留學生，年齡怕不小了。"她那兩位中學沒畢業，而且本縣生長的媳婦都有贊和的表情。

父親道："人家不但留學，而且是博士呢。所以我怕鴻漸吃不消她。"——好像蘇小姐是磚石一類的硬東西，非鴕鳥或者火雞的胃消化不掉的。

母親不服氣道："咱們鴻漸也是個博士，不輸給她，爲什麼配不過她？"

父親捻著鬍子笑道："鴻漸，這道理你娘不會懂了——女人唸了幾句書最難駕馭。男人非比她高一層，不能和她平等匹配。所以大學畢業生纔娶中學女生，留學生娶大學女生。女人留洋得了博士，祇有洋人纔敢娶她，否則男人至少是雙料博士。鴻漸，我這話沒說錯罷？這跟'嫁女必須勝吾家，娶婦必須不若吾家'，一個道理。"

母親道："做媒的幾起裏，許家的二女兒最好，回頭我給你看照相。"

方鴻漸想這事嚴重了。生平最恨小城市的摩登姑娘，落伍的時髦，鄉氣的都市化，活像那第一套中國裁縫仿製的西裝，把做樣子的外國人舊衣服上兩方補釘，也照式在衣袖和褲子上做了。現在不必抗議，過幾天向上海溜之大吉。方老先生又說，接風的人很多，天氣太熱，叫鴻漸小心別貪嘴，親近的尊長家裏都得去拜訪一下，自己的包車讓給他坐，等天氣稍涼，親帶他到祖父墳上行禮。方老太太說，明天叫裁縫來做他的紡綢大褂和裏衣褲，鳳儀有兩件大褂，暫時借一件穿了出門拜客。吃晚飯的時候，有方老太太親手做的煎鱔魚絲、醬雞翅、西瓜煨雞、酒煮蝦，都是大兒子愛吃的鄉味。方老太太挑好的送到他飯碗上，說：“我想你在外國四年真可憐，什麼都没得吃！”大家都笑説她又來了，在外國不吃東西，豈不餓死。她道：“我就不懂洋鬼子怎樣活的！什麼麵包、牛奶，送給我都不要吃。”鴻漸忽然覺得，在這種家庭空氣裏，戰爭是不可相信的事，好比光天化日之下没人想到有鬼。父親母親的計劃和希望，絲毫没爲意外事故留個餘地。看他們這樣穩定地支配著未來，自己也膽壯起來，想上海的局勢也許會和緩，戰事不會發生，真發生了也可以置之不理。

明天方鴻漸纔起牀，那兩位記者早上門了。鴻漸看到他們帶來的報上，有方博士回鄉的新聞，嵌著昨天照的全身像，可怕得自慚形穢。藍眼鏡拉自己右臂的那隻手也清清楚楚地照進去了，加上自己側臉驚愕的神情，宛如小偷給人捉住的攝影。那藍眼鏡是個博聞多識之士，説久聞克萊登大學是全世界最有名的學府，地位彷彿清華大學。那揎照相機的記者問鴻漸對世界大勢有什麼觀察、中日戰爭會不會爆發。方鴻漸好容易打發他們走了，還爲藍眼鏡的報紙寫“爲民喉舌”、照相機的報紙寫“直筆讜論”兩句贈言。正想出門拜客，父親老朋友本縣省立中學吕校長來了，約方氏父子三人明晨茶館吃早點，吃畢請鴻漸向暑期學校學生演講“西洋文化在中國歷史上之影響及其檢討”。鴻漸最怕演講，要託詞謝絶，誰知道父親代他一口答應下來。他祇好私下咽冷氣，想這樣熱天，穿了袍兒套兒，講廢話，出臭汗，不是活受罪是什麼？教育家的心理真與人不同！方老先生希望人家讚兒子“家學淵源”，向箱裏翻了幾部綫裝書出來，什麼《問字堂集》、

《癸巳類稿》、《七經樓集》、《談瀛録》之類，吩咐鴻漸細看，搜集演講材料。鴻漸一下午看得津津有味，識見大長，明白中國人品性方正所以説地是方的，洋人品性圓滑，所以主張地是圓的；中國人的心位置正中，西洋人的心位置偏左；西洋進口的鴉片有毒，非禁不可，中國地土性質和平，出産的鴉片，吸食也不會上癮；梅毒即是天花，來自西洋等等。祇可惜這些事實雖然有趣，演講時用不著它們，該另抱佛腳。所以當天從大伯父家吃晚飯回來，他醉眼迷離，翻了三五本歷史教科書，湊滿一千多字的講稿，插穿了兩個笑話。這種預備並不費心血，身血倒賠了些，因爲蚊子多。

明早在茶館吃過第四道照例點心的湯麵，呂校長付賬，催鴻漸起身，匆匆各從跑堂手裏接過長衫穿上走了，鳳儀陪著方老先生喝茶。學校禮堂裏早坐滿學生，男男女女有二百多人，方鴻漸由呂校長陪了上講臺，祇覺許多眼睛注視得渾身又麻又癢，腳走路都不方便。到上臺坐定，眼前的濕霧消散，纔見第一排坐的都像本校教師，緊靠講臺的記録席上是一個女學生，新燙頭髮的浪紋板得像漆出來的。全禮堂的人都在交頭接耳，好奇地評賞著自己。他默默吩咐兩頰道：“不要燒盤！臉紅不得！”懊悔進門時不該脱太陽眼鏡，眼前兩片黑玻璃，心理上也好像隱蔽在濃蔭裏面，不怕羞些。呂校長已在致辭介紹，鴻漸忙伸手到大褂口袋裏去摸演講稿子，祇摸個空，慌得一身冷汗。想糟了！糟了！怎會把要緊東西遺失？家裏出來時，明明擱在大褂袋裏的。除掉開頭幾句話，其餘全嚇忘了。拚命追憶，祇像把篩子去盛水。一著急，注意力集中不起來，思想的綫索要打成結又鬆散了。隱約還有些事實的影子，但好比在熱鬧地方等人，瞥眼人堆裏像是他，走上去找，又不見了。心裏正在捉著迷藏，呂校長鞠躬請他演講，下面一陣鼓掌。他剛站起來，瞧鳳儀氣急敗壞趕進禮堂，看見演講已開始，便絕望地找個空位坐下。鴻漸恍然大悟，出茶館時，不小心穿錯了鳳儀的衣服，這兩件大褂原全是鳳儀的，顏色材料都一樣。事到如此，祇有大膽老臉胡扯一陣。

　　掌聲住了，方鴻漸強作笑容說：「呂校長，諸位先生，諸位同學：諸位的鼓掌雖然出於好意，其實是最不合理的。因為鼓掌表示演講聽得滿意，現在鄙人還沒開口，諸位已經滿意得鼓掌，鄙人何必再講什麼呢？諸位應該先聽演講，然後隨意鼓幾下掌，讓鄙人有面子下臺。現在鼓掌在先，鄙人的演講當不起那樣熱烈的掌聲，反覺到一種收了款子交不出貨色的惶恐。」聽眾大笑，那記錄的女孩也含著笑，走筆如飛。方鴻漸躊躇，下面講些什麼呢？綫裝書上的議論和事實還記得一二，晚飯後翻看的歷史教科書，影蹤都沒有了。該死的教科書，當學生的時候，真虧自己會讀熟了應考的！有了，有了！總比無話可說好些：「西洋文化在中國歷史上的影響，各位在任何歷史教科書裏都找得到，不用我來重述。各位都知道歐洲思想正式跟中國接觸，是在明朝中葉。所以天主教徒常說那時候是中國的文藝復興。不過明朝天主教士帶來的科學現在早過時了，他們帶來的宗教從來沒有合時過。海通幾百年來，祇有兩件西洋東西在整個中國社會裏長存不滅。一件是鴉片，一件是梅毒，都是明朝所吸收的西洋文明。」聽眾大多數笑，少數都張了嘴驚駭；有幾個教師皺著眉頭，那記錄的女生漲紅臉停筆不寫，彷彿聽了鴻漸最後的一句，處女的耳朵已經當衆喪失貞操；呂校長在鴻漸背後含有警告意義地咳嗽。方鴻漸那時候宛如隆冬早晨起牀的人，好容易用最大努力跳出被窩，祇有熬著冷穿衣下牀，斷無縮回去的道理。“鴉片本來又叫洋煙——”鴻漸看見教師裏一個像教國文的老頭子一面搧扇子，一面搖頭，忙說：“這個‘洋’當然指‘三保太監下西洋’的‘西洋’而說，因爲據《大明會典》，鴉片是暹羅和爪哇的進貢品。可是在歐洲最早的文學作品荷馬史詩《十年歸》Odyssey裏——”那老頭子的禿頂給這個外國字鎮住不敢搖動——“據說就有這東西。至于梅毒——”呂校長連聲咳嗽——“更無疑是舶來品洋貨。叔本華早說近代歐洲文明的特點，第一是楊梅瘡。諸位假如沒機會見到外國原本書，那很容易，祇要看徐志摩先生譯的法國小說《戀第德》，就可略知梅毒的淵源。明朝正德以後，這病由洋人帶來。這兩件東西當然流毒無窮，可是也不能一概抹煞。鴉片引發了許多文學作品，古代詩人向酒裏找靈感，近代歐美詩人都從鴉片裏得靈感。梅毒在遺傳上產生白癡、瘋狂和殘疾，但據說也能刺激天才。例如——”呂校長這時候嗓子都咳破了，到鴻漸講完，臺下拍手倒還有勁，呂校長板臉啞聲致謝詞道：“今天承方博上講給我們聽許多新奇的議論，我們感覺濃厚的興趣。方博士是我世侄，我自小看他長大，知道他愛說笑話，今天天氣很熱，所以他有意講些幽默的話。我希望將來有機會聽到他的正經嚴肅的弘論。但我願意告訴方博士：我們學校圖書館充滿新生活的精神，絕對沒有法國小說——”說時手打著空氣。鴻漸羞得不敢看臺下。

　　不到明天，好多人知道方家留洋回來的兒子公開提倡抽煙狎妓。這話傳進方老先生耳朵裏，他不知道這就是自己教兒子翻綫裝書的結果，大不以爲然，祇不好發作。緊跟著八月十三日淞滬戰事的消息，方鴻漸鬧的笑話没人再提起。但那些有女兒要嫁他的人，忘不了他的演講；猜想他在外國花天酒地，若爲女兒嫁他的事，到西湖月下老人祠去求籤，難保不是第四籤："斯人也而有斯疾也！"這種青年做不得女婿，便陸續藉口時局不靖，婚事緩議，向方家把女兒的照相、庚帖要了回去。方老太太非常懊喪，念念不忘許家二小姐，鴻漸倒若無其事。戰事已起，方老先生是大鄉紳，忙著辦地方公安事務。縣裏的居民記得"一·二八"那一次没受敵機轟炸，這次想也無事，還不甚驚恐。方鴻漸住家一個星期，感覺出國這四年光陰，對家鄉好像荷葉上瀉過的水，留不下一點痕迹。回來所碰見的還是四年前那些人，那些人還是做四年前所做的事，説四年前所説的話。甚至認識的人裏一個也没死掉；祇有自己的乳母，從前常説等自己結婚養了兒子來抱小孩的，現在病得不能起牀。這四年在家鄉要算白過了，博不到歸來遊子的一滴眼淚、一聲歎息。開戰後第六天日本飛機第一次來投彈，炸坍了火車站，大家纔認識戰爭真打上門來了，就有搬家到鄉下避難的人。以後飛機接連光顧，大有絕世佳人一顧傾城、再顧傾國的風度。周經理拍電報，叫鴻漸快到上海，否則交通斷絕，要困守在家裏。方老先生也覺得在這種時局裏，兒子該快出去找機會，所以讓鴻漸走了。以後這四個月裏的事，從上海撤退到南京陷落，歷史該如洛高（Fr. von Logau）所説，把刺刀磨尖當筆，蘸鮮血當墨水，寫在敵人的皮膚上當紙。方鴻漸失神落魄，一天看十幾種報紙，聽十幾次無綫電報告，疲乏垂絶的希望披沙揀金似的要在消息罅縫裏找個蘇息處。他和鵬圖猜想家已毀了，家裏人不知下落。陰曆年底纔打聽出他們蹤迹，方老先生的上海親友便設法花錢接他們出來，爲他們租定租界裏的房子。一家人見了面唏噓對泣。方老先生和鳳儀嚷著買鞋襪；他們坐小船來時，路上碰見兩個潰兵，搶去方老先生的錢袋，臨走還逼方氏父子把腳上羊毛襪和絨棉鞋脱下來，跟他們的臭布襪子、破帆布鞋交換。方氏全家走個空身，祇有方老太太棉襖裏縫著兩三千塊錢的鈔票，没給那兩個兵摸到。旅滬同鄉的商人素仰方老先生之名，送錢的不少，所以門户又可重新撑持。方鴻漸看家裏人多房子小，仍住在周家，隔一兩天到父母處請安。每回家，總聽他們講逃難時可怕可笑的經歷；他們敍述描寫的藝術似乎講一次進步一次，鴻漸的注意和同情却聽一次減退一些。方老先生因爲拒絕了本縣漢奸的引誘，有家難歸，而政府並没給他什麽名義，覺得他愛國而國不愛他，大有青年守節的孀婦不見寵於翁姑的怨抑。鴻漸在點金銀行裏氣悶得很，上海又没有多大機會，想有便到内地去。

　　陰曆新年來了。上海租界寓公們爲國家擔驚受恐够了，現在國家並没有亡，不必做未亡人，所以又照常熱鬧起來。一天，周太太跟鴻漸説，有人替他做媒，就是有一次鴻漸跟周經理出去應酬，同席一位姓張的女兒。據周太太説，張家把他八字要去了，請算命人排過，跟他們小姐的命"天作之合，大吉大利"。鴻漸笑説："在上海這種開通地方，還請算命人來支配婚姻麽?"周太太説，命是不可不信的，張先生請他去吃便晚飯，無妨認識那位小姐。鴻漸有點兒戰前讀書人的標勁，記得那姓張的在美國

二

人洋行裏做買辦，不願跟這種俗物往來，但轉念一想，自己從出洋到現在，還不是用的市儈的錢？反正去一次無妨，結婚與否，全看自己中意不中意那女孩子，旁人勉強不來，答應去吃晚飯。這位張先生是浙江沿海人，名叫吉民，但他喜歡人喚他Jimmy。他在美國人花旗洋行裏做了二十多年的事，從"寫字"（小書記）升到買辦，手裏著實有錢。祇生一個女兒，不惜工本地栽培，教會學校裏所能傳授薰陶的洋本領、洋習氣，美容院理髮鋪所能製造的洋時髦、洋姿態，無不應有盡有。這女兒剛十八歲，中學尚未畢業，可是張先生夫婦保有他們家鄉的傳統思想，以爲女孩子到二十歲就老了，過二十還沒嫁掉，祇能進古物陳列所供人憑弔了。張太太擇婿很嚴，說親的雖多，都沒成功。有一個富商的兒子，也是留學生，張太太頗爲賞識，婚姻大有希望，但一頓飯後這事再不提起。吃飯時大家談到那幾天因戰事關係，租界封鎖，蔬菜來源困難，張太太便對那富商兒子說："府上人多，每天伙食賬不會小罷？"那人說自己不清楚，想來是多少錢一天。張太太說："那麼府上的廚子一定又老實，又能幹！像我們人數不到府上一半，每天廚房開銷也要那個數目呢！"那人聽著得意，張太太等他飯畢走了，便說："這種人家排場太小了！祇吃那麼多錢一天的菜！我女兒舒服慣的，過去吃不來苦！"婚事從此作罷。夫婦倆磋商幾次，覺得寶貝女兒嫁到人家去，總不放心，不如招一個女婿到自己家裏來。那天張先生跟鴻漸同席，回家說起，認爲頗合資格：家世頭銜都不錯，並且現在沒真做到女婿已住在掛名丈人家裏，將來招贅入門，易如反掌。更妙是方家經這番戰事，擺不起鄉紳人家臭架子，這女婿可以服服帖帖地養在張府上。結果張太太要鴻漸來家相他一下。

　　方鴻漸因爲張先生請他早到談談，下午銀行辦公完畢就去。馬路上經過一家外國皮貨鋪子看見獺絨西裝外套，新年廉價，祇賣四百元。鴻漸常想有這樣一件外套，留學時不敢買。譬如在倫敦，男人穿皮外套而沒有私人汽車，假使不像放印子錢的猶太人或打拳的黑人，人家就疑心是馬戲班的演員，再不然就是開窰子的烏龜；祇有在維也納，穿皮外套是常事，並且有現成的皮裏子賣給旅客襯在外套裏。他回國後，看穿的人很多，現在更給那店窗裏的陳列撩得心動。可是盤算一下，祇好歎口氣。銀行裏薪水一百塊錢已算不薄，零用盡够。丈人家供吃供住，一個錢不必貼，怎好向周經理要錢買奢侈品？回國所餘六十多鎊，這次孝敬父親四十鎊添買些傢俱，剩下不過折合四百餘元。東湊西挪，一股腦兒花在這件外套上面，不大合算。國難時期，萬事節約，何況天氣不久回暖，就省了罷。到了張家，張先生熱鬧地歡迎道："Hello! Doctor 方①，好久不見！"張先生跟外國人來往慣了，說話有個特徵——也許在洋行、青年會、扶輪社等圈子裏，這並沒有什麼奇特——喜歡中國話裏夾無謂的英文字。他並無中文難達的新意，需要借英文來講；所以他說話裏嵌的英文字，還比不得嘴裏嵌的金牙，因爲金牙不僅妝點，尚可使用，祇好比牙縫裏嵌的肉屑，表示飯菜吃得好，此外全無用處。他仿美國人讀音，維妙維肖，也許鼻音學得太過火了，不像美國人，而像傷風塞鼻子的中國人。他說 "very well"②二字，聲音活像小洋狗在

---

①　嗨！方博士！
②　很好。

咕嚕——"vurry wul"。可惜羅馬人無此耳福，否則決不單説
R 是鼻音的狗字母。當時張先生跟鴻漸拉手，問他是不是天天
"go downtown"①。鴻漸寒暄已畢，瞧玻璃橱裹都是碗、瓶、碟
子，便説:"張先生喜歡收藏磁器?"

"Sure! have a look see!"②張先生打開櫥門，請鴻漸賞鑒。
鴻漸拿了幾件，看都是"成化"、"宣德"、"康熙"，也不識真假，
祇好説:"這東西很值錢罷?"

"Sure! 值不少錢呢，Plenty of dough。並且這東西不比書
畫。買書畫買了假的，一文不值，祇等於 waste paper。磁器假
的，至少還可以盛菜盛飯。我有時請外國 friends 吃飯，就用那
個康熙窰'油底藍五彩'大盤做 salad dish，他們都覺得古色
古香，菜的味道也有點 old time。"③

方鴻漸道:"張先生眼光一定好，不會買假東西。"

張先生大笑道:"我不懂什麼年代花紋，事情忙，也没工夫
翻書研究。可是我有 hunch;看見一件東西，忽然 what d'you
call 靈機一動，買來準 O.K.。他們古董掮客都佩服我，我常對
他們説:'不用拿假貨來 fool 我。O yeah，我姓張的不是 sucker,
休想騙我!'"④關上櫥門，又説:"咦，headache——"便捺電鈴
叫用人。

鴻漸不懂，忙問道:"張先生不舒服，是不是?"

---

① 到銀行、商業地區去。
② 當然! 你瞧一瞧罷!
③ 當然! 不少錢呢。祇等於廢紙。外國朋友們。做沙拉冷盤。有點古意。
④ 我有預感。所謂靈機一動。準不會錯。來教我上當。聽著，我不是傻瓜。

張先生驚奇地望著鴻漸道："誰不舒服？你？我？我很好呀！"

鴻漸道："張先生不是説'頭痛'麼？"

張先生呵呵大笑，一面吩咐進來的女傭説："快去跟太太小姐説，客人來了，請她們出來。make it snappy！"①説時右手大拇指從中指彈在食指上"啪"的一響。他回過來對鴻漸笑道："headache 是美國話指'太太'而説，不是'頭痛'！你没到States 去過罷！"②

方鴻漸正自慚寡陋，張太太張小姐出來了，張先生爲鴻漸介紹。張太太是位四十多歲的胖女人，外國名字是小巧玲瓏的Tessie。張小姐是十八歲的高大女孩子，著色鮮明，穿衣緊俏，身材將來準會跟她老太爺那洋行的資本一樣雄厚。鴻漸没聽清她名字，聲音好像"我你他"，想來不是 Anita，就是 Juanita，她父母祇縮短叫她 Nita。張太太上海話比丈夫講得好，可是時時流露本鄉土音，彷彿罩袿太小，遮不了裏面的袍子。張太太信佛，自説天天唸十遍"白衣觀世音咒"，求菩薩保佑中國軍隊打勝；又説這觀音咒靈驗得很，上海打仗最緊急時，張先生到外灘行裏去辦公，自己在家裏唸咒，果然張先生從没遭到流彈。鴻漸暗想，享受了最新的西洋科學設備，而竟抱這種信仰，坐在熱水管烘暖的客堂裏唸佛，可見"西學爲用，中學爲體"並非難事。他和張小姐没有多少可談，祇好問她愛看什麽電影。跟著兩個客人來了，都是張先生的結義弟兄。一個叫陳士屏，是歐美煙草公

---

① 快一點！
② 到合衆國去過。

司的高等職員，大家喚他 Z.B.，彷彿德文裏"有例爲證"的縮寫。一個叫丁訥生，外國名字倒不是詩人 Tennyson 而是海軍大將 Nelson，也在什麼英國輪船公司做事。張太太説，人數湊得起一桌麻將，何妨打八圈牌再吃晚飯。方鴻漸賭術極幼稚，身邊帶錢又不多，不願參加，寧可陪張小姐閑談。經不起張太太再三慫恿，祇好入局。没料到四圈之後，自己獨贏一百餘元，心中一動，想假如這手運繼續不變，那獺絨大衣便有指望了。這時候，他全忘了在船上跟孫先生講的法國迷信，祇要贏錢。八圈打畢，方鴻漸贏了近三百塊錢。同局的三位，張太太、"有例爲證"和"海軍大將"一個子兒不付，一字不提，都站起來準備吃飯。鴻漸唤醒一句道："我今天運氣太好了！從來没贏過這許多錢。"

張太太如夢初醒道："咱們真糊塗了！還没跟方先生清賬呢。陳先生，丁先生，讓我一個人來付他，咱們回頭再算得了。"便打開錢袋把鈔票一五一十點交給鴻漸。

吃的是西菜。"海軍大將"信基督教，坐下以前，還向天花板眨白眼，感謝上帝賞飯。方鴻漸因爲贏了錢，有説有笑。飯後散坐抽煙喝咖啡，他瞧見沙發旁一個小書架，猜來都是張小姐的讀物。一大堆《西風》、原文《讀者文摘》之外，有原文小字白文《莎士比亞全集》、《新舊約全書》、《家庭佈置學》、翻版的《居里夫人傳》、《照相自修法》、《我國與我民》等不朽大著，以及電影小説十幾種，裏面不用説有《亂世佳人》。①一本小藍書，背上金字標題道：《怎樣去獲得丈夫而且守住他》(*How to gain*

①　《我國與我民》是林語堂的英文著作，《亂世佳人》即《飄》的電影譯名。

a Husband and keep him）。鴻漸忍不住抽出一翻，祇見一節道：“對男人該温柔甜蜜，纔能在他心的深處留下好印象。女孩子們，別忘了臉上常帶光明的笑容。”看到這裏，這笑容從書上移到鴻漸臉上了。再看書面作者是個女人，不知出嫁没有，該寫明“某某夫人”，這書便見得切身閲歷之談，想著笑容更廓大了。抬頭忽見張小姐注意自己，忙把書放好，收斂笑容。“有例爲證”要張小姐彈鋼琴，大家同聲附和。張小姐彈完，鴻漸要補救這令她誤解的笑容，搶先第一個稱“好”，求她再彈一曲。他又坐一會，纔告辭出門。洋車到半路，他想起那書名，不禁失笑。丈夫是女人的職業，没有丈夫就等於失業，所以該牢牢捧住這飯碗。哼！我偏不願意女人讀了那本書當我是飯碗，我寧可他們瞧不起我，罵我飯桶。“我你他”小姐，咱們没有“舉碗齊眉”的緣份，希望另有好運氣的人來愛上您。想到這裏，鴻漸頓足大笑，把天空月亮當作張小姐，向她揮手作別。洋車夫疑心他醉了，回頭叫他別動，車不好拉。

客人全散了，張太太道：“這姓方的不合適，氣量太小，把錢看得太重，給我一試就露出本相。他那時候好像怕我們賴賬不還的，可笑不可笑？”

張先生道：“德國貨總比不上美國貨呀。什麽博士！還算在英國留過學，我說的英文，他好多聽不懂。歐戰以後，德國落伍了。汽車、飛機、打字機、照相機，哪一件不是美國花樣頂新！我不愛歐洲留學生。”

張太太道：“Nita，你看這姓方的怎麽樣？”

張小姐不能饒恕方鴻漸看書時的微笑，乾脆說：“這人討厭！

你看他吃相多壞！全不像在外國住過的。他喝湯的時候，把麵包去蘸！他吃鐵排雞，不用刀叉，把手拈了雞腿起來咬！我全看在眼睛裏。嚇！這算什麼禮貌？我們學校裏教社交禮節的 Miss Prym 瞧見了準會罵他豬玀相 piggy wiggy！"

　　當時張家這婚事一場沒結果，周太太頗為掃興。可是方鴻漸小時是看《三國演義》、《水滸》、《西遊記》那些不合教育原理的兒童讀物的；他生得太早，還沒福氣捧讀《白雪公主》、《木偶奇遇記》這一類好書。他記得《三國演義》裏的名言："妻子如衣服，"當然衣服也就等於妻子；他現在新添了皮外套，損失個把老婆纔不放在心上呢。

三

　　也許因爲戰事中死人太多了，枉死者没消磨掉的生命力都迸作春天的生意。那年春天，氣候特別好。這春氣鼓動得人心像嬰孩出齒時的牙齦肉，受到一種生機透芽的痛癢。上海是個暴發都市，没有山水花柳作爲春的安頓處。公園和住宅花園裏的草木，好比動物園裏鐵籠子關住的野獸，拘束、孤獨，不够春光盡情地發洩。春來了祇有向人的身心裏寄寓，添了疾病和傳染，添了姦情和酗酒打架的案件，添了孕婦。最後一樁倒不失爲好現象，戰時人口正該補充。但據周太太説，本年生的孩子，大半是枉死鬼陽壽未盡，搶著投胎，找足前生年齡數目，祇怕將來活不長。

　　這幾天來，方鴻漸白天昏昏想睡，晚上倒又清醒。早晨方醒，聽見窗外樹上鳥叫，無理由地高興，無目的地期待，心似乎減輕重量，直升上去。可是這歡喜是空的，像小孩子放的氣球，上去不到幾尺，便爆裂歸於烏有，祇留下忽忽若失的無名悵惘。他坐立不安地要活動，卻頹唐使不出勁來，好比楊花在春風裏飄蕩，而身輕無力，終飛不遠。他自覺這種惺忪迷滯的心緒，完全

像填詞裏所寫幽閨傷春的情境。現在女人都不屑傷春了，自己枉
爲男人，還脫不了此等刻板情感，豈不可笑！譬如鮑小姐那類女
人，決没工夫傷春，但是蘇小姐呢？她就難説了；她像是多愁善
感的古美人模型。船上一別，不知她近來怎樣。自己答應過去看
她，何妨去一次呢？明知也許從此多事，可是實在生活太無聊，
現成的女朋友太缺乏了！好比睡不著的人，顧不得安眠藥片的害
處，先要圖眼前的舒服。

　　方鴻漸到了蘇家，理想蘇小姐會急忙跑進客堂，帶笑帶嚷，
罵自己怎不早去看她。門房送上茶説：“小姐就出來。”蘇家園裏
的桃花、梨花、丁香花都開得正好，鴻漸想現在纔陰曆二月底，
花已經趕早開了，不知還剩些什麽，留作清明春色。客堂一扇窗
開著，太陽烘焙的花香，濃得塞鼻子，暖得使人頭腦迷倦。這些
花的香味，跟葱蒜的臭味一樣，都是植物氣息而有葷腥的肉感，
像從夏天跳舞會上頭髮裏發洩出來的。壁上掛的字畫裏有沈子培
所寫屏條，録的黄山谷詩，第一句道：“花氣薰人欲破禪。”鴻漸
看了，會心不遠，覺得和尚們聞到窗外這種花香，確已犯戒，與
吃葷相去無幾了。他把客堂裏的書畫古玩反覆看了三遍，正想沈
子培寫“人”字的捺腳活像北平老媽子纏的小腳，上面那樣粗挺
的腿，下面忽然微乎其微的一頓，就完事了，也算是腳的！蘇小
姐纔出來。她冷淡的笑容，像陰寒欲雪天的淡日，拉拉手，説：
“方先生好久不見，今天怎麽會來？”鴻漸想去年分別時拉手，何
等親熱；今天握她的手像捏著冷血的魚翅。分別時還是好好的，
爲什麽重見面變得這樣生分？這時候他的心理，彷彿臨考抱佛腳
的學生睡了一晚，發現自以爲温熟的功課，還是生的，衹好撒謊

説，到上海不多幾天，特來拜訪。蘇小姐禮貌周到地謝他“光臨”，問他“在什麼地方得意”。他囁嚅説，還没找事，想到内地去，暫時在親戚組織的銀行裏幫忙。蘇小姐看他一眼道：“是不是方先生岳家開的銀行？方先生，你真神秘！你什麼時候吃喜酒的？咱們多年老同學了，你還瞞得一字不提。是不是得了博士回來結婚的？真是金榜掛名，洞房花燭，要算得雙喜臨門了。我們就没福氣瞻仰瞻仰方太太呀！”

方鴻漸羞愧得無地自容，記起《滬報》那節新聞，忙説，這一定從《滬報》看來的。便痛駡《滬報》一頓，把乾丈人和假博士的來由用春秋筆法敍述一下，買假文憑是自己的滑稽玩世，認乾親戚是自己的和同隨俗。還説：“我看見那消息，第一個就想到你，想到你要笑我，瞧不起我。我爲這事還跟我那掛名岳父鬧得很不歡呢。”

蘇小姐臉色漸轉道：“那又何必呢！他們那些俗不可耐的商人，當然祇知道付了錢要交貨色，不會懂得學問是不靠招牌的。你跟他們計較些什麼！那位周先生總算是你的尊長，待你也够好，他有權利在報上登那段新聞。反正誰會注意那段新聞，看到的人轉背就忘了。你在大地方已經玩世不恭，倒向小節上認真，矛盾得太可笑了。”

方鴻漸誠心佩服蘇小姐説話漂亮，回答道：“給你這麼一説，我就没有虧心内愧的感覺了。我該早來告訴你的，你説話真通達！你説我在小節上看不開，這話尤其深刻。世界上大事情像可以隨便應付，偏是小事倒絲毫假藉不了。譬如貪官污吏，納賄幾千萬，而決不肯偷人家的錢袋。我這幽默的態度，確不徹底。”

蘇小姐想說:"這話不對。不偷錢袋是因爲錢袋不值得偷;假如錢袋裏容得上幾千萬,偷了跟納賄一樣的安全,他也會偷。"可是她這些話不說出來,祇看了鴻漸一眼,又注視地毯上的花紋道:"虧得你那玩世的態度不徹底,否則跟你做朋友的人都得寒心,怕你也不過面子上敷衍,心裏在暗笑他們了。"

鴻漸忙言過其實地擔保,他怎樣把友誼看得重。這樣談著,蘇小姐告訴他,她父親已隨政府入蜀,她哥哥也到香港做事,上海家裏祇剩她母親、嫂子和她,她自己也想到內地去。方鴻漸說,也許他們倆又可以同路。蘇小姐說起有位表妹,在北平他們的母校裏讀了一年,大學因戰事內遷,她停學在家半年,現在也計劃復學。這表妹今天恰到蘇家來玩,蘇小姐進去叫她出來,跟鴻漸認識,將來也是旅行伴侶。

蘇小姐領了個二十左右的嬌小女孩子出來,介紹道:"這是我表妹唐曉芙。"唐小姐嫵媚端正的圓臉,有兩個淺酒渦。天生著一般女人要花錢費時、調脂和粉來仿造的好臉色,新鮮得使人見了忘掉口渴而又覺嘴饞,彷彿是好水菓。她眼睛並不頂大,可是靈活溫柔,反襯得許多女人的大眼睛祇像政治家講的大話,大而無當。古典學者看她說笑時露出的好牙齒,會詫異爲什麼古今中外詩人,都甘心變成女人頭插的釵,腰束的帶,身體睡的蓆,甚至腳下踐踏的鞋襪,可是從沒想到化作她的牙刷。她頭髮沒燙,眉毛不鑷,口紅也沒有擦,似乎安心遵守天生的限止,不要彌補造化的缺陷。總而言之,唐小姐是摩登文明社會裏那樁罕物——一個真正的女孩子。有許多都市女孩子已經是裝模做樣的早熟女人,算不得孩子;有許多女孩子祇是渾沌癡頑的無性別孩子，還説不上女人。方鴻漸立刻想在她心上造個好印象。唐小姐尊稱他爲"同學老前輩"，他抗議道："這可不成！你叫我'前輩'，我已經覺得像史前原人的遺骸了。你何必又加上'老'字？我們不幸生得太早，没福氣跟你同時同學，這是恨事。你再叫我'前輩'，就是有意提醒我是老大過時的人，太殘忍了!"

唐小姐道："方先生真會挑眼！算我錯了，'老'字先取消。"

蘇小姐同時活潑地説："不羞！還要咱們像船上那些人叫你'小方'麽？曉芙，不用理他。他不受抬舉，乾脆什麽都不叫他。"

方鴻漸看唐小姐不笑的時候，臉上還依戀著笑意，像音樂停止後裊裊空中的餘音。許多女人會笑得這樣甜，但她們的笑容祇是面部肌肉柔軟操，彷彿有教練在喊口令："一!"忽然滿臉堆笑，"二!"忽然笑不知去向，祇餘個空臉，像電影開映前的布幕。他找話出來跟她講，問她進的什麽系。蘇小姐不許她説，説："讓他猜。"

方鴻漸猜文學不對，猜教育也不對，猜化學物理全不對，應用張吉民先生的話道："Search me!① 難道讀的是數學？那太利害了!"

唐小姐説出來，原來極平常的是政治系。蘇小姐註一句道："這纔利害呢。將來是我們的統治者，女官。"

方鴻漸説："女人原是天生的政治動物。虚虚實實，以退爲進，這些政治手腕，女人生下來全有。女人學政治，那真是以後

---

①　把我考倒了。

天發展先天、錦上添花了。我在歐洲，聽過 Ernst Bergmann 先生的課。他說男人有思想創造力，女人有社會活動力，所以男人在社會上做的事該讓給女人去做，男人好躲在家裏從容思想，發明新科學，產生新藝術。我看此話甚有道理。女人不必學政治，而現在的政治家要成功，都得學女人。政治舞臺上的戲劇全是反串。"

蘇小姐道："這是你那位先生故作奇論，你就喜歡那一套。"

方鴻漸道："唐小姐，你表姐真不識抬舉，好好請她女子參政，她倒笑我故作奇論！你評評理看。老話說，要齊家而後能治國平天下。請問有多少男人會管理家務的？管家要仰仗女人，而自己吹牛說大丈夫要治國平天下，區區家務不屑理會，祇好比造房子要先向半空裏蓋個屋頂。把國家社會全部交給女人有許多好處，至少可以減少戰爭。外交也許更複雜，秘密條款更多，可是女人因爲身體關係，並不擅長打仗。女人對於機械的頭腦比不上男人，戰爭起來或者使用簡單的武器，甚至不過撮頭髮、抓臉皮、擰肉這些本位武化，損害不大。無論如何，如今新式女人早不肯多生孩子了，到那時候她們忙著幹國事，更沒工夫生產，人口稀少，戰事也許根本不會產生。"

唐小姐感覺方鴻漸說這些話，都爲著引起自己對他的注意，心中暗笑，說："我不知道方先生是侮辱政治還是侮辱女人，至少都不是好話。"

蘇小姐道："好哇！拐了彎拍了人家半天的馬屁，人家非但不領情，根本就沒有懂！我勸你少開口罷。"

唐小姐道："我並沒有不領情。我感激得很，方先生肯爲我表演口才。假使我是學算學的，我想方先生一定另有議論，説女人是天生的計算動物。"

蘇小姐道："也許説你這樣一個人肯唸算學，他從此不厭恨算學了。反正翻來覆去，強詞奪理，全是他的話。我從前並不知道他這樣油嘴。這次同回國算領教了。大學同學的時候，他老遠看見我們臉就漲紅，愈走近臉愈紅，紅得我們瞧著都身上發熱難過。我們背後叫他'寒暑表'，因爲他臉色忽升忽降，表示出他跟女學生距離的遠近，真好玩兒！想不到外國去了一趟，學得這樣厚皮老臉，也許混在鮑小姐那一類女朋友裏訓練出來的。"

方鴻漸慌忙説："別胡説！那些事提它幹嗎？你們女學生真要不得！當了面假正經，轉背就挖苦得人家體無完膚，真缺德!"

蘇小姐看他發急，剛纔因爲他對唐小姐賣弄的不快全消散了，笑道："瞧你著急得那樣子！你自己怕不是當面花言巧語，背後刻薄人家。"

這時候進來一個近三十歲，身材高大、神氣軒昂的人。唐小姐叫他"趙先生"，蘇小姐説："好，你來了，我跟你們介紹：方鴻漸，趙辛楣。"趙辛楣和鴻漸拉拉手，傲兀地把他從頭到腳看一下，好像鴻漸是頁一覽而盡的大字幼稚園讀本，問蘇小姐道："是不是跟你同船回國的那位？"

鴻漸詫異，這姓趙的怎會知道自己，忽然想也許這人看過《滬報》那條新聞，立刻侷促難受。那趙辛楣本來就神氣活現，聽蘇小姐説鴻漸確是跟她同船回國的，他的表情就彷彿鴻漸化爲稀淡的空氣，眼睛裏沒有這人。假如蘇小姐也不跟他講話，鴻漸真要覺得自己子虛烏有，像五更雞啼時的鬼影，或道家"視之不

三

見，搏之不得”的真理了。蘇小姐告訴鴻漸，趙辛楣和她家是世交，美國留學生，本在外交公署當處長，因病未隨機關內遷，如今在華美新聞社做政治編輯。可是她並没向趙辛楣敍述鴻漸的履歷，好像他早已知道，無需説得。

趙辛楣躺在沙發裏，含著煙斗，仰面問天花板上掛的電燈道：“方先生在什麼地方做事呀？”

方鴻漸有點生氣，想不理他不可能，“點金銀行”又叫不響，便含糊地説：“暫時在一家小銀行裏做事。”

趙辛楣鑒賞著口裏吐出來的煙圈道：“大材小用，可惜可惜！方先生在外國學的是什麼呀？”

鴻漸没好氣道：“没學什麼。”

蘇小姐道：“鴻漸，你學過哲學，是不是？”

趙辛楣喉嚨裏乾笑道：“從我們幹實際工作的人的眼光看來，學哲學跟什麼都不學全没兩樣。”

“那麼得趕快找個眼科醫生，把眼光驗一下；會這樣看東西的眼睛，一定有毛病。”方鴻漸爲掩飾鬥口的痕迹，有意哈哈大笑。趙辛楣以爲他講了俏皮話而自鳴得意，一時想不出回答，祇好狠命抽煙。蘇小姐忍住笑，有點不安。祇唐小姐雲端裏看廝殺似的，悠遠淡漠地笑著。鴻漸忽然明白，這姓趙的對自己無禮，是在吃醋，當自己是他的情敵。蘇小姐忽然改口，不叫“方先生”而叫“鴻漸”，也像有意要姓趙的知道她跟自己的親密。想來這是一切女人最可誇傲的時候，看兩個男人爲她爭鬥。自己何苦空做冤家，讓趙辛楣去愛蘇小姐得了！蘇小姐不知道方鴻漸這種打算；她喜歡趙方二人鬥法比武搶自己，但是她擔心交戰得太猛烈，頃刻就分勝負，二人祇剩一人，自己身邊就不熱鬧了。她更擔心敗走的偏是方鴻漸；她要借趙辛楣來激發方鴻漸的勇氣，可是方鴻漸也許像這幾天報上戰事消息所説的，"保持實力，作戰略上的撤退。"

　　趙辛楣的父親跟蘇文紈的父親從前是同僚，民國初元在北京合租房子住。辛楣和蘇小姐自小一起玩兒。趙老太太肚子裏懷著他，人家以爲她準生雙胞。他到四五歲時身體長大得像七八歲，用人每次帶他坐電車，總得爲"五歲以下孩童免票"的事跟賣票人吵嘴。他身大而心不大，像個空心大蘿蔔。在小學裏，他是同學們玩笑的目標，因爲這樣龐大的箭垛子，放冷箭没有不中的道理。他和蘇小姐兄妹們遊戲"官打捉賊"，蘇小姐和她現在已出嫁的姐姐，女孩子們跑不快，拾著"賊"也硬要做"官"或"打"，蘇小姐哥哥做了"賊"要抗不受捕，祇有他是乖乖挨"打"的好"賊"。玩紅帽兒那故事，他老做狼；他吃掉蘇小姐姊妹的時候，不過抱了她們睜眼張口做個怪樣，到獵人殺狼破腹，蘇小姐哥哥按他在泥裏，要搯他肚子，有一次真用剪刀把他衣服都剪破了。他脾氣雖好，頭腦並不因此而壞。他父親信算命相面，他十三四歲時帶他去見一個有名的女相士，那女相士讚他："火星方，土形厚，木聲高，牛眼，獅鼻，棋子耳，四字口，正合《麻衣相法》所説南方貴宦之相，將來名位非凡，遠在老子之上。"從此他自以爲政治家。他小時候就偷偷喜歡蘇小姐，有一年蘇小姐生病很危險，他聽父親説："文紈的病一定會好，她是官太太的命，該有二十五年'幫夫運'呢。"他武斷蘇小姐命裏該幫助的丈夫，就是自己，因爲女相士説自己要做官的。這次蘇小姐回國，他本想把兒時友誼重新溫起，時機成熟再向她求婚。
蘇小姐初到家，開口閉口都是方鴻漸，第五天後忽然絕口不提，
緣故是她發見了那張舊《滬報》，眼明心細，注意到旁人忽略過
的事實。她跟辛楣的長期認識並不會日積月累地成爲戀愛，好比
冬季每天的氣候罷，你没法把今天的溫度加在昨天的上面，好等
明天積成個和暖的春日。他最擅長用外國話演説，響亮流利的美
國話像天心裏轉滾的雷，擦了油，打上蠟，一滑就是半個上空。
不過，演講是站在臺上，居高臨下的；求婚是矮著半身子，仰面
懇請的。蘇小姐不是聽衆，趙辛楣有本領使不出來。

　　趙辛楣對方鴻漸雖有醋意，並無什麼你死我活的仇恨。他
的傲慢無禮，是學墨索里尼和希特勒接見小國外交代表開談判時
的態度。他想把這種獨裁者的威風，壓倒和嚇退鴻漸。給鴻漸頂
了一句，他倒不好像意國統領的拍桌大吼，或德國元首的揚拳示
威。幸而他知道外交家的秘訣，一時上對答不來，把嘴裏抽的煙
捲作爲遮掩的煙幕。蘇小姐忙問他戰事怎樣，他便背誦剛做好的
一篇社論，眼裏仍没有方鴻漸，但又提防著他，恰像慰問害傳染
病者的人對細菌的態度。鴻漸没興趣聽，想跟唐小姐攀談，可是
唐小姐偏聽得津津有味。鴻漸準備等唐小姐告辭，自己也起身，
同出門時問她住址。辛楣講完時局，看手錶説：“現在快五點了，
我到報館溜一下，回頭來接你到峨嵋春吃晚飯。你想吃川菜，這
是最好的四川館子，跑堂都認識我——唐小姐，請你務必也賞
面子——方先生有興致也不妨來湊熱鬧，歡迎得很。”

　　蘇小姐還没回答，唐小姐和方鴻漸都説時候不早，該回家
了，謝辛楣的盛意，晚飯心領。蘇小姐説：“鴻漸，你坐一會，

我還有幾句話跟你講——辛楣，我今兒晚上要陪媽媽出去應酬，咱們改天吃館子，好不好？明天下午四點半，請你們都來喝茶，陪陪新回國的沈先生沈太太，大家可以談談。”

趙辛楣看蘇小姐留住方鴻漸，奮然而出。方鴻漸站起來，原想跟他拉手，祇好又坐下去。“這位趙先生真怪！好像我什麼地方開罪了他似的，把我恨得形諸詞色。”

“你不是也恨著他麼？”唐小姐狡猾地笑說。蘇小姐臉紅，駡她：“你這人最壞！”方鴻漸聽了這句話，要否認他恨趙辛楣也不敢了，祇好說：“蘇小姐，明天茶會謝謝罷。我不想來。”

唐小姐沒等蘇小姐開口，便說：“那不成！我們看戲的人可以不來；你是做戲的人，怎麼好不來？”

蘇小姐道：“曉芙！你再胡說，我從此不理你。你們兩個明天都得來！”

唐小姐坐蘇家汽車走了。鴻漸跟蘇小姐兩人相對，竭力想把話來沖淡、疏通這親密得使人窒息的空氣：“你表妹說話很利害，人也好像非常聰明。”

“這孩子人雖小，本領大得很，她抓一把男朋友在手裏玩弄著呢！”——鴻漸臉上遮不住的失望看得蘇小姐心裏酸溜溜的——“你別以爲她天真，她纏是滿肚子鬼主意呢！我總以爲剛進大學就談戀愛的女孩子，不會有什麼前途。你想，跟男孩子們混在一起，攪得昏天黑地，哪有工夫唸書。咱們同班的黃璧、蔣孟媞，你不記得麼？現在都不知道哪裏去了！”

方鴻漸忙說記得：“你那時候也紅得很，可是你自有那一種高貴的氣派，我們祇敢遠遠地仰慕著你。我真夢想不到今天會和你這樣熟。"

蘇小姐心裏又舒服了。談了些學校舊事，鴻漸看她並沒有重要的話跟自己講，便説："我該走了，你今天晚上還得跟伯母出去應酬呢。"

蘇小姐道："我並沒有應酬，那是託詞，因爲辛楣對你太無禮了，我不願意長他的驕氣。"

鴻漸惶恐道："你對我太好了！"

蘇小姐瞥他一眼低下頭道："有時候我真不應該對你那樣好。"這時候空氣裏蠕動著他該説的情話，都撲湊向他嘴邊要他説。他不願意説，而又不容靜默。看見蘇小姐擱在沙發邊上的手，便伸手拍她的手背。蘇小姐把手縮回，柔聲道："你去罷。明天下午早點來。"蘇小姐送到客堂門口，鴻漸下階，她喚"鴻漸"，鴻漸回來問她有什麼事，她笑道："没有什麼。我在這兒望你，你爲什麼直望前跑，頭都不回？哈哈，我真是没道理的女人，要你背後生眼睛了——明天早些來。"

方鴻漸出了蘇家，自覺已成春天的一部分，沆瀣一氣，不是兩小時前的春天門外漢了。走路時身體輕得好像地面在浮起來。祇有兩件小事梗在心裏消化不了。第一，那時候不該碰蘇小姐的手，應該假裝不懂她言外之意的；自己總太心軟，常迎合女人，不願觸犯她們，以後言動要斬截些，別弄假成真。第二，唐小姐的男朋友很多，也許已有愛人。鴻漸氣得把手杖殘暴地打道旁的樹。不如趁早死了心罷，給一個未成年的女孩子甩了，那多丟臉！這樣惘惘不甘地跳上電車，看見鄰座一對青年男女喁喁情話。男孩子身上放著一堆中學教科書，女孩子的書都用電影明星照相的包書紙包著。那女孩子不過十六七歲，臉化妝得就像搓油摘粉調胭脂捏出來的假面具。鴻漸想上海不愧是文明先進之區，中學女孩子已經把門面油漆粉刷，招徠男人了，這是外國也少有的。可是這女孩子的臉假得老實，因爲決沒人相信貼在她臉上的那張脂粉薄餅會是她的本來面目。他忽然想唐小姐並不十分妝飾。刻意打扮的女孩子，或者是已有男朋友，對自己的身體發生了新興趣，發現了新價值，或者是需要男朋友，掛個鮮明的幌子，好刺眼射目，不致遭男人忽略。唐小姐無意修飾，可見她心裏並沒有男人。鴻漸自以爲這結論有深刻的心理根據，合嚴密的邏輯推理，可以背後批 Q.E.D. 的[①]。他快活得坐不安位。電車到站時，他沒等車停就搶先跳下來，險些摔一跤，虧得撐著手杖，左手推在電杆木上阻住那撲向地的勢頭。嚇出一身冷汗，左手掌擦去一層油皮，還給電車司機訓了幾句。回家手心塗了紅藥水，他想這是唐曉芙害自己的，將來跟她細細算賬，微笑從心裏泡沫似地浮上臉來，痛也忘了。他倒不想擦去皮是這隻手剛纔按在蘇小姐手上的報應。

　　明天他到蘇家，唐小姐已先到了。他還沒坐定，趙辛楣也來了，招呼後說："方先生，昨天去得遲，今天來得早。想是上銀行辦公養成的好習慣，勤勉可嘉，佩服佩服！"

　　"過獎，過獎！"方鴻漸本想說辛楣昨天早退，今天遲到，是學衙門裏上司的官派，一轉念，忍住不說，還對辛楣善意地微笑。辛楣想不到他會這樣無抵抗，反有一拳打個空的驚慌。唐小

----

① 　幾何學慣用語：證明完畢。

姐藏不了臉上的詫異。蘇小姐也覺得奇怪，但忽然明白這是勝利者的大度，鴻漸知道自己愛的是他，所以不與辛楣計較了。沈氏夫婦也來了。乘大家介紹寒暄的時候，趙辛楣揀最近蘇小姐的一張沙發坐下，沈氏夫婦合坐一張長沙發，唐小姐坐在蘇小姐和沈先生坐位中間一個繡墊上，鴻漸孤零零地近沈太太坐了。一坐下去，他後悔無及，因為沈太太身上有一股味道，文言裏的雅稱跟古羅馬成語都借羊來比喻："膻旤。"這暖烘烘的味道，攙了脂粉香和花香，薰得方鴻漸要泛胃，又不好意思抽煙解穢。心裏想這真是從法國新回來的女人，把巴黎大菜場的"臭味交響曲"都帶到中國來了。自己在巴黎從沒碰見過她，今天偏避免不了，可見巴黎大而天下小。沈太太生得怪樣，打扮得妖氣。她眼睛下兩個黑袋，像圓殼行軍熱水瓶，想是儲蓄著多情的熱淚，嘴唇塗的濃胭脂給唾沫帶進了嘴，把黯黃崎嶇的牙齒染道紅痕，血淋淋的像偵探小說裏謀殺案的綫索，說話常有 "Tiens!""O la, la!"那些法文慨歎，把自己身軀扭擺出媚態柔姿。她身體動一下，那氣味又添了新的一陣。鴻漸恨不能告訴她，話用嘴說就够了，小心別把身體一扭兩段。沈先生下唇肥厚倒垂，一望而知是個說話多而快像嘴裏在瀉肚子下痢的人。他在講他怎樣向法國人作戰事宣傳，怎樣博得不少人對中國的同情："南京撤退以後，他們都說中國完了。我對他們說：'歐洲大戰的時候，你們政府不是也遷都離開巴黎麼？可是你們是最後的勝利者。'他們沒有話講，唉，他們沒有話講。"鴻漸想政府可以遷都，自己倒不能換座位。

趙辛楣專家審定似地說："回答得好！你為什麼不做篇文章？"

“薇蕾在《滬報》上發表的外國通訊裏，就把我這一段話記載進去，趙先生沒看見麼?”沈先生稍微失望地問。

沈太太扭身子向丈夫做個揮手姿勢，嬌笑道:“提我那東西幹嗎? 有誰會注意到!”

辛楣忙説:“看見，看見! 佩服得很。想起來了，通訊裏是有遷都那一段話——”

鴻漸道:“我倒沒有看見，叫什麼題目?”

辛楣説:“你們這些哲學家研究超時間的問題，當然不看報的。題目是——咦，就在口邊，怎麼一時想不起?”他根本沒看那篇通訊，不過他不願放棄這個掃鴻漸面子的機會。

蘇小姐道:“你不能怪他，他那時候也許還逃難躲在鄉下，報都看不見呢。鴻漸，是不是? 題目很容易記的:《給祖國姊妹們的幾封信》，前面還有大字標題，好像是:《亞洲碧血中之歐洲青島》。沈太太，我沒記錯罷?”

辛楣拍大腿道:“對，對，對! 《給祖國姊妹們的幾封信》，《亞洲碧血中之歐洲青島》，題目美麗極了! 文紈，你記性真好!”

沈太太道:“這種見不得人的東西都虧你記得。無怪認識的人都推你是天才。”

蘇小姐道:“好東西不用你去記，它自會留下很深的印象。”

唐小姐對鴻漸道:“那是沈太太寫給我們女人看的，你是‘祖國的兄弟們’，沒注意到，可以原諒。”沈太太年齡不小，她這信又不是寫給“祖國的外甥女、侄女、侄孫女”的，唐小姐去看它，反給她攀上姊妹。

辛楣爲補救那時候的健忘，恭維沈太太，還説華美新聞社

三

要發行一種婦女刊物，請她幫忙。沈氏夫婦跟辛楣愈親熱了。用人把分隔餐室和客堂的幔拉開，蘇小姐請大家進去用點心，鴻漸如罪人蒙赦。他吃完回到客堂裏，快傍著唐小姐坐了，沈太太跟趙辛楣談得拆不開；辛楣在傷風，鼻子塞著，所以敢接近沈太太。沈先生向蘇小姐問長問短，意思要"蘇老伯"爲他在香港找個位置。方鴻漸自覺本日運氣轉好，苦盡甘來，低低問唐小姐道："你方纔什麽都不吃，好像身子不舒服，現在好了沒有？"

唐小姐道："我吃得很多，並沒有不舒服呀！"

"我又不是主人，你不用向我客套。我明看見你喝了一口湯，就皺眉頭把匙兒弄著，沒再吃東西。"

"吃東西有什麽好看？老瞧著人，好意思麽？我不願意吃給你看，所以不吃，這是你害我的——哈哈，方先生，別當真，我並沒知道你在看旁人吃。我問你，你那時候坐在沈太太身邊，爲什麽別著臉，緊閉了嘴，像在受罪？"

"原來你也是這個道理！"方鴻漸和唐小姐親密地笑著，兩人已成了患難之交。

唐小姐道："方先生，我今天來了有點失望——"

"失望！你希望些什麽？那味道還不够利害麽？"

"不是那個。我以爲你跟趙先生一定很熱鬧，誰知道什麽都沒有。"

"抱歉得很，沒有好戲做給你看。趙先生誤解了我跟你表姐的關係——也許你也有同樣的誤解——所以我今天讓他挑戰，躲著不還手，讓他知道我跟他毫無利害衝突。"

"這話真麽？祇要表姐有個表示，這誤解不是就弄明白了？"

"也許你表姐有她的心思，遣將不如激將，非有大敵當前，趙先生的本領不肯顯出來。可惜我們這種老弱殘兵，不經打，並且不願打——"

"何妨做志願軍呢？"

"不，簡直是拉來的佚子。"説著，方鴻漸同時懊惱這話太輕佻了，唐小姐難保不講給蘇小姐聽。

"可是，戰敗者常常得到旁人更大的同情——"唐小姐覺得這話會引起誤會，紅著臉——"我意思説，表姐也許是讚助弱小民族的。"

鴻漸快樂得心少跳了一跳："那就顧不得了。唐小姐，我想請你跟你表姐明天吃晚飯，就在峨嵋春，你肯不肯賞臉？"唐小姐躊躇還没答應，鴻漸繼續説："我知道我很大膽冒昧。你表姐説你朋友很多，我不配高攀，可是很想在你的朋友裏湊個數目。"

"我没有什麽朋友，表姐在胡説——她跟你怎麽説呀？"

"她並没講什麽，她祇講你善于交際，認識不少人。"

"這太怪了！我纔是不見世面的鄉下女孩子呢。"

"別客氣，我求你明天來。我想去吃，對自己没有好藉口，藉你們二位的名義，自己享受一下，你就體貼下情，答應了罷！"

唐小姐笑道："方先生，你説話裏都是文章。這樣，我準來。明天晚上幾點鐘？"

鴻漸告訴了她鐘點，身心舒泰，祇聽沈太太朗朗説道："我這次出席世界婦女大會，觀察出來一種普遍動態：全世界的女性現在都趨向男性方面——"鴻漸又驚又笑，想這是從古已然的道理，沈太太不該到現在出席了婦女大會纔學會——"從前男性所做的職業，像國會議員、律師、報館記者、飛機師等等，女性都會做，而且做得跟男性一樣好。有一位南斯拉夫的女性社會學家在大會裏演講，説除掉一部分甘心做賢妻良母的女性以外，此外的職業女性可以叫‘第三性’。女性解放還是新近的事實，可是已有這樣顯著的成績。我敢説，在不久的將來，男女兩性的分別要成爲歷史上的名詞。”趙辛楣道：“沈太太，你這話對。現在的女人真能幹！文紈，就像徐寶瓊徐小姐，沈太太認識她罷？她幫她父親經營那牛奶場，大大小小的事，全是她一手辦理，外表斯文柔弱，全看不出來！”鴻漸跟唐小姐説句話，唐小姐忍不住笑出聲來。蘇小姐本在説：“寶瓊比她父親還精明，簡直就是牛奶場不出面的經理——”看不入眼鴻漸和唐小姐的密切，因説：“曉芙，有什麼事那樣高興？”

唐小姐搖頭衹是笑。蘇小姐道：“鴻漸，有笑話講出來大家聽聽。”

鴻漸也搖頭不説，這更顯得他跟唐小姐兩口兒平分著一個秘密，蘇小姐十分不快。趙辛楣做出他最成功的輕鄙表情道：“也許方大哲學家在講解人生哲學裏的樂觀主義，所以唐小姐聽得那麼樂。對不對，唐小姐？”

方鴻漸不理他，直接對蘇小姐説：“我聽趙先生講，他從外表上看不出那位徐小姐是管理牛奶場的，我説，也許趙先生認爲她應該頭上長兩隻牛角，那就一望而知是什麼人了。否則，外表上無論如何看不出來的。”

趙辛楣道：“這笑話講的不通，頭上長角，本身就變成牛了，怎會表示出是牛奶場的管理人！”説完，四顧大笑。他以爲方鴻

漸又給自己説倒，想今天得再接再厲，決不先退，盤桓到那姓方
的走了纔起身，所以他身子向沙發上坐得更深陷些。方鴻漸目的
已達，不願逗留，要乘人多，跟蘇小姐告別容易些。蘇小姐因爲
鴻漸今天没跟自己親近，特送他到走廊裏，心理好比冷天出門，
臨走還要向火爐前烤烤手。

　　鴻漸道："蘇小姐，今天没機會多跟你講話。明天晚上你有
空麽？我想請你吃晚飯，就在峨嵋春，我不稀罕趙辛楣請！祇恨
我比不上他是老主顧，菜也許不如他會點。"

　　蘇小姐聽他還跟趙辛楣在慪氣，心裏寬舒，笑説："好！就
咱們兩個人麽？"問了有些害羞，覺得這無需問得。

　　方鴻漸訥訥道："不，還有你表妹。"

　　"哦，有她。你請她了没有？"

　　"請過她了，她答應來──來陪你。"

　　"好罷，再見。"

　　蘇小姐臨別時的態度，冷縮了方鴻漸的高興。他想這事勢
難兩全，祇求做得光滑乾淨，讓蘇小姐的愛情好好的無疾善終。
他歎口氣，憐憫蘇小姐。自己不愛她，而偏爲她弄得心軟，這太
不公道！她太取巧了！她不應當這樣容易受傷，她該熬住不叫
痛。爲什麽愛情會減少一個人心靈的抵抗力，使人變得軟弱，被
擺佈呢？假如上帝真是愛人類的，他決無力量做得起主宰。方鴻
漸這思想若給趙辛楣知道，又該挨罵"哲學家鬧玄虚"了。他那
天晚上的睡眠，宛如粳米粉的綫條，没有粘性，拉不長。他的快
樂從睡夢裏冒出來，使他醒了四五次，每醒來就像唐曉芙的臉在
自己眼前，聲音在自己耳朵裏。他把今天和她談話時一字一句，

三

一舉一動都將心熨貼著，迷迷糊糊地睡去，一會兒又驚醒，覺得
這快樂給睡埋没了，忍住不睡，重新温一遍白天的景象。最後醒
來，起身一看，是個嫩陰天。他想這請客日子揀得不安全，恨不
能用吸墨水紙壓乾了天空淡淡的水雲。今天星期一是銀行裏照例
的忙日子，他要到下午六點多鐘，纔下辦公室，没工夫回家換了
衣服再上館子，所以早上出門前就打扮好了。設想自己是唐小
姐，用她的眼睛來審定著衣鏡裏自己的儀表。回國不到一年，額
上添了許多皺紋，昨天没睡好，臉色眼神都萎靡黯淡。他這兩天
有了意中人以後，對自己外表上的缺點，知道得不寬假的詳盡，
彷彿祇有一套出客衣服的窮人知道上面每一個斑漬和補釘。其實
旁人看來，他臉色照常，但他自以爲今天特別難看，花領帶襯得
臉黃裏泛綠，換了三次領帶纔下去吃早飯。周先生每天這時候還
不起牀，祇有他跟周太太、效成三人吃著。將要吃完，樓上電話
鈴響，這電話就裝在他臥室外面，他在家時休想耳根清淨。他常
聽到心煩，以爲他那未婚妻就給這電話的“盜魂鈴”送了性命。
這時候，女用人下來說：“方少爺電話，姓蘇，是個女人。”女用
說著，她和周太太、效成三人眼睛裏來往的消息，忙碌得能在空
氣裏起春水的波紋。鴻漸想不到蘇小姐會來電話，周太太定要問
長問短了，三腳兩步上去接，祇聽效成大聲道：“我猜就是那蘇
文紈。”這孩子前天在本國史班上，把清朝國姓“愛新覺羅”錯
記作“親愛保羅”，給教師痛罵一頓，氣得今天賴學在家，偏是
蘇小姐的名字他倒過目不忘。

　　鴻漸拿起聽筒，覺得整個周家都在屏息旁聽，輕聲道：“蘇
小姐哪？我是鴻漸。”

“鴻漸，我想這時候你還不會出門，打個電話給你。我今天身體不舒服，晚上峨嵋春不能去了，抱歉得很！你不要罵我。”

“唐小姐去不去呢？”鴻漸話出口就後悔。

斬截地：“那可不知道。”又幽遠地：“她自然去呀！”

“你害的什麼病，嚴重不嚴重？”鴻漸知道已經問得遲了。

“沒有什麼，就覺得累，懶出門。”這含意是顯然了。

“我放了心了。你好好休養罷，我明天一定來看你。你愛吃什麼東西？”

“謝謝你，我不要什麼——”頓一頓——“那麼明天見。”

蘇小姐那面電話掛上，鴻漸纔想起他在禮貌上該取消今天的晚飯，改期請客的。要不要跟蘇小姐再通個電話，託她告訴唐小姐晚飯改期？可是心裏實在不願意。正考慮著，效成帶跳帶跑，尖了嗓子一路叫上來道：“親愛的蜜斯蘇小姐，生的是不是相思病呀？‘你愛吃什麼東西？’‘我愛吃大餅、油條、五香豆、鼻涕乾、臭鹹鯗’——”鴻漸大喝一聲拖住，截斷了他代開的食單，嚇得他討饒。鴻漸輕打一拳，放他走了，下去繼續吃早飯。周太太果然等著他，盤問個仔細，還說：“別忘了要拜我做乾娘。”鴻漸忙道：“我在等你收乾女兒呢。多收幾個，有挑選些。這蘇小姐不過是我的老同學，並無什麼關係，你放著心。”

天氣漸轉晴朗，而方鴻漸因爲早晨那電話，興致大減，覺得這樣好日子撑負不起，彷彿篷帳要坍下來。蘇小姐無疑地在搗亂，她不來更好，祇剩自己跟唐小姐兩人。可是沒有第三者，唐小姐肯來麼？昨天沒向她要住址和電話號數，無法問她知道不知道蘇小姐今晚不來。蘇小姐準會通知她，假使她就託蘇小姐轉告

三

也不來呢？那就糟透了！他在銀行裏幫王主任管文書，今天滿腹心事，擬的信稿子裏出了幾處毛病，王主任動筆替他改了，呵呵笑道："鴻漸兄，咱們老公事的眼光不錯呀！"到六點多鐘，唐小姐毫無音信，他慌起來了，又不敢打電話問蘇小姐。七點左右，一個人快快地踱到峨嵋春，要了間房間，預備等它一個半鐘頭，到時唐小姐還不來，祇好獨吃。他雖然耐心等著，早已不敢希望。點了一支煙，又捺滅了；晚上涼不好大開窗子，怕滿屋煙味，唐小姐不愛聞。他把帶到銀行裏偷空看的書翻開，每個字都認識，沒一句有意義。聽見外面跑堂招呼客人的聲音，心就直提上來。約她們是七點半，看錶纔七點四十分，決不會這時候到——忽然門簾揭開，跑堂站在一旁，進來了唐小姐。鴻漸心裏，不是快樂，而是感激，招呼後道："掃興得很，蘇小姐今天不能來。"

"我知道。我也險的不來，跟你打電話沒打通。"

"我感謝電話公司，希望它營業發達，電綫忙得這種臨時變卦的電話都打不通。你是不是打到銀行裏去的？"

"不，打到你府上去的。是這麼一回事。一清早表姐就來電話說她今天不來吃晚飯，已經通知你了。我說那麼我也不來，她要我自己跟你講，把你的電話號數告訴了我。我搖通電話，問：'是不是方公館？'那面一個女人聲音，打著你們家鄉話說——唉，我學都學不來——說：'我們這兒是周公館，祇有一個姓方的住在這兒。你是不是蘇小姐，要找方鴻漸？鴻漸出門啦，等他回來，我叫他打電話給你。蘇小姐，有空到舍間來玩兒啊，鴻漸常講起你是才貌雙全——'一口氣講下去，我要分辯也插不進

嘴。我想這迷湯灌錯了耳朵，便不客氣把聽筒掛上了。這一位
是誰?"

"這就是我親戚周太太，敝銀行的總經理夫人。你表姐在我
出門前剛來過電話，所以周太太以爲又是她打的。"

"啊喲，不得了! 她一定要錯怪我表姐無禮了。我聽筒掛上
不到五分鐘，表姐又來電話，問我跟你講了沒有，我説你不在
家，她就把你銀行裏的電話號數又告訴我。我想你那時候也許還
在路上，索性等一會再打。誰知道十五分鐘以後，表姐第三次來
電話，我有點生氣了。她知道我還没有跟你通話，催我快打電
話，説趁早你還没有定座，我説定了座就去吃，有什麽大關係。
她説不好，叫我上她家去吃晚飯。我回她説，我也不舒服，什麽
地方都不去。後來想想，表姐太可笑了! 我偏來吃你的飯，所以
電話没有打。"

鴻漸道:"唐小姐，你今天簡直是救苦救難，不但賞面子。
我做主人的感恩不盡，以後要好好地多請幾次。請的客一個都不
來，就無異主人在社交生活上被判死刑。今天險透了!"

方鴻漸點了五六個人吃的菜。唐小姐問有旁的客人没有，
兩個人怎吃得下這許多東西。方鴻漸説菜並不多。唐小姐道:
"你昨天看我没吃點心，是不是今天要試驗我吃不吃東西?"

鴻漸知道她不是裝嬌樣的女人，在宴會上把嘴收束得像眼
藥水瓶口那樣的小，回答説:"我吃這館子是第一次，拿不穩什
麽菜最配胃口。多點兩樣，嘗試的範圍廣些，這樣不好吃，還有
那一樣，不致餓了你。"

"這不是吃菜，這像神農嘗百草了。不太浪費麽? 也許一切

男人都喜歡在陌生的女人面前浪費。”

“也許，可是並不在一切陌生的女人面前。”

“祇在傻女人前面，是不是？”

“這話我不懂。”

“女人不傻決不因爲男人浪費擺闊而對他有好印象——可是，你放心，女人全是傻的，恰好是男人所希望的那樣傻，不多不少。”

鴻漸不知道這些話是出於她的天真直率，還是她表姐所謂手段老辣。到菜上了，兩人吃著，鴻漸向她要住址，請她寫在自己帶著看的那本書後空葉上，因爲他從來不愛帶記事小冊子。他看她寫了電話號數，便說：“我決不跟你通電話。我最恨朋友間通電話，寧可寫信。”

唐小姐：“對了，我也有這一樣感覺。做了朋友應當彼此愛見面；通個電話算接觸過了，可是面沒有見，所說的話又不能像信那樣留著反覆看幾遍。電話是偷懶人的拜訪，吝嗇人的通信，最不夠朋友！並且，你注意到麼？一個人的聲音往往在電話裏變得認不出，變得難聽。”

“唐小姐，你說得痛快。我住在周家，房門口就是一架電話，每天吵得頭痛。常常最不合理的時候，像半夜清早，還有電話來，真討厭！虧得‘電視’沒普遍利用，否則更不得了，你在澡盆裏、被窩裏都有人來窺看了。教育愈普遍，而寫信的人愈少；並非商業上的要務，大家還是怕寫信，寧可打電話。我想這因爲寫信容易出醜，地位很高，講話很體面的人往往筆動不來。可是，電話可以省掉面目可憎者的拜訪，文理不通者的寫信，也算是個功德無量的發明。”

　　方鴻漸談得高興，又要勸唐小姐吃，自己反吃得很少。到吃完水菓，纔九點鐘，唐小姐要走，鴻漸不敢留她，算過賬，吩咐跑堂打電話到汽車行放輛車來，讓唐小姐坐了回家。他告訴她自己答應蘇小姐明天去望病，問她去不去。她說她也許去，可是她不信蘇小姐真害病。鴻漸道："咱們的吃飯要不要告訴她？"

　　"爲什麼不告訴她？——不，不，我剛纔發脾氣，對她講過今天什麼地方都不去的。好，隨你斟酌罷。反正你要下銀行辦公室纔去，我去得更遲一點。"

　　"我後天想到府上來拜訪，不擋駕嗎？"

　　"非常歡迎，就祇舍間侷促得很，不比表姐家的大花園洋房。你不嫌簡陋，儘管來。"

　　鴻漸説："老伯可以見見麼？"

　　唐小姐笑道："你除非有法律問題要請教他，並且他常在他那法律事務所裏，到老晚纔回來。爸爸媽媽對我姐妹們絕對信任，從不干涉，不檢定我們的朋友。"

　　說著，汽車來了，鴻漸送她上車。在回家的洋車裏，想今天真是意外的圓滿，可是唐小姐臨了"我們的朋友"那一句，又使他作酸潑醋的理想裏，隱隱有一大羣大男孩子圍繞著唐小姐。

　　唐小姐到家裏，她父母都打趣她說："交際明星回來了！"她回房間正換衣服，女用人來說蘇小姐來電話。唐小姐下去接，到半樓梯，念頭一轉，不下去了，吩咐用人去回話道："小姐不舒服，早睡了。"唐小姐氣憤地想，這準是表姐來查探自己是否在家。她太欺負人了！方鴻漸又不是她的，要她這樣看管著？表姐愈這樣干預，自己偏讓他親近。自己決不會愛方鴻漸，愛是又曲折又偉大的情感，決非那麼輕易簡單。假使這樣就會愛上一個人，那麼，愛情容易得使自己不相信，容易得使自己不心服了。

明天下午，鴻漸買了些花和水菓到蘇家來。一見蘇小姐，他先聲奪人地嚷道："昨天是怎麼一回事？你也病，她也病，這病是傳染的？還是怕我請客菜裏下毒藥？真氣得我半死！我一個人去吃了，你們不來，我滿不在乎。好了，好了，總算認識了你們這兩位大架子小姐，以後不敢碰釘子了。"

蘇小姐抱歉道："我真病了，到下半天纔好，不敢打電話給你，怕你怪我跟你開玩笑，一會兒這樣，一會兒那樣。我昨天通知曉芙的時候，並沒有叫她不去。讓我現在打電話請她過來。這次都是我不好，下次我做主人。"便打電話問唐小姐病好了沒有，請她就來，說鴻漸也在這裏。蘇小姐打完電話，捧了鴻漸送的花嗅著，叫用人去插在臥室中瓶裏，回頭問鴻漸道："你在英國，認識有一位曹元朗麼？"鴻漸搖頭。"──他在劍橋唸文學，是位新詩人，新近回國。他家跟我們世交，他昨天來看我，今天還要來。"

鴻漸道："好哇！怪不得昨天不賞面子了，原來跟人談詩去了，我們是俗物呀！根本就不配認識你。那位曹先生堂堂劍橋出身，我們在後起大學裏掛個名，怎會有資格結交他？我問你，你的《十八家白話詩人》裏好像沒講起他，是不是準備再版時補他進去？"

蘇小姐似嗔似笑，左手食指在空中向他一點道："你這人就愛吃醋，吃不相干的醋。"她的表情和含意嚇得方鴻漸不敢開口，祇懊悔自己氣憤裝得太像了。一會兒，唐小姐來了。蘇小姐道：

"好架子！昨天晚上我打電話問候你，你今天也没回電話。這時候又要我請了纔來。方先生在問起你呢。"

唐小姐道："我們配有架子麼？我們是聽人家叫來喚去的。就算是請了纔來，那有什麼稀奇？要請了還不肯去，纔够得上偉大呢！"

蘇小姐怕她講出昨天打三次電話的事來，忙勾了她腰，撫慰她道："瞧你這孩子，講句笑話，就要認真。"便剥個鴻漸送的橘子，跟她同吃。門房領了個滚圓臉的人進來，説"曹先生"。鴻漸嚇了一跳，想去年同船回國那位孫太太的孩子怎長得這樣大了，險的叫他"孫世兄"。天下竟有如此相像的臉！做詩的人似乎不宜肥頭胖耳，詩怕不會好。忽然記起唐朝有名的寒瘦詩人賈島也是圓臉肥短身材，曹元朗未可貌相。介紹寒暄已畢，曹元朗從公事皮包裏拿出一本紅木夾板的法帖，鄭重遞給蘇小姐道："今天特帶來請教。"鴻漸纔知道不是法帖，是榮寶齋精製裳衣裱的宣紙手册。蘇小姐接過來，翻了翻，説："曹先生，讓我留著細看，下星期奉還，好不好？——鴻漸，你没讀過曹先生的大作罷？"

鴻漸正想，什麼好詩，要録在這樣講究的本子上。便恭敬地捧過來，打開看見毛筆寫的端端正正宋體字，第一首十四行詩的題目是《拼盤姘伴》，下面小註個"一"字。仔細研究，他纔發現第二頁有作者自註，這"一""二""三""四"等等是自註的次序。自註"一"是："Mélange adultére"①。這詩一起道：

———————————

①　雜拌。

昨夜星辰今夜搖漾於飄至明夜之風中（二）

圓滿肥白的孕婦肚子顫巍巍貼在天上（三）

這守活寡的逃婦幾時新有了個老公（四）？

Jug！Jug！（五）污泥裏——E fango è il mondo！（六）——
夜鶯歌唱①（七）……

鴻漸忙跳看最後一聯：

雨後的夏夜，灌飽洗淨，大地肥而新的，

最小的一棵草參加無聲的吶喊："Wir sind！"②（三十）

詩後細註著字句的出處，什麼李義山、愛利惡德（T. S. Eli-
ot）、拷背延耳（Tristan Corbiére）、來屋拜地（Leopardi）、肥兒飛
兒（Franz Werfel）的詩篇都有。鴻漸祇注意到"孕婦的肚子"
指滿月，"逃婦"指嫦娥，"泥裏的夜鶯"指蛙。他沒脾胃更看下
去，便把詩稿擱在茶几上，說："真是無字無來歷，跟做舊詩的
人所謂'學人之詩'差不多了。這作風是不是新古典主義？"

曹元朗點頭，說"新古典的"那個英文字。蘇小姐問是什
麼一首，便看《拼盤姘伴》一遍，看完說："這題目就夠巧妙了。
一結尤其好；'無聲的吶喊'五個字真把夏天蠢動怒發的生機全
傳達出來了。Tout y fourmille de vie③，虧曹先生體會得出。"
詩人聽了，歡喜得圓如太極的肥臉上泛出黃油。鴻漸忽然有個可
怕的懷疑，蘇小姐是大笨蛋，還是撒謊精。唐小姐也把那詩看
了，說："曹先生，你對我們這種沒有學問的讀者太殘忍了。詩

---

① Jug！Jug！是愛略脱詩裏夜鶯的啼聲；——世界祇是泥淖。

② 我們存在著。

③ 一切充滿了生命。

裏的外國字，我一個都不認識。"

　　曹元朗道："我這首詩的風格，不認識外國字的人愈能欣賞。題目是雜拌兒、十八扯的意思，你祇要看忽而用這個人的詩句，忽而用那個人的詩句，中文裏夾了西文，自然有一種雜湊鳥合的印象。唐小姐，你領略到這個拉雜錯綜的印象，是不是?"唐小姐祇好點頭。曹元朗臉上一圈圈的笑痕，像投了石子的水面，說："那就是捉摸到這詩的精華了，不必去求詩的意義。詩有意義是詩的不幸!"

　　蘇小姐道："對不住，你們坐一會，我去拿件東西來給你們看。"蘇小姐轉了背，鴻漸道："曹先生，蘇小姐那本《十八家白話詩人》再版的時候，準會添進了你算十九家了。"

　　曹元朗道："那決不會，我跟他們那些人太不同了，合不起來。昨天蘇小姐就對我說，她爲了得學位寫那本書，其實她並不瞧得起那些人的詩。"

　　"真的麼?"

　　"方先生，你看過那本書沒有?"

　　"看過忘了。"鴻漸承蘇小姐送了一本，祇略翻一下，看十八家是些什麼人。

　　"她序上明明引著 Jules Tellier 的比喻，說有個生脱髮病的人去理髮，那剃頭的對他說不用剪髮，等不了幾天，頭毛壓根兒全掉光了；大部分現代文學也同樣的不值批評。這比喻還算俏皮。"

　　鴻漸祇好說："我倒沒有留心到。"想虧得自己不要娶蘇小姐，否則該也把蘇小姐的書這樣熟讀。可惜趙辛楣法文程度不够看書，他要像曹元朗那樣，準會得蘇小姐歡心。

唐小姐道："表姐書裏講的詩人是十八根脫下的頭髮，將來曹先生就像一毛不拔的守財奴的那根毛。"

大家笑著，蘇小姐拿了一隻紫檀扇匣進來，對唐小姐做個眼色，唐小姐微笑點頭。蘇小姐抽開匣蓋，取出一把雕花沉香骨的女用摺扇，遞給曹元朗道："這上面有首詩，請你看看。"

元朗攤開扇子，高聲唸了一遍，音調又像和尚施食，又像戲子說白。鴻漸一字沒聽出來，因爲人哼詩跟臨死囈語，二者都用鄉音。元朗朗誦以後，又貓兒唸經似的，嘴唇翻拍著默誦一遍，說："好，好！素樸真摯，有古代民歌的風味。"

蘇小姐似有忸怩之色，道："曹先生眼光真利害，你老實說，那詩還過得去麼？"

方鴻漸同時向曹元朗手裏接過扇子，一看就心中作噁。好好的飛金扇面上，歪歪斜斜地用紫墨水鋼筆寫著——

難道我監禁你？

還是你霸佔我？

你闖進我的心，

關上門又扭上鎖。

丟了鎖上的鑰匙，

是我，也許你自己。

從此無法開門，

永遠，你關在我心裏。

詩後小字是："民國二十六年秋，爲文紈小姐錄舊作。王爾愷。"這王爾愷是個有名的青年政客，在重慶做著不大不小的官。

兩位小姐都期望地注視方鴻漸，他放下扇子，撇嘴道："寫這種字就該打手心！我從沒看見用鋼筆寫的摺扇，他倒不寫一段洋文！"

蘇小姐忙道："你不要管字的好壞，你看詩怎樣？"

鴻漸道："王爾愷那樣熱中做官的人還會做好詩麽？我又不向他謀差使，沒有恭維歪詩的義務。"他沒注意唐小姐向自己皺眉搖頭。

蘇小姐怒道："你這人最討厭，全是偏見，根本不配講詩。"便把扇子收起來。

鴻漸道："好，好，讓我平心靜氣再看一遍。"蘇小姐雖然撇嘴說："不要你看了，"仍舊讓鴻漸把扇子拿去。鴻漸忽然指著扇子上的詩大叫道："不得了！這首詩是偷來的。"

蘇小姐鐵青著臉道："別胡說！怎麽是偷的？"唐小姐也睜大了眼。

"至少是借的，借的外債。曹先生說它有古代民歌的風味，一點兒不錯。蘇小姐，你記得麽？咱們在歐洲文學史班上就聽見先生講起這首詩。這是德國十五六世紀的民歌，我到德國去以前，跟人補習德文，在初級讀本裏又唸過它，開頭說：'我是你的，你是我的，'後面大意說：'你已關閉，在我心裏；鑰匙遺失，永不能出。'原文字句記不得了，可是意思決不會弄錯。天下斷沒有那樣暗合的事。"

蘇小姐道："我就不記得歐洲文學史班上講過這首詩。"

鴻漸道："怎麽沒有呢？也許你上課的時候沒留神，沒有我那樣有聞必錄。這也不能怪你，你們上的是本系功課，不做筆記祇表示你們學問好；先生講的你們全知道了。我們是中國文學系來旁聽的，要是課堂上不動筆呢，就給你們笑程度不好，聽不懂，做不來筆記。"

蘇小姐説不出話，唐小姐低下頭。曹元朗料想方鴻漸認識的德文跟自己差不多，並且是中國文學系學生，更不會高明——因爲在大學裏，理科學生瞧不起文科學生，外國語文系學生瞧不起中國文學系學生，中國文學系學生瞧不起哲學系學生，哲學系學生瞧不起社會學系學生，社會學系學生瞧不起教育系學生，教育系學生没有誰可以給他們瞧不起了，祇能瞧不起本系的先生。曹元朗頓時膽大説："我也知道這詩有來歷，我不是早説古代民歌的作風麼？可是方先生那種態度，完全違反文藝欣賞的精神。你們弄中國文學的，全有這個'考據癖'的壞習氣。詩有出典，給識貨人看了，愈覺得滋味濃厚，讀著一首詩就聯想到無數詩來烘雲托月。方先生，你該唸唸愛利惡德的詩，你就知道現代西洋詩人的東西，也是句句有來歷的，可是我們並不説他們抄襲。蘇小姐，是不是？"

方鴻漸恨不能説："怪不得閣下的大作也是那樣斑駁陸離。你們内行人並不以爲奇怪，可是我們外行人要報告捕房捉賊起贓了。"祇對蘇小姐笑道："不用掃興。送給女人的東西，很少是真正自己的，拆穿了都是借花獻佛。假如送禮的人是個做官的，那禮物更不用説是旁人身上剥削下來的了。"説著，奇怪唐小姐何以不甚理會。

蘇小姐道："我頂不愛聽你那種刻薄話。世界上就祇你方鴻漸一個人聰明！"

　　鴻漸略坐一下，瞧大家講話不起勁，便告辭先走，蘇小姐也沒留他。他出門後浮泛地不安，知道今天說話觸犯了蘇小姐，那王爾愷一定又是個她的愛慕者。但他想到明天是訪唐小姐的日子，興奮得什麼都忘了。

　　明天方鴻漸到唐家，唐小姐教女用人請他在父親書房裏坐。見面以後就說：“方先生，你昨天闖了大禍，知道麼？”

　　方鴻漸想一想，笑道：“是不是爲了我批評那首詩，你表姐跟我生氣？”

　　“你知道那首詩是誰做的？”她瞧方鴻漸瞪著眼，還不明白——“那首詩就是表姐做的，不是王爾愷的。”

　　鴻漸跳起來道：“呀？你別哄我，扇子上不是明寫著‘爲文紈小姐錄舊作’麼？”

　　“錄的就是文紈小姐的舊作。王爾愷跟表伯有往來，還是趙辛楣的上司，家裏有太太。可是去年表姐回國，他就討好個不休不歇，氣得趙辛楣人都瘦了。論理，肚子裏有大氣，應該人膨脹得胖些，你說對不對？後來行政機關搬進內地，他做官心熱，纔撇下表姐也到裏頭去了。趙辛楣不肯到內地，也是這個緣故。這扇子就是他送給表姐的，他特請了一個什麼人雕刻扇骨子上的花紋，那首詩還是表姐得意之作呢。”

　　“這文理不通的無聊政客，扇子上落的款不明不白，害我出了岔子，該死該死！怎麼辦呢？”

　　“怎麼辦呢？好在方先生口才好，祇要幾句話就解釋開了。”

　　鴻漸被讚，又得意，又謙遜道：“這事弄得太糟了，怕不容易轉圜。我回去趕快寫封信給你表姐，向她請罪。”

三

"我很願意知道這封信怎樣寫法,讓我學個乖,將來也許應用得著。"

"假使這封信去了效果很好,我一定把稿子抄給你看。昨天我走了以後,他們罵我沒有?"

"那詩人說了一大堆話,表姐倒沒有講什麼,還說你國文很好。那詩人就引他一個朋友的話,說現代人要國文好,非研究外國文學不可;從前弄西洋科學的人該通外國語文,現在弄中國文學的人也該先精通洋文。那個朋友聽說不久要回國,曹元朗要領他來見表姐呢。"

"又是一位寶貝!跟那詩人做朋友的,沒有好貨。你看他那首什麼《拼盤姘伴》,簡直不知所云。而且他並不是老實安分的不通,他是仗勢欺人,有恃無恐的不通,不通得來頭大。"

"我們程度幼稚,不配開口。不過,我想留學外國有名大學的人不至於像你所說那樣糟罷。也許他那首詩是有意開玩笑。"

"唐小姐,現在的留學跟前清的科舉功名一樣,我父親常說,從前人不中進士,隨你官做得多麼大,總抱著終身遺憾。留了學也可以解脫這種自卑心理,並非為高深學問。出洋好比出痘子,出痧子,非出不可。小孩子出過痧痘,就可以安全長大,以後碰見這兩種毛病,不怕傳染。我們出過洋,也算了了一樁心願,靈魂健全,見了博士碩士們這些微生蟲,有抵抗力來自衛。痘出過了,我們就把出痘這一回事忘了;留過學的人也應說把留學這事忘了。像曹元朗那種人念念不忘是留學生,到處掛著牛津劍橋的幌子,就像甘心出天花變成麻子,還得意自己的臉像好文章加了密圈呢。"

唐小姐笑道："人家聽了你的話，祇說你嫉妒他們進的大學比你進的有名。"

鴻漸想不出話來回答，對她儍笑。她倒願意他有時對答不來，問他道："我昨天有點奇怪，你怎會不知道那首詩是表姐做的。你應該看過她的詩。"

"我和你表姐是這一次回國船上熟起來的，時間很短。以前話都沒有談過。你記得那一天她講我在學校裏的外號是'寒暑表'麼？我對新詩不感興趣，爲你表姐的緣故而對新詩發生興趣，我覺得犯不著。"

"哼，這話要給她知道了——"

"唐小姐，你聽我說。你表姐是個又有頭腦又有才學的女人，可是——我怎麼說呢？有頭腦有才學的女人是天生了教愚笨的男人向她顛倒的，因爲他自己沒有才學，他把才學看得神秘，了不得，五體投地地愛慕，好比沒有錢的窮小子對富翁的崇拜——"

"換句話說，像方先生這樣聰明，是喜歡目不識丁的笨女人。"

"女人有女人特別的聰明，輕盈活潑得跟她的舉動一樣。比了這種聰明，才學不過是沉澱渣滓。說女人有才學，就彷彿讚美一朵花，說它在天平上稱起來有白菜番薯的斤兩。真聰明的女人決不用功要做成才女，她祇巧妙地偷懶——"

唐小姐笑道："假如她要得博士學位呢？"

"她根本不會想得博士，祇有你表姐那樣的才女總要得博士。"

"可是現在普通大學畢業亦得做論文。"

"那麼，她畢業的那一年，準有時局變動，學校提早結束，不用交論文，就送她畢業。"

唐小姐搖頭不信，也不接口，應酬時小意兒獻殷勤的話，一講就完，經不起再講；戀愛時幾百遍講不厭、聽不厭的話，還不到講的程度；現在所能講的話，都講得極邊盡限，禮貌不容許他冒昧越分。唐小姐看他不作聲，笑道："爲什麼不說話了?"他也笑道："咦，你爲什麼不說話了?"唐小姐告訴他，本鄉老家天井裏有兩株上百年的老桂樹，她小時候常發現樹上成羣聒噪的麻雀忽然會一聲不響，稍停又忽然一齊叫起來，人談話時也有這景象。

方鴻漸回家路上，早有了給蘇小姐那封信的腹稿，他覺得用文言比較妥當，詞意簡約含混，是文過飾非輕描淡寫的好工具。吃過晚飯，他起了草，同時驚駭自己撒謊的本領會變得這樣偉大，怕這玩笑開得太大了，寫了半封信又擱下筆。但想到唐小姐會欣賞，會瞭解，這謊話要博她一笑，他又欣然續寫下去，裏面説什麼："昨天承示扇頭一詩，適意有所激，見名章雋句，竟出諸儈夫俗吏之手，驚極而恨，遂厚誣以必有藍本，一時取快，心實未安。叨在知愛，或勿深責。"

信後面寫了昨天的日期，又補兩行道：

"此書成後，經一日夜始肯奉閱，當曹君之面而失據敗績，實所不甘。恨恨！又及。"寫了當天的日期。他看了兩遍，十分得意；理想中倒不是蘇小姐讀這封信，而是唐小姐讀它。明天到銀行，交給收發處專差送去。傍晚回家，剛走到臥室門口，電話鈴響。順手拿起聽筒説：“這兒是周家，你是什麽地方呀？”祇聽見女人聲答道：“你猜猜看，我是誰？”鴻漸道：“蘇小姐，對不對？”

“對了。”清脆的笑聲。

“蘇小姐，你收到我的信没有？”

“收到了。你這人真孩子氣，我並不怪你呀！你的脾氣，我哪會不知道？”

“你肯原諒我，我不能饒恕我自己。”

“嚇，爲了那種小事犯得著這樣嚴重麽？我問你，你真覺得那首詩好麽？”

方鴻漸竭力不讓臉上的笑漏進説話的聲音裏道：“我祇恨這樣好詩偏是王爾愷做的，太不公平了！”

“我告訴你，這首詩並不是王爾愷做的。”

“那麽，誰做的？”

“是我做著玩兒的。”

“呀！是你做的？我真該死！”方鴻漸這時候虧得通的是電話而不是電視，否則他臉上的快樂跟他聲音的惶怕相映成趣，準會使蘇小姐猜疑。

“你説這首詩有藍本也不冤枉。我在一本諦爾索（Tirsot）收集的法國古跳舞歌裏，看見這個意思，覺得新鮮有趣，也仿做一首。據你講，德文裏也有這個意思。可見這是很平常的話。”

“你做得比德文那首詩靈活。”

“你別當面奉承我，我不相信你的話！”

“這不是奉承的話。”

三

“你明天下午來不來呀？”

方鴻漸忙說“來”，聽那面電話還沒掛斷，自己也不敢就掛斷。

“你昨天說，男人不把自己東西給女人，是什麼意思呀？”

方鴻漸陪笑說：“因爲自己東西太糟了，拿不出手，不得已祇能借旁的好東西來貢獻。譬如請客，家裏太侷促，廚子手段太糟，就不得不上館子，借它的地方跟烹調。”

蘇小姐格格笑道：“算你有理，明天見。”方鴻漸滿頭微汗，不知道急出來的，還是剛到家裏，趕路的汗沒有乾。

那天晚上方鴻漸就把信稿子錄出來，附在一封短信裏，寄給唐小姐。他恨不能用英文寫信，因爲文言信的語氣太生分，白話信的語氣容易變成討人厭的親熱；祇有英文信容許他坦白地寫“我的親愛的唐小姐”、“你的極虔誠的方鴻漸”。這些西文書函的平常稱呼在中文裏就刺眼肉麻。他深知自己寫的英文富有英國人言論自由和美國人獨立宣言的精神，不受文法拘束的，不然真想仗外國文來跟唐小姐親愛，正像政治犯躲在外國租界裏活動。以後這一個多月裏，他見了唐小姐七八次，寫給她十幾封信，唐小姐也回了五六封信。他第一次收到唐小姐的信，臨睡時把信看一遍，擱在枕邊，中夜一醒，就開電燈看信，看完關燈躺好，想想信裏的話，忍不住又開燈再看一遍。以後他寫的信漸漸變成一天天的隨感雜記，隨身帶到銀行裏，碰見一樁趣事，想起一句話，他就拿筆在紙上跟唐小姐切切私語，有時無話可說，他還要寫，例如：“今天到行起了許多信稿子，到這時候纔透口氣，伸個懶腰，a-a-a-ah！聽得見我打呵欠的聲音麼？茶房來請吃午飯了，再談。你也許在吃飯，祝你'午飯多吃口，活到九千九百九十九'"；又如："這封信要寄給你了，還想寫幾句話。可是你看紙上全寫滿了，祇留這一小方，剛擠得進我心裏那一句話，它還怕羞不敢見你的面呢。哎喲，紙——"寫信的時候總覺得這是慰情聊勝於無，比不上見面，到見了面，許多話倒講不出來，想還不如寫信。見面有癮的；最初，約著見一面就能使見面的前後幾天都沾著光，變成好日子。漸漸地恨不能天天見面了；到後來，恨不能刻刻見面了。寫好信發出，他總擔心這信像支火箭，到落地時，火已熄了，對方收到的祇是一段枯炭。

　　唐小姐跟蘇小姐的來往也比從前減少了，可是方鴻漸迫於蘇小姐的恩威並施，還不得不常向蘇家走動。蘇小姐祇等他正式求愛，心裏怪他太浮太慢。他祇等機會向她聲明並不愛她，恨自己心腸太軟，沒有快刀斬亂絲的勇氣。他每到蘇家一次，出來就懊悔這次多去了，話又多說了。他漸漸明白自己是個西洋人所謂"道義上的懦夫"，祇怕唐小姐會看破了自己品格上的大弱點。一個星期六下午他請唐小姐喝了茶回家，看見桌子上趙辛楣明天請吃晚飯的帖子，大起驚慌，想這也許是他的訂婚喜酒，那就糟了，蘇小姐更要愛情專注在自己身上了。蘇小姐打電話來問他收到請帖沒有，說辛楣託她轉邀，還叫他明天上午去談談。明天蘇小姐見了面，說辛楣請他務必光臨，大家敍敍，別無用意。他本想說辛楣怎會請到自己，這話在嘴邊又縮回去了；他現在不願再提起辛楣對自己的仇視，又加深蘇小姐的誤解。他改口問有沒有旁的客人。蘇小姐說，聽說還有兩個辛楣的朋友。鴻漸道："小胖子大詩人曹元朗是不是也請在裏面？有他，菜可以省一點；看見他那個四喜丸子的臉，人就飽了。"

"不會有他罷。辛楣不認識他，我知道辛楣跟你一對小心眼兒，見了他又要打架，我這兒可不是戰場，所以我不讓他們兩人碰頭。元朗這人頂有意思的，你全是偏見，你的心我想也偏在夾肢窩裏。自從那一次後，我也不讓你和元朗見面，免得衝突。"

鴻漸本想説："其實全沒有關係，"可是在蘇小姐撫愛的眼光下，這話不能出口。同時知道到蘇家來朝參的又添了個曹元朗，心放了許多。蘇小姐忽然問道："你看趙辛楣這人怎麼樣?"

"他本領比我大，儀表也很神氣，將來一定得意。我看他倒是個理想的——呃——人。"

假如上帝讚美魔鬼，社會主義者歌頌小布爾喬亞，蘇小姐聽了也不會這樣驚奇。她準備鴻漸嘲笑辛楣，自己主持公道，爲辛楣辯護。她便冷笑道："請客的飯還沒吃到口呢，已經恭維主人了！他三天兩天寫信給我，信上的話我也不必説，可是每封信都説他失眠，看了討厭！誰叫他失眠的，跟我有什麼關係？我又不是醫生！"蘇小姐深知道他失眠跟自己大有關係，不必請教醫生。

方鴻漸笑道："《毛詩》説：'窈窕淑女，寤寐求之；求之不得，寤寐思服。'他寫這種信，是地道中國文化的表現。"

蘇小姐瞪眼道："人家可憐，沒有你這樣運氣呀！你得福不知，祇管口輕舌薄取笑人家，我不喜歡你這樣。鴻漸，我希望你做人厚道些，以後我真要好好地勸勸你。"

鴻漸嚇得啞口無言。蘇小姐家裏有事，跟他約晚上館子裏見面。他回到家整天悶悶不樂，覺得不能更延宕了，得趕快表明態度。

　　方鴻漸到館子，那兩個客人已經先在。一個躬背高額，大眼睛，蒼白臉，戴夾鼻金絲眼鏡，穿的西裝袖口遮没手指，光光的臉，没鬍子也没皺紋，而看來像個幼稚的老太婆或者上了年紀的小孩子。一個氣概飛揚，鼻子直而高，側望像臉上斜擱了一張梯，頸下打的領結飽滿齊整得使鴻漸絕望地企羡。辛楣見了鴻漸，熱烈歡迎。彼此介紹之後，鴻漸纔知道那位躬背的是哲學家褚慎明。另一位叫董斜川，原任捷克中國公使館軍事參贊，内調回國，尚未到部，善做舊詩，是個大才子。這位褚慎明原名褚家寶，成名以後，嫌“家寶”這名字不合哲學家身份，據斯賓諾沙改名的先例，換稱“慎明”，取“慎思明辯”的意思。他自小負神童之譽，但有人説他是神經病。他小學、中學、大學都不肯畢業，因爲他覺得没有先生配教他考他。他最恨女人，眼睛近視得利害而從來不肯配眼鏡，因爲怕看清楚了女人的臉，又常説人性裏有天性跟獸性兩部分，他自己全是天性。他常翻外國哲學雜誌，查出世界大哲學家的通信處，寫信給他們，説自己如何愛讀他們的書，把哲學雜誌書評欄裏讚美他們著作的話，改頭換面算自己的意見。外國哲學家是知識分子裏最牢騷不平的人，專門的權威没有科學家那樣高，通俗的名氣没有文學家那樣大，忽然幾萬里外有人寫信恭維，不用説高興得險的忘掉了哲學。他們理想中國是個不知怎樣閉塞落伍的原始國家，而這個中國人信裏説幾句話，倒有分寸，便回信讚褚慎明是中國新哲學的創始人，還有送書給他的。不過褚慎明再寫信去，就收不到多少覆信，緣故是那些虚榮的老頭子拿了他第一封信向同行賣弄，不料彼此都收到

三

他的這樣一封信，彼此都是他認爲"現代最偉大的哲學家"，不免掃興生氣了。褚慎明靠著三四十封這類回信，嚇倒了無數人，有位愛才的闊官僚花一萬金送他出洋。西洋大哲學家不回他信的祇有柏格森；柏格森最怕陌生人去纏他，住址嚴守秘密，電話簿上都沒有他名字。褚慎明到了歐洲，用盡心思，寫信到柏格森寓處約期拜訪，誰知道原信退回，他從此對直覺主義痛心疾首。柏格森的敵人羅素肯敷衍中國人，請他喝過一次茶，他從此研究數理邏輯。他出洋時，爲方便起見，不得不戴眼鏡，對女人的態度逐漸改變。杜慎卿厭惡女人，跟她們隔三間屋還聞著她們的臭氣，褚慎明要女人，所以鼻子同樣的敏銳。他心裏裝滿女人，研究數理邏輯的時候，看見 aposteriori① 那個名詞會聯想到 posterior②，看見×記號會聯想到 kiss③，虧得他没細讀柏拉圖的太米藹斯對話（Timaeus），否則他更要對著×記號出神。他正把那位送他出洋的大官僚講中國人生觀的著作翻爲英文，每月到國立銀行裏領一筆生活費，過極閑適的日子。董斜川的父親董沂孫是個老名士，雖在民國作官，而不忘前清。斜川才氣甚好，跟著老子作舊詩。中國是出儒將的國家，不比法國有一兩個提得起筆的將軍，就要請進國家學院去高供著。斜川的將略跟一般儒將相去無幾，而他的詩即使不是儒將做的，也算得好了。文能窮人，所以他官運不好，這對於士兵，倒未始非福。他做軍事參贊，不去講武，倒批評上司和同事們文理不通，因此內調。他回國不多

① 從後果推測前因。
② 後臀。
③ 接吻。

幾天，想另謀個事。

方鴻漸見董斜川像尊人物，又聽趙辛楣説他是名父之子，不勝傾倒，説："老太爺沂孫先生的詩，海內聞名。董先生不愧家學淵源，更難得是文武全才。"他自以爲這算得恭維周到了。

董斜川道："我做的詩，路數跟家嚴不同。家嚴年輕時候的詩取徑没有我現在這樣高。他到如今還不脱黄仲則、龔定盦那些乾嘉人習氣，我一開筆就做的同光體。"

方鴻漸不敢開口。趙辛楣向跑堂要了昨天開的菜單，予以最後審查。董斜川也向跑堂的要了一支秃筆，一方硯臺，把茶几上的票子飛快地書寫著，方鴻漸心裏詫異。褚慎明危坐不説話，像內視著潛意識深處的趣事而微笑，比了他那神秘的笑容，蒙娜麗萨（Mona Lisa）的笑算不得什麼一回事。鴻漸攀談道："褚先生最近研究些什麼哲學問題?"

褚慎明神色慌忙，瞥了鴻漸一眼，別轉頭叫趙辛楣道："老趙，蘇小姐該來了。我這樣等女人，生平是破例。"

辛楣把菜單給跑堂，回頭正要答應，看見董斜川在寫，忙説："斜川，你在幹什麼?"

董斜川頭都不抬道："我在寫詩。"

辛楣釋然道："快多寫幾首，我雖不懂詩，最愛看你的詩。我那位朋友蘇小姐，新詩做得非常好，對舊詩也很能欣賞。回頭把你的詩給她看。"

斜川停筆，手指拍著前額，像追思什麼句子，又繼續寫，一面説："新詩跟舊詩不能比！我那年在廬山跟我們那位老世伯陳散原先生聊天，偶爾談起白話詩，老頭子居然看過一兩首新詩。他說還算徐志摩的詩有點意思，可是祇相當於明初楊基那些人的境界，太可憐了。女人做詩，至多是第二流，鳥裏面能唱的都是雄的，譬如雞。"

辛楣大不服道："爲什麼外國人提起夜鶯，總說它是雌的?"

褚慎明對雌雄性別，最有研究，冷冷道："夜鶯雌的不會唱，會唱的是雄夜鶯。"

說著，蘇小姐來了。辛楣利用主人職權，當鴻漸的面向她專利地獻殷勤。斜川一拉手後，正眼不瞧她，因爲他承受老派名士對女人的態度；或者謔浪玩弄，這是對妓女的風流；或者眼觀鼻，鼻觀心，不敢平視，這是對朋友内眷的禮貌。褚哲學家害饞癆地看著蘇小姐，大眼珠彷彿哲學家謝林的"絕對觀念"，像"手槍裏彈出的子藥"，險的突破眼眶，迸碎眼鏡。辛楣道："今天本來也請董太太，董先生說她有事不能來。董太太是美人，一筆好中國畫，跟我們這位斜川兄真是珠聯璧合。"

斜川客觀地批判說："内人長得相當漂亮，畫也頗有家法。她畫的《斜陽蕭寺圖》，在很多老輩的詩集裏見得到題詠。她跟我逛龍樹寺，回家就畫這個手卷，我老太爺題兩首七絕，有兩句最好：'貞元朝士今誰在，無限僧寮舊夕陽!'的確，老輩一天少似一天，人才好像每況愈下，'不須上溯康乾世，回首同光已惘然!'"說時搖頭慨歎。

方鴻漸聞所未聞，甚感興味。祇奇怪這樣一個英年洋派的人，何以口氣活像遺少，也許是學同光體詩的緣故。辛楣請大家入席，爲蘇小姐杯子裏斟滿了法國葡萄汁，笑說："這是專給你喝的，我們另有我們的酒。今天席上慎明兄是哲學家，你跟斜川兄都是詩人，方先生又是哲學家又是詩人，一身兼兩長，更了不得。我一無所能，祇會喝兩口酒，方先生，我今天陪你喝它兩斤酒，斜川兄也是洪量。"

方鴻漸嚇得跳起來道："誰講我是哲學家和詩人？我更不會喝酒，簡直滴酒不飲。"

辛楣按住酒壺，眼光向席上轉道："今天誰要客氣推託，我們就罰他兩杯，好不好？"

斜川道："贊成！這樣好酒，罰還是便宜。"

鴻漸攔不住道："趙先生，我真不會喝酒，也給我葡萄汁，行不行？"

辛楣道："哪有不會喝酒的留法學生？葡萄汁是小姐們喝的。慎明兄因爲神經衰弱戒酒，是個例外。你別客氣。"

斜川呵呵笑道："你既不是文紈小姐的'傾國傾城貌'，又不是慎明先生的'多愁多病身'，我勸你還是'有酒直須醉'罷。好，先乾一杯，一杯不成，就半杯。"

蘇小姐道："鴻漸好像是不會喝酒——辛楣這樣勸你，你就領情稍微喝一點罷。"辛楣聽蘇小姐護惜鴻漸，恨不得鴻漸杯裏的酒滴滴都化成火油。他這願望沒實現，可是鴻漸喝一口，已覺一縷火綫從舌尖伸延到胸膈間。慎明祇喝茶，酒杯還空著。跑堂拿上一大瓶叵耐牌 A 字牛奶，說已經隔水溫過。辛楣把瓶給慎明道："你自斟自酌罷，我不跟你客氣了。"慎明倒了一杯，尖著嘴唇嘗了嘗，說："不涼不暖，正好。"然後從口袋裏掏出個什麼外國補藥瓶子，數四粒丸藥，擱在嘴裏，喝一口牛奶咽下去。蘇小姐道："褚先生真知道養生！"慎明透口氣道："人沒有這個身體，全是心靈，豈不更好；我並非保重身體，我祇是哄乖了它，好不跟我搗亂——辛楣，這牛奶還新鮮。"

辛楣道："我没哄你罷？我知道你的脾氣，這瓶奶送到我家以後，我就擱在電氣冰箱裏凍著。你對新鮮牛奶這樣認真，我有機會帶你去見我們相熟的一位徐小姐，她開牛奶場，請她允許你每天湊著母牛的奶直接吸一個飽——今天的葡萄汁、酒、牛奶都是我帶來的，没叫館子裏預備。文紈，吃完飯，我還有一匣東西給你。你愛吃的。"

蘇小姐道："什麼東西？——哦，你又要害我頭痛了。"

方鴻漸道："我就不知道你愛吃什麼東西，下次也可以買來孝敬你。"

辛楣又驕又妒道："文紈，不要告訴他。"

蘇小姐為自己的嗜好抱歉道："我在外國想吃廣東鴨肫肝，不容易買到。去年回來，大哥買了給我吃，咬得我兩太陽酸痛了好幾天。你又要來引誘我了。"

鴻漸道："外國菜裏從來没有雞鴨肫肝，我在倫敦看見成箱的雞鴨肫肝賤得一文不值，人家買了給貓吃。"

辛楣道："英國人吃東西遠比不上美國人花色多。不過，外國人的吃膽總是太小，不敢冒險，不像我們中國人什麼肉都敢吃。並且他們的燒菜原則是‘調’，我們是‘烹’，所以他們的湯菜尤其不够味道。他們白煮雞，燒了一滾，把湯丢了，祇吃雞肉，真是笑話。"

鴻漸道："這還不算冤呢！茶葉初到外國，那些外國人常把整磅的茶葉放在一鍋子水裏，到水燒開，潑了水，加上胡椒和鹽，專吃那葉子。"

大家都笑。斜川道："這跟樊樊山把雞湯來沏龍井茶的笑話相同。我們這位老世伯光緒初年做京官的時候，有人外國回來送給他一罐咖啡，他以爲是鼻煙，把鼻孔裏的皮都擦破了。他集子裏有首詩講這件事。"

鴻漸道："董先生不愧係出名門！今天聽到不少掌故。"

慎明把夾鼻眼鏡按一下，咳聲嗽，説："方先生，你那時候問我什麽一句話?"

鴻漸糊塗道："什麽時候?"

"蘇小姐還没來的時候，"──鴻漸記不起──"你好像問我研究什麽哲學問題，對不對?"對這個照例的問題，褚慎明有個刻板的回答，那時候因爲蘇小姐還没來，所以他留到現在表演。

"對，對。"

"這句話嚴格分析起來，有點毛病。哲學家碰見問題，第一步研究問題：這成不成問題，不成問題的是假問題 pseudoquestion，不用解決，也不可解決。假使成問題呢，第二步研究解決：相傳的解決正確不正確，要不要修正。你的意思恐怕不是問我研究什麽問題，而是問我研究什麽問題的解決。"

方鴻漸驚奇，董斜川厭倦，蘇小姐迷惑，趙辛楣大聲道："妙，妙，分析得真精細，了不得！了不得！鴻漸兄，你雖然研究哲學，今天也甘拜下風了，聽了這樣好的議論，大家得乾一杯。"

鴻漸經不起辛楣苦勸，勉强喝了兩口，説："辛楣兄，我衹在哲學系混了一年，看了幾本指定參考書。在褚先生前面祇能虛心領教做學生。"

褚慎明道："豈敢，豈敢！聽方先生的話好像把一個個哲學家爲單位，來看他們的著作。這祇算研究哲學家，至多是研究哲學史，算不得研究哲學。充乎其量，不過做個哲學教授，不能成爲哲學家。我喜歡用自己的頭腦，不喜歡用人家的頭腦來思想。科學文學的書我都看，可是非萬不得已決不看哲學書。現在許多號稱哲學家的人，並非真研究哲學，祇研究些哲學上的人物文獻。嚴格講起來，他們不該叫哲學家 Philosophers，該叫'哲學家學家'philophilosophers。"

鴻漸説："philophilosophers 這個字很妙，是不是先生用自己頭腦想出來的?"

"這個字是有人在什麼書上看見了告訴 Bertie，Bertie 告訴我的。"

"誰是 Bertie ?"

"就是羅素了。"

世界有名的哲學家，新襲勛爵，而褚慎明跟他親狎得叫他乳名，連董斜川都羨服了，便說："你跟羅素很熟?"

"還够得上朋友，承他瞧得起，請我幫他解答許多問題。"天知道褚慎明並沒吹牛，羅素確問過他什麼時候到英國、有什麼計劃、茶裏要擱幾塊糖這一類非他自己不能解答的問題——"方先生，你對數理邏輯用過功沒有?"

"我知道這東西太難了，從沒學過。"

"這話有語病，你沒學過，怎會'知道'它難呢? 你的意思是：‘聽説這東西太難了。’”

　　辛楣正要説“鴻漸兄輸了，罰一杯”，蘇小姐爲鴻漸不服氣道：“褚先生可真精明利害哪！嚇得我口都不敢開了。”

　　慎明説：“不開口沒有用，心裏的思想照樣的混亂不合邏輯，這病根還沒有去掉。”

　　蘇小姐撅嘴道：“你太可怕了！我們心裏的自由你都要剥奪了。我瞧你就沒本領鑽到人心裏去。”

　　褚慎明有生以來，美貌少女跟他講“心”，今天是第一次。他非常激動，夾鼻眼鏡潑刺一聲直掉在牛奶杯子裏，濺得衣服上桌布上都是奶，蘇小姐胳膊上也沾潤了幾滴。大家忍不住笑。趙辛楣捺電鈴叫跑堂來收拾。蘇小姐不敢皺眉，輕快地拿手帕抹去手臂上的飛沫。褚慎明紅著臉，把眼鏡擦乾，幸而沒破，可是他不肯就戴上，怕看清了大家臉上逗留的餘笑。

　　董斜川道：“好，好，雖然‘馬前潑水’，居然‘破鏡重圓’，慎明兄將來的婚姻一定離合悲歡，大有可觀。”

　　辛楣道：“大家乾一杯，預敬我們大哲學家未來的好太太。方先生，半杯也喝半杯。”——辛楣不知道大哲學家從來沒有娶過好太太，蘇格拉底的太太就是潑婦，褚慎明的好朋友羅素也離了好幾次婚。

　　鴻漸果然説道：“希望褚先生别像羅素那樣的三四次鬧離婚。”

　　慎明板著臉道：“這就是你所學的哲學！”蘇小姐道：“鴻漸，我看你醉了，眼睛都紅了。”斜川笑得前仰後合。辛楣嚷道：“豈有此理！説這種話非罰一杯不可！”本來敬一杯，鴻漸祇需要喝一兩口，現在罰一杯，鴻漸自知理屈，挨了下去，漸漸覺得另有一個自己離開了身子在説話。

慎明道："關於 Bertie 結婚離婚的事，我也和他談過。他引一句英國古話，説結婚彷彿金漆的鳥籠，籠子外面的鳥想住進去，籠内的鳥想飛出來；所以結而離，離而結，沒有了局。"

蘇小姐道："法國也有這麼一句話。不過，不説是鳥籠，説是被圍困的城堡 fortresse assiégée，城外的人想衝進去，城裏的人想逃出來。鴻漸，是不是?"鴻漸搖頭表示不知道。

辛楣道："這不用問，你還會錯麼!"

慎明道："不管它鳥籠罷，圍城罷，像我這種一切超脱的人是不怕圍困的。"

鴻漸給酒擺佈得失掉自制力道："反正你會擺空城計。"結果他又給辛楣罰了半杯酒，蘇小姐警告他不要多説話。斜川像在尋思什麼，忽然説道："是了，是了。中國哲學家裏，王陽明是怕老婆的。"——這是他今天第一次沒有叫"老世伯"的人。

辛楣搶説："還有什麼人沒有? 方先生，你説，你唸過中國文學的。"

鴻漸忙説："那是從前的事，根本沒有唸通。"辛楣欣然對蘇小姐做個眼色，蘇小姐忽然變得很笨，視若無覩。

"大學裏教你國文的是些什麼人?"斜川無興趣地問。

鴻漸追想他的國文先生都叫不響，不比羅素、陳散原這些名字，像一支上等哈瓦那雪茄煙，可以掛在口邊賣弄，便説："全是些無名小子，可是教我們這種不通的學生，已經太好了。斜川兄，我對詩詞真的一竅不通，偶爾看看，叫我做呢，一個字都做不出。"蘇小姐嫌鴻漸太没面子了，心癢癢地要爲他挽回體面。

斜川冷笑道："看的是不是燕子盦，人境廬兩家的詩?"

"爲什麽?"

"這是普通留學生所能欣賞的二毛子舊詩。東洋留學生捧蘇曼殊，西洋留學生捧黄公度。留學生不知道蘇東坡、黄山谷，心目間祇有這一對蘇黄。我没説錯罷? 還是黄公度好些，蘇曼殊詩裏的日本味兒，濃得就像日本女人頭髮上的油氣。"

蘇小姐道："我也是個普通留學生，就不知道近代的舊詩誰算頂好。董先生講點給我們聽聽。"

"當然是陳散原第一。這五六百年來，算他最高。我常説唐以後的大詩人可以把地理名詞來包括，叫'陵谷山原'。三陵：杜少陵、王廣陵——知道這個人麽? ——梅宛陵；二谷：李昌谷、黄山谷；四山：李義山、王半山、陳後山、元遺山；可是祇有一原，陳散原。"説時，翹著左手大拇指。鴻漸懦怯地問道："不能添個'坡'麽?"

"蘇東坡，他差一點。"

鴻漸咋舌不下，想東坡的詩還不入他法眼，這人做的詩不知怎樣好法，便問他要剛纔寫的詩來看。蘇小姐知道斜川寫了詩，也向他討；因爲祇有做舊詩的人敢説不看新詩，做新詩的人從不肯説不懂舊詩的。斜川把四五張紙，分發同席，傲然靠在椅背上，但覺得這些人都不懂詩，決不能領略他句法的妙處，就是讚美也不會親切中肯。這時候，他等待他們的恭維，同時知道這恭維不會滿足自己，彷彿鴉片癮發的時候祇找到一包香煙的心理。紙上寫著七八首近體詩，格調很老成。辭軍事參贊回國那首詩有："好賦歸來看婦氍，大慚名字止兒啼"；憤慨中日戰事的詩有："直疑天尚醉，欲與日偕亡"；此外還有："清風不必一錢買，快雨端宜萬戶封"；"石齒漱寒瀨，松濤瀉夕風"；"未許避人思避世，獨扶殘醉賞殘花"。可是有幾句像："潑眼空明供睡鴨，蟠胸秘怪媚潛虯"；"數子提攜尋舊迹，哀蘆苦竹照淒悲"；"秋氣身輕一雁過，鬢絲搖影萬鴉窺"；意思非常晦澀。鴻漸沒讀過《散原精舍詩》，還竭力思索這些字句的來源。他想蘆竹並沒起火，照東西不甚可能，何況"淒悲"是探海燈都照不見的。"數子"明明指朋友並非小孩子，朋友怎可以"提攜"？一萬隻烏鴉看中詩人幾根白頭髮，難道"亂髮如鴉窠"，要宿在他頭上？心裏疑惑，不敢發問，怕斜川笑自己外行人不通。

大家照例稱好，斜川客氣地淡漠，彷彿領袖受民衆歡迎時的表情。辛楣對鴻漸道："你也寫幾首出來，讓我們開開眼界。"鴻漸極口說不會做詩。斜川說鴻漸真的不會做詩，倒不必勉強。辛楣道："那麽，大家喝一大杯，把斜川兄的好詩下酒。"鴻漸要喉舌兩關不留難這口酒，溜稅似地直咽下去，祇覺胃裏的東西給這口酒激得要冒上來，好比已塞的抽水馬桶又經人抽一下水的景象。忙擱下杯子，咬緊牙齒，用堅强的意志壓住這陣泛溢。

蘇小姐道："我沒見過董太太，可是我想像得出董太太的美。董先生的詩'好賦歸來看婦氍'，活畫出董太太的可愛的笑容，兩個深酒渦。"

趙辛楣道："斜川有了好太太不够，還在詩裏招搖，我們這些光桿看了真眼紅，"說時，仗著酒勇，涎著臉看蘇小姐。

褚慎明道："酒渦生在他太太臉上，祇有他一個人看，現在寫進詩裏，我們都可以仔細看個飽了。"

斜川生氣不好發作，板著臉說："跟你們這種不通的人，根本不必談詩。我這一聯是用的兩個典，上句梅聖俞，下句楊大眼，你們不知道出處，就不要穿鑿附會。"

辛楣一壁斟酒道："抱歉抱歉！我們罰自己一杯。方先生，你應該知道出典，你不比我們呀！爲什麽也一竅不通？你罰兩杯，來！"

鴻漸生氣道："你這人不講理，爲什麽我比你們應當知道？"

蘇小姐因爲斜川罵"不通"，有自己在內，甚爲不快，說："我也是一竅不通的，可是我不喝這杯罰酒。"

辛楣已有酒意，不受蘇小姐約束道："你可以不罰，他至少也得還喝一杯，我陪他。"說時，把鴻漸杯子裏的酒斟滿了，拿起自己的杯子來一飲而盡，向鴻漸照著。

鴻漸毅然道："我喝完這杯，此外你殺我頭也不喝了。"舉酒杯直著喉嚨灌下去，灌完了，把杯子向辛楣一揚道："照——"他"杯"字沒出口，緊閉嘴，帶跌帶撞趕到痰盂邊，"哇"的一聲，菜跟酒衝口而出，想不到肚子裏有那些嘔不完的東西，祇吐得上氣不接下氣，鼻涕眼淚胃汁都賠了。心裏祇想："大丢臉！虧得唐小姐不在這兒。"胃裏嘔清了，噁心不止，傍茶几坐下，抬不起頭，衣服上都濺滿髒沫。蘇小姐要走近身，他疲竭地做手勢阻止她。辛楣在他吐得利害時，爲他敲背。斜川叫跑堂收拾地下，拿手巾，自己先倒杯茶給他漱口。褚慎明掩鼻把窗子全打開，滿臉鄙厭，可是心上高興，覺得自己潑的牛奶，給鴻漸的嘔吐在同席者的記憶裏沖掉了。

斜川看鴻漸好了些，笑説：“‘憑欄一吐，不覺箜篌’，怎麼飯没吃完，已經忙著還席了！没有關係，以後揀著吐幾次，就學會喝酒了。”

辛楣道：“酒，證明真的不會喝了。希望詩不是真的不會做，哲學不是真的不懂。”

蘇小姐發狠道：“還説風涼話呢！全是你不好，把他灌到這樣，明天他真生了病，瞧你做主人的有什麼臉見人？——鴻漸，你現在覺得怎麼樣？”把手指按鴻漸的前額，看得辛楣悔不曾學過内功拳術，爲鴻漸敲背的時候，使他受致命傷。

鴻漸頭閃開説：“没有什麼，就是頭有點痛。辛楣兄，今天真對不住你，各位也給我攪得掃興，請繼續吃罷。我想先回家去了，過天到辛楣兄府上來謝罪。”

蘇小姐道：“你多坐一會，等頭不痛了再走。”

辛楣恨不得立刻攆鴻漸滚蛋，便説：“誰有萬金油？慎明，你隨身帶藥的，有没有萬金油？”

慎明從外套和褲子袋裏掏出一大堆瓶兒盒兒，保喉、補腦、強肺、健胃、通便、發汗、止痛的藥片、藥丸、藥膏全有。蘇小姐揀出萬金油，伸指蘸了些，爲鴻漸擦在兩太陽。辛楣一肚皮的酒，幾乎全成酸醋，忍了一會，説：“好一點没有？今天我不敢留你，改天補請。我吩咐人叫車送你回去。”

蘇小姐道：“不用叫車，他坐我的車，我送他回家。”

辛楣驚駭得睜大了眼，口吃説：“你，你不吃了？還有菜呢。”鴻漸有氣無力地懇請蘇小姐别送自己。

蘇小姐道：“我早飽了，今天菜太豐盛了。褚先生，董先生請慢用，我先走一步。辛楣，謝謝你。”

辛楣哭喪著臉，看他們倆上車走了。他今天要鴻漸當蘇小姐面出醜的計劃，差不多完全成功，可是這成功祇證實了他的失敗。鴻漸斜靠著車墊，蘇小姐問他要不要把領結解鬆，他搖搖頭，蘇小姐叫他閉上眼歇一會。在這個自造的昏天黑地裏，他覺得蘇小姐涼快的手指摸他的前額，又聽她用法文低聲自語：“pauvre petit!”①他力不從心，不能跳起來抗議。汽車到周家，蘇小姐命令周家的門房幫自己汽車夫扶鴻漸進去。到周先生周太太大驚小怪趕出來認蘇小姐，要招待她進去小坐，她汽車早開走了。老夫婦的好奇心無法滿足，又不便細問蒙頭躺著的鴻漸，祇把門房考審個不了，還嫌他沒有觀察力，罵他有了眼睛不會用，爲什麼不把蘇小姐看個仔細。

明天一早方鴻漸醒來，頭裏還有一條鋸齒綫的痛，舌頭像進門擦鞋底的棕毯。躺到下半天纔得爽朗，可以起牀。寫了一封信給唐小姐，祇說病了，不肯提昨天的事。追想起來，對蘇小姐真過意不去，她上午下午都來過電話問病。吃了晚飯，因爲鎮天沒活動，想踏月散步，蘇小姐又來電話，問他好了沒有，有沒有興致去夜談。那天是舊曆四月十五，暮春早夏的月亮原是情人的月亮，不比秋冬是詩人的月色，何況月亮團圓，鴻漸恨不能去看唐小姐。蘇小姐的母親和嫂子上電影院去了，用人們都出去逛了，祇剩她跟看門的在家。她見了鴻漸，説本來自己也打算看電

---

①　可憐的小東西。

影去的，叫鴻漸坐一會，她上去加件衣服，兩人同到園裏去看月。她一下來，鴻漸先聞著剛纔没聞到的香味，發現她不但換了衣服，並且臉上唇上都加了修飾。蘇小姐領他到六角小亭子裏，兩人靠欄杆坐了。他忽然省悟這情勢太危險，今天不該自投羅網，後悔無及。他又謝了蘇小姐一遍，蘇小姐又問了他一遍昨晚的睡眠，今天的胃口，當頭皎潔的月亮也經不起三遍四遍的讚美，祇好都望月不作聲。鴻漸偷看蘇小姐的臉，光潔得像月光潑上去就會滑下來，眼睛裏也閃活著月亮，嘴唇上月華洗不淡的紅色變爲滋潤的深暗。蘇小姐知道他在看自己，回臉對他微笑，鴻漸要抵抗這媚力的決心，像出水的魚，頭尾在地上拍動，可是掙扎不起。他站起來道："文紈，我要走了。"

蘇小姐道："時間早呢，忙什麼？還坐一會。"指著自己身旁，鴻漸剛纔坐的地方。

"我要坐遠一點——你太美了！這月亮會作弄我幹傻事。"

蘇小姐的笑聲輕膩得使鴻漸心裏抽痛："你就這樣怕做傻子麼？坐下來，我不要你這樣正襟危坐，又不是禮拜堂聽說教。我問你這聰明人，要什麼代價你纔肯做傻子？"轉臉向他頑皮地問。

鴻漸低頭不敢看蘇小姐，可是耳朵裏、鼻子裏，都是抵制不了的她，腦子裏也浮著她這時候含笑的印象，像漩渦裏的葉子在打轉："我没有做傻子的勇氣。"

蘇小姐勝利地微笑，低聲說："Embrasse-moi！"①說著一壁害羞，奇怪自己竟有做傻子的勇氣，可是她祇敢躲在外國話裏

---

① 吻我。

命令鴻漸吻自己。鴻漸没法推避，回臉吻她。這吻的分量很輕，範圍很小，祇彷彿清朝官場端茶送客時的把嘴唇抹一抹茶碗邊，或者從前西洋法庭見證人宣誓時的把嘴唇碰一碰《聖經》，至多像那些信女們吻西藏活佛或羅馬教皇的大腳趾，一種敬而遠之的親近。吻完了，她頭枕在鴻漸肩膀上，像小孩子甜睡中微微歎口氣。鴻漸不敢動，好一會，蘇小姐夢醒似地坐直了，笑説："月亮這怪東西，真教我們都變了儍子了。"

"並且引誘我犯了不可饒赦的罪！我不能再待了。"鴻漸這時候祇怕蘇小姐會提起訂婚結婚，跟自己討論將來的計劃。他不知道女人在戀愛勝利快樂的時候，全想不到那些事的，要有了疑懼，纔會要求男人趕快訂婚結婚，愛情好有保障。

"我偏不放你走——好，讓你走，明天見。"蘇小姐看鴻漸臉上的表情，以爲他情感衝動得利害，要失掉自主力，所以不敢留他了。鴻漸一溜煙跑出門，還以爲剛纔唇上的吻，輕鬆得很，不當作自己愛她的證據。好像接吻也等於體格檢驗，要有一定斤兩，纔算合格似的。

蘇小姐目送他走了，還坐在亭子裏。心裏祇是快活，没有一個成輪廓的念頭。想著兩句話："天上月圓，人間月半，"不知是舊句，還是自己這時候的靈感。今天是四月半，到八月半不知怎樣。"孕婦的肚子貼在天上"，又記起曹元朗的詩，不禁一陣厭惡。聽見女用人回來了，便站起來，本能地掏手帕在嘴上抹了抹，彷彿接吻會留下痕跡的。覺得剩餘的今夜祇像海水浴的跳板，自己站在板的極端，會一跳衝進明天的快樂裏，又興奮，又戰慄。

方鴻漸回家，鎖上房門，撕了五六張稿子，纔寫成下面的一封信：

文紈女士：

我沒有臉再來見你，所以寫這封信。從過去直到今夜的事，全是我不好。我沒有藉口，我無法解釋。我不敢求你諒宥，我祇希望你快忘記我這個軟弱、沒有坦白的勇氣的人。因為我真心敬愛你，我愈不忍糟蹋你的友誼。這幾個月來你對我的恩意，我不配受，可是我將來永遠作為寶貴的回憶。祝你快樂。

慚悔得一晚沒睡好，明天到銀行叫專差送去。提心吊膽，祇怕還有下文。十一點鐘左右，一個練習生來請他聽電話，說姓蘇的打來的，他腿都軟了，拿起聽筒，預料蘇小姐罵自己的話，全行的人都聽見。

蘇小姐聲音很柔軟："鴻漸麼？我剛收到你的信，還沒有拆呢。信裏講些什麼？是好話我就看，不是好話我就不看；留著當了你面拆開來羞你。"

鴻漸嚇得頭顱幾乎下縮齊肩，眉毛上升入髮，知道蘇小姐誤會這是求婚的信，還要撒嬌加些波折，忙說："請你快看這信，我求你。"

"這樣著急！好，我就看。你等著，不要掛電話——我看了，不懂你的意思。回頭你來解釋罷。"

"不，蘇小姐，不，我不敢見你——"不能再遮飾了，低聲道："我另有——"怎麼說呢？糟透了！也許同事們全在偷聽——"我另外有——有個人。"說完了如釋重負。

“什麼？我没聽清楚。”

鴻漸搖頭歎氣，急得説抽去了脊骨的法文道：“蘇小姐，咱們講法文。我——我愛一個人，——愛一個女人另外，懂？原諒，我求你一千個原諒。”

“你——你這渾蛋！”蘇小姐用中文駡他，聲音似乎微顫。鴻漸好像自己耳頰上給她這駡沉重地打一下耳光，自衛地掛上聽筒，蘇小姐的聲音在意識裏攪動不住。午時一個人到鄰近小西菜館裏去吃飯，怕跟人談話。忽然轉念，蘇小姐也許會失戀自殺，慌得什麼都吃不進。忙趕回銀行，寫信求她原諒，請她珍重，把自己作踐得一文不值，哀懇她不要留戀。發信以後，心上稍微寬些，覺得餓了，又出去吃東西。四點多鐘，同事都要散，他想今天没興致去看唐小姐了。收發處給他一封電報，他驚惶失措，險以爲蘇小姐的死信，有誰會打電報來呢？拆開一看，“平成”發出的，好像是湖南一個縣名，減少了恐慌，增加了詫異，忙討本電報明碼翻出來是：“敬聘爲教拐月薪三百四十元酌送路費盼電霸國立三閭大學校長高松年。”“教拐”即“教授”的錯誤，“電霸”準是“電覆”。從没聽過三閭大學，想是個戰後新開的大學，高松年也不知道是誰，更不知道他聘自己當什麼系的教授。不過有國立大學不遠千里來聘請，終是增添身價的事，因爲戰事起了祇一年，國立大學教授還是薪水階級裏可企羨的地位。問問王主任，平成確在湖南，王主任要電報看了，讚他實至名歸，説點金銀行是小地方，蛟龍非池中之物，還説什麼三年國立大學教授就等於簡任官的資格。鴻漸聽得開心，想這真是轉運的消息，向唐小姐求婚一定也順利。今天太值得紀念了，絶了舊葛藤，添了新機會。他晚上告訴周經理夫婦，周經理也高興，祇說平成這地方太僻遠了。鴻漸說還沒決定答應。周太太說，她知道他先要請蘇文紈小姐的許可。她又說老式男女要好得像鴻漸跟蘇小姐那樣，早結婚了，新式男女沒結婚就"心呀，肉呀"的親密，祇怕甜頭吃完了，結婚後反而不好。鴻漸笑她祇知道個蘇小姐。她道："難道還有旁人麽？"鴻漸得意頭上，口快說三天告訴她確實消息。她爲她死掉的女兒吃醋道："瞧不出你這樣一個人倒是你搶我奪的一塊好肥肉！"鴻漸不屑計較這些粗鄙的話，回房間寫如下的一封信：

曉芙：

前天所發信，想已寓目。我病全好了；你若補寫信來慰問，好比病後一帖補藥，還是歡迎的。我今天收到國立三間大學電報，聘我當教授。校址好像太偏僻些，可是還不失爲一個機會。我請你幫我決定去不去。你下半年計劃怎樣？你要到昆明去復學，我也可以在昆明謀個事，假如你進上海的學校，上海就變成我唯一依戀的地方。總而言之，我魔住你，纏著你，冤魂作祟似的附上你，不放你清靜。我久想跟我——啊呀！"你"錯寫了"我"，可是這筆誤很有道理，你想想爲什麽——講句簡單的話，這話在我心裏已經復習了幾千遍。我深恨發明不來一個新鮮飄忽的說法，祇有我可以說，祇有你可以聽，我說過，你聽過，這說法就飛了，過去，現在和未來沒有第二個男人好對第二個女人這樣說。抱歉得很，對絕世無雙的你，我祇能用幾千年經人濫用的話來表示我的情感。你允許我說那句話麼？我真不敢冒昧，你不知道我怎樣怕你生氣。

明天一早鴻漸吩咐周經理汽車夫送去，下午出銀行就上唐家。洋車到門口，看見蘇小姐的汽車也在，既窘且怕。蘇小姐汽車夫向他脫帽，說：“方先生來得巧，小姐來了不多一會。”鴻漸胡扯道：“我路過，不進去了。”便轉個彎回家。想這是撒一個玻璃質的謊，又脆薄，又明亮，汽車夫定在暗笑。蘇小姐會不會大講壞話，破人好事？但她未必知道自己愛唐小姐，並且，這半年來的事講出來祇丟她的臉。這樣自譬自慰，他又不擔憂了。他明天白等了一天，唐小姐沒信來。後天去看唐小姐，女用人說她不在家。到第五天還沒信，他兩次拜訪都撲個空。鴻漸急得眠食都廢，把自己的信背了十幾遍，字字推敲，自覺並無開罪之處。也許她還要讀書，自己年齡比她大八九歲，談戀愛就得結婚，等不了她大學畢業，她可能爲這事遲疑不決。祇要她答應愛自己，隨她要什麼時候結婚都可以，自己一定守節。好，再寫封信去，說明天禮拜日求允許面談一次，萬事都由她命令。

當夜刮大風，明天小雨接大雨，一脈相延，到下午沒停過。鴻漸冒雨到唐家，小姐居然在家；她微覺女用人的態度有些異常，沒去理會。一見唐小姐，便知道她今天非常矜持，毫無平時的笑容，出來時手裏拿個大紙包。他勇氣全漏洩了，說：“我來過兩次，你都不在家，禮拜一的信收到沒有？”

“收到了。方先生，”——鴻漸聽她恢復最初的稱呼，氣都不敢透——“方先生聽說禮拜二也來過，爲什麼不進來，我那天倒在家。”

“唐小姐，”——也還她原來的稱呼——“怎麼知道我禮拜二來過?"

"表姐的車夫看見方先生,奇怪你過門不入,他告訴了表姐,表姐又告訴我。你那天應該進來,我們在談起你。"

"我這種人值得什麼討論!"

"我們不但討論,並且研究你,覺得你行為很神秘。"

"我有什麼神秘?"

"還不够神秘麼?當然我們不知世事的女孩子,莫測高深。方先生的口才我早知道,對自己所作所為一定有很滿意中聽的解釋。大不了,方先生祇要説:'我沒有藉口,我無法解釋,'人家準會原諒。對不對?"

"怎麼?"鴻漸直跳起來,"你看見我給你表姐的信?"

"表姐給我看的,她並且把從船上到那天晚上的事全告訴我。"

唐小姐臉上添了憤恨,鴻漸不敢正眼瞧她。

"她怎樣講?"鴻漸囁嚅説;他相信蘇文紈一定加油加醬,説自己引誘她、吻她,準備據實反駁。

"你自己做的事還不知道麼?"

"唐小姐,讓我解釋——"

"你'有法解釋',先對我表姐去講。"方鴻漸平日愛唐小姐聰明,這時候祇希望她拙口鈍腮,不要這樣咄咄逼人。"表姐還告訴我幾件關於方先生的事,不知道正確不正確。方先生現在住的周家,聽説並不是普通的親戚,是貴岳家,方先生以前結過婚——"鴻漸要插嘴,唐小姐不愧是律師的女兒,知道法庭上盤問見證的秘訣,不讓他分辯——"我不需要解釋,是不是岳家？是就好了。你在外國這幾年有沒有戀愛，我不知道。可是你在回國的船上，就看中一位鮑小姐，要好得寸步不離，對不對？"鴻漸低頭説不出話——"鮑小姐走了，你立刻追求表姐，直到——我不用再説了。並且，據説方先生在歐洲唸書，得到過美國學位——"

鴻漸頓足發恨道："我跟你吹過我有學位沒有？這是鬧著玩兒的。"

"方先生人聰明，一切逢場作戲，可是我們這種笨蛋，把你開的玩笑都得認真——"唐小姐聽方鴻漸嗓子哽了，心軟下來，可是她這時候愈心疼，愈心恨，愈要責罰他個痛快——"方先生的過去太豐富了！我愛的人，我要能夠佔領他整個生命，他在碰見我以前，沒有過去，留著空白等待我——"鴻漸還低頭不響——"我祇希望方先生前途無量。"

鴻漸身心彷彿通電似的發麻，祇知道唐小姐在説自己，沒心思來領會她話裏的意義，好比頭腦裏蒙上一層油紙，她的話雨點似的滲不進，可是油紙震顫著雨打的重量。他聽到最後一句話，絕望地明白，抬起頭來，兩眼是淚，像大孩子挨了打罵，咽淚入心的臉。唐小姐鼻子忽然酸了。"你説得對。我是個騙子，我不敢再辯，以後決不來討厭了。"站起來就走。

唐小姐恨不能説："你爲什麼不辯護呢？我會相信你，"可是祇説："那麼再會。"她送著鴻漸，希望他還有話説。外面雨下得正大，她送到門口，真想留他等雨勢稍殺再走。鴻漸披上雨衣，看看唐小姐，瑟縮不敢拉手。唐小姐見他眼睛裏的光亮，給那一陣淚濾乾了，低眼不忍再看，機械地伸手道："再會——"有時

三

候，"不再坐一會麼?"可以攆走人，有時候"再會"可以挽留人；唐小姐挽不住方鴻漸，所以加一句"希望你遠行一路平安"。她回臥室去，適纔的盛氣全消滅了，疲乏懊惱。女用人來告訴道："方先生怪得很，站在馬路那一面，雨裏淋著。"她忙到窗口一望，果然鴻漸背馬路在斜對面人家的籬笆外站著，風裏的雨綫像水鞭子正側橫斜地抽他漠無反應的身體。她看得心溶化成苦水，想一分鐘後他再不走，一定不顧笑話，叫用人請他回來。這一分鐘好長，她等不及了，正要吩咐女用人，鴻漸忽然回過臉來，狗抖毛似的抖擻身子，像把周圍的雨抖出去，開步走了。唐小姐抱歉過信表姐，氣憤時說話太決絕，又擔憂鴻漸失神落魄，別給汽車電車撞死了。看了幾次錶，過一個鐘頭，打電話到周家問，鴻漸還沒回去，她驚惶得愈想愈怕。吃過晚飯，雨早止了，她不願意家裏人聽見，溜出門到鄰近糖果店借打電話，心亂性急，第一次打錯了，第二次打過了祇聽對面鈴響，好久沒人來接。周經理一家三口都出門應酬去了，鴻漸在小咖啡館裏呆坐到這時候纔回家，一進門用人便說蘇小姐來過電話，他火氣直冒，倒從麻木裏蘇醒過來，他正換乾衣服，電話鈴響，置之不理，用人跑上來接，一聽便說："方少爺，蘇小姐電話。"鴻漸襪子沒穿好，赤了左腳，跳出房門，拿起話筒，不管用人聽見不聽見，厲聲——祇可惜他淋雨受了涼，已開始塞鼻傷風，嗓子沒有勁——說："咱們已經斷了，斷了! 聽見沒有? 一次兩次來電話幹嗎? 好不要臉! 你搗得好鬼! 我瞧你一輩子嫁不了人——"忽然發現對方早掛斷了，險的要再打電話給蘇小姐，逼她聽完自己的臭罵。那女用人在樓梯轉角聽得有趣，趕到廚房裏去報告。

唐小姐聽到"好不要臉"，忙掛上聽筒，人都發暈，好容易制住眼淚，回家。

這一晚，方鴻漸想著白天的事，一陣陣地發燒，幾乎不相信是真的，給唐小姐一條條說破了，覺得自己可鄙可賤得不成爲人。明天，他剛起牀，唐家包車夫送來一個紙包，說小姐吩咐要回件。他看這紙包，昨天見過的，上面沒寫字，猜準是自己寫給她的信。他明知唐小姐不會，然而還希望她會寫幾句話，藉決絕的一刹那讓交情多延一口氣，忙拆開紙包，祇有自己的舊信。他垂頭喪氣，原紙包了唐小姐的來信，交給車夫走了。唐小姐收到那紙包的匣子，好奇拆開，就是自己送給鴻漸吃的夾心朱古力糖金紙匣子。她知道匣子裏是自己的信，不願意打開，似乎匣子不打開，自己跟他還沒有完全破裂，一打開便證據確鑿地跟他斷了。這樣癡坐了不知多久——也許祇是幾秒鐘——開了匣蓋，看見自己給他的七封信，信封都破了，用玻璃紙襯補的，想得出他急於看信，撕破了信封又手指笨拙地補好。唐小姐心裏一陣難受。更發現盒子底襯一張紙，上面是家裏的住址跟電話號數，記起這是跟他第一次吃飯時自己寫在他書後空頁上的，他剪下來當寶貝似的收藏著。她對了發怔，忽然想昨天他電話裏的話，也許並非對自己說的；一月前第一次打電話，周家的人誤會爲蘇小姐，昨天兩次電話，那面的人一聽，就知道是找鴻漸的，毫不問姓名。彼此決裂到這個田地，這猜想還值得證實麽？把方鴻漸忘了就算了。可是心裏忘不了他，好比牙齒鉗去了，齒腔空著作痛，更好比花盆裏種的小樹，要連根拔它，這花盆就得迸碎。唐小姐脾氣高傲，寧可忍痛至於生病。病中幾天，蘇小姐天天來望

她陪她，還告訴她已跟曹元朗訂婚，興頭上偷偷地把曹元朗求婚
的事告訴她。據說曹元朗在十五歲時早下決心不結婚，一見了蘇
小姐，十五年來的人生觀像大地震時的日本房屋。因此，"他自
己說，他最初恨我怕我，想躲著我，可是——"蘇小姐笑著扭
身不說完那句話。求婚是這樣的，曹元朗見了面，一股怪可憐的
樣子，忽然把一個絲絨盒子塞在蘇小姐手裏，神色倉皇地跑了。
蘇小姐打開，盒子裏盤一條金掛鏈，頭上一塊大翡翠，鏈下壓一
張信紙。唐小姐問她信上說些什麼，蘇小姐道："他說他最初恨
我，怕我，可是現在——唉，你這孩子最頑皮，我不告訴你。"
唐小姐病癒，姊姊姊夫邀她到北平過夏。陽曆八月底她回上海，
蘇小姐懇請她做結婚時的儐相。男儐相就是曹元朗那位留學朋
友。他見了唐小姐，大獻殷勤，她厭煩不甚理他。他撇著英國腔
向曹元朗說道："Dash it! That girl is forget-me-not and touch-
me-not in one，a red rose which has somehow turned into the blue
flower." ① 曹元朗讚他語妙天下，他自以爲這句話會傳到唐小姐
耳朵裏。可是唐小姐在吃喜酒後第四天，跟她父親到香港轉重慶
去了。

---

① 真的！那個女孩子是"無忘我草"和"別碰我花"的結合，是紅玫瑰變成
了蔚藍花——"蔚藍花"是浪漫主義遙遠理想的象徵。

四

　　方鴻漸把信還給唐小姐時，癡鈍並無感覺。過些時，他纔像從昏厥裏醒過來，開始不住地心痛，就像因蜷曲而麻木的四肢，到伸直了血脈流通，就覺得刺痛。昨天囫圇吞地忍受的整塊痛苦，當時沒工夫辨別滋味，現在，牛反芻似的，零星斷續，細嚼出深深沒底的回味。臥室裏的沙發書桌，臥室窗外的樹木和草地，天天碰見的人，都跟往常一樣，絲毫沒變，對自己傷心丟臉這種大事全不理會似的。奇怪的是，他同時又覺得天地慘淡，至少自己的天地變了相。他個人的天地忽然從世人公共生活的天地裏分出來，宛如與活人幽明隔絕的孤鬼，瞧著陽世的樂事，自己插不進，瞧著陽世的太陽，自己曬不到。人家的天地裏，他進不去，而他的天地裏，誰都可以進來，第一個攔不住的就是周太太。一切做長輩的都不願意小輩瞞著自己有秘密；把這秘密哄出來，逼出來，是長輩應盡的責任。唐家車夫走後，方鴻漸上樓洗臉，周太太半樓梯劈面碰見，便想把昨夜女用人告訴的話問他，好容易忍住了，這證明她不但負責任，並且有涵養。她先進餐室，等他下來。效成平日吃東西極快，今天也慢條斯理地延宕著，要聽母親問鴻漸話。直到效成等不及，上學校去了，她還没見鴻漸來吃早點，叫用人去催，纔知道他早偷偷出門了。周太太因爲枉費了克己工夫，脾氣發得加倍的大，罵鴻漸混賬，説："就是住旅館，出門也得吩咐茶房一聲。現在他吃我周家的飯，住周家的房子，賺我周家的錢，瞞了我外面去胡鬧，一早出門，也不來請安，目無尊長，成什麼規矩！他還算是唸書人家的兒子！書上説的：'清早起，對父母，行個禮，'他没唸過？他給女人迷昏了頭，全没良心，他不想想不靠我們周家的栽培，什麼酥小姐、糖小姐會看中他！"周太太並不知道鴻漸認識唐小姐，她因爲"芝麻酥糖"那現成名詞，説"酥"順口帶説了"糖"；信口胡扯，而偏能一語道破，天下未卜先知的預言家都是這樣的。

方鴻漸不吃早點就出門，確爲了躲避周太太。他這時候怕人盤問，更怕人憐憫或教訓。他心上的新創口，揭著便痛。有人失戀了，會把他們的傷心立刻像叫化子的爛腿，血淋淋地公開展覽，博人憐憫，或者事過境遷，像戰士的金瘡舊斑，脱衣指示，使人驚佩。鴻漸祇希望能在心理的黑暗裏隱蔽著，彷彿害病的眼睛避光，破碎的皮肉怕風。所以他本想做得若無其事，不讓人看破自己的秘密，瞞得過周太太，便不會有旁人來管閑事了。可是，心裏的痛苦不露在臉上，是樁難事。女人有化妝品的援助，胭脂塗得濃些，粉擦得厚些，紅白分明會掩飾了内心的凄黯。自己是個男人，平日又不蓬首垢面，除了照例的梳頭刮臉以外，没法用非常的妝飾來表示自己照常。倉猝間應付不來周太太，還是溜走爲妙。鴻漸到了銀行，機械地辦事，心疲弱得没勁起念頭。三間大學的電報自動冒到他記憶面上來，他歎口氣，毫無願力地覆電應允了。他纔吩咐信差去拍電報，經理室派人來請。周經理見了他，皺眉道："你怎麼一回事？我內人在發肝胃氣，我出門的時候，王媽正打電話請醫生呢。"

鴻漸忙申辯，自己一清早到現在沒碰見過她。

周經理哭喪著臉道："我也弄不清你們的事。可是你丈母自從淑英過世以後，身體老不好。醫生量她血壓高，叮囑她動不得氣，一動氣就有危險，所以我總讓她三分，你——你不要拗她頂她。"說完如釋重負地吐口氣。周經理見了這位掛名姑爺，鄉紳的兒子，留洋學生，有點畏閃，今天的談話，是義不容辭，而非心所樂。他跟周太太花燭以來，一向就讓她。當年死了女兒，他想娶個姨太太來安慰自己中年喪女的悲哀，給周太太知道了，生病求死，嚷什麼"死了乾淨，好讓人家來填缺"，嚇得他安慰也不需要了，對她更短了氣焰。他所說的"讓她三分"，不是"三分流水七分塵"的"三分"，而是"天下祇有三分月色"的"三分"。

鴻漸勉強道："我記著就是了。不知道她這時候好了沒有？要不要我打個電話問問？"

"你不要打！她跟你生的氣，你別去自討沒趣。我臨走吩咐家裏人等醫生來過，打電話報告我的。你丈母是上了年紀了！二十多年前，我們還沒來上海，那時候她就有肝胃氣病。發的時候，不請醫生打針，不吃止痛藥片，要吃也沒有！有人勸她抽兩口鴉片，你丈母又不肯，怕上癮。祇有用我們鄉下土法，躺在牀上，叫人拿了門閂，周身捶著。捶她的人總是我，因爲這事要親人幹，旁人不知痛癢，下手太重，變成把棒打了。可是現在她吃不消了。這方法的確很靈驗，也許你們城裏人不相信的。"

鴻漸正在想未成婚的女婿算不算"親人"，忙說："相信！相信！這也是一種哄騙神經的方法，分散她對痛處的集中注意力，很有道理。"

周經理承認他解釋得對。鴻漸回到辦公桌上，滿肚子不痛快，想周太太的態度一天壞似一天，周家不能長住下去了，自己得趕早離開上海。周經理回家午飯後到行，又找鴻漸談話，第一句便問他覆了三間大學的電報沒有。鴻漸忽然省悟，一股怒氣使人從癡鈍裏醒過來，回答時把身子挺足了以至於無可更添的高度。周經理眼睛躲避著鴻漸的臉，祇瞧見寫字桌前鴻漸胸脯上那一片白襯衫慢慢地飽滿擴張，領帶和腰帶都在離桌上升，便說："你回電應聘了最好，在我們這銀行裏混，也不是長久的辦法，"還請他"不要誤會"。鴻漸刺耳地冷笑，問是否從今天起自己算停職了。周經理軟弱地擺出尊嚴道："鴻漸，我告訴你別誤會！你不久就遠行，當然要忙著自己的事，沒工夫兼顧行裏——好在行裏也沒有什麼事，我讓你自由，你可以不必每天到行。至於薪水呢，你還是照支——"

"謝謝你，這錢我可不能領。"

"你聽我說，我教會計科一起送你四個月的薪水，你旅行的費用，不必向你老太爺去籌——"

"我不要錢，我有錢，"鴻漸說話時的神氣，就彷彿國立四大銀行全在他隨身口袋裏，沒等周經理說完，高視闊步出經理室去了。祇可惜經理室太小，走不上兩步，他那高傲的背影已不復能供周經理瞻仰。而且氣憤之中，精神照顧不周，皮鞋直踏在門外聽差的腳上，鴻漸祇好道歉，那聽差提起了腿滿臉苦笑，强説：
"沒有關係。"

　　周經理搖搖頭，想女人家不懂世事，祇知道家裏大發脾氣，
叫丈夫在外面做人爲難。自己慘淡經營了一篇談話腹稿，本想從
鴻漸的旅行費説到鴻漸的父親，承著鴻漸的父親，語氣捷轉説：
"你回國以後，沒有多跟你老太爺老太太親熱，現在你又要出遠
門了，似乎你應該回府住一兩個月，伺候伺候二老。我跟我内人
很喜歡你在舍間長住，效成也捨不得你去；可是我扣留住你，不
讓你回家做孝順兒子，親家、親家母要上門來'探親相罵'
了——"説到此地，該哈哈大笑，拍著鴻漸的手或臂或肩或背，
看他身體上什麼可拍的部分那時候最湊手方便——"反正你常
到我家裏來玩兒，可不是一樣？要是你老不來，我也不答應的。"
自信這一席話委婉得體，最後那一段尤其接得天衣無縫，曲盡文
書科王主任所謂"順水推舟"之妙，王主任起的信稿子怕也不過
如此。祇可恨這篇好談話一講出口全彆扭了，自己先發了慌，態
度侷促，鴻漸那混小子一張沒好氣挨打嘴巴的臉，好好給他面子
下臺，他偏願意抓破了面子頂撞自己，真不識抬舉，莫怪太太要
厭惡他。那最難措辭的一段話還悶在心裏，像喉嚨裏咳不出來的
黏痰，攪得奇癢難搔。周經理象徵地咳一聲無謂的嗽，清清嗓
子。鴻漸這孩子，自己白白花錢栽培了他，看來沒有多大出息。
方纔聽太太説，新近請人爲他評命，命硬得很，婚姻不會到頭，
淑英沒過門就給他尅死了！現在正交著桃花運，難保不出亂子，
讓他回家給方鄉紳嚴加管束也好，自己卸了做長輩的干係。可是
今天突然攆他走，終不大好意思——唉，太太仗著發病的脾氣，

真受不了！周經理歎口氣，把這事擱在一邊，拿起桌子上的商業信件，一面捺電鈴。

方鴻漸不願意臉上的羞憤給同僚們看見，一口氣跑出了銀行。心裏咒罵著周太太，今天的事準是她挑撥出來的，周經理那種全聽女人作主的丈夫，也夠可鄙了！可笑的是，到現在還不明白爲什麼周太太忽然在小茶杯裏興風作浪，自忖並沒有開罪她什麼呀！不過，那理由不用去追究，他們要他走，他就走，決不留連，也不屑跟他們計較是非。本來還想買點她愛吃的東西晚上回去孝敬她，討她喜歡呢！她知道了蘇小姐和自己往來，就改變態度，常說討厭話。效成對自己本無好感，好像爲他補習就該做他的槍手的，學校裏的功課全要帶回家來代做，自己不答應，他就恨。並且那小鬼愛管閑事，虧得防範周密，來往信札沒落在他手裏。是了！是了！一定是今天早晨唐家車夫來取信，她起了什麼疑心，可是她犯不著發那麼大的脾氣呀。真叫人莫名其妙！好！好！運氣壞就壞個徹底，壞個痛快。昨天給情人甩了，今天給丈人攆了，失戀繼以失業，失戀以致失業，真是摔了仰天跤還會跌破鼻子！“没興一齊來”，來就是了，索性讓運氣壞得它一個無微不至。周家一天也不能住了，祇有回到父親母親那兒擠幾天再說，像在外面挨了打的狗夾著尾巴竄回家。不過向家裏承認給人攆回來，臉上怎下得去？這兩天來，人都氣笨了，後腦裏像棉花裏的鼓槌在打布蒙的鼓，模糊的沉重，一下一下的跳痛，想不出圓滿的遮羞方式，好教家裏人不猜疑自己爲什麼突然要回家過不舒服的日子。三閭大學的電報，家裏還没知道，報告了父親母親，準使他們高興，他們高興頭上也許心氣寬和，不會細密地追究盤問。自己也懶得再想了，依仗這一個好消息，硬著頭皮回家去相機説話。跟家裏講明白了，盤桓到老晚纔回周家去睡，免得見周經理夫婦的面，把三件行李收拾好，明天一早就溜走，留封信告別，反正自己無面目見周經理周太太，周經理周太太也無面目見自己，這倒省了不少麻煩。搬回家也不會多住，祇等三閭大學旅費匯來，便找幾個伴侶上路。上路之前不必到銀行去，樂得逍遙幾天，享點清閑之福。不知怎樣，清閑之福會牽起唐小姐，忙把念頭溜冰似的滑過，心也虛閃了閃幸未發作的痛。

鴻漸四點多鐘到家，老媽子一開門就嚷："大少爺來了，太太，大少爺來了，不要去請了。"鴻漸進門，祇見母親坐在吃飯的舊圓桌側面，抱著阿凶，餵他奶粉，阿醜在旁吵鬧。老媽子關上門趕回來逗阿醜，教他"不要吵，乖乖地叫聲'大伯伯'，大伯伯給糖你吃"。阿醜停嘴，光著眼望了望鴻漸，看不像有糖會給他，又向方老太太跳嚷去了。

這阿醜是老二鵬圖的兒子，年紀有四歲了，下地的時候，相貌照例醜得可笑。鵬圖還沒有做慣父親，對那一團略具五官七竅的紅肉，並不覺得創造者的驕傲和主有者的偏袒，三腳兩步到老子書房裏去報告："生下來一個妖怪。"方遯齋老先生抱孫心切，剛占了個周易神卦，求得☴，是"小畜"卦，什麼"密雲不雨"，"輿脱輻，夫妻反目"，"血去惕出無咎"。他看了《易經》的卦詞納悶，想莫非媳婦要難産或流産，正待虔誠再卜一卦，忽聽兒子沒頭沒腦的來一句，嚇得直跳起來："別胡説！小孩子下地沒有？"鵬圖瞧老子氣色嚴重，忙規規矩矩道："是個男孩子，母子都好。"方遯翁强忍著喜歡，教訓兒子道："已經是做父親的人了，講話還那樣不正經，瞧你將來怎麼教你的兒子！"鵬圖解釋道："那孩子的相貌實在醜——請爸爸起個名字。""好，你說他長得醜，就叫他'醜兒'得了。"方遯翁想起《荀子・非相篇》說古時大聖大賢的相貌都是奇醜，便索性跟孫子起個學名叫"非相"。方老太太也不懂什麼非相是相，祇嫌"醜兒"這名字不好，說："小孩子相貌很好——初生的小孩子全是那樣的，誰說他醜呢？你還是改個名字罷。"這把方遯翁書袋底的積年陳貨全掏出來了："你們都不懂這道理，要鴻漸在家，他就會明白。"一壁說，到書房裏架子上揀出兩三部書，翻給兒子看，因爲方老太太識字不多。方鵬圖瞧見書上說："人家小兒要易長育，每以賤名爲小名，如犬羊狗馬之類，"又知道司馬相如小字犬子，桓熙小字石頭，范曄小字磚兒，慕容農小字惡奴，元叉小字夜叉，更有什麼斑獸、禿頭、龜兒、獾郎等等，纔知道兒子叫"醜兒"還算有體面的。方遯翁當天上茶館跟大家談起這事，那些奉承他的茶友滿口道賀之外，還恭維他取的名字又別致，又渾成，不但典雅，而且洪亮。祇有方老太太弄孫的時候，常常臉摩著臉，代他抗議道："咱們相貌多漂亮！咱們是標致小寶貝心肝，爲什麼冤枉咱們醜？爺爺頂不講道理，去拉掉他鬍子。"方鴻漸在外國也寫信回來，對侄兒的學名發表意見，說《封神榜》裏的兩個開路鬼，哥哥叫方弼，兄弟叫方相，"方非相"的名字好像在跟鬼兄弟抬槓，還是趁早換了。方遯翁置之不理。去年戰事起了不多幾天，老三鳳儀的老婆也養個頭胎兒子，方遯翁深有感於"兵凶戰危"，觸景生情，叫他"阿凶"，根據《墨子・非攻篇》爲他取學名"非攻"。遯翁題名字上了癮，早想就十幾個排行的名字，祇等媳婦們連一不二養下孩子來頂領，譬如男叫"非熊"，用姜太公的故事，女叫"非煙"，用唐人傳奇。

這次逃難時，阿醜阿凶兩隻小東西真累人不淺。鴻漸這個不近人情的鰥夫聽父母講逃難的苦趣，便心中深怪兩位弟婦不會領孩子，害二老受罪。這時候阿醜阿凶纏著祖母，他們的娘連影子都不見，他就看不入眼。方老太太做孝順媳婦的年份太長了，忽然輪到自己做婆婆，簡直做不會，做不像。在西洋家庭裏，丈母娘跟女婿間的爭鬥，是至今保存的古風，我們中國家庭裏婆婆和媳婦的敵視，也不輸他們那樣悠久的歷史。祇有媳婦懷孕，婆婆要依仗了她纔能榮陞祖母，於是對她開始遷就。到媳婦養了個真實不假的男孩子，婆婆更加讓步。方老太太生性懦弱，兩位少奶倒著實利害，生阿醜的時候，方家已經二十多年沒聽見小孩子哭聲了，老夫婦不免溺愛慫惠，結果媳婦的氣焰暗裏增高，孫子的品性顯然惡化。鳳儀老婆肚子掙氣，頭胎也是男孩子，從此妯娌間暗爭愈烈。老夫婦滿臉的公平待遇，兩兒子媳婦背後各怨他們的偏袒。鴻漸初回國，家裏房子大，阿醜有奶媽領著，所以還不甚礙眼討厭。逃難以後，阿醜的奶媽當然可以省掉了；三奶奶因為阿凶是開戰時生的，一向沒用奶媽，到了上海，要補用一個，好跟二奶奶家的阿醜扯直。依照舊家庭的不成文法，孫子的乳母應當由祖父母出錢僱的。方遯翁逃難到上海，景況不比從前，多少愛惜小費，不肯為二孫子用乳母。可是他對三奶奶的談話，一個字也沒提起經濟，他祇說上海不比家鄉，是個藏垢納污之區，下等女人少有乾淨的；女用人跟汽車夫包車夫養了孩子，便出來做奶媽，這種女人全有毒，餵不得小孩子，而且上海風氣

四

太下流了，奶媽動不動要請假出去過夜，奶汁起了變化，小孩子吃著準不相宜，說不定有終身之恨。三奶奶瞧公婆要她自己領這孩子，一口悶氣脹得肚子都漸漸大了，吃東西沒胃口，四肢乏力，請醫服藥，同時阿凶衹能由婆婆幫著帶領。醫生一星期前纔證明她不是病，是懷近四個月的孕。二奶奶腆著顫巍巍有六個月孕的肚子，私下跟丈夫冷笑道："我早猜到那麼一著，她自己肚子裏全明白什麼把戲。衹好哄你那位糊塗娘，什麼臌脹，氣痞，哼，想瞞得了我！"大家庭裏做媳婦的女人平時吃飯的肚子要小，受氣的肚子要大；一有了胎，肚子真大了，那時吃飯的肚子可以放大，受氣的肚子可以縮小。這兩位奶奶現在的身體像兩個吃飽蒼蠅的大蜘蛛，都到了顯然減少屋子容量的狀態，忙得方老太太應接不暇，那兩個女用人也乘機吵著，長過一次工錢。

方遯翁為了三媳婦的病，對家庭醫藥大起研究的興趣。他在上海，門上冷落，不比從前居鄉的時候。同鄉一位庸醫是他鄰居，仰慕他的名望，殺人有暇，偶來陪他閑談。這位庸醫在本鄉真的是"三世行醫，一方盡知"，總算那一方人抵抗力強，沒給他祖父父親醫絕了種，把四方剩了三方。方遯翁正如一切老輩讀書人，自信"不爲良相，便爲良醫"，懂得醫藥。那庸醫以爲他廣通聲氣，希望他介紹生意，免不了灌他幾回迷湯。這迷湯好比酒，被灌者的量各各不同；遯翁的迷湯量素來不大，給他灌得酒醉似的忘其所以。恰好三媳婦可以供給他做試驗品，他便開了不少方子。三奶奶覺得公公和鄰居醫生的藥吃了無效，和丈夫吵，要去請教西醫。遯翁知道了這事，心裏先不高興，聽說西醫斷定媳婦不是病，這不高興險的要發作起來。可是西醫說她有孕，是

個喜訊，自己不好生氣，祇得隱忍，另想方法來挽回自己醫道的
體面，洗滌中國醫學的恥辱。方老太太帶鴻漸進他臥室，他書桌
上正攤著《鏡花緣》和商務印書館第十版的《增廣校正驗方新
編》，他想把《鏡花緣》裏的奇方摘錄在《驗方新編》的空白上。
遯翁看見兒子，便道："你來了，我正要叫你來，跟你說話。你
有個把月沒來了，家裏也該常來走走。我做父親的太放縱你們
了，你們全不知道規矩禮節——"翻著《驗方新編》對方老太
太道："娘，三媳婦既然有喜，我想這張方子她用得著。每天兩
次，每次豆腐皮一張，不要切碎，醬油麻油沖湯吞服。這東西味
道不苦。可以下飯，最好沒有，二媳婦也不妨照辦。這方子很有
道理：豆腐皮是滑的，麻油也是滑的，在胎裏的孩子胞衣滑了，
容易下地，將來不致難產，你把這方子給她們看看。不要去，聽
我跟鴻漸講話——鴻漸，你近三十歲的人了，自己該有分寸，
照理用不到我們背時的老古董來多嘴。可是——娘，咱們再不
管教兒子，人家要代咱們管教他了，咱們不能丟這個臉，對不
對——你丈母早晨來個電話，說你在外面荒唐，跟女人胡鬧，
你不要辯，我不是糊塗人，並不全相信她——"遯翁對兒子伸
著左手，掌心向下，做個壓止他申辯的信號——"可是你一定
有行跡不檢的地方，落在她眼裏。你這年齡自然規規矩矩地結了
婚完事；是我不好，一時姑息著你，以後一切還是我來替你作
主。我想你搬回家住罷，免得討人家厭，同時好有我來管教你。
家裏粗茶淡飯的苦生活，你也應該過過；年輕人就貪舒服，骨頭
鬆了，一世沒有出息。"

　　方鴻漸羞憤頭上，幾十句話同時涌到嘴邊，祇掙扎出來：

"我是想明天搬回來，我丈母在發神經病，她最愛無事生風，真混賬——"

遯翁怫然道："你這態度就不對，我看你愈變愈野蠻無禮了。就算她言之過甚，也是她做長輩的一片好意，你們這些年輕人——"方遯翁話裏留下空白，表示世間無字能形容那些可惡無禮的年輕人。

方老太太瞧鴻漸臉色難看，怕父子倆鬥口，忙怯懦地、狡猾地問兒子道："那位蘇小姐怎麼樣了？祇要你真喜歡她，爸爸和我總照著你意思辦，祇要你稱心。"

方鴻漸禁不住臉紅道："我和她早不往來了。"

這臉紅逃不過老夫婦的觀察，彼此做個眼色，遯翁徹底瞭解地微笑道："是不是吵嘴鬧翻了？這也是少年男女間常有的事，吵一次，感情好一次。雙方心裏都已經懊悔了，面子上還負氣誰也不理誰。我講得對不對？這時候要有個第三者，出來轉圜。你不肯受委屈認錯，祇有我老頭子出面做和事老，給她封宛轉的信，她準買我這面子。"遯翁笑容和語氣裏的頑皮，笨重得可以壓坍樓板。

鴻漸寧可父親生氣，最怕他的幽默，慌得信口胡説道："她早和人訂婚了。"

老夫婦眼色裏的含意愈深了。遯翁蕭然改容道："那麼，你是——是所謂'失戀'了。唔，那也犯不著糟踏自己呀！日子長著呢。"遯翁不但饒赦，而且憐惜遭受女人欺侮的這個兒子了。

鴻漸更侷促了。不錯，自己是"失戀"——這兩個字在父親嘴裏，生澀拗口得很——可是，並非為了蘇文紈。父母的同情施錯了地方，彷彿身上受傷有創口，而同情者偏向皮肉完好處去敷藥包布。要不要告訴他們唐小姐的事？他們決不會瞭解，説不定父親就會大筆一揮，直接向唐小姐替自己求婚，他會鬧這種笑話的。鴻漸支吾掩飾了兩句，把電報給遯翁看了。不出所料，周太太的事果然撇在一邊。遯翁説，這纔是留學生幹的事，比做小銀行職員混飯强多了；平成那地方確偏僻些，可是"咱們方家在自由區該有個人，我和後方可以通通聲氣，我自從地方淪陷後一切行動，你可以進去向有關方面講講。"過一會，遯翁又説："你將來應該按月寄三分之一的薪水給我，並不是我要你的錢，是訓練你對父母的責任心，你兩個兄弟都分擔家裏開銷的。"吃晚飯桌上，遯翁夫婦顯然偏袒兒子了，怪周家小氣，容不下人，要藉口攆走鴻漸："商人終是商人，他們看咱們方家現在失勢了。這種鄙吝勢利的暴發戶，咱們不稀罕和他們做親家。"二老議決鴻漸今夜回周家去收拾行李，明天方老太太去訪問周太太的病，替鴻漸謝打擾，好把行李帶走。

　　鴻漸吃完晚飯，不願意就到周家，便一個人去看電影。電影散場，又延宕了一會，料想周經理夫婦都睡了，纔慢慢回去。一進臥室，就見桌上有效成的英文文法教科書，書裏夾著字條："鴻漸哥：我等不及你了，要去睡覺了。文法練習第三十四到三十八，請你快快一做。還有國文自由命題一篇，隨便做二百字，肯做三百字更好，馬馬虎虎，文章不要太好。明天要交卷也。Thank You Very Much。①"書旁一大碟枇杷和皮核，想是效成

---

① 多謝。

等自己時消閑吃的。鴻漸哼了一聲，把箱子整理好，朦朧略睡，一清早離開周家。周太太其實當天下午就後悔，感覺到勝利的空虛了，祇等鴻漸低心下氣來賠罪，就肯收回一切成命。明早發現鴻漸不告而別，兒子又在大跳大罵要逃一天學，她氣得嘮叨不了，方老太太來時，險的客串"探親相罵"。午飯時，點金銀行差人把鴻漸四個月薪水送到方家；方遯翁代兒子收下了。

方鴻漸住在家裏，無聊得很。他天天代父親寫信、抄藥方，一有空，便上街溜達。每出門，心裏總偷偷希望，在路上，在車子裏，在電影院門口，會意外碰見唐小姐。碰見了怎樣呢？有時理想自己冷淡、驕傲，對她視若無覩，使她受不了。有時理想中的自己是微笑地鎮靜，挑釁地多禮，對她客氣招呼，她倒窘得不知所措。有時他的想像力愈雄厚了，跟一個比唐小姐更美的女人勾手同行，忽與尚無男友的唐小姐劈面相逢；可是，祇要唐小姐有傷心絕望的表示，自己立刻甩了那女人來和她言歸于好。理想裏的唐小姐時而罵自己"殘忍"，時而強抑情感，別轉了臉，不讓睫毛上眼淚給自己看見。

家裏住近十天，已過端午，三間大學毫無音信，鴻漸開始焦急。一天清早，專差送封信來，是趙辛楣寫的，說昨天到點金銀行相訪未晤，今天下午四時後有暇請來舍一談，要事面告。又說："以往之事，皆出誤會，望勿介意。"頂奇怪的是稱自己為："鴻漸同情兄。"鴻漸看後，疑團百出。想現在趙辛楣娶定蘇小姐了，還來找自己幹嗎，終不會請去當他們結婚的儐相。等一會，報紙來了，三奶奶搶著看，忽然問："大哥的女朋友是不是叫蘇文紈?"鴻漸恨自己臉紅，知道三奶奶興趣濃厚地注視自己的臉，含糊反問她爲什麽。三奶奶指報紙上一條啓事給他看，是蘇鴻業、曹元真兩人具名登的，要讀報者知道姓蘇的女兒和姓曹的兄弟今天訂婚。鴻漸驚異得忍不住叫"咦"！想來這就是趙辛楣信上所説的"要事"了。蘇小姐會嫁給曹元朗，女人傻起來真沒有底的！可憐的是趙辛楣。他没知道，蘇小姐應允曹元朗以後，也説："趙辛楣真可憐，他要怨我忍心了。"曹詩人高興頭上，平時對女人心理的細膩瞭解忘掉個乾淨，冒失地説："那不用愁，他會另找到對象。我希望人人像我一樣快樂，願意他也快快戀愛成功。"蘇小姐沉著臉不響，曹元朗纔省悟話説錯了。一向致力新詩，没留心到元微之的兩句："曾經滄海難爲水，除却巫山不是雲，"後悔不及。蘇小姐當然以爲看中自己的人，哪能輕易賞識旁的女人？她不嫁趙辛楣，可是她潛意識底，也許要趙辛楣從此不娶，耐心等曹元朗死了候補。曹元朗忙回家做了一首情詩送來，一以誌喜，二以補過。這詩的大意表示了破除財産私有的理想，説他身心一切都與蘇小姐共有。他情感熱烈，在初夏的驕陽下又多跑了幾次，頭上正生著兩個小瘤，臉上起了一層紅疙瘩，這些當然也跟蘇小姐共有的。

　　方鴻漸準五點鐘找到趙辛楣住的洋式公寓，没進門就聽見公寓裏好幾家正開無綫電，播送風行一時的《春之戀歌》，空氣給那位萬衆傾倒的國産女明星的尖聲撕割得七零八落——

　　　　春天，春天怎麽還不來？

　　　　我心裏的花兒早已開！

　　　　唉！！！我的愛——

　　邏輯的推論當然是：夏天没到，她身體裏就結菓子了。那

女明星的嬌聲尖鋭裏含著渾濁，一大半像鼻子裏哼出來的，又膩
又黏，又軟懶無力，跟鼻子的主産品鼻涕具有同樣品性。可是，
至少該有像鼻子那麼長短，纔包涵得下這彎繞連綿的聲音。走到
二層樓趙家門外，裏面也播著這歌呢。他一面按鈴，想該死！該
死！聽這種歌好比看淫書淫畫，是智力落後、神經失常的表示，
不料趙辛楣失戀了會墮落至此！用人開門接名片進去，無綫電就
止聲了。用人出來請進小客室，布置還精緻，壁上掛好幾個大鏡
框。有趙辛楣去世的父親的大照相、趙辛楣碩士制服手執文憑的
大照相、趙辛楣美國老師的簽字照相。留美學生夏令會的團體照
相裏趙辛楣第一排席地坐著，爲教觀者容易識別起見，他在自己
頭頂用紅墨水做個"＋"號，正畫在身後站的人的胸腹上，大有
替他用日本方法"切腹"之觀。最刺眼的是一張彩色的狹長照
相，内容是蘇小姐拿棍子趕一羣白羊，頭上包塊布，身上穿的想
是牧裝，洋溢著古典的、浪漫的、田園詩的、牧歌的種種情調。
可惜這牧羊女不像一心在管羊，臉朝鏡框外面，向觀者巧笑。據
照相邊上兩行字，這是蘇小姐在法國鄉下避暑時所攝，回國後放
大送給辛楣的。鴻漸竟會輕快地一陣嫉妒，想蘇小姐從未給自己
看過這張好照相。在這些親、師、友、婦等三綱五常攝影之外，
有一副對、一幅畫，落的都是辛楣的款。對是董斜川寫的《九成
宮》體："闕尚鴛鴦社；鬧無鵝鴨鄰。辛楣二兄，三十不娶，類
李東川詩所謂'有道者'，遷居索句，戲撰圬壁。"那幅畫是董斜
川夫人手筆，標題《結廬人境圖》。鴻漸正待細看，辛楣出來了，
急忙中穿的衣服，鈕子還没有扣好，天氣熱，内心也許有點羞
愧，臉漲紅得有似番茄。鴻漸忙説："我要脱衣服，請你做主人

的贊同。"辛楣道："好，好。"女用人把兩人衣服拿去掛了，送上茶煙，辛楣吩咐她去取冷飲。鴻漸稱讚他房子精緻，問他家裏有多少人。辛楣説祇有他跟他老太太，此外三個用人，他哥哥嫂嫂都住在天津。他看了鴻漸一眼，關切地説："鴻漸兄，你瘦得多了。"

鴻漸苦笑説："都是你那一天灌醉了我，害我生的病。"

辛楣惶恐道："那許多請你別再提了！咱們不打不成相識，以後相處的日子正長，要好好地交個朋友。我問你，你什麼時候知道蘇小姐愛上曹元朗的？"

"今天早晨看見報上訂婚啓事，我纔知道。"

"噯！"——聲音裏流露出得意——"我大前天清早就知道了。她自己告訴我的，還勸我許多好意的話。可是我到現在不知道那姓曹的是什麼樣兒的人。"

"我倒看見過這人，可是我想不到蘇小姐會看中他。我以爲她一定嫁給你。"

"可不是麼！我以爲她一定嫁給你。誰知道還有個姓曹的！這妞兒的本領真大，咱們倆都給她玩弄得七顛八倒。客觀地講起來，可不得不佩服她。好了，好了，咱們倆現在是同病相憐，將來是同事——"

"什麼？你也到三閭大學去？"

於是，辛楣坦白地把這事的前因後果講出來。三閭大學是今年剛著手組織的大學，高松年是他的先生。本來高松年請他去當政治系主任，他不願意撇下蘇小姐，忽然記起她説過鴻漸急欲在國立大學裏謀個事，便偷偷拍電報介紹鴻漸給高松年，好教蘇小姐跟鴻漸疏遠。可是高松年不放鬆他，函電絡繹地請他去，他大前天從蘇小姐處奉到遣散命令，一出來就回電答應了。高松年上次來信，託他請鴻漸開履歷寄去，又說上海有一批應聘的同人，將來由他約齊同行，旅費和路程單都先寄給他。

鴻漸恍然大悟道："我該好好地謝你，爲我找到飯碗。"

辛楣道："哪裏的話！應當同舟共濟。"

鴻漸道："我忘掉問你，你信上叫我'同情兄'，那是什麼意思？"

辛楣笑道："這是董斜川想出來的，他說，同跟一個先生唸書的叫'同師兄弟'，同在一個學校的叫'同學'，同有一個情人的該叫'同情'。"

鴻漸忍不住笑道："這名字好妙。可惜你的'同情者'是曹元朗，不是我。"

辛楣道："你這人太不坦白！咱們現在是同病相憐，我失戀，你也失戀，當著我，你不用裝假掙面子。難道你就不愛蘇小姐？"

"我不愛她。我跟你同病，不是'同情'。"

"那麼，誰甩了你？你可以告訴我麼？"

掩抑著秘密再也壓不住了："唐小姐。"鴻漸垂首低聲說。

"唐曉芙！好眼力，好眼力！我真是糊塗到底了。"本來辛楣彷彿跟鴻漸同遭喪事，竭力和他競賽著陰鬱沉肅的表情，不敢讓他獨得傷心之名。這時候他知道鴻漸跟自己河水不犯井水，態度輕鬆了許多，嗓子已恢復平日的響朗。他留住鴻漸，打電話叫董斜川來，三人同上館子吃晚飯。辛楣的失戀，斜川全知道的。飯後談起蘇小姐和曹元朗訂婚的事，辛楣寬宏大度地說："這樣最好。他們志同道合，都是研究詩的。"鴻漸、斜川一致反對，說同行最不宜結婚，因爲彼此是行家，誰也哄不倒誰，丈夫不會莫測高深地崇拜太太，太太也不會盲目地崇拜丈夫，婚姻的基礎就不牢固。辛楣笑道："這些話跟我說沒有用。我衹希望他們倆快樂。"大家都說辛楣心平氣和得要成"聖人"了。聖人笑而不答，好一會，取出煙斗，眼睛頑皮地閃光道："曹元朗的東西，至少有蘇小姐讀；蘇小姐的東西，至少有曹元朗讀。彼此都不會沒有讀者，還不好麽?"大家笑說辛楣還不是聖人，還可以做朋友。

　以後鴻漸就不寂寞了，三人常常來往。三星期後，辛楣請新同事上茶室早餐，大家好認識。鴻漸之外，還有三位。中國文學系主任李梅亭是高松年的老同事，四十來歲年紀，戴副墨晶眼鏡，神情傲兀，不大理會人，並且對天氣也鄙夷不理，因爲這是夏曆六月中旬，他穿的還是黑呢西裝外套。辛楣請他脫衣服，他死不肯；辛楣倒替他出汗，自己的白襯衫像在害黃熱病。一位顧爾謙，是高松年的遠親，好像沒夢想到會被聘爲歷史系副教授的，快樂像沸水似的洋溢滿桌，對趙李兩位尤爲殷勤。他雖是近五十歲的乾癟男人，綽有天真嫵媚小姑娘的風致，他的笑容比他的臉要年輕足足三十年，口內兩隻金門牙使他的笑容尤其輝煌耀目。一位孫柔嘉女士，是辛楣報館同事前輩的女兒，剛大學畢業，青年有志，不願留在上海，她父親懇求辛楣爲她謀得外國語文系助教之職。孫小姐長圓臉，舊象牙色的顴頰上微有雀斑，兩眼分得太開，使她常帶著驚異的表情；打扮甚爲素淨，怕生得一句話也不敢講，臉上滾滾不斷的紅暈。她初來時叫辛楣"趙叔叔"，辛楣忙教她別這樣稱呼，鴻漸暗笑。

四

　　辛楣送老太太到天津去後回來，已是陽曆九月初，該動身了，三間大學定十月初開學的。辛楣又想招大家吃飯商定行期。辛楣愛上館子吃飯，動不動藉小事請客，朋友有事要求他，也得在飯桌上跟他商量，彷彿他在外國學政治和外交，祇記著兩句，拿破崙對外交官的訓令：「請客菜要好，」和斯多威爾侯爵（Lord Stowell）的辦事原則：「請吃飯能使事務滑溜順利。」可是這一次鴻漸抗議說，這是大家的事，不該老讓辛楣一個人破鈔，結果改爲聚餐。吃飯時議定九月二十日坐意大利公司的船到寧波。辛楣說船票五張由他去買，都買大菜間，將來再算賬。李顧兩位沒說什麼。吃完飯，侍者送上賬單，顧先生搶著歸他一個人付賬，還說他久蓄此心，要請諸同人一聚，今天最巧沒有了。大家都說豈有此理，顧先生眼瞥賬單，也就不再堅持，祇說：「這小數目，何必分攤？其實讓我作東得了。」辛楣一總付了錢，等櫃臺上找。顧先生到廁所去，李先生也跟去了。出館子門分手的時候，李先生問辛楣是否輪船公司有熟人，買票方便。辛楣道，託中國旅行社去辦就行。李先生道：「我有個朋友在輪船公司做事，要不要我直接託他買？我們已經種種費先生的心，這事兄弟可以效勞。」辛楣道：「那最好沒有。五張大菜間，拜託拜託！」

　　當天下午，鴻漸拉了辛楣、斜川坐咖啡館，談起這次同行的三個人，便說：「我看李梅亭這討厭傢伙，肚子裏沒有什麼貨，怎麼可以當中國文學系主任，你應當介紹斜川去。」

　　辛楣吐舌道：「斜川？他肯去麼？你不信，問他自己。祇有我們一對失戀的廢物肯到那地方去，斜川家裏有年輕美貌的太太。」

斜川笑道："別胡鬧，我對教書没有興趣。'若有水田三百畝，來年不作猢猻王'；你們爲什麽不陪我到香港去找機會?"

鴻漸道："對呀，我呢，回國以後等於失業，教書也無所謂。辛楣出路很多，進可以做官，退可以辦報，也去坐冷板凳，我替他惋惜。"

辛楣道："辦報是開發民智，教書也是開發民智，兩者都是'精神動員'，無分彼此。論影響的範圍，是辦報來得廣；不過，論影響的程度，是教育來得深。我這次去也是添一個人生經驗。"

斜川笑道："這些大帽子話該留在你的社論裹去哄你的讀者的。"

辛楣發急道："我並非大話欺人，我真的相信。"

鴻漸道："説大話哄人慣了，連自己也哄相信——這是極普通的心理現象。"

辛楣道："你不懂這道理。教書也可以幹政治，你看現在許多中國大政客，都是教授出身，在歐洲大陸上也一樣，譬如捷克的第一任總統跟法國現在的總理。幹政治的人先去教書，一可以把握青年心理；二可以訓練自己的幹部人才，這跟報紙的製造輿論是一貫的。"

鴻漸道："這不是大教授幹政治，這是小政客辦教育。從前愚民政策是不許人民受教育，現代愚民政策是祇許人民受某一種教育。不受教育的人，因爲不識字，上人的當，受教育的人，因爲識了字，上印刷品的當，像你們的報紙宣傳品、訓練幹部講義之類。"

辛楣冷笑道："大家聽聽，方鴻漸方先生的議論多透闢呀！

他年齡剛二十八歲，新有過一次不幸的戀愛經驗，可是他看破了教育，看破了政治，看破了一切，哼！我也看破了你！爲了一個黃毛丫頭，就那麼憤世嫉俗，真是小題大做！"

鴻漸把杯子一頓道："你說誰？"

辛楣道："我說唐曉芙，你的意中人，她不是黃毛丫頭麼？"

鴻漸氣得臉都發白，說蘇文紈是半老徐娘。

辛楣道："她半老不半老，和我不相干，我總不像你那樣祖護著唐曉芙，她知道你這樣餘情未斷，還會覆水重收呢——斜川，對不對？——真沒有志氣！要不要我替你通個消息？"

鴻漸說不出話，站起來了，斜川拉他坐下去，說："別吵！別吵！人家都在看咱們了。我替你們難爲情，反正你們是彼此彼此。鴻漸近來呢，是好像有點反常，男子漢，大丈夫，爲一個女子——"

鴻漸憤然走出咖啡館，不去聽他。回到家裏，剛氣鼓鼓地坐著，電話來了，是斜川的聲音："何必生那麼大的氣？"鴻漸正待回答，那一頭換辛楣在說話："噲，老方呀，我道歉可以，可是你不要假生氣溜呀！今天你作主人，没付賬就跑，我們做客人的身上没帶錢，扣在咖啡館裏等你來救命呢！S.O.S.①快來！晚上水酒一杯謝罪。"鴻漸忍不住笑道："我就來了。"

十九日下午辛楣把李梅亭代買的船票交給鴻漸，説船公司改期到二十二日下午六點半開船，大家六點正上船。在西洋古代，每逢有人失蹤，大家説："這人不是死了，就是教書去了。"

---

① 國際通用的呼救信號。

方鴻漸雖然不至於怕教書像怕死，可是覺得這次教書是壞運氣的一部分，連日無精打采，對於遠行有説不出的畏縮，能延宕一天是一天。但船公司真的寬限兩天，他又恨這事拖著不痛快，倒不如早走乾脆。他帶三件行李：一個大箱子，一個鋪蓋袋，一個手提箱。方老太太替他置備衣服被褥，説："到你娶了媳婦，這些事就不用我來管了。"方遯翁道："恐怕還得要你操心，現在那些女學生衹會享現成，什麼都不懂的。"方老太太以爲初秋天氣，變化不測，防兒子路上受寒，要他多帶一個小鋪蓋捲，把晚上用得著的薄棉被和衣服捆在裏面，免得天天打開大鋪蓋。鴻漸怕行李多了累贅，説高松年信上講快則一星期，遲則十天，準能到達，天氣還不會冷，手提箱裏擱條薄羊毛毯就够了。方遯翁有許多臨別贈言吩咐兒子記著，成雙作對地很好聽，什麼"咬緊牙關，站定腳跟"，"可長日思家，而不可一刻戀家"，等等。鴻漸知道這些話雖然對自己説，而主要是記載在日記和回憶錄裏給天下後世看方遯翁怎樣教子以義方的。因爲遯翁近來閑著無事，忽然發現了自己，像小孩子對鏡裏的容貌，搖頭側目地看得津津有味。這種精神上的顧影自憐使他寫自傳、寫日記，好比女人穿中西各色春夏秋冬的服裝，做出支頤扭頸、行立坐臥種種姿態，照成一張張送人留念的照相。這些記載從各個方面，各種事實來證明方遯翁的高人一等。他現在一言一動，同時就想日記裏、言行錄裏如何記法。記載並不完全鑿空，譬如水泡碰破了總剩下一小滴水。研究語言心理學的人一望而知是"語文狂"；有領袖欲的人，不論是文武官商，全流露這種病態。朋友來了，遯翁常把日記給他們看；鄰居那位庸醫便知道端午節前方家大兒子濫交女友，給遯翁訓斥了一頓，結果兒子"爲之悚然感悟，愧悔無已"。又如前天的日記寫他叫鴻漸到周家去辭行，鴻漸不肯，罵周太太鄙吝勢利，他怎樣教訓兒子"君子躬自厚而薄責於人，親無失親，故無失故"，結果兒子怎樣帖然"無詞"。其實鴻漸並没罵周太太。是遯翁自己對她不滿意，所以用這種皮裏陽秋的筆法來褒貶。鴻漸起初確不肯去辭行，最後還是去了，一個人没見到，如蒙大赦。過一天，周家送四色路菜來。鴻漸這不講理的人，知道了非常生氣，不許母親收。方老太太叫兒子自己下去對送禮的人説，他又不肯見周家的車夫。結果周家的車夫推來推去，扔下東西溜了。鴻漸牛性，不吃周家送來的東西。方遯翁日記上添了一條，笑兒子要做"不食周粟"的伯夷叔齊。

五

　　鴻漸想叫輛汽車上輪船碼頭。精明幹練的鵬圖説，汽車價錢新近長了好幾倍，鴻漸行李簡單，又不匆忙，不如叫兩輛洋車，反正有鳳儀相送。二十二日下午近五點，兄弟倆出門，車拉到法租界邊上，有一個法國巡捕領了兩個安南巡捕在搜檢行人，祇有汽車容易通過。鴻漸一瞧那法國巡捕，就是去年跟自己同船來上海的，在船上講過幾次話，他也似乎還認識鴻漸，一揮手，放鴻漸車子過去。鴻漸想同船那批法國警察，都是鄉下人初出門，沒一個不寒窘可憐。曾幾何時，適纔看見的一個已經著色放大了。本來蒼白的臉色現在紅得像生牛肉，兩眼裏新織滿紅絲，肚子肥凸得像青蛙在鼓氣，法國人在國際上的綽號是"蝦蟆"，真正名副其實，可驚的是添了一團凶橫的獸相。上海這地方比得上希臘神話裏的魔女島，好好一個人來了就會變成畜生。至於那安南巡捕更可笑了。東方民族沒有像安南人那樣形狀委瑣不配穿制服的。日本人祇是腿太短，不宜掛指揮刀。安南人鳩形鵠面，皮焦齒黑，天生的鴉片鬼相，手裏的警棍，更像一支鴉片槍。鴻漸這些思想，安南巡捕彷彿全猜到，他攔住落後的鳳儀那輛車子，報復地搜檢個不了。他把餅乾匣子，肉鬆罐頭全劃破了，還偷偷伸手要了三塊錢，終算鋪蓋袋保持完整。鴻漸管著大小兩個箱子，路上不便回頭，到碼頭下車，找不見鳳儀，倒發了好一會的急。

鴻漸辛楣是同艙，孫小姐也碰見了，祇找不著李顧兩人。船開了還不見他們踪跡，辛楣急得滿頭大汗，鴻漸孫小姐也幫著他慌。正在煩惱，茶房跑來說，三等艙有位客人要跟辛楣談話，不能上頭等艙來，祇可以請辛楣下去。鴻漸跟辛楣去一看，就是顧先生，手舞足蹈地叫他們下來。兩人忙問："李先生呢？"顧先生道："他和我同艙，在洗臉。李先生的朋友祇買到三張大菜間，所以李先生和我全讓給你們，改坐房艙。"兩人聽了，很過意不去。顧先生道："房艙也夠舒服了，我領兩位去參觀參觀。"兩人跟他進艙，滿艙是行李，李先生在洗腳。辛楣和鴻漸爲艙位的事，向他鄭重道謝。顧先生插口道："本來祇有兩張大菜間，李先生再三懇求他那位朋友，總算弄到第三張。"辛楣道："其實那兩張，你們兩位老先生一人一張，我們年輕人應當苦一點。"李先生道："大不了十二個鐘點的事，算不得什麼。大菜間我也坐過，並不比房艙舒服多少。"

晚飯後，船有點晃。鴻漸和辛楣並坐在釘牢甲板上的長椅子上。鴻漸聽風聲水聲，望著海天一片昏黑，想起去年回國船上好多跟今夜彷彿一胎孿生的景色，感慨無窮。辛楣抽著鴻漸送他的大煙斗，忽然說："鴻漸，我有一個猜疑。可是這猜疑太卑鄙了；假如猜疑得不對，反而證明我是小人，以小人之心度人。"

"你說——祇要猜疑的不是我。"

"我覺得李和顧都在撒謊。五張大菜間一定全買得到，他們要省錢，所以憑空造出這許多話來。你看，李梅亭那一天攔著要去辦理票子，上船以前，他一字没提起票子難買的事。假如他提起，我就會派人去辦。這中間準有鬼。我氣的是，他們搗了鬼，還要賺我們的感激。"

"我想你猜得很對。要省錢爲什麼不老實説？我們也可以坐房艙。並且，學校不是匯來每人旅費一百元麽？高松年來信説旅費綽乎有餘，還省什麼小錢？"

辛楣道："那倒不然。咱們倆没有家累；他們都是上了年紀，有小孩子的人，也許家用需要安排。高松年的話也做不得準。現在走路不比太平時候，費用是估計不定的，寧可多帶些錢好。你帶多少？"

鴻漸道："我把口袋裏用剩的錢全帶在身邊，加上匯來的旅費，有一百六七十元。"

辛楣道："够了。我帶了二百元。我祇怕李和顧把學校旅費大部分留在家裏，帶的行李又那麼大一堆，萬一路上錢不够起來，豈不耽誤大家的事。"

鴻漸笑道："我看他們把全家都裝在行李裏了，老婆、兒子，甚至住的房子。你看李梅亭的鐵箱不是有一個人那麼高麼？他們不必留錢在家裏。"

辛楣也笑了一笑，説："鴻漸，我在路上要改變作風了。我比你會花錢，貪嘴，貪舒服。在李和顧的眼睛裏，咱們倆也許是一對無知小子，不識物力艱難，不體諒旁人。從今以後，我不作主了，膳宿一切，都聽他們支配。免得我們挑了貴的旅館飯館，勉强他們陪著花錢。這次買船票，是個好教訓。"

"老趙，你了不起！真有民主精神，將來準做大總統。這次買船票，咱們已經帶累了孫小姐，她是臉皮嫩得很的女孩子，話說不出口，你做'叔叔'的更該替她設想。"

"是呀。並且孫小姐是學校没有給旅費的，我忘掉告訴你。"

"爲什麽？"

"我不知道爲什麽。高松年信上明說要她去，可是匯款衹給我們四個人分。也許助教的職位太小了，學校覺得不配津貼旅費，反正這種人才有的是。"

"這太豈有此理了。我們已經在賺錢，倒可以不貼旅費，孫小姐第一次出來做事，哪裏可以叫她賠本？你到了學校，一定要爲她向當局去爭。"

"我也這樣想，補領總不成問題。"

"辛楣，我有句笑話，你别生氣。這條路我們第一次走，交通並不方便。我們這種毫無旅行經驗的人，照管自己都照管不來，你爲什麽帶一個嬌弱的上海小姐同走？假如她吃苦不來，半路病倒，不是添個累贅麽？除非你别有用意，那就——"

"胡鬧，胡鬧！我何嘗不知道路上麻煩，衹是情面難卻呀！她是外國語文系，我是政治系，將來到了學校，她是旁人的of-fice wife①，跟我道不同不相爲謀。並且我事先告訴這女孩子，路上很辛苦，不比上海，她講她吃得起苦。"

"她吃得起苦，你路上就甜了。"

---

① 辦公室裏的妻子。

辛楣作勢把煙斗燙鴻漸的臉道："你要我替你介紹，是不是？那容易得很！"

鴻漸手護著臉笑道："老實對你説，我沒有正眼瞧過她，她臉圓臉扁都沒有看清楚呢。真是，我們太無禮了！吃飯的時候，我們講我們的話，沒去理她，吃了飯就向甲板上跑，撇下她一個人。她第一次離開家庭，冷清清的更覺得難受了。"

"我們新吃過女人的虧，都是驚弓之鳥，看見女人影子就怕了。可是你這一念温柔，已經心裏下了情種。讓我去報告孫小姐，説：'方先生在疼你呢！'"

"你放心，我決不做你的'同情者'；你有酒，留到我吃你跟孫小姐喜酒的時候再灌。"

"別胡説！人家聽見了好意思麼？我近來覺悟了，決不再愛大學出身的都市女人。我侍候蘇文紈够苦了，以後要女人來侍候我。我寧可娶一個老實、簡單的鄉下姑娘，不必受高深的教育，祇要身體健康、脾氣服從，讓我舒舒服服做她的 Lord and Master①。我覺得不必讓戀愛在人生裏佔據那麼重要的地位。許多人沒有戀愛，也一樣地生活。"

"你這話給我父親聽見，該説'孺子可教'了。可是你將來要做官，這種鄉下姑娘做官太太是不够料的，她不會幫你應酬，替你拉攏。"

"寧可我做了官，她不配做官太太；不要她想做官太太，逼得我非做官、非做貪官不可。譬如娶了蘇文紈，我這次就不能跟

---

① 主人公。

你同到三閭大學去了，她要强著我到她愛去的地方去。"

"你真愛到三閭大學去麼?"鴻漸不由驚奇地問，"我佩服你的精神，我不如你。你對結婚和做事，一切比我有信念。我還記得那一次褚慎明還是蘇小姐講的什麼'圍城'。我近來對人生萬事，都有這個感想。譬如我當初很希望到三閭大學去，所以接了聘書，近來愈想愈乏味，這時候自恨没有勇氣原船退回上海。我經過這一次，不知道何年何月會結婚，不過我想你真娶了蘇小姐，滋味也不過爾爾。狗爲著追求水裏肉骨頭的影子，喪失了到嘴的肉骨頭! 跟愛人如願以償結了婚，恐怕那時候肉骨頭下肚，倒要對水悵惜這不可再見的影子了。我問你，曹元朗結婚以後，他太太勉强他做什麼事，你知道不知道?"

"他在'戰時物資委員會'當處長，是新丈人替他謀的差使，這算得女兒嫁妝的一部分。"

"好哇! 國家，國家，國即是家! 你娶了蘇小姐，這體面差使可不就是你的?"

"呸! 要靠了裙帶得意，那人算是没有骨氣了。"

"也許人家講你像狐狸，吃不到葡萄就説葡萄酸。"

"我一點兒不嫉妒。我告訴你罷，蘇小姐結婚那一天，我去觀禮的——"鴻漸祇會説:"啊?"——"蘇家有請帖來，我送了禮——"

"送的什麼禮?"

"送的大花籃。"

"什麼花?"

"反正吩咐花店送就是了，管它什麼花。"

“應當是杏花，表示你愛她，她不愛你；還有水仙花，表示她心腸太硬；外加艾草，表示你爲了她終身痛苦。另外要配上石竹花來加重這涵意的力量。”

“胡説！夏天哪裏有杏花水仙花，你是紙上談兵。好，你既然内行，你自己──將來這樣送人結婚罷。我那天去的用意，就是試驗我有没有勇氣，去看十幾年心愛的女人跟旁人結婚。咦！去了之後，我並不觸目傷心。我没見過曹元朗，最初以爲蘇小姐賞識他，一定他比我强；我給人家比下去了，心上很難過。那天看見這樣一個怪東西，蘇小姐竟會看中他！老實説，眼光如此的女人就不配嫁我趙辛楣，我也不稀罕她。”

鴻漸拍辛楣的大腿道：“痛快！痛快！”

“他們倆訂婚了不多幾天，蘇老太太來看家母，説了許多好話，説文紈這孩子脾氣執拗，她自己勸過女兒没用，還説不要因爲這事壞了蘇家跟趙家兩代交情。更妙的是──我説出來你要笑的──她以後每天早晨在菩薩前面點香的時候，替我默禱幸福──”鴻漸忍不住笑了──“我對我母親説，她爲什麽不唸幾卷經超度我呢？我母親以爲我很關心，還打聽了好些無聊的事告訴我。這次蘇鴻業在重慶有事，不能趕回來，寫信説一切由女兒作主，祇要她稱心。這一對新人都洋氣得很，反對舊式結婚的挑黄道吉日，主張挑洋日子。説陽曆五月最不利結婚，陽曆六月最宜結婚，可是他們訂婚已經在六月裏了，所以延期到九月初結婚。據説日子也大有講究，星期一二三是結婚的好日子，尤其是星期三；四五六一天壞似一天，結果他們挑的是星期三──”

鴻漸笑道：“這準是曹元朗那傢伙想出來的花樣。”

辛楣笑道：“總而言之，你們這些歐洲留學生最討厭，花樣名目最多。偏偏結婚的那個星期三，天氣是秋老虎，熱得利害。我在路上就想，僥天之倖，今天不是我做新郎。禮堂裏雖然有冷氣，曹元朗穿了黑呢禮服，忙得滿頭是汗，我看他帶的白硬領圈，給汗浸得又黃又軟。我祇怕他整個胖身體全化在汗裏，像洋蠟燭化成一攤油。蘇小姐也緊張難看。行婚禮的時候，新郎新娘臉哭不出笑不出的表情，全不像在幹喜事，倒像——不，不像上斷頭臺，是了，是了，像公共場所‘謹防扒手’牌子下面那些積犯的相片裏的表情。我忽然想，就是我自己結婚行禮，在萬目睽睽之下，也免不了像個被破獲的扒手。因此我恍然大悟，那種眉開眼笑的美滿結婚照相，全不是當時照的。”

“大發現！大發現！我有興趣的是，蘇小姐當天看見你怎麼樣。”

“我躲著没給她看見，祇跟唐小姐講幾句話——”鴻漸的心那一跳的沉重，就好像貨車卸貨時把包裹向地下一攧，祇奇怪辛楣會没聽見——“她那天是女儐相，看見了我，問我是不是來打架的，還説行完儀式，大家向新人身上撒五色紙條的時候，祇有我不準動手，怕我藉機會擲手榴彈、灑硝鏹水。她問我將來的計劃，我告訴她到三閭大學去。我想她也許不願意聽見你的名字，所以我一句話没提到你。”

“那最好！不要提起我，不要提起我。”鴻漸嘴裏機械地説著，心裏彷彿黑牢裏的禁錮者摸索著一根火柴，剛劃亮，火柴就熄了，眼前没看清的一片又滑回黑暗裏。譬如黑夜裏兩條船相迎擦過，一個在這條船上，瞥見對面船艙的燈光裏止是自己夢寐不忘的臉，沒來得及叫喚，彼此早距離遠了。這一刹那的接近，反見得暌隔的渺茫。鴻漸這時候祇暗恨辛楣糊塗。

“我也沒跟她多說話。那個做男儐相的人，曹元朗的朋友，纏住她一刻不放鬆，我看他對唐曉芙很有意思。”

鴻漸忽然恨唐小姐，恨得心像按在棘刺上的痛，抑止著聲音裏的戰慄説：“關於這種人的事，我不愛聽，別去講他們。”

辛楣聽這話來得突兀，呆了一呆，忽然明白，手按鴻漸肩上道：“咱們坐得够了。這時候海風大得很，回艙睡罷，明天一清早要上岸的。”説時，打個呵欠。鴻漸跟著他，剛轉彎，孫小姐從凳上站起招呼。辛楣嚇了一大跳，忙問她一個人在甲板上多少時候了，風大得很，不怕冷麼。孫小姐説，同艙女人帶的孩子哭吵得心煩，所以她出來換換空氣。辛楣説：“這時候有點風浪，你暈船不暈船?”孫小姐道：“還好。趙先生和方先生出洋碰見的風浪一定比這個利害得多。”辛楣道：“利害得很呢。可是我和方先生走的不是一條路，”説時把手碰鴻漸一下，暗示他開口，不要這樣無禮貌地啞默。鴻漸這時候，心像和心裏的痛在賽跑，要跑得快，不讓這痛趕上，胡扯些不相干的話，彷彿拋擲些障礙物，能暫時攔阻這痛的追趕，所以講了一大堆出洋船上的光景。他講到飛魚，孫小姐聞所未聞，問見過大鯨魚沒有。辛楣覺得這問題無可猜疑的幼稚。鴻漸道：“看見，多的是。有一次，我們坐的船險的嵌在鯨魚的牙齒縫裏。”燈光照著孫小姐驚奇的眼睛張得像吉沃吐（Giotto）畫的“○”一樣圓，辛楣的猜疑深了一層，説：“你聽他胡説!”鴻漸道：“我講的話千真萬確。這條魚吃了中飯在睡午覺。孫小姐，你知道有人聽説話跟看東西全用嘴的，他們張開了嘴聽，張開了嘴看，並且張開了嘴睡覺。這條魚傷風塞鼻子，所以睡覺的時候，嘴是張開的。虧得它牙縫裏塞得結結實實的都是肉屑，否則我們這條船真危險了。"孫小姐道："方先生在哄我，趙叔叔，是不是?"辛楣鼻子裏做出鄙夷的聲音。鴻漸道："魚的牙齒縫裏溜得進一條大海船，真有這事。你不信，我可以翻——"

辛楣道："別胡鬧了，咱們該下去睡了。孫小姐，你爸爸把你交給我的，我要強迫你回艙了，別著了涼——"鴻漸笑道："真是好'叔叔'!"辛楣乘孫小姐没留意，狠狠地在鴻漸背上打一下道："這位方先生最愛撒謊，把童話裏的故事來哄你。"

睡在牀上，鴻漸覺得心裏的痛直逼上來，急救地找話來說："辛楣，你打得我到這時候還痛!"

辛楣道："你這人没良心! 方纔我旁觀者看得清清楚楚，孫小姐——唉! 這女孩子刁滑得很，我帶她來，上了大當——孫小姐就像那條鯨魚，張開了口，你這糊塗蟲就像送上門去的那條船。"

鴻漸笑得打滾道："神經過敏! 神經過敏!"真笑完了，繼以假笑，好把心裏的痛嚇退。

"我相信我們講的話，全給這女孩子聽去了。都是你不好，嗓子提得那麽高——"

"你自己，我可没有。"

"你想，一個大學畢業生會那樣天真幼稚麽? '方先生在哄我，是不是?'"——辛楣逼尖喉嚨，自信模仿得惟妙惟肖——"我纔不上她當呢! 祇有你這傻瓜! 我告訴你，人不可以貌相。

你注意到我跟她説你講的全是童話麽？假使我不説這句話，她一定要問你借書看——"

"要借我也没有。"

"不是這麽説。女人不肯花錢買書，大家都知道的。男人肯買糖、衣料、化妝品，送給女人，而對於書祇肯借給她，不買了送她，女人也不要他送。這是什麽道理？借了要還的，一借一還，一本書可以做兩次接觸的藉口，而且不著痕跡。這是男女戀愛必然的初步，一借書，問題就大了。"

鴻漸笑道："你真可怕！可是你講孫小姐的話完全是癡人説夢。"

辛楣對艙頂得意地笑道："那也未見得。好了，不要再講話了，我要睡了。"鴻漸知道今天的睡眠像唐曉芙那樣的不可追求，想著這難度的長夜，感到一種深宵曠野獨行者的恐怯。他竭力尋出話來跟辛楣説，辛楣不理他，鴻漸無抵抗、無救援地讓痛苦蠶食蟲蝕著他的心。

明天一清早，船没進港就老遠停了。磨到近中午，船公司派兩條汽油船來，擺渡客人上岸。頭二等跟一部分三等乘客先上第一條船。這船的甲板比大輪船三等艙的甲板低五六尺，乘客得跳下去，水一蕩漾，兩船間就距離著尺把的海，像張了口等人掉進去。乘客同聲罵船公司混帳，可是人人都奮不顧身地跳了，居然没出岔子。跳痛了肚子的人想來不少，都手按肚子，眉頭皺著，一聲不響。鴻漸祇擔心自己要生盲腸炎。船小人擠，一路上祇聽見嚷："船側了，左面的人到右面去幾個。""不好了！右面人太多了！大家要不要性命？"每句話全船傳喊著，雪球似的在各人嘴邊滾過，輪廓愈滾愈臃腫。鴻漸和人攀談，知道上了岸旅館難找，十家九家客滿。辛楣說，同船來的有好幾百個客人，李和顧在第二條船上，要等齊了他們再去找旅館，怕今天祇能露宿了。船靠岸，辛楣和孫小姐帶著行李去找旅館，鴻漸留在碼頭上等李顧兩位，辛楣住定了旅館會來接他們。辛楣等剛走，忽然發出空襲警報，鴻漸著急起來，想壞運氣是結了伴來的，自己正在倒楣，難保不炸死，更替船上的李顧擔憂。轉念一想，這船是日本盟邦意大利人的財產，不會被炸，倒是自己逃命要緊。後來瞧碼頭上的人並不跑，鴻漸就留下來，僥倖沒放緊急警報。一個多鐘頭後，警報解除了，辛楣也趕來。不多一會，第二條船黑壓壓、鬧哄哄地近岸。鴻漸一眼瞧見李先生的大鐵箱，襯了狹小的船首，彷彿大鼻子闊嘴生在小臉上，使人起局部大於全體的驚奇，似乎推翻了幾何學上的原則。那大箱子能從大船上運下，更是物理學的奇跡。李先生臉上少了那副黑眼鏡，兩隻大白眼睛像剝掉殼的煮熟雞蛋。辛楣忙問眼鏡哪裏去了，李先生從口袋裏掏出戴上，說防跳船的時候，萬一眼鏡從鼻子上滑下來摔破了。

李先生們因為行李累贅，沒趕上第一條船。可是李梅亭語氣裏，儼然方纔船上遭遇空襲的恐怖是代替辛楣等受的；假如他沒把大菜間讓給辛楣們，他也有上擺渡船的優先權，不會夾在水火中間，"神經受打擊"了。辛楣倆假裝和應酬的本領到此簡直破產，竟沒法表示感謝。顧爾謙的興致倒沒減低，嚷成一片道："今天好運氣，真是死裏逃生哪！那時候就想不到還會跟你們兩位相見。我想今天全船的人都靠李先生的福——李先生，有你在船上，所以飛機沒光顧。這話並不荒謬，我相信命運的。曾文正公説：'不信天，信運氣。'"李先生本來像冬蟄的冷血動物，給顧先生當眾恭維得春氣入身，蠕蠕欲活，居然賞臉一笑道："做大事業的人都相信命運的。我這次出門以前，有朋友跟我排過八字，説現在正轉運，一路逢凶化吉。"顧先生拍手道："可不是麼？我一點兒沒有錯。"鴻漸忍不住道："我也算過命，今年運氣壞得很，各位不怕連累麼？"顧先生頭擺得像小孩子手裏的搖鼓道："哪裏的話！哪裏的話！唉！今天太運氣了！他們住在上海的人真是醉生夢死，怎知道出門有這樣的危險。内地是不可不來的。咱們今兒晚上得找個館子慶祝一下，兄弟作小束。"大家在旅館休息一會，便出去聚餐。李梅亭多喝了幾杯酒，人全活過來，適纔不過是立春時的爬蟲，現在竟是端午左右的爬蟲了。他向孫小姐問長問短，講了許多風話。

　　辛楣跟鴻漸同房間，回旅館後，兩人躺在牀上閑話。鴻漸問辛楣注意到李梅亭對孫小姐的醜態沒有。辛楣道："我早看破他是個色鬼。他上岸時沒戴墨晶眼鏡，我留心看他眼睛，白多黑少，是個淫邪之相，我小時候聽我老太爺講過好多次。"鴻漸道："我寧可他好色，總算還有點人氣，否則他簡直没有人味兒。"正説著，忽聽見隔壁李顧房裏有女人沙嗓子的聲音；原來一般中國旅館的壁，又薄又漏，身體雖住在這間房裏，耳朵像住在隔壁房裏的。旅館裏照例有瞎眼抽大煙的女人，排房間兜攬生意，請客人點唱紹興戲。李先生在跟她們講價錢，顧先生敲板壁，請辛楣鴻漸過去聽戲。辛楣説隔了板壁一樣聽得見，不過來了。顧先生笑道："這太便宜了你們，也得出錢哪。啊啊！兩位先生，這是句笑話。"辛楣跟鴻漸同時努嘴做個鬼臉，没説什麼。鴻漸昨晚没睡好，今天又累了，鄰室雖然弦歌交作，睡眠漆黑一團，當頭罩下來，他一忽睡到天明，覺得身體裏纖屑蜷伏的疲倦，都給睡眠熨平了，像衣服上的皺紋折痕經過烙鐵一樣。他忽然想，要做個地道的失戀者，失眠絕食，真是不容易的。前天的痛苦似乎利害得把遭損傷的情感痛絕了根，所有的痛苦全提出來了，現在他頑鈍軟弱，没餘力再爲唐曉芙心痛。辛楣在牀上欠伸道："活受罪！隔壁紹興戲唱完了，你就打鼾，好利害！屋頂没給你鼻子吹掉就算運氣了。我到天快亮纔睡熟的。"鴻漸一向自以爲睡得很文靜，害羞道："真的麽？我不信，我從來不打鼾的。也許是隔壁人打鼾，你誤會是我了。你知道，這壁脆薄得很。"辛楣生氣道："你這人真無賴！你倒不説是我自己打鼾，賴在你身上？我祇恨當時没法請唱片公司的人把你的聲音灌成片子。"假使真灌成片子，那聲氣嘩啦嘩啦，又像風濤澎湃，又像狼吞虎咽，中間還夾著一絲又尖又細的聲音，忽高忽低，裊裊不絕。有時這一條絲高上去、高上去，細得、細得像放足的風箏線要斷了，不知怎麽像過一個峯尖，又降落安穩下來。趙辛楣刺激得神經給它吊上去，掉下來，這時候追想起還恨得要扭斷鴻漸的鼻子，警告他下次小心。鴻漸道："好了，別再算賬了。我昨天累了，可是你這樣不饒人，天罰你將來娶一個鼻息如雷的老婆，每天晚上在你枕頭邊吹喇叭。"辛楣笑道："老實告訴你，我昨天聽你打鼾，想到跟你在船上講的擇配標準裏，該添一條：睡時不得打鼾。"鴻漸笑道："這在結婚以前倒没法試驗出來，——"辛楣道："請你別説了。我想一個人打鼾不打鼾，相貌上看得出來。"鴻漸道："那當然。娶一個爛掉鼻子的女人，就不成問題了。"辛楣從牀上跳起來，要擰鴻漸的鼻子。

那天的路程是從寧波到溪口，先坐船，然後換坐洋車。他們上了船，天就微雨。時而一點兩點，像不是頭頂這方天下的，到定睛細看，又沒有了。一會兒，雨點密起來，可是還不像下雨，祇彷彿許多小水珠在半空裏頑皮，滾著跳著，頑皮得够了，然後趁勢落地。鴻漸等都擠在船頭上看守行李，紛紛拿出雨衣來穿，除掉李先生，他說這雨下不大，不值得打開箱子取雨衣。這雨愈下愈老成，水點貫串作絲，河面上像出了痘，無數麻癞似的水渦，隨生隨滅，息息不停，到雨綫更密，又彷彿光滑的水面上在長毛。李先生愛惜新買的雨衣，捨不得在旅行中穿，便自怨糊塗，說不該把雨衣擱在箱底，這時候開箱，衣服全會淋濕的。孫小姐知趣得很，說自己有雨帽，把手裏的綠綢小傘借給他。這原是把有天沒日頭的傘，孫小姐用來遮太陽的，怕打在行李裏壓斷了骨子，所以手裏常提著。上了岸，李先生進茶館，把傘收起，大家嚇了一跳，又忍不住笑。這綠綢給雨淋得脫色，李先生的臉也回黃轉綠，胸口白襯衫上一攤綠漬，彷彿水彩畫的殘稿。孫小姐紅了臉，慌忙道歉。李先生勉强說沒有關係。顧先生一連聲叫跑堂打洗臉水。辛楣跟洋車夫講價錢，鴻漸替孫小姐愛惜這頂傘，吩咐茶房拿去擠了水，放在茶爐前面烘。李先生望著灰色的天，說雨停了，路上不用撑傘了。

吃完點心，大家上車。茶房把傘交還孫小姐，濕漉漉加了熱氣騰騰。這時候已經下午兩點鐘，一行人催洋車夫趕路。走不上半點鐘，有一個很陡的石子坡，拉李先生那隻大鐵箱的車夫，載重路滑，下坡收腳不住，摔了一跤，車子翻了。李先生急得跳下自己坐的車，嚷："箱子給你摔壞了，"又罵那車夫是飯桶。車夫指著血淋淋的膝蓋請他看，他纔不說話。好容易打發了這車夫，叫到另一輛車。走到那頂藤條紮的長橋，大家都下車步行。那橋沒有欄杆，兩邊向下塌，是瘦長的馬鞍形。辛楣搶先上橋，走了兩步，便縮回來，說腿都軟了。車夫們笑他，鼓勵他。顧先生道："讓我走個樣子給你們看，"從容不迫過了橋，站在橋埫，叫他們過來。李先生就抖擻精神，脫了眼鏡，步步小心，到了那一頭，叫："趙先生，快過來，不要怕。孫小姐，要不要我回來攙你過橋？"辛楣自從船上那一夜以後，對孫小姐疏遠得很。這時候，他深恐濟危扶困，做"叔叔"的責無旁貸，這俠骨柔腸的好差使讓給鴻漸罷，便提心吊膽地先過去了。鴻漸知道辛楣的用意，急得暗罵自己膽小，攙她怕反而誤事，祇好對孫小姐苦笑道："祇剩下咱們兩個膽子小的人了。"孫小姐道："方先生怕麼？我倒不在乎。要不要我走在前面？你跟著我走，免得你望出去，空蕩蕩地，愈覺得這橋走不完，膽子愈小。"鴻漸祇有感佩，想女人這怪東西，要體貼起人來，真是無微不至，汗毛孔的折疊裏都給她溫存到。跟了上橋，這滑滑的橋面隨足微沉復起，數不清的藤縫裏露出深深在下墨綠色的水，他命令眼睛祇注視著孫小姐旗袍的後襟，不敢瞧旁處。幸而這橋也有走完的時候，孫小姐回臉，勝利地微笑，鴻漸跳下橋埫，嚷道："没進地獄，已經罰走奈何橋了！前面還有這種橋沒有？"顧爾謙正待說："你們出洋的人走不慣中國路的。"李梅亭用劇臺上的低聲問他看過《文章遊戲》麼，裏面有篇"扶小娘兒過橋"的八股文，妙得很。辛楣笑說："孫小姐，是你在前面領著他？還是他在後面照顧你？"鴻漸

恍然明白，人家未必看出自己的懦怯無用，跟在孫小姐後面可以
有兩種解釋，忙搶說：“是孫小姐領我過橋的。”這對孫小姐是老
實話，不好辯駁，而旁人聽來，祇覺得鴻漸在客氣。鴻漸的虛榮
心支使他把真話來掩飾事實；孫小姐似乎看穿他的用心，祇笑
笑，不說什麼。

　　天色漸昏，大雨欲來，車夫加勁趕路，說天要變了。天彷
彿聽見了這句話，半空裏轟隆隆一聲回答，像天宮的地板上滾著
幾十面銅鼓。從早晨起，空氣悶塞得像障礙著呼吸，忽然這時候
天不知哪裏漏了個洞，天外的爽氣一陣陣衝進來，半黃落的草木
也自昏沉裏一時清醒，普遍地微微歎息，瑟瑟顫動，大地像蒸籠
揭去了蓋。雨跟著來了，清涼暢快，不比上午的雨祇彷彿天空鬱
熱出來的汗。雨愈下愈大，宛如水點要搶著下地，等不及排行分
列，我擠了你，你拚上我，合成整塊的冷水，沒頭沒腦澆下來。
車夫們跑幾步把淋濕的衣襟拖臉上的水，跑路所生的熱度抵不過
雨力，彼此打寒噤說，等會兒要好好喝點燒酒，又請乘客撐身子
好從車座下拿衣服出來穿。坐車的縮作一團，祇恨手邊沒衣服可
添，李先生又向孫小姐借傘。這雨濃染著夜，水裏帶了昏黑下
來，天色也陪著一刻暗似一刻。一行人眾像在一個機械畫所用的
墨水瓶裏趕路。夜黑得太周密了，真是伸手不見五指！在這種夜
裏，鬼都得要碰鼻子拐彎，貓會自恨它的一嘴好鬍子當不了昆蟲
的觸鬚。車夫全有火柴，可是祇有兩輛車有燈。密雨裏點燈大非
易事，火柴都濕了，連劃幾根祇引得心裏的火直冒。此時此刻的
荒野宛如燧人氏未生以前的世界。鴻漸忙叫：“我有個小手電。”
打開身上的提箱掏它出來，向地面一射，手掌那麼大的一圈黃

光，無數的雨綫飛蛾見火似的匆忙撲向這光圈裏來。孫小姐的大手電雪亮地光射丈餘，從黑暗的心臟裏挖出一條隧道。於是辛楣下車向孫小姐要了手電，叫鴻漸也下車，兩人一左一右參差照著，那八輛車送出殯似的跟了田岸上的電光走。走了半天，李顧兩人下車替換。鴻漸回到車上，倦得瞌睡，忽然吵醒，睜眼望出去，白光一道躺在地上，祇聽得李先生直聲嚷。車子都停下來。原來李先生左手撐傘，右手拿手電，走了些路，胳膊酸了，換手時，失足掉在田裏，掙扎不起。大家從泥水裏拉他上來，叫他坐車，仍由鴻漸照路。不知走了多少時候，祇覺雨下不住，路走不完，鞋子愈走愈重，困倦得祇繼續機械地走，不敢停下來，因爲一停下來，這兩條腿就再走不動。辛楣也替了顧先生。久而久之，到了鎮上，投了村店，開發了車夫，四個人脫下鞋子來，上面的泥就抵得貪官刮的地皮。李梅亭像洗了個泥澡，其餘三人褲子前後和背心上，縱橫斑點，全是泥淚。大家疲乏的眼睛給雨淋得粉紅，孫小姐冷得嘴唇淡紫。外面雨停了，頭腦裏還在刮風下雨，一片聲音。鴻漸吃些熱東西，給辛楣強著喝點燒酒，要熱水洗完腳，倒頭就睡熟了。辛楣也累得很，祇怕鴻漸鼾聲打擾，正在擔心，沒提防睡眠悶棍似的忽然一下子打他入黑暗底，濾清了夢，純粹、完整的睡眠。

一覺醒來，天氣若無其事的晴朗，祇是黃泥地表示夜來有雨，面黏心硬，像夏天熱得半溶的太妃糖，走路容易滑倒。大家說，昨天走得累了，濕衣服還沒乾，休息一天，明早上路。顧爾謙的興致像水裏浮的軟木塞，傾盆大雨都打它不下，就提議午後遊雪竇山。遊山回來，辛楣打聽公共汽車票的買法。旅店主人説，這車票難買得很，天沒亮就得上車站去擠，還搶買不到，除非有證件的機關人員，可以通融早買票子。五個人都沒有證件，因爲他們根本沒想到旅行時需要這東西。那時候從上海深入内地的人，很少走這條路，大多數從香港轉昆明；所以他們動身以前，也沒有聽見人提起，祇按照高松年開的路程走。孫小姐帶著她的畢業文憑，那全無用處。李先生回房開箱子拿出一匣名片道："這不知道算得證件麼？"大家爭看，上面並列著三行銜頭："國立三閭大學主任"、"新聞學研究所所長"，還有一條是一個什麼縣黨部的前任秘書。這片子紙質堅緻，字體古雅，一點不含糊是中華書局聚珍版精印的。背面是花體英文字："Professor May Din Lea"①。李先生向四人解釋，"新聞學研究所"是他跟幾位朋友在上海辦的補習學校；第一行頭銜省掉"中國語文系"五個字可以跟第二三行字數相等。鴻漸問他，爲什麼不用外國現成姓Lee。李梅亭道："我請教過精通英文的朋友，託他挑英文裏聲音相同而有意義的字。中國人姓名每字有本身的意義，把字母拼音出來，毫無道理，外國人看了，不容易記得。好比外國名字譯成中文，'喬治'沒有'佐治'好記，'芝加哥'沒有'詩家谷'好記；就因爲一個專切音，一個切音而有意義。"顧先生點頭稱歎。辛楣狠命把牙齒咬嘴唇，因爲他想著"Mating"②跟"梅亭"也是同音而更有意義。鴻漸説："這片子準有效，會嚇倒這公路站長。我陪李先生就去。"辛楣看鴻漸一眼，笑道："你這樣子去不

---

①　李梅亭教授。那三個拼音字在英語裏都自有意義：五月、吵鬧、草地。
②　交配。

得，還是我陪李先生去。我上去換身衣服。"鴻漸兩天沒剃鬍子梳頭，昨天給雨淋透的頭髮，東結一團，西刺一尖，一個個崇山峻嶺，西裝濕了，身上穿件他父親的舊夾袍，短僅過膝，露出半尺有零的褲筒。大家看了鴻漸笑。李梅亭道："辛楣就那麼要面子！我這身衣服更糟，我盡它去。"他的舊法蘭絨外套經過浸濕烤乾這兩重水深火熱的痛苦，疲軟肥腫，又添上風癱病；下身的褲管，肥粗圓滿，毫無折痕，可以無需人腿而卓立地上，像一對空心的國家柱石；那根充羊毛的"不皺領帶"，給水洗得縮了，瘦小蜷曲，像前清老人的辮子。辛楣換了衣履下來，李先生歎惜他衣錦夜行，顧先生嘖嘖稱羨，還說："有勞你們兩位，咱們這些隨員祇能叨光了。真是能者多勞！希望兩位馬到成功。"辛楣頑皮地對鴻漸說："好好陪著孫小姐，"鴻漸一時無詞可對。孫小姐的臉紅忽然使他想起在法國時飯桌上沖酒的涼水；自己不會喝酒，祇在水裏沖一點點紅酒，常看這紅液體在白液體裏泛佈縈繞做出雲霧狀態，頓刻間整杯的水變成淡紅色。他想也許女孩子第一次有男朋友的心境也像白水沖了紅酒，說不上愛情，祇是一種溫淡的興奮。

　　辛楣倆去了一個多鐘點纔回來。李梅亭繃著臉，辛楣笑容可掬，說明天站長特留兩張票，后天留三張票，五人裏誰先走。結果議決李顧兩位明天先到金華。吃晚飯時，梅亭喝了幾杯酒，臉色纔平和下來。原來他們到車站去見站長，傳遞片子的人好一會纔把站長找來。他跑得滿頭大汗，一來就趕著辛楣叫"李先生"、"李所長"，撇下李梅亭不理，還問辛楣是否也當"報館"主筆。辛楣據實告訴他，在《華美新聞》社當編輯。那站長說：

"那也是張好報紙，我常看。我們這車站管理有未善之處，希望李先生指教。"説著，把自己姓名寫給辛楣，言外有要求他在報上揄揚之意。辛楣講起這事，忍不住笑，説他爲車票關係，不得不冒充李先生一下。顧爾謙憤然道："這種勢利小鬼，祇重衣衫不重人——當然趙先生也是位社會上有名人物，可是李先生没有他那樣挺的西裝，所以吃了虧了。"李梅亭道："我並不是没有新衣服，可是路上風塵僕僕，我覺得犯不著糟蹋。"辛楣忙説："没有李先生這張片子，衣服再新也没有用。咱們敬李先生一杯。"

　　明天早晨，大家送李顧上車，梅亭祇關心他的大鐵箱，車臨開，還從車窗裏伸頭叫辛楣鴻漸仔細看這箱子在車頂上没有。腳夫祇搖頭説，今天行李多，這狼犺傢伙攔不下了，明天準到，反正結行李票的，不會誤事。孫小姐忙向李先生報告，李先生皺了眉頭正有所囑咐，這汽車頭轟隆隆掀動了好一會，突然鼓足了氣開發，李先生頭一晃，所説的話彷彿有手一把從他嘴邊奪去向半空中扔了，孫小姐側著耳朵全没聽到。鴻漸們看了乘客的擾亂擁擠，擔憂著明天，祇説："李顧今天也擠得上車，咱們不成問題。"明天三人領到車票，重賞管行李的腳夫，叮囑他務必把他們的大行李攔在這班車上，每人手提隻小箱子，在人堆裏等車，時時刻刻鼓勵自己，不要畏縮。第一輛新車來了，大家一擁而上，那股蠻勁兒證明中國大有衝鋒敢死之士，祇没上前綫去。鴻漸們瞧人多擠不進，便想衝上這時候開來的第二輛車，誰知道總有人搶在前頭。總算三人都到得車上，有個立足之地，透了口氣，彼此會心苦笑，纔有工夫出汗。人還不斷地來。氣急敗壞的。帶笑軟商量的："對不住，請擠一擠！"以大義曉諭的："出門出路，大家方便，來，擠一擠！好了！好了！"眼前指點的："朋友，讓一讓，裏面有的是地方，攔在門口好傻！"其勢洶洶的："我有票子，爲什麼不能上車？這車是你包的？哼！"結果，買到票子的那一堆人全上了車，真料不到小車廂會像有彈性，容得下這許多人。這車廂彷彿沙丁魚罐，裏面的人緊緊的擠得身體都扁了。可是沙丁魚的骨頭，深藏在自己身裏，這些乘客的肘骨膝骨都向旁人的身體裏硬嵌。罐裝的沙丁魚條條挺直，這些乘客都蜷曲波折，腰跟腿彎成幾何學上有名目的角度。辛楣的箱子太長，橫放不下，衹能在左右兩行坐位中間的過道上豎直，自己高高坐在上面。身後是個小提籃，上面跨坐著抽香煙的女主人，辛楣回頭請她抽煙小心，別燒到人衣服，倒惹那女人說："你背後不生眼睛，我眼睛可是好好的，決不會抽煙抽到你褲子上，衹要你小心別把屁股撞我的煙頭。"那女人的同鄉都和著她歡笑。鴻漸擠得前，靠近汽車夫，坐在小提箱上。孫小姐算在木板搭的長凳上有個座位，不過也够不舒服了，左右兩個男人各移大腿讓出來一角空隙，衹容許猴子沒進化成人以前生尾巴那小塊地方貼凳。在旅行的時候，人生的地平綫移近；坐汽車衹幾個鐘點，而乘客彷彿下半世全在車裏消磨的，衹要坐定了，身心像得到歸宿，一勞永逸地看書、看報、抽煙、吃東西、瞌睡，路程以外的事暫時等於身後身外的事。

汽車夫把私帶的東西安置了，入坐開車。這輛車久歷風塵，該慶古稀高壽，可是抗戰時期，未便退休。機器是沒有脾氣癖性的，而這輛車倚老賣老，修煉成桀驁不馴、怪僻難測的性格，有時標勁像大官僚，有時彆扭像小女郎，汽車夫那些粗人休想駕馭瞭解。它開動之際，前頭咳嗽，後面洩氣，於是掀身一跳，跳得乘客束倒西撞，齊聲叫喚，孫小姐從座位上滑下來，鴻漸碰痛了頭，辛楣差一點向後跌在那女人身上。這車聲威大震，一口氣走了一二十公里，忽然要休息了，汽車夫強它繼續前進。如是者四五次，這車覺悟今天不是逍遙散步，可以隨意流連，原來真得走路，前面路還走不完呢！它生氣不肯走了，汽車夫祇好下車，向車頭疏通了好一會，在路旁拾了一團爛泥，請它享用，它喝了酒似的，欹斜搖擺地緩行著。每逢它不肯走，汽車夫就破口臭罵，此刻罵得更利害了。罵來罵去，祇有一個意思：汽車夫願意跟汽車的母親和祖母發生肉體戀愛。罵的話雖然欠缺變化，罵的力氣愈來愈足。汽車夫身後坐的是個穿制服的公務人員和一個十五六歲的女孩子，像是父女。那女孩子年紀雖小，打扮得臉上顏色賽過雨後虹霓、三棱鏡下日光或者姹紫嫣紅開遍的花園。她擦的粉不是來路貨，似乎泥水匠粉飾牆壁用的，汽車顛動利害，震得臉上粉粒一顆顆參加太陽光裏飛舞的灰塵。她聽汽車夫愈罵愈坦白了，天然戰勝人工，塗抹的紅色裏泛出羞惡的紅色來，低低跟老子說句話。公務員便叫汽車夫道：“朋友，說話請斯文點，這兒是女客，啊！”汽車夫變了臉，正待回嘴，和父女倆同凳坐的軍官夫婦也說：“你罵有什麼用？汽車還是要拋錨。你這粗話人家聽了刺耳朵。”汽車夫本想一撒手，說“老子不開了”！一轉念這公務員和軍官都是站長領到車房裏先上車佔好座位的，都有簇新的公事皮包，聽說上省政府公幹，自己鬥不過他們，祇好忍著氣，自言自語說：“咱老子偏愛罵，不干你事！怕刺耳朵，塞了它做聾子!"車夫沒好氣,車開得更暴厲了,有一次險的撞在對面來的車上。那軍官的老婆怕聞汽油味兒,給車一顛,連打噁心,嘴裏一口口濃厚的氣息裏有作酸的紹興酒味、在腐化中的大葱和蘿蔔味。鴻漸也在頭暈胃泛,聞到這味道,再也忍不住了,衝口而出的吐,忙掏手帕按住。早晨沒吃東西,吐的祇是酸水,手帕吸不盡,手指縫裏汪出來,淋在衣服上,虧得自己抑住沒多吐。又感覺坐得不舒服,箱子太硬太低,身體嵌在人堆裏,腳不能伸,背不能彎,不容易改變坐態,祇有輪流地側重左右屁股坐著,以資調節,左傾坐了不到一分鐘,臀骨酸痛,忙換爲右傾,百無是處。一刻難受似一刻,幾乎不相信會有到站的時候。然而拋錨三次以後,居然到了一個小站,汽車夫要吃午飯了,客人也下去在路旁的小飯店裏吃飯。鴻漸等三人如蒙大赦,下車伸伸腰,活動活動腿,飯是沒胃口吃了,泡壺茶,吃幾片箱子裏帶的餅乾。休息一會,又有精力回車受罪,汽車夫説,這車機器壞了,得換輛車。大家忙上原車拿了隨身行李,搶上第二輛車。鴻漸等意外地在車梢佔有好座位。原車有座位而現在沒座位的那些人,都振振有詞説:該照原車的位子坐,中華民國不是強盜世界,大家別講搶。有位子坐的人,不但身體安穩,心理也佔優勢;他們可以冷眼端詳那些沒座位的人,而那些站的人祇望著窗外,沒勇氣回看他們。這是輛病車,正害瘧疾,走的時候,門窗無不發抖,坐在車梢的人更給它震動得骨節鬆脱、腑臟顛倒,方纔吃的粳米飯彷彿在胃裏琤琮跳碰,有如賭場中碗裏的骰子。天黑纔到金華,結票的行李沒從原車上搬過來,要等明天的車運送。鴻漸等疲乏地出車站,就近一家小旅館裏過夜。今天的苦算吃完了，明天的苦還遠得很，這一夜的身心安適是向不屬今明兩天的中立時間裏的躲避。

旅館名叫"歐亞大旅社"。雖然直到現在歐洲人沒來住過，但這名稱不失爲一種預言，還不能斷定它是誇大之詞。後面兩進中國式平屋，木板隔成五六間臥室，前面黃泥地上搭了一個蓆棚，算是飯堂，要憑那股酒肉香、炒菜的刀鍋響、跑堂們的叫嚷，來引誘過客進去投宿。蓆棚裏電燈輝煌，紮竹塗泥的壁上貼滿了紅綠紙條，寫的是本店拿手菜名，什麼"清蒸甲魚"、"本地名腿"、"三鮮米綫"、"牛奶咖啡"等等。十幾張飯桌子一大半有人佔了。掌櫃寫賬的桌子邊坐個胖女人坦白地攤開白而不坦的胸膛，餵孩子吃奶；奶是孩子吃的飯，所以也該在飯堂裏吃，證明這旅館是科學管理的。她滿腔都是肥膩膩的營養，小孩子吸的想是加糖的溶化豬油。她那樣肥碩，表示這店裏的飯菜也營養豐富；她靠掌櫃坐著，算得不落言詮的好廣告。鴻漸等看定房間，洗了臉，出來吃飯，找個桌子坐下。桌面就像《儒林外史》裏范進給胡屠戶打了耳光的臉，刮得下斤把豬油。大家點了菜，鴻漸和孫小姐都說胃口不好，要吃清淡些，便一人叫了個米綫。辛楣不愛米綫，要一客三鮮糊塗麵。鴻漸忽然瞧見牛奶咖啡的粉紅紙條，詫異道："想不到這裏會有這東西，真不愧'歐亞大旅社'了！咱們先來一杯醒醒胃口，飯後再來一杯，做它一次歐洲人，好不好？"孫小姐無可無不可，辛楣道："我想不會好吃，叫跑堂來問問。"跑堂一口擔保是上海來的好東西，原封沒打開過。鴻漸問什麼牌子，跑堂不知道什麼牌子，反正又甜又香的頂刮刮貨色，一紙包沖一杯。辛楣恍然大悟道："這是哄小孩子的咖啡方糖——"鴻漸高興頭上，說："別講究了，來三杯試試再說，多少總有點咖啡香味兒。"跑堂應聲去了。孫小姐說："這咖啡糖裹没有牛奶成分，怎麼叫牛奶咖啡，一定是另外把奶粉調進去的。"鴻漸向那位胖女人歪歪嘴道："祇要不是她的奶，什麼都行。"孫小姐皺眉努嘴做個頗可愛的厭惡表情。辛楣紅了臉忍笑道："該死！該死！你不說好話。"咖啡來了，居然又黑又香，面上浮一層白沫，鴻漸問跑堂是什麼，跑堂說是牛奶，問什麼牛奶，說是牛奶的脂膏。辛楣道："我看像人的唾沫。"鴻漸正要喝，恨得推開杯子說："我不要喝了！"孫小姐也不肯喝，辛楣一壁笑，一壁道歉，可是自己也不喝，頑皮地向杯子裹吐一口，果然很像那浮著的白沫。鴻漸罵他糟蹋東西，孫小姐祇是笑，像母親旁觀孩子搗亂，寬容地笑。跑堂上了菜跟辛楣的麵。麵燒得太爛了，又膩又黏，像一碗漿糊，麵上堆些鷄頸骨、火腿皮。辛楣見了，大不高興，鴻漸笑道："你講咖啡裹有唾沫，我看你這碗麵裹有人的鼻涕。"辛楣把麵碗推向他道："請你吃。"叫跑堂來拿去換，跑堂不肯，祇得另要碗米綫來吃了。吃完算賬時，辛楣說："咱們今天虧得没有李梅亭跟顧爾謙，要了東西不吃，給他們罵死了。可是這麵我實在吃不下，這米綫我也不敢仔細研究。"臥房裹點的是油燈，没有外面亮，三人就坐著不進去，閑談一回。都有些疲乏過度的興奮，孫小姐也有說有笑，但比了辛楣鴻漸的胡鬧，倒是這女孩子老成。

這時候，有個三四歲的女孩子兩手向頭髮裹亂爬，嚷到那胖女店主身邊。胖女人一手拍懷裹睡熟的孩子，一手替那女孩子搔癢。她手上生的五根香腸，靈敏得很，在頭髮裹抓一下就捉到個虱，掐死了，叫孩子攤開手掌受著，陳屍累累。女孩子把另一手指著死虱，口裏亂數："一，二，五，八，十……"孫小姐看見了告訴辛楣鴻漸，大家都覺得身上癢起來，便回臥室睡覺。可是方纔的景象使他們對牀鋪起了戒心，孫小姐借手電給他們在牀上照一次，偏偏電用完了，祇好罷休。辛楣道："不要害怕，疲倦會戰勝一切小痛癢，睡一晚再說。"鴻漸上牀，好一會沒有什麼，正放心要睡去，忽然發癢，不能忽略的癢，一處癢，兩處癢，滿身癢，心窩裏奇癢。蒙馬脫爾（Monmartre）的"跳蚤市場"和耶路撒冷聖廟的"世界蚤虱大會"全像在這歐亞大旅社裏舉行。咬得體無完膚，抓得指無餘力。每一處新鮮明確的癢，手指迅雷閃電似的捺住，然後謹慎小心地拈起，纔知道並沒捉到那咬人的小東西，白費了許多力，手指間祇是一小粒皮膚屑。好容易捺死一個臭蟲，宛如報了仇那樣的舒暢，心安慮得，可以入睡，誰知道殺一並未儆百，周身還是癢。到後來，疲乏不堪，自我意識愈縮愈小，身體祇好推出自己之外，學我佛如來捨身餵虎的榜樣，盡那些蚤虱去受用。外國人說聽覺敏銳的人能聽見跳蚤的咳嗽；那一晚上，這副尖耳朵該聽得出跳蚤們吃飽了噫氣。早晨清醒，居然自己沒給蚤虱吃個精光，收拾殘骸剩肉還够成個人，可是並沒有成佛。祇聽辛楣在牀上狠聲道："好呀！又是一個！你吃得我舒服呀？"鴻漸道："你在跟跳蚤談話，還是在捉虱？"辛楣道："我在自殺。我捉到兩個臭蟲、一個跳蚤，捺死了，一點一點紅，全是我自己的血，這不等於自殺——咦，又是一個！啊喲，給它溜了——鴻漸，我奇怪這家旅館裏有這許多吃血動物，而女掌櫃還會那樣肥胖。"鴻漸道："也許這些蚤虱就是女掌櫃養著，叫它們吸了客人的血來供給她的。我勸你不要捉了，回頭她叫你一一償命，怎麼得了！趕快起牀，換家旅館罷。"兩人起牀，把內衣脫個精光，赤身裸體，又冷又笑，手指沿衣服縫掏著捺著，把衣服抖了又抖，然後穿上。出房碰見孫小姐，臉上有些紅點，撲鼻的花露水香味，也說癢了一夜。三人到汽車站"留言板"上看見李顧留的紙條，說住在火車站旁一家旅館內，便搬去了。跟女掌櫃算賬的時候，鴻漸說這店裏跳蚤太多，女掌櫃大不答應，說她店裏的牀鋪最乾淨，這臭蟲跳蚤準是鴻漸們隨身帶來的。

　　行李陸續運來，今天來個箱子，明天來個鋪蓋，他們每天下午，得上汽車站去領。到第五天，李梅亭的鐵箱還沒影蹤，急得他直嚷直跳，打了兩次長途電話，總算來了。李梅亭忙打開看裏面東西有沒有損失，大家替他高興，也湊著看。箱子內部像口櫥，一隻隻都是小抽屜，拉開抽屜，裏面是排得整齊的白卡片，像圖書館的目錄。他們失聲奇怪，梅亭面有得色道："這是我的隨身法寶。只要有它，中國書全燒完了，我還能照樣在中國文學系開課程。"這些卡片照四角號碼排列，分姓名題目兩種。鴻漸好奇，拉開一隻抽屜，把卡片一撥，祇見那張片子天頭上紅墨水橫寫著"杜甫"兩字，下面紫墨水寫的標題，標題以後，藍墨水細字的正文。鴻漸覺得梅亭的白眼睛在黑眼鏡裏注視著自己的表情，便說："精細極了！了不得——"自知語氣欠強，哄不過李梅亭，忙加一句："顧先生，辛楣，你們要不要來瞧瞧？真正是科學方法！"顧爾謙說："我是要廣廣眼界，學是學不來的了！"不怕嘴酸舌乾地連聲讚歎："李先生，你的鋼筆書法也雄健得很，並且一手能寫好幾體字，變化百出，佩服佩服！"李先生笑道：
"我字寫得很糟，這些片子都是我指導我的學生寫的，有十幾個
人的手筆在裏面。"顧先生搖頭道："唉！名師必出高徒！名師必
出高徒！"這樣上下左右打開了幾隻抽屜，李梅亭道："下面全是
一樣的，沒有什麼可看了。"顧爾謙道："包羅萬象！我真恨不能
偷了去——"李梅亭來不及阻止，他早拉開近箱底兩隻抽
屜——"咦！這不是卡片——"孫小姐湊上去瞧，不肯定地說：
"這像是西藥。"李梅亭冰冷地說："這是西藥，我備著路上用
的。"顧爾謙這時候給好奇心支使得沒注意主人表情，又打開兩
隻抽屜，一瓶瓶緊暖穩密地躺在棉花裏，露出軟木塞的，可不是
西藥？李梅亭忍不住擠開顧爾謙道："東西沒有損失，讓我合上
箱子罷。"鴻漸惡意道："東西是不會有人偷的，祇怕腳夫手腳
粗，扔箱子的時候，把玻璃瓶震碎了，你應該仔細檢點一下。"
李梅亭嘴裏說："我想不會，我棉花塞得好好的，"手本能地拉抽
屜了。這箱子裏一半是西藥，原瓶封口的消治龍、藥特靈、金雞
納霜、福美明達片，應有盡有。辛楣道："李先生，你一個人用
不了這許多呀！是不是高松年託你替學校帶的？"梅亭像淹在水
裏的人，忽然有人拉他一把，感激地不放鬆道："對了！對了！
內地買不到西藥，各位萬一生起病來，那時候纔知道我李梅亭的
功勞呢！"辛楣笑道："預謝，預謝！有了上半箱的卡片，中國書
燒完了，李先生一個人可以教中國文學；有了下半箱的藥，中國
人全病死了，李先生還可以活著。"顧爾謙道："哪裏的話！李先
生不但是學校的功臣，並且是我們的救命恩人——"亞當和夏
娃爲好奇心失去了天堂，顧爾謙也爲好奇心失去了李梅亭安放他

的天堂，恭維都挽回不來了，跟著的幾句話險的使他進地獄——"我這兩天冷熱不調，嗓子有點兒痛——可是没有關係，到利害的時候，我問你要三五片福美明達來含。"

辛楣説在金華耽誤這好幾天，錢花了不少，大家把身上的餘錢攤出來，看共有多少。不出他在船上所料，李顧都没有把學校給的旅費全數帶上。這時候兩人也許又留下幾元鎮守口袋的錢，作香煙費，祇合交出來五十餘元；辛楣等三人每人剩八十餘元。所住的旅館賬還没有付，無論如何，到不了學校。大家議決拍電報給高松年，請他匯筆款子到吉安的中央銀行裏。辛楣道，大家身上的錢在到吉安以前，全部充作公用，一個子兒不得浪費。李先生問，香煙如何。辛楣道，以後香煙也不許買，大家得戒煙。鴻漸道："我早戒了，孫小姐根本不抽煙。"辛楣道："我抽煙斗，帶著煙草，路上不用買，可是我以後也不抽，免得你們瞧著眼紅。"李先生不響，忽然説："我昨天剛買了兩罐煙，路上當然可以抽，祇要不再買就是了。"當天晚上，一行五人買了三等臥車票在金華上火車，明天一早可到鷹潭，有幾個多情而肯遠遊的蚤虱一路陪著他們。

火車一清早到鷹潭，等行李領出，公路汽車早開走了。這鎮上唯一像樣的旅館掛牌"客滿"，祇好住在一家小店裏。這店樓上住人，樓下賣茶帶飯。窄街兩面是房屋，太陽輕易不會照進樓下的茶座。門口桌子上，一疊飯碗，大碟子裏幾塊半生不熟的肥肉，原是紅燒，現在像紅人倒運，又冷又黑。旁邊一碟饅頭，遠看也像玷污了清白的大閨女，全是黑斑點，走近了，這些黑點飛升而消散於周遭的陰暗之中，原來是蒼蠅。這東西跟蚊子臭蟲

算得小飯店裏的歲寒三友，現在剛是深秋天氣，還顯不出它們的
後凋勁節。樓祇擱著一張竹梯子，李先生的鐵箱無論如何運不上
去，店主拍胸擔保說放在樓下就行，李先生祇好自慰道："譬如
這箱子給火車耽誤了沒運到，還不是一樣的人家替我看管，我想
東西不會走漏的。在金華不是過了好幾天纔到麼？"大家讚他想
得通。辛楣由夥計陪著先上樓去看臥室，樓板給他們踐踏得作不
平之鳴，灰塵撲簌簌地掉下來，顧先生笑道："趙先生的身體真
重！"店主瞧孫小姐掏手帕出來拂灰，就說："放心，這樓板牢得
很。樓板要響的好，晚上賊來，客人會驚醒。我們這店裏賊從沒
來過，他不敢來，就因爲我們這樓板會響。嚇！耗子走動，我這
樓板也報信的。"夥計下梯來招呼客人上去，李梅亭依依不捨地
把鐵箱託付給店主。樓上祇有三間房還空著，都是單鋪，夥計在
趙方兩人的房間裏添張竹榻，要算雙鋪的價錢。辛楣道："咱們
這間房最好，沿街，光綫最足，牀上還有帳子。可是，我不願睡
店裏的被褥，回頭得另想辦法。"鴻漸道："好房間爲什麼不讓給
孫小姐？"辛楣指壁上道："你瞧罷。"祇見剝落的白粉壁上歪歪
斜斜地寫著淡墨字："路過鷹潭與王美玉女士恩愛雙雙題此永久
紀念濟南許大隆題。"記著中華民國年月日，一算就是昨天晚上
寫的。後面也像許大隆的墨跡，是首詩："酒不醉人人自醉色不
迷人人自迷今朝有緣來相會明日你東我向西。"又寫著："大爺去
也！"那感歎記號使人想這位許先生撇著京劇說白的調兒，揮
著馬鞭子，慷慨激昂的神氣。此外有些鉛筆小字，都是講王美玉
的，想來是許先生酒醉色迷那一夜以前旁人的手筆，因爲許先生
的詩就寫在"孤王酒醉鷹潭宮王美玉生來好美容"那幾個鉛筆字

身上。又有新式標點的鉛筆字三行："注意！王美玉有毒！抗戰時期，凡我同胞，均須衛生爲健國之本，萬萬不可傳染！而且她祇認洋錢没有情！過來人題！"旁邊許大隆的淡墨批語道："毀壞名譽該當何罪？"鴻漸笑道："這位姓許的倒有情有義得很！"辛楣也笑道："孫小姐這房間住得麽？李梅亭更住不得——"

正説著，聽得李顧那面嚷起來，顧先生在和夥計吵，兩人跑去瞧。那夥計因爲店裏的竹榻全爲添鋪用完了，替顧先生把一扇板門擱在兩張白木凳上，算是他的牀。顧爾謙看見辛楣和鴻漸，聲勢大振，張牙舞爪道："二位瞧他可惡不可惡？這是擱死人屍首用的，他不是欺負我麽？"夥計道："店裏祇有這塊板了，你們穿西裝的文明人，要講理。"顧爾謙拍自己青布大褂胸脯上一片油膩道："我不穿西裝的就不講理？爲什麽旁人有竹榻睡，我没有？我不是照樣付錢的？我並不是迷信，可是出門出路，也討個利市，你這傢伙全不懂規矩。"李梅亭自從昨天西藥被發現以後，對顧爾謙不甚庇護，冷眼瞧他們吵架，這時候插嘴道："你把這板搬走就是了。吵些什麽！你想法把我的箱子搬上來，那箱子可以當牀，我請你抽支香煙，"伸出左手的食指搖動著彷彿是香煙的樣品。夥計看祇是給煙薰黃的指頭，並非香煙，光著眼道："香煙在哪裏？"李梅亭搖頭道："哼，你這人笨死了！香煙我自然有，我還會騙你？你把我這鐵箱搬上來，我請你抽。"夥計道："你有香煙就給我一根，你真要我搬箱子，那不成。"李先生氣得祇好笑，顧先生勝利地教大家注意這夥計蠻不講理。結果鴻漸睡的竹榻跟這扇門對換了。

孫小姐來了，辛楣問到何處吃早點。李梅亭道："就在本店

罷。省得上街去找，也許價錢便宜些。"辛楣不便出主意，夥計
恰上來沏茶，便問他店裏有什麼東西吃。夥計說有大白饅頭、四
喜肉、雞蛋、風肉。鴻漸主張切一碟風肉夾了饅頭吃，李顧趙三
人贊成，說是"本位文化三明治"，要吩咐夥計下去準備。孫小
姐說："我進來的時候，看見這店裏都是蒼蠅，饅頭和肉盡蒼蠅
叮著，恐怕不大衛生。"李梅亭笑道："孫小姐畢竟是深閨嬌養
的，不知道行路艱難，你要找一家沒有蒼蠅的旅館，祇能到外國
去了！我擔保你吃了不會生病，就是生病，我箱子裏有的是藥，"
說時做個鬼臉，倒比他本來的臉合式些。辛楣正在喝李梅亭房裏
新沏的開水，喝了一口，皺眉頭道："這水愈喝愈渴，全是煙火
氣，可以代替火油點燈的──我看這店裏的東西靠不住，冬天
纔有風肉，現在祇是秋天，知道這風肉是什麼年深月久的古董。
咱們別先叫菜，下去考察一下再決定。"夥計取下壁上掛的一塊
烏黑油膩的東西，請他們賞鑒，嘴裏連說："好味道！"引得自己
口水要流，生怕經這幾位客人的饞眼睛一看，肥肉會減瘦了。肉
上一條蛆蟲從膩睡裏驚醒，載蠕載裊，李梅亭眼快，見了噁心，
向這條蛆遠遠地尖了嘴做個指示記號道："這要不得！"夥計忙伸
指頭按著這嫩肥軟白的東西，輕輕一捺，在肉面的塵垢上畫了一
條烏光油潤的痕跡，像新澆的柏油路，一壁說："沒有什麼呀！"
顧爾謙冒火，連聲質問他："難道我們眼睛是瞎的？"大家也說：
"豈有此理！"顧爾謙還嘮嘮叨叨地牽涉適纔牀板的事。這一吵吵
得店主來了，肉裏另有兩條蛆也聞聲探頭出現。夥計再沒法毀屍
滅跡，祇反復說："你們不吃，有人要吃──我吃給你們看──"
店主拔出嘴裏的旱煙筒，勸告道："這不是蟲呀，沒有關係的，

五

這叫'肉芽'——'肉'——'芽'。"方鴻漸引申説："你們這
店裏吃的東西都會發芽，不但是肉。"店主不懂，可是他看見大
家都笑，也生氣了，跟夥計用土話咕著。結果，五人出門上那家
像樣旅館去吃飯。

李梅亭的片子沒有多大效力，汽車站長説衹有照規矩登記，
按次序三天以後準有票子。五人大起恐慌：三天房飯好一筆開
銷，照這樣耽誤，怕身上的錢到不了吉安。大家沒精打采地走回
客棧，衹見對面一個女人倚門抽煙。這女人尖顴削臉，不知用什
麼東西燙出來的一頭鬈髮，像中國寫意畫裏的滿樹梅花，頸裏一
條白絲圍巾，身上綠綢旗袍，光華奪目，可是那面子亮得像小家
女人襯旗袍裏子用的作料。辛楣拍鴻漸的膊子道："這恐怕就是
'有美玉於斯'了。"鴻漸笑道："我也這樣想。"顧爾謙聽他們背
誦《論語》，不懂用意，問："什麼?"李梅亭聰明，説："爾謙，
你想這種地方怎會有那樣打扮的女子——你們何以背《論語》?"
鴻漸道："你到我們房裏來看罷。"顧爾謙聽説是妓女，呆呆地觀
之不足，那女人本在把孫小姐從頭到腳地打量，忽然發現顧先生
的注意，便對他一笑，滿嘴鮮紅的牙根肉，塊壘不平像俠客的胸
襟，上面疏疏地綴幾粒嬌羞不肯露出頭的黃牙齒。顧先生倒臊得
臉紅，自幸沒人瞧見，忙跟孫小姐進店。辛楣和鴻漸一夜在火車
裏沒睡好，回房躺著休息，李梅亭打門進來了，問有什麼好東西
給他看。兩人懶起牀，叫他自己看牆壁上的文獻。李梅亭又向窗
外一望，回頭直嚷道："你們兩個年輕人不懷好意呀！怪不得你
們要佔據這間房，對面一定就是那王美玉的臥房，相去衹四五尺
的距離，跳都跳得過去。你們起來瞧，牀上是紅被，桌子上有大

鏡子，還有香水瓶兒——唉！你們沒結婚的人太不老實。這事
開不得玩笑的——咦，她上來了！"兩人從牀上伸頭一瞧，果然
適纔倚門抽煙的女人對窗立著，慌忙縮頭睡下。李先生若無其事
地靠窗昂首抽煙，黑眼鏡裏欣賞對面的屋頂，兩人在牀上等得不
耐煩，正想叫李梅亭出去，忽聽那女人說話了："你們哪塊來的
啥。"李先生如夢初醒地一跳道："你問誰呀？我呀？我們是上海
來的。"這話並不可笑，而兩人笑得把被蒙住頭，又趕快揭開被，
要聽下文。那女人道："我也是上海來的，逃難來這塊的——你
們幹什麼的？"李先生下意識地伸手到口袋裏去掏片子，省悟過
來，尊嚴地道："我們都是大學教授。"那女人道："教書的？教書
的沒有錢，爲什麼不走私做買賣？"兩人又蒙上被。李先生祇鼻
子裏應一聲。那女人道："我爹也教書的——"兩人笑得蒙著頭
叫痛——"那個跟你們一起的女人是誰？她也是教書的？"李先
生道："是的。"那女人道："我也進過學堂——她賺多少錢啥？"
辛楣怕這女人笑孫小姐賺的錢沒有她多，大聲咳嗽，李先生祇
說："很多，很多——抽支煙罷？哪，接好——"兩人緊張得不
敢吐氣，李先生下面的話更使他們不能相信自己的耳朵——
"我問你，公共汽車的票子難買得很，你——你熟人多，有沒有
法子想一個？我們好好地謝你。"那女人講了一大串話，又快又
脆，像鋼刀削蘿蔔片，大意是：公路車票買不到，可以搭軍用運
貨汽車，她認識一位侯營長，一會兒來看她，到時李先生過去當
面接洽。李先生千謝萬謝。那女人走了，李先生回身向趙方二人
得意地把頭轉個圈兒，一言不發，望著他們。二人都欽佩他異想
天開，真有本領。李先生恨不能身外化身，拍著自己肩膀，說：

"老李，真有你！"所以也不謙虛説："我知道這種女人路數多，有時用得著她們，這就是孟嘗君結交雞鳴狗盜的用意。"

李先生去後，辛楣和鴻漸睡熟了。鴻漸睡夢裏，覺得有東西在撞這肌理稠密的睡，祇破了一個小孔，而整個睡都退散了，像一道滾水似的注射冰面，醒過來祇聽見："噲！噲！"昏頭昏腦下牀一看，王美玉在向這面叫，正要關窗不理她，忽想起李梅亭跟她的接洽。辛楣也驚醒了，王美玉道："那戴黑眼鏡的呢？侯營長來了。"李梅亭得到通知，忙把壓在褥子下的西裝褲子和領帶取出，早刮過臉，皮破了好幾處，倒也紅光滿面。臨走時，李梅亭説妓女家裏不能白去的，去了要開銷，這筆交際費如何算法，自己方纔已經賠了一支香煙。大家擔保他，祇要交涉順利，不但費用公擔，還有酬勞。李梅亭問他們要不要到辛楣房間裏去隔窗旁聽，"反正没有什麼秘密的事"。餘人無此雅興，説現在四點鐘，上街溜達，六點鐘在吃早點那館子裏聚會。到時候，李梅亭興沖沖來了。大家忙問事情怎樣，李梅亭道："明天正午開車。"大家還問長問短，李梅亭説這位侯營長晚上九點鐘要來看行李，有問題可以面詢。這些軍用貨車每輛搭客一人和行李一件或兩件，開向韶關去的，到了韶關再坐火車進湖南。一算費用比坐公共汽車貴一倍，"可是，"李梅亭説，"到處等汽車票，一等就是幾天，這房飯錢全省下來了。"辛楣躊躇説："好是很好，可是學校匯到吉安的錢怎麼辦？"李梅亭道："那很容易，去個電報請高校長匯到韶關得了。"鴻漸道："到韶關折回湖南，那不是兜遠路麼？"李梅亭怫然道："我能力有限，祇能辦到這樣。方先生有面子，也許侯營長爲你派專車直放學校。"顧爾謙忙説："李先生辦事不會錯。明天一早拍個電報，中午上車走它媽的，要教我在這個鬼地方等五天，頭髮都白了。"李梅亭還悻悻道："今天王美玉家打茶圍的錢將來歸我一個人出得了。"鴻漸忍著氣道："就是不坐軍車，交際費也該大家出的，這是絕對兩回事。"辛楣桌下踢鴻漸一腳，嘴裏胡扯一陣，總算雙方沒有吵起來，孫小姐睜大的眼睛也恢復了常態。

回旅館不多一會，夥計在梯子下口裏含著飯嚷："侯營長來了！"大家趕下來。侯營長有個橘皮大鼻子，鼻子上附帶一張臉，臉上應有盡有，並未給鼻子擠去眉眼，鼻尖生幾個酒刺，像未熟的草莓，高聲說笑，一望而知是位豪傑。侯營長瞧見李梅亭，笑說："怎麼我回到小王那裏，你已經溜了？什麼時候走的?"李梅亭支吾著忙把同行三人介紹，孫小姐還沒下來。侯營長演說道："我們這貨車不能私帶客人的，帶客人違犯軍法，懂不懂？可是我看你們在國立學校教書，總算也是公務機關人員，所以冒險行個方便，懂不懂？我一個錢不要你們的，你們也清苦得很，我不在乎這幾個錢，懂不懂？可是我手下開車的、押車的弟兄要幾個香煙錢，錢少了你們拿不出去，懂不懂？我並不要錢，你們行李不多罷？裏面沒有上海帶來的私貨罷？哈哈，你們唸書人有時候很貪小便宜的!"笑得兩頰肌肉把鼻孔牽得更大了。大家同聲說不帶私貨，李梅亭指著自己的鐵箱道："這是一件行李，樓上還有——"侯營長的眼睛忽然變成近視，努目注視了好一會纔似乎看清了，放機關槍似的說："好傢伙！這是誰的？裏面什麼東西？這不能帶——"忽然又近視了，睜眼望著剛下梯來的孫小姐——"這也是你們同走的？這——這我也不能帶。方纔跟你講不到幾句話，我就給人叫走了，没交代清楚，女人不帶。要是女人可以帶，我早帶小王一二一，開步走了，哈哈。"孫小姐氣得嚶然作聲，鴻漸等侯營長進了對門，向他已消滅的闊背出聲罵："渾蛋！"辛楣和顧先生勸孫小姐不要介意，"這種人嘴裏没有好話"。孫小姐道："都是我一個人妨礙了你們搭車——"鴻漸道："還有李先生這隻八寶箱呢！李先生你——"李梅亭向孫小姐道歉道："我事情没辦好，帶累你受侮辱。"這樣一説，鴻漸倒没法損他了。

這事不成，李梅亭第一個説"僥倖"，還説："失馬安知非福。帶槍桿的人不講理的，我們同走有孫小姐，一切該慎重。而且到韶關轉湖南，冤枉路走得太多，花的錢也不合算，方先生説話對極了。"在鷹潭這幾天裏，李梅亭對鴻漸刮目相看，特別殷勤，可是鴻漸愈嫌惡他，背後跟辛楣笑説："爲了打茶圍那幾塊錢，怕我挑眼，就這樣没志氣。我做了他，寧可掏腰包的。"鴻漸晚上睡不著的時候，自惜自憐，愈想愈懊悔這次的來。與李梅亭顧爾謙等爲伍，就是可恥的墮落。這十來天的旅行磨得一個人志氣消沉。一天他跟辛楣散步，聽見一個賣花生的小販講家鄉話，問起來果然是同鄉，逃難流落在此的。這小販衹淡淡説聲住在本縣城裏哪條街，並不向他訴苦經，借回鄉盤纏，鴻漸又放心、又感慨道："這人準碰過不知多少同鄉的釘子，所以不再開口了。我真不敢想要歷過多少挫折，纔磨練到這種死心塌地的境界。"辛楣笑他頹喪，説："你這樣經不起打擊，一輩子戀愛不會成功。"鴻漸道："誰像你肯在蘇小姐身上花二十年的工夫。"辛楣道："我這幾天來心裏也悶，昨天半夜醒來，忽然想蘇文紈會不會有時候想到我。"鴻漸想起唐曉芙和自己，心像火焰的舌頭突跳而起，說："想到你還是想你？我們一天要想到不知多少人，親戚、朋友、仇人，以及不相干的見過面的人。真正想一個人，記掛著他，希望跟他接近，這少得很。人事太忙了，不許我們全神貫注，無間斷地懷念一個人。我們一生對於最親愛的人的想念，加起來恐怕不到一點鐘，此外不過是念頭在他身上瞥過，想到而已。"辛楣笑道："我總希望，你將來會分幾秒鐘給我。告訴你罷，我第一次碰到你以後，倒常常想你，念念不釋地恨你，可惜我沒有看錶，計算時間。"鴻漸道："你看，情敵的彼此想念，比情人的彼此想念還要多——那時候也許蘇小姐真在夢見你，所以你會忽然想到她。"辛楣道："人家哪裏有工夫夢見我們這種孤魂野鬼。並且她已經是曹元朗的人了，要夢見我就是對她丈夫不忠實。"鴻漸瞧他的正經樣兒，笑得打跌道："你這位政治家真是獨裁的作風！誰做你的太太，做夢也不能自由，你要派特務工作人員去偵察她的潛意識。"

　　三天後到南城去的公路汽車照例是擠得僅可容足，五個人都站在人堆裏，交相安慰道："半天就到南城了，站一會兒沒有關係。"一個穿短衣服、滿臉出油的漢子擺開兩膝，像打拳裏的四平勢，牢實地坐在位子上，彷彿他就是汽車配備的一部分，前面放個滾圓的麻袋，裏面想是米。這麻袋有坐位那麼高，剛在孫小姐身畔。辛楣對孫小姐道："爲什麼不坐呀？比座位舒服多了。"孫小姐也覺得站著搖搖撞撞地不安，向那油臉漢子道聲歉，要坐下去。那油臉漢子直跳起來，雙手攔著，翻眼嚷："這是米，你知道不知道？吃的米！"孫小姐窘得說不出話，辛楣怒容相向道：“是米又怎麼樣？她這樣一個女人坐一下也不會壓碎你的米。”那漢子道：“你做了男人也不懂道理，米是要吃到嘴裏去的呀——”孫小姐羞憤頓足道：“我不要坐了！趙先生，別理他。”辛楣不答應，方李顧三人也參加吵嘴，罵這漢子蠻橫，自己佔了座位，還把米袋妨礙人家，既然不許人家坐米袋，自己快把位子讓出來。那漢子看他們人多氣壯，態度軟下來了，說：“你們男人坐，可以，你們這位太太坐，那不行！這是米，吃到嘴裏去的。”孫小姐第二次申明願意一路站到南城。辛楣等說：“我們偏不要坐，是這位小姐要坐，你又怎樣？”那漢子没法，怒目打量孫小姐一下，把墊坐的小衣包拿出來，撿一條半舊的棉褲，蓋在米袋上，算替米戴上防毒面具，厲聲道：“你坐罷！”孫小姐不要坐，但經不起汽車的顛簸和大家的勸告，便坐了。斜對著孫小姐有位子坐的是個年輕白淨的女人，戴著孝，可是嘴唇和眼皮擦得紅紅的，纖眉細眼小鼻子，五官平淡得像一把熱手巾擦臉就可以抹而去之的，說起話來，扭頭撅嘴。她本在看熱鬧，此時跟孫小姐攀談，一口蘇州話，問孫小姐是不是上海來的，罵內地人凶橫，和他們没有理講。她說她丈夫在浙江省政府當科員，害病新死，她到桂林投奔夫兄去的。她知道孫小姐有四個人同走，十分忻羨，自怨自憐說：“我是孤苦零丁，路上祇有一個用人陪了我，没有你福氣！”她還表示願意同走到衡陽，有個照應。正講得熱鬧，汽車停了打早尖，客人大半下車吃早點。那女人不下車，打開提籃，强孫小姐吃她帶的米粉糕，趙方二人怕寡婦分糕爲難，也下車散步去了。顧爾謙瞧他們下去，掏出半支香煙大吸。李梅亭四顧少人，對那寡婦道：“你那時候不應該講你是寡婦單身旅行的，路上壞人多，車子裏耳目衆多，聽了你的話要起邪念的。"
那寡婦向李梅亭眼珠一溜，嘴一扯道："倷先生真是好人！"那女
人叫坐在她左邊的二十多歲的男人道："阿福，讓這位先生坐。"
這男人油頭滑面，像浸油的枇杷核，穿件青布大褂，跟女人並肩
而坐，看不出是用人。現在他給女人揭破身份，又要讓位子，骨
朵著嘴衹好站起來。李先生假客套一下，便挨挨擦擦地坐下。孫
小姐看不入眼，也下車去。到大家回車，汽車上路，李先生在咀
嚼米糕，寡婦和阿福在吸香煙。鴻漸用英文對辛楣道："你猜一
猜，這香煙是誰的?"辛楣笑道："我有什麽不知道！這人是個撒
謊精，他那兩罐煙到現在還沒抽完，我真不相信。"鴻漸道："他
的煙味難聞，現在三張嘴同時抽，真受不了，得戴防毒口罩。請
你抽一會煙斗罷，解解他的煙毒。"

　　到了南城，那寡婦主僕兩人和他們五人住在一個旅館裏。
依李梅亭的意思，孫小姐與寡婦同室，阿福獨睡一間。孫小姐口
氣裏決不肯和那寡婦作伴，李梅亭却再三示意，餘錢無多，旅館
費可省則省。寡婦也没請李梅亭批準，就主僕倆開了一個房間。
大家看了奇怪，李梅亭尤其義憤填胸，背後咕了好一陣："男女
有別，尊卑有分。"顧爾謙借到一張當天的報，看不上幾行，直
嚷："不好了！趙先生，李先生，不好了！孫小姐。"原來日本人
進攻長沙，形勢危急得很。五人商議一下，覺得身上盤費決不够
退回去，衹有趕到吉安，領了匯款，看情形再作後圖。李梅亭忙
把長沙緊急的消息告訴寡婦，加油加醬，如火如荼，就彷彿日本
軍部給他一個人的機密情報，嚇得那女人不絕地嬌聲説："啊呀！
李先生，個末那亨呢！"李梅亭説自己這種上等人到處有辦法，

會相機行事，絕處逢生，"用人們就靠不住了，沒有知識——他有知識也不做用人了！跟著他走，準闖禍。"李梅亭別了寡婦不多時，祇聽她房裏阿福厲聲說話："潘科長派我送你的，你路上見一個好一個，知道他是什麼人？潘科長那兒我將來怎樣交代？"那婦人道："吃醋也輪得到你？我要你來管？給你點面子，你就封了王了！不識抬舉、忘恩負義的王八蛋！"阿福冷笑道："王八是誰挑我做的？害了你那位死鬼男人做王八不夠還要害我——啊呀呀——"一溜煙跑出房來。那女人在房裏狠聲道："打了你耳光，還要教你向我燒路頭！你放肆，請你嘗嘗滋味，下次你別再想——"李先生聽他們話中有因，作酸得心似絞汁的青梅，恨不能向那寡婦問個明白，再痛打阿福一頓。他坐立不定地向外探望，阿福正躲在寡婦房外，左手撫摩著紅腫的臉頰，一眼瞥見李梅亭，自言自語："不向尿缸裏照照自己的臉！想吊膀子揩油——"李先生再有涵養工夫也忍不住了，衝出房道："豬玀！你罵誰？"阿福道："罵你這豬玀。"李先生道："豬玀罵我。"阿福道："我罵豬玀。"兩人"雞生蛋""蛋生雞"的句法練習沒有了期，反正誰嗓子高，誰的話就是真理。顧先生怕事，拉李先生進去，說："這種小人跟他計較什麼呢？"阿福威風百倍道："你有種出來！別像烏龜躲在洞裏，我怕了你——"李先生果然又要奪門而出，辛楣鴻漸聽不過了，也出來喝阿福道："人家不理你了，你還嘴裏不清不楚幹什麼？"阿福有點氣餒，還嘴硬道："笑話！我罵我的，不干你們的事。"辛楣嘴裏的煙斗高翹著像老式軍艦上一尊炮的形勢，對擦大手掌，響脆地拍一下，握著拳頭道："我旁觀抱不平，又怎麼樣？"阿福眼睛裏全是恐懼，可是辛楣話没説完，那寡婦從房裏跳出道："誰敢欺負我的用人？兩欺一，不要臉！枉做了男人，欺負我寡婦，没有出息！"辛楣鴻漸慌忙逃走。那寡婦得意地冷笑，海罵幾句，拉阿福回房去了。辛楣教訓了李梅亭一頓，鴻漸背後對辛楣道："那雌老虎跳出來的時候，我們這方面該孫小姐出場，就抵得住了。"下半天寡婦碰見他們五人，佯佯不睬，阿福不顧墳起的臉，對李梅亭擠眼撇嘴。那寡婦有事叫"阿福"，聲音裏滴得下蜜糖。李梅亭歎了半夜的氣。

旅館又住了一天。在這一天裏，孫小姐碰到那寡婦還點頭微笑，假如辛楣等不在旁，也許彼此應酬幾句，説車票難買，旅館裏等得氣悶。可是辛楣等四人就像新學會了隱身法似的，那寡婦路上遇到，眼睛裏没有他們。明天上車，辛楣等把行李全結了票，手提的東西少，擠上去都搶到座位。寡婦帶的是些不結票的小行李；阿福上車的時候，正像歡迎會上跟來賓拉手的要人，恨不能向千手觀音菩薩分幾雙手來纔夠用。辛楣瞧他們倆没位子坐，笑説："虧得昨天鬧翻了，否則這時候還要讓位子呢，我可不肯。""我"字説得有意義地重，李梅亭臉紅了，大家忍住笑。那寡婦遠遠地望著孫小姐，使她想起牛或馬的瞪眼向人請求，因爲眼睛就是不會説話的動物的舌頭。孫小姐心軟了，低頭不看，可是覺得坐著不安，直到車開，偷眼望見那寡婦也有了位子，纔算心定。

車下午到寧都。辛楣們忙著領行李，大家一點，還有兩件没運來，同聲説："晦氣！這一等不知道又是幾天。"心裏都擔憂著錢。上車站對面的旅館一問，祇剩兩間雙鋪房了。辛楣道："這哪裏行？孫小姐一個人一間房，單鋪的就够了，我們四個人，要有兩間房。"孫小姐不躊躇說:"我没有關係,在趙先生方先生房裏添張竹鋪得了,不省事省錢麼?"看了房間,擱了東西,算了今天一路上的賬,大家說晚飯祇能將就吃些東西了,正要叫夥計,忽然一間房裏連嚷:"夥計!夥計!"帶咳帶嗆,正是那寡婦的聲音,跟著大吵起來。仔細一聽,那寡婦叫了旅館裏的飯,吃不到幾筷菜就噁心,這時候纔知道菜是用桐油炒的;阿福這粗貨,没理會味道,一口氣吞了兩碗飯,連飯連菜吐個乾淨,"隔夜吃的飯都吐出來了!"寡婦如是說,彷彿那頓在南城吃的飯該帶到桂林去的。李梅亭拍手說:"這真是天罰他,瞧這渾蛋還要撒野不撒野。這旅館裏的飯不必請教了,他們倆已經替咱們做了試驗品。"五人出旅館的時候,寡婦房門大開,阿福在牀上哼哼唧唧,她手扶桌子向痰盂噁心,夥計一手拿杯開水,一手拍她背。李先生道:"咦,她也吐了!"辛楣道:"嘔吐跟打呵欠一樣,有傳染性的。尤其暈船的時候,看不得人家嘔。"孫小姐彎著含笑的眼睛說:"李先生,你有安定胃神經的藥,送一片給她,她準——"李梅亭在街上裝腔跳嚷道:"孫小姐,你真壞!你也來開我的玩笑。我告訴你的趙叔叔。"

晚上為了誰睡竹榻的問題,辛楣等三人又謙讓了一陣。孫小姐給辛楣和鴻漸强逼著睡牀,好像這不是女人應享的權利,而是她應盡的義務。辛楣人太高大,竹榻容不下。結果鴻漸睡了竹榻,剛夾在兩牀之間,躺了下去,侷促得祇想翻來覆去,又拘謹得動都不敢動。不多時,他聽辛楣呼吸和勻,料已睡熟,想便宜了這傢伙,自己倒在這兩張不掛帳子的牀中間,做了個屏風,替他隔離孫小姐。他又嫌桌上的油燈太亮,忍了好一會,熬不住了，輕輕地下牀，想喝口冷茶，吹滅燈再睡。沿牀縫裏挨到桌子前，不由自主望望孫小姐，祇見睡眠把她的臉洗濯得明淨滋潤，一堆散髮不知怎樣會覆在她臉上，使她臉添了放任的媚姿，鼻尖上的髮梢跟著鼻息起伏，看得代她臉癢，恨不能伸手替她掠好。燈光裏她睫毛彷彿微動，鴻漸一跳，想也許自己眼錯，又似乎她忽然呼吸短促，再一看，她睡著不動的臉像在泛紅。慌忙吹滅了燈，溜回竹榻，倒惶恐了半天。

明天一早起，李先生在賬房的櫃臺上看見昨天的報，第一道消息就是長沙燒成白地，嚇得聲音都遺失了，一分鐘後纔找回來，說得出話。大家焦急得沒工夫覺得餓，倒省了一頓早點。鴻漸毫沒主意，但彷彿這不是自己一個人的事，跟著人走，總有辦法。李梅亭唉聲歎氣道：“倒霉！這一次出門，真是倒足了霉！上海好幾處留我的留我，請我的請我，我鬼迷昏了頭，卻不過高松年的情面，吃了許多苦，還要半途而廢，走回頭路！這筆賬向誰去算？”辛楣道：“要走回頭路也沒有錢。我的意思是，到吉安領了學校匯款再看情形，現在不用計劃得太早。”大家吐口氣，放了心。顧爾謙忽然聰明地說：“假如學校款子沒有匯，那就糟透了。”四人不耐煩地同聲說他過慮，可是意識裏都給他這話喚起了響應，彼此舉的理由，倒不是駁斥顧爾謙，而是安慰自己。顧爾謙忙想收回那句話，彷彿給人拉住的蛇尾巴要縮進洞，道：“我也知道這事不可能，我說一聲罷了。”鴻漸道：“我想這問題容易解決。我們先去一個人。吉安有錢，就打電報叫大家去；吉安沒有錢，也省得五個人全去撲個空，白費了許多車錢。”

辛楣道：“著呀！咱們分工，等行李的等行李，領錢的領錢，行動靈活點，別大家擠在一起老等。這錢是匯給我的，我帶了行李先上吉安，鴻漸陪我走，多個幫手。"

孫小姐溫柔而堅決道："我也跟趙先生走，我行李也來了。"

李梅亭尖利地給辛楣一個 X 光的透視道："好，祇剩我跟顧先生。可是我們的錢都充了公了，你們分多少錢給我們？"

顧爾謙向李梅亭抱歉地笑道："我行李全到了，我想跟他們同去，在這兒住下去沒有意義。"

李梅亭臉上升火道："你們全去了，撇下我一個人，好！我無所謂。什麼'同舟共濟'！事到臨頭，還不是各人替自己打算？說老實話，你們到吉安領了錢，乾脆一個子兒不給我得了，難不倒我李梅亭。我箱子裏的藥要在內地賣千把塊錢，很容易的事。你們瞧我討飯也討到了上海。"

辛楣詫異說："咦！李先生，你怎麼誤會到這個地步！"

顧爾謙撫慰地說："梅亭先生，我決不先走，陪你等行李。"

辛楣道："究竟怎麼辦？我一個人先去，好不好？李先生，你總不疑心我會吞滅公款——要不要我留下行李作押！"說完加以一笑，減低語意的嚴重，可是這笑生硬倔強宛如乾漿糊黏上去的。

李梅亭搖手連連道："笑話！笑話！我也決不是以'小人之心'推測人的——"鴻漸自言自語道："還說不是！"——"我覺得方先生的提議不切實際——方先生，抱歉抱歉，我說話一向直率的。譬如趙先生，你一個人到吉安領了錢，還是向前進呢？向後轉呢？你一個人作不了主，還要大家就地打聽消息共同決定的——"鴻漸接嘴道："所以我們四個人先去呀。服從大多數的決定，我們不是大多數麼？"李梅亭說不出話，趙顧兩人忙勸開了，説："大家患難之交，一致行動。"

　　午飯後，鴻漸回到房裏，埋怨辛楣太軟，處處讓著李梅亭："你這委曲求全的氣量真不痛快！做領袖有時也得下辣手。"孫小姐笑道："我那時候瞧方先生跟李先生兩人睜了眼，我看著你，你看著我，氣呼呼的，真好玩兒！像互相要吞掉彼此的。"鴻漸笑道："糟糕！醜態全落在你眼裏。我並不想吞他，李梅亭這種東西，吞下去要害肚子的——並且我氣呼呼了沒有？好像我沒有呀。"孫小姐道："李先生是嘴裏的熱氣，你是鼻子裏的冷氣。"辛楣在孫小姐背後向鴻漸翻白眼兒伸舌頭。

　　向吉安去的路上，他們都恨汽車又笨又慢，把他們躍躍欲前的心也拖累了不能自由，同時又怕到了吉安一場空，願意這車走下去，走下去，永遠在開動，永遠不到達，替希望留著一綫生機。住定旅館以後，一算祇剩十來塊錢，笑説："不要緊，一會兒就富了。"向旅館賬房打聽，知道銀行怕空襲，下午四點鐘後纔開門，這時候正辦公。五個人上銀行，一路留心有沒有好館子，因爲好久沒痛快吃了。銀行裏辦事人説，錢來了好幾天了，給他們一張表格去填。辛楣向辦事人討過一支毛筆來填寫，李顧兩位左右夾著他，怕他不會寫字似的。這支筆寫禿了頭，需要蘸的是生髮油，不是墨水，辛楣一寫一堆墨，李顧看得滿心不以爲然。那辦事人説："這筆不好寫，你帶回去填得了。反正你得找鋪保蓋圖章——可是，我告訴你，旅館不能當鋪保的。"這把五人嚇壞了，跟辦事員講了許多好話，説人地生疏，鋪保無從找起，可否通融一下。辦事員表示同情和惋惜，可是公事公辦，得照章程做，勸他們先去找。大家出了銀行，大罵這章程不通，罵完了，又互相安慰說："無論如何，錢是來了。"明天早上，辛楣和李梅亭吃幾顆疲乏的花生米，灌半壺冷淡的茶，同出門找本地教育機關去了。下午兩點多鐘，兩人回來，頭垂氣喪，精疲力盡，說中小學校全疏散下鄉，什麼人都沒找到，"吃了飯再說罷，你們也餓暈了。"幾口飯吃下肚，五人精神頓振，忽想起那銀行辦事員倒很客氣，聽他口氣，好像真找不到鋪保，錢也許就給了，晚上去跟他軟商量罷。到五點鐘，孫小姐留在旅館，四人又到銀行。昨天那辦事員早忘記他們是誰了，問明白之後，依然要鋪保，教他們到教育局去想辦法，他聽說教育局沒有搬走。大家回旅館後，省錢，不吃東西就睡了。

　　鴻漸餓得睡不熟，身子像沒放文件的公事皮包，幾乎腹背相貼，纔領略出法國人所謂"長得像沒有麵包吃的日子"還不够親切；長得像沒有麵包吃的日子，長得像失眠的夜，都比不上因沒有麵包吃而失眠的夜那樣漫漫難度。東方未明，辛楣也醒，呵嘴舐舌道："氣死我了，夢裏都沒有東西吃，別說醒的時候了。"他做夢在"都會飯店"吃中飯，點了漢堡牛排和檸檬甜點，老等不來，就餓醒了。鴻漸道："請你不要說了，說得我更餓了。你這小氣傢伙，夢裏吃東西有我沒有？"辛楣笑道："我來不及通知你，反正我沒有吃到！現在把李梅亭烤熟了給你吃，你也不會嫌了罷。"鴻漸道："李梅亭沒有肉呀，我看你又白又胖，烤得火工到了，蘸甜面醬、椒鹽——"辛楣笑裏帶呻吟道："餓的時候不能笑，一笑肚子愈掣痛。好傢伙！這餓像有牙齒似的從裏面咬出來，啊呀呀——"鴻漸道："愈躺愈受罪，我起來了。上街溜達一下，活動活動，可以忘掉餓。早晨街上清靜，出去呼吸點新鮮空氣."辛楣道:"要不得! 新鮮空氣是開胃健脾的, 你真是自討苦吃. 我省了氣力還要上教育局呢. 我勸你——"說著又笑得嚷痛——"你別上毛廁, 熬住了, 留點東西維持肚子."鴻漸出門前, 辛楣問他要一大杯水喝了充實肚子, 仰天躺在牀上, 動也不動, 一轉側身體裏就有波濤洶湧的聲音. 鴻漸拿了些公賬裏的餘錢, 準備買帶殼花生回來代替早餐, 辛楣警告他不許打偏手偷吃. 街上的市面, 彷彿縮在被裏的人面, 還沒露出來, 賣花生的雜貨鋪也關著門. 鴻漸走前幾步, 聞到一陣烤山薯的香味, 鼻子渴極喝水似的吸著, 饑餓立刻把腸胃加緊地抽. 烤山薯這東西, 本來像中國諺語裏的私情男女, "偷著不如偷不著," 香味比滋味好; 你聞的時候, 覺得非吃不可, 真到嘴, 也不過爾爾. 鴻漸看見一個烤山薯的攤子, 想這比花生米好多了, 早餐就買它罷. 忽然注意有人正作成這個攤子的生意, 衣服體態活像李梅亭; 仔細一瞧, 不是他是誰, 買了山薯臉對著牆壁在吃呢. 鴻漸不好意思撞破他, 忙向小弄裏躲了. 等他去後, 鴻漸纔買了些回去, 進旅館時, 遮遮掩掩地深怕落在掌櫃或夥計的勢利眼裏, 給他們看破了寒窘, 催算賬, 趕搬場. 辛楣見是烤山薯, 大讚鴻漸的採辦本領, 鴻漸把適纔的事告訴辛楣, 辛楣道:"我知他沒把錢全交出來. 他慌慌張張地偷吃, 別梗死了. 烤山薯吃得快, 就梗喉嚨, 而且滾熱的, 真虧他!"孫小姐李先生顧先生來了, 都說:"咦! 怎麼找到這東西? 妙得很!"

　　顧先生跟著上教育局, 說添個人, 聲勢壯些. 鴻漸也要去, 辛楣嫌他十幾天不梳頭剃鬍子, 臉像刺猬頭髮像準備母雞在裏面孵蛋, 不許他去. 近中午, 孫小姐道:"他們還不回來, 不知道有希望没有？"鴻漸道："這時候不回來，我想也許事情妥了。假如乾脆拒絕了，他們早會回來，教育局路又不遠。"辛楣到旅館，喝了半壺水，喘口氣，大罵那教育局長是糊塗雞子兒，李顧也説"豈有此理"。原來那局長到局很遲，好容易來了，還不就見，接見時口風比裝食品的洋鐵罐還緊，不但不肯作保，並且懷疑他們是騙子，兩個指頭拈著李梅亭的片子彷彿是撿的垃圾，眼睛瞟著片子上的字説："我是老上海，上海灘上什麽玩意兒全懂，這種新聞學校都是掛空頭招牌的——諸位不要誤會，我是論個大概。'國立三閭大學'？這名字生得很！我從來沒聽見過。新立的？那我也該知道呀！"可憐他們這天飯都不敢多吃，吃的飯並不能使他們不餓，祇滋養栽培了餓，使餓在他們身體裏長存，而他們不至於餓死了不再餓。辛楣道："這樣下去，錢到手的時候，我們全死了，祇能買棺材下殮了。"顧先生忽然眼睛一亮道："你們兩位路上看見那'婦女協會'沒有？我看見的。我想女人心腸軟，請孫小姐去走一趟，也許有點門路——這當然是不得已的下策。"孫小姐一諾無辭道："我這時候就去。"辛楣滿臉不好意思，望著孫小姐道："這怎麽行？你父親把你交託給我的，我事做不好，怎麽拖累你？"孫小姐道："我一路上已經承趙先生照應——"辛楣不願意聽她感謝自己，忙説："好，你試一試罷，希望你運氣比我們好。"孫小姐到婦女協會沒碰見人，説明早再去。鴻漸應用心理學的知識，道："再去碰見人也沒有用。女人的性情最猜疑，最小氣。叫女人去求女人，準碰釘子。"辛楣因爲旅館章程是三天一清賬，發愁明天付不出錢，李先生豪爽地説："假使明天還沒有辦法，而旅館逼錢，我賣掉藥得了。"明天孫小姐去了不到一個鐘點，就帶一個灰布軍裝的女同志回來。在她房裏嘰嘰咕咕了一會兒，孫小姐出來請辛楣等進去。那女同志正細看孫小姐的畢業文憑——上面有孫小姐戴方帽子的漂亮照相。孫小姐一一介紹了，李先生又送上片子。她肅然起敬，說她有個朋友在公路局做事，可能幫些忙，她下半天來給回音。大家千恩萬謝，又不敢留她吃飯，恭送出門時，孫小姐跟她手勾手，尤其親熱。吃那頓中飯的時候，孫小姐給她的旅伴們恭維得臉像東方初出的太陽。

直到下午五點鐘，那女同志影蹤全無，大家又餓又急，問了孫小姐好幾次，也問不出個道理。鴻漸覺得冥冥中有個預兆，這錢是拿不到的了，不乾不脆地拖下去，有勁使不出來，彷彿要把轉動彈簧門碰上似的無處用力。晚上八點鐘，大家等得心都發霉，安定地絕望，索性不再愁了，準備睡覺。那女同志跟她的男朋友宛如詩人"盡日覓不得，有時還自來"的妙句，忽然光顧，五個人歡喜得像遇見久別的情人，親熱得像狗迎接回家的主人。那男人大剌剌地坐了，每問句話，大家殷勤搶答，引得他把手一攔道："一個人講話夠了。"他向孫小姐要了文憑，細細把照相跟孫小姐本人認著，孫小姐微微疑心他不是對照相，是在鑒賞自己，倒難為情起來。他又盤問趙辛楣一下，怪他們不帶隨身證明文件。他女朋友在旁說了些好話，他纔態度和緩，說他並非猜疑，很願意交朋友，但不知用公路局名義鋪保，是否有效，教他們先向銀行問明白了，通知他再蓋章。所以他們又多住了一天，多上了一次銀行。那天晚上，大家睡熟了還覺得餓，彷彿餓宣告獨立，具體化了，跟身子分開似的。

五

两天后，他们领到钱；旅馆与银行间这条路径，他们的鞋子也走熟得不必有脚而能自身来回了。银行裏还交给他们一个高松年新拍来的电报，请他们放心到学校，长沙战事并无影响。当天晚上，他们藉酬谢和庆祝为名，请女同志和她朋友上馆子放量大吃一顿。顾先生三杯酒下肚，嘻开嘴，千金一笑的金牙灿烂，酒烘得发亮的脸探海灯似的向全桌照一周，道："我们这位李先生离开上海的时候，曾经算过命，说有贵人扶持，一路逢凶化吉，果然碰见了你们两位，萍水相逢，做我们的保人。两位将来大富大贵，未可限量——赵先生，李先生，咱们五个人公敬他们两位一杯，孙小姐，你，你，你也喝一口。"孙小姐满以为"贵人"指的自己，早低著头，一阵红的消息在脸上透漏，后来听见这话全不相干，这红像暖天向玻璃上呵的气，没成量就散了。那位女同志跟她的朋友虽然是民主国家的公民，知道民为贵的道理，可是受了这封建思想的恭维，也快乐得两张酒脸像怒放的红花。辛楣顽皮道："要讲贵人，咱们孙小姐也是贵人，没有她——"李梅亭不等他说完，就敬孙小姐酒。鸿渐道："我最惭愧了，这次我什么事都没有做，真是饭桶。"李梅亭道："是呀！小方是真正的贵人，坐在旅馆裏动也不动，我们替他跑腿。辛楣，咱们虽然一无结果，跑是跑得够苦的，啊？"当晚临睡，辛楣道："今天可以舒舒服服地睡了。鸿渐，你看那位女同志长得真丑，喝了酒更吓得死人，居然也有男人爱她。"鸿渐道："我知道她难看，可是因为她是我们的恩人，我不忍细看她。对于丑人，细看是一种残忍——除非他是坏人，你要惩罚他。"

明天上午，他们到了界化陇，是江西和湖南的交界。江西

公路車不開過去了，他們該換坐中午開的湖南公路車。他們一路
來坐車，到站從沒有這樣快的，不計較路走得少，反覺得淨賺了
半天，說休息一夜罷，今天不趕車了。這是片荒山冷僻之地，車
站左右面公路背山，有七八家小店。他們投宿的店裏，廚房設在
門口，前間白天是過客的餐堂，晚上是店主夫婦的洞房，後間隔
爲兩間暗不見日、漏雨透風、夏暖冬涼、順天應時的客房。店周
圍濃烈的尿屎氣，彷彿這店是棵菜，客人有出肥料灌溉的義務。
店主當街炒菜，祇害得辛楣等在房裏大打噴嚏；鴻漸以爲自己著
了涼，李先生說：“誰在家裏惦記我呢！”到後來纔明白是給菜裏
的辣椒薰出來的。飯後，四個男人全睡午覺，孫小姐跟辛楣鴻漸
同房，祇說不困，坐在外間的竹躺椅裏看書，也睡著了。她醒來
頭痛，身上冷，晚飯時吃不下東西。這是暮秋天氣，山深日短，
雲霧裏露出一綫月亮，宛如一隻擠著的近視眼睛。少頃，這月亮
圓滑得什麼都粘不上，輕盈得什麼都壓不住，從蓬鬆如絮的雲堆
下無牽掛地浮出來，原來還有一邊沒滿，像被打耳光的臉腫著一
邊。孫小姐覺得胃裏不舒服，提議踏月散步。大家沿公路走，滿
地枯草，不見樹木，成片像樣的黑影子也沒有，夜的文飾遮掩全
給月亮剝光了，不留體面。

　　那一晚，山裏的寒氣把旅客們的睡眠凍得收縮，不够包裹
整個身心，五人祇支離零碎地睡到天明。照例辛楣和鴻漸一早溜
出去，讓孫小姐房裏從容穿衣服。兩人回房拿手巾牙刷，看孫小
姐還沒起牀，被蒙著頭呻吟。他們忙問她身體有什麼不舒服，她
說頭暈得身不敢轉側，眼不敢睜開。辛楣伸手按她前額道：“熱
度像沒有。怕是累了，受了些涼。你放心好好休息一天，咱們三

人明天走。"孫小姐嘴裏說不必，作勢抬頭，又倒下去，良久吐口氣，請他們在她牀前放個痰盂。鴻漸問店主要痰盂，店主說，這樣大的地方還不夠吐痰？要痰盂有什麼用？半天找出來一個洗腳的破木盆。孫小姐向盆裏直吐，吐完躺著。鴻漸出去要開水，辛楣說外間有太陽，並且竹躺椅的枕頭高，睡著舒服些，教她試穿衣服，自己抱條被先替她在躺椅上鋪好。孫小姐不肯讓他們扶，垂頭閉眼，摸著壁走到躺椅邊頹然倒下。鴻漸把辛楣的橡皮熱水袋沖滿了，給她暖胃，問她要不要喝水。她喝了一口又吐出來，兩人急了，想李梅亭帶的藥裏也許有仁丹，隔門問他討一包。李梅亭因為車到中午纔開，正在牀上懶著呢。他的藥是帶到學校去賣好價錢的，留著原封不動，準備十倍原價去賣給窮鄉僻壤的學校醫院。一包仁丹打開了不過吃幾粒，可是封皮一拆，餘下的便賣不了錢，又不好意思向孫小姐算賬。雖然仁丹值錢無幾，他以為孫小姐一路上對自己的態度也不夠一包仁丹的交情；而不給她藥呢，又顯出自己小氣。他在吉安的時候，三餐不全，擔心自己害營養不足的病，偷打開了一瓶日本牌子的魚肝油丸，每天一餐以後，吃三粒聊作滋補。魚肝油丸當然比仁丹貴，但已打開的藥瓶，好比嫁過的女人，減低了市價。李先生披衣出房一問，知道是胃裏受了冷，躺一下自然會好的，想魚肝油丸吃下去沒有關係，便說："你們先用早點罷，我來服侍孫小姐吃藥。"辛楣鴻漸都避嫌疑，不願意李梅亭說他們冒他的功，真吃早點去了。李梅亭回房取一粒丸藥，討杯開水；孫小姐懶張眼，隨他擺佈咽了下去。鴻漸吃完早點，去看孫小姐，祇聞著一陣魚腥，想她又吐了，怎會有這樣怪味兒，正想問她，忽見她兩頰全是濕的，一部分淚水從緊閉的眼梢裏流過耳邊，滴濕枕頭。鴻漸慌得手足無措，彷彿無意中撞破了自己不該看的秘密，忙偷偷告訴辛楣。辛楣也想這種哭是不許給陌生人知道的，不敢向她問長問短。兩人參考生平關於女人的全部學問，來解釋她爲什麼哭。結果英雄所見略同，說她的哭大半由於心理的痛苦；女孩子千里辭家，半途生病，舉目無親，自然要哭。兩人因爲她哭得不敢出聲，尤其可憐她，都說要待她好一點，輕輕走去看她。她像睡著了，臉上淚漬和灰塵，結成幾道黑痕；幸虧年輕女人的眼淚還不是秋冬的雨點，不致把自己的臉摧毀得衰敗，祇像清明時節的夢雨，浸腫了地面，添了些泥。

從界化隴到邵陽這四五天裏，他們的旅行順溜像緞子，他們把新發現的真理掛在嘴上説："錢是非有不可的。"邵陽到學校全是山路，得換坐轎子。他們公共汽車坐膩了，換新鮮坐轎子，喜歡得很。坐了一會，纔知道比汽車更難受，腳趾先凍得痛，寧可下轎走一段再坐。一路上崎嶇繚繞，走不盡的山和田，好像時間已經遺忘了這條路途。走了七十多里，時間彷彿把他們收回去了，山霧漸起，陰轉爲昏，昏凝爲黑，黑得濃厚的一塊，就是他們今晚投宿的小村子。進了火鋪，轎夫和挑夫們生起火來，大家圍著取暖，一面燒菜做飯。火鋪裏晚上不點燈，把一長片木柴燒著了一頭，插在泥堆上，苗條的火焰搖擺伸縮，屋子裏東西的影子跟著活了。辛楣等睡在一個統間裏，沒有牀鋪，祇是五叠乾草。他們倒寧可睡稻草，勝於旅館裏那些牀，或像凹凸地圖，或像肺病人的前胸。鴻漸倦極，迷迷糊糊要睡，心終放不平穩，睡四面聚近來，可是合不攏，彷彿兩半窗簾要接縫了，忽然拉鏈梗住，還漏進一綫外面的世界。好容易睡熟了，夢深處一個小聲音帶哭嚷道："別壓住我的紅棉襖！別壓住我的紅棉襖！"鴻漸本能地身子滾開，意識跳躍似的清醒過來，頭邊一聲歎息，輕微得祇像被遏抑的情感偷偷在呼吸。他嚇得汗毛直豎，黑暗裏什麼都瞧不見，想劃根火柴，又怕真照見了什麼東西，辛楣正打鼾，遠處一條狗在叫。他定一定神，笑自己活見鬼，又神經鬆懈要睡，似乎有什麼力量拒絕他睡，把他的身心撐起，撐起，不讓他安頓下去，半睡半醒間矇矓地感到醒的時候，一個人是輕鬆懸空的，一睡熟就沉重了。正掙扎著，他聽鄰近孫小姐呼吸顫促像欲哭不能，注意力警醒一集中，睡又消散了，耳邊清清楚楚地一聲歎息，彷彿工作完畢的吐口氣。鴻漸頭一側，躲避那張歎氣的嘴，喉舌都給恐怖乾結住了，叫不出"誰呀"兩字，祇怕那張嘴會湊耳朵告訴自己他是誰，忙把被蒙著頭，心跳得像胸膛裏容不下。隔被聽見辛楣睡覺中咬牙，這聲音解除了他的恐怖，使他覺得回到人的世界，探出頭來，一件東西從他頭邊跑過，一陣老鼠叫。他劃根火柴，那神經質的火焰一跳就熄了，但他已瞥見錶上正是十二點鐘。孫小姐給火光耀醒翻身，鴻漸問她是不是夢魘，孫小姐告訴他，她夢裏像有一雙小孩子的手推開她的身體，不許她睡。鴻漸也說了自己的印象，勸她不要害怕。

早晨不到五點鐘，轎夫們淘米煮飯。鴻漸和孫小姐兩人下半夜都沒有睡，也跟著起來，到屋外呼吸新鮮空氣。纔發現這屋背後全是墳，看來這屋就是鏟平墳墓造的。火鋪屋後不遠矗立一個破門框子，屋身燒掉了，祇剩這個進出口，兩扇門也給人搬走了。鴻漸指著那些土饅頭問："孫小姐，你相信不相信有鬼？"孫小姐自從夢魘以後，跟鴻漸熟多了，笑説：“這話很難回答。有時候，我相信有鬼；有時候，我決不相信有鬼。譬如昨天晚上，我覺得鬼真可怕。可是這時候雖然四周圍全是墳墓，我又覺得鬼絕對沒有這東西了。”鴻漸道：“這意思很新鮮。鬼的存在的確有時間性的，好像春天有的花，到夏天就沒有。”孫小姐道：“你説你聽見的聲音像小孩子的，我夢裹的手也像是小孩子的，這太怪了。”鴻漸道：“也許我們睡的地方本來是小孩子的墳，你看這些墳都很小，不像是大人的。”孫小姐天真地問道：“爲什麼鬼不長大的？小孩子死了幾十年還是小孩子？”鴻漸道：“這就是生離死別比百年團聚好的地方，它能使人不老。不但鬼不會長大，不見了好久的朋友，在我們心目裹，還是當年的丰采，儘管我們自己已經老了——喂，辛楣。”辛楣呵呵大笑道：“你們兩人一清早到這鬼窩裹來談些什麼？”兩人把昨天晚上的事告訴他，他冷笑道：“你們兩人真是魂夢相通，了不得！我一點沒感覺什麼；當然我是粗人，鬼不屑拜訪的——轎夫説今天下午可以到學校了。”

　　方鴻漸在轎子裹想，今天到學校了，不知是什麼樣子。反正自己不存奢望。適纔火鋪屋後那個破門倒是好象徵。好像個進口，背後藏著深宮大廈，引得人進去了，原來什麼沒有，一無可進的進口、一無可去的去處。“撇下一切希望罷，你們這些過來的人！”雖然這麼説，按捺不下的好奇心和希冀像火爐上燒滾的水，勃勃地掀動壺蓋。祇嫌轎子走得不爽氣，寧可下了轎自己走。辛楣也給這心理鼓動得在轎子裹坐不定，下轎走著，説：“鴻漸，這次走路真添了不少經驗。總算功德圓滿，取經到了西天，至少以後跟李梅亭、顧爾謙兩位可以敬而遠之了。李梅亭不用說，顧爾謙脅肩諂笑的醜態，也真叫人吃不消。"

鴻漸道："我發現拍馬屁跟戀愛一樣，不容許有第三者冷眼旁觀。咱們以後恭維人起來，得小心旁邊沒有其他的人。"

辛楣道："像咱們這種旅行，最試驗得出一個人的品性。旅行是最勞頓，最麻煩，叫人本相畢現的時候。經過長期苦旅行而彼此不討厭的人，纔可以結交作朋友——且慢，你聽我說——結婚以後的蜜月旅行是次序顛倒的，應該先同旅行一個月，一個月舟車僕僕以後，雙方還沒有彼此看破，彼此厭惡，還沒有吵嘴翻臉，還要維持原來的婚約，這種夫婦保證不會離婚。"

"你這話爲什麼不跟曹元朗夫婦去講？"

"我這句話是專爲你講的，sonny①。孫小姐經過這次旅行並不使你討厭罷？"辛楣說著，回頭望望孫小姐的轎子，轉過臉來，呵呵大笑。

"別胡鬧。我問你，你經過這次旅行，對我的感想怎麼樣？覺得我討厭不討厭？"

"你不討厭，可是全無用處。"

鴻漸想不到辛楣會這樣乾脆地回答，氣得衹好苦笑。興致掃盡，靜默地走了幾步，向辛楣一揮手說："我坐轎子去了。"上了轎子，悶悶不樂，不懂爲什麼說話坦白算是美德。

---

① 小子。

六

　　三閭大學校長高松年是位老科學家。這"老"字的位置非常爲難，可以形容科學，也可以形容科學家。不幸的是，科學家跟科學大不相同，科學家像酒，愈老愈可貴，而科學像女人，老了便不值錢。將來國語文法發展完備，總有一天可以明白地分開"老的科學家"和"老科學的家"，或者説"科學老家"和"老科學家"。現在還早得很呢，不妨籠統稱呼。高校長肥而結實的臉像沒發酵的黃麵粉饅頭，"饞嘴的時間"咬也咬不動他，一條牙齒印或皺紋都沒有。假使一個犯校規的女學生長得非常漂亮，高校長祇要她向自己求情認錯，也許會不盡本於教育精神地從寬處分。這證明這位科學家還不老。他是二十年前在外國研究昆蟲學的；想來二十年前的昆蟲都進化成爲大學師生了，所以請他來表率多士。他在大學校長裏，還是前途無量的人。大學校長分文科出身和理科出身兩類。文科出身的人輕易做不到這位子，做到了也不以爲榮，準是幹政治碰壁下野，仕而不優則學，藉詩書之澤、弦誦之聲來休養身心。理科出身的人呢，就全然不同了。中國是世界上最提倡科學的國家，沒有旁的國家肯這樣給科學家大

六

官做的。外國科學進步，中國科學家進爵。在外國，研究人情的學問始終跟研究物理的學問分歧；而在中國，祇要你知道水電、土木、機械、動植物等等，你就可以行政治人——這是"自然齊一律"最大的勝利。理科出身的人當個把校長，不過是政治生涯的開始；從前大學之道在治國平天下，現在治國平天下在大學之道，並且是條坦道大道。對於第一類，大學是張休息的搖椅；對於第二類，它是個培養的搖籃——祇要他小心別搖擺得睡熟了。

高松年發奮辦公，親兼教務長，精明得真是睡覺還睜著眼睛，戴著眼鏡，做夢都不含糊的。搖籃也挑選得很好，在平成縣鄉下一個本地財主的花園裏，面溪背山。這鄉鎮絕非戰略上必爭之地，日本人惟一豪爽不吝嗇的東西——炸彈——也不會浪費在這地方。所以，離開學校不到半里的鎮上，一天繁榮似一天，照相鋪、飯店、浴室、地方戲院、警察局、中小學校，一應俱全。今年春天，高松年奉命籌備學校，重慶幾個老朋友為他餞行。席上說起國內大學多而教授少，新辦尚未成名的學校，地方偏僻，怕請不到名教授。高松年笑道："我的看法跟諸位不同。名教授當然很好，可是因為他的名望，學校沾著他的光，他並不倚仗學校裏的地位。他有架子，有脾氣，他不會全副精神為學校服務，更不會絕對服從當局的指揮。萬一他鬧彆扭，你不容易找替人，學生又要藉題目麻煩。我以為學校不但造就學生，並且應該造就教授。找一批沒有名望的人來，他們要藉學校的光，他們要靠學校纔有地位，而學校並非非有他們不可，這種人纔真能跟學校合為一體，真肯出力為公家做事。學校也是個機關，機關當

—197—

然需要科學管理，在健全的機關裏，決沒有特殊人物，祇有安分受支配的一個個分子。所以，找教授並非難事。"大家聽了，傾倒不已。高松年事先並沒有這番意見，臨時信口胡扯一陣。經朋友們這樣一恭維，他漸漸相信這真是至理名言，也對自己傾倒不已。他從此動不動發表這段議論，還加上個帽子道："我是研究生物學的，學校也是個有機體，教職員之於學校，應當像細胞之於有機體——"這至理名言更變而爲科學定律了。

虧得這一條科學定律，李梅亭、顧爾謙、還有方鴻漸會榮任教授。他們那天下午兩點多鐘到學校；高松年聞訊匆匆到教員宿舍裏應酬一下，回到辦公室，一月來的心事不能再擱在一邊不想了。自從長沙危急，聘好的教授裏十個倒有九個打電報來託故解約，七零八落，開不出班，幸而學生也受戰事影響，祇有一百五十八人。今天一來就是四個教授，軍容大震，向部裏報上去也體面些。祇是怎樣對李梅亭和方鴻漸解釋呢？部裏汪次長介紹汪處厚來當中國文學系主任，自己早寫信聘定李梅亭了——可是汪處厚是汪次長的伯父，論資格也比李梅亭好，那時候給教授陸續辭聘的電報嚇昏了頭，怕上海這批人會半路打回票，祇好先敷衍汪次長。汪處厚這人不好打發，李梅亭是老朋友，老朋友總講得開，就怕他的脾氣難對付，難對付！這姓方的青年人是容易對付的。他是趙辛楣的來頭，辛楣最初不肯來，介紹了他，說他是留學德國的博士，真糊塗透頂！他自己開來的學歷，並沒有學位，祇是個各國遊蕩的"遊學生"，並且並非學政治的，聘他當教授太冤枉了！至多做副教授，循序漸升，年輕人做事不應該爬得太高，這話可以叫辛楣對他說。爲難的還是李梅亭——無論如何，他千辛萬苦來了，決不會一翻臉就走的；來得困難，去也沒有那麼容易，空口允許他些好處就是了。他從私立學校一跳而進國立學校，還不是自己提拔他的？做人總要有良心。這些反正是明天的事，別去想它，今天——今天晚上還有警察局長的晚飯呢。這晚飯是照例應酬，小鄉鎮上的盛饌，翻來覆去，祇有那幾樣，高松年也吃膩了，可是這時候四點鐘已過，肚子有點餓，所以想到晚飯，嘴裏一陣潮潤。

同路的人，一到目的地，就分散了，好像一個波浪裏的水打到岸邊，就四面濺開。可是鴻漸們四個男人，當天還一起到鎮上去理髮洗澡。回校祇見告白板上貼著粉紅紙的佈告，說中國文學系同學今晚七時半在聯誼室舉行茶會，歡迎李梅亭先生。梅亭歡喜得直說：“討厭，討厭！我累得很，今天還想早點睡呢！這些孩子熱心得不懂道理。趙先生，他們消息真靈呀！”

辛楣道：“豈有此理！政治系學生爲什麼不開會歡迎我呀？”

梅亭道：“忙什麼？今天的歡迎會，你代我去，好不好？我寧可睡覺。”

顧爾謙點頭歎道：“唸中國書的人，畢竟知禮，我想旁系的學生決不會這樣尊師重道的。”說完笑瞇瞇地望著李梅亭，這時候，上帝會懊悔沒在人身上添一條能搖的狗尾巴，因此減低了不知多少表情的效果。

鴻漸道：“你們都什麼系，什麼系，我還不知道是哪一系的教授呢。高校長給我的電報沒有說明白。”

辛楣忙說：“那沒有關係。你可以教哲學，教國文——”

梅亭獰笑道：“教國文是要得我許可的，方先生；你好好地巴結我一下，什麼都可以商量。”

　　說著，孫小姐來了，說住在女生宿舍裏，跟女生指導范小姐同室，也把歡迎會這事來恭維李梅亭。梅亭輕佻地笑道：“孫小姐，你改了行罷，不要到外國語文系辦公室去了，當我的助教，今天晚上，咱們倆同去開會。”五人同在校門口小館子吃晚飯的時候，李梅亭聽而不聞，食而不知其味，大家笑他準備歡迎會上演講稿，梅亭極口分辯道：“胡說！這要什麼準備！”

　　晚上近九點鐘，方鴻漸在趙辛楣房裏講話，連打呵欠，正要回房去睡，李梅亭打門進來了。兩人想打趣他，但瞧他臉色不正，便問：“怎麼歡迎會完得這樣早？”梅亭一言不發，向椅子裏坐下，鼻子裏出氣像待開發的火車頭。兩人忙問他怎麼啦。他拍桌大罵高松年混帳，說官司打到教育部去，自己也不會輸的；高松年身為校長，出去吃晚飯，這時候還不回來，影子也找不見，這種玩忽職守，就該死。原來，今天歡迎會是汪處厚安排好的，兵法上有名的“敵人喘息未定，即予以迎頭痛擊”。先來校的四個中國文學系講師和助教早和他打成一片，學生也唯命是聽。他知道高松年跟李梅亭有約在先，自己跡近乘虛簒竊，可是當系主任和結婚一樣，“先進門三日就是大”。這開會不是歡迎，倒像新姨太太的見禮。李梅亭跟隨學生代表一進會場，便覺空氣兩樣，聽得同事和學生一連聲叫“汪主任”，已經又疑又慌。汪處厚見了他，熱烈地雙手握著他手，好半天搓摩不放，彷彿捉搦了情婦的手，一壁似怨似慕地說：“李先生，你真害我們等死了，我們天天在望你來——張先生，薛先生，咱們不是今天早晨還講起他的——我們今天早晨還講起你。路上辛苦啦？好好休息兩天再上課，不忙。我把你的功課全排好了。李先生，咱們倆真是神交久矣。高校長拍電報到成都要我組織中國文學系，我想年紀老了，路又不好走，換生不如守熟，所以我最初實在不想來。高校長，他可真會磨人哪！他請舍姪——”張先生、薛先生、黃先生同聲說：“汪先生就是汪次長的令伯”——“請舍姪再三勸駕，我却不過情，我內人身體不好，也想換換空氣。到這兒來了，知道有你先生，我真高興，我想這系辦得好了——”李梅亭一篇主任口氣的訓話悶在心裏講不出口，忍住氣，搭訕了幾句，喝了杯茶，祇推頭痛，早退席了。

辛楣和鴻漸安慰李梅亭一會，勸他回房睡，有話明天跟高松年去說。梅亭臨走說：“我跟老高這樣的交情，他還會耍我，他對你們兩位一定也有把戲。瞧著罷，咱們採取一致行動，怕他什麼！”梅亭去後，鴻漸看著辛楣道：“這不成話說！”辛楣皺眉道：“我想這裏面有誤會，這事的內幕我全不知道。也許李梅亭壓根兒在單相思，否則太不像話了！不過，像李梅亭那種人，真要當主任，也是個笑話，他那些印頭銜的講究名片，現在可不能用了，哈哈。”鴻漸道：“我今年反正是倒楣年，準備到處碰釘子的。也許明天高松年不認我這個蹩腳教授。”辛楣不耐煩道：“又來了！你好像存著心非倒楣不痛快似的。我告訴你，李梅亭的話未可全信——而且，你是我面上來的人，萬事有我。”鴻漸雖然抱最大決意來悲觀，聽了又覺得這悲觀不妨延期一天。

明天上午，辛楣先上校長室去，說把鴻漸的事講講明白，叫鴻漸等著，聽了回話再去見高松年。鴻漸等了一個多鐘點，不耐煩了，想自己真是神經過敏，高松年直接打電報來的，一個這樣機關的首領好意思說話不作準麼？辛楣早盡了介紹人的責任，現在自己就去正式拜會高松年，這最乾脆。

高松年看方鴻漸和顏悅色，不相信世界上會有這樣脾氣好或城府深的人，忙問：“碰見趙先生沒有？”

“還沒有。我該來參見校長，這是應當的規矩。”方鴻漸自信說話得體。

高松年想糟了！糟了！辛楣一定給李梅亭纏住不能脫身，自己跟這姓方的免不了一番唇舌：“方先生，我是要跟你談談——有許多話我已經對趙先生說了——”鴻漸聽口風不對，可是臉上的笑容一時不及收斂，怪不自在地停留著，高松年看得恨不能把手指爲他撮去——“方先生，你收到我的信沒有？”一般人撒謊，嘴跟眼睛不能合作，嘴儘管雄赳赳地胡說，眼睛懦怯不敢平視對方。高松年老於世故，並且研究生物學的時候，學到西洋人相傳的智慧，那就是：假使你的眼光能與獅子或老虎的眼光相接，彼此怒目對視，那野獸給你催眠了不敢撲你。當然野獸未必肯在享用你以前，跟你飛眼送秋波，可是方鴻漸也不是野獸，至多衹能算是家畜。

他給高松年三百瓦特的眼光射得不安，覺得這封信不收到是自己的過失，這次來得太冒昧了，果然高松年寫信收回成命，同時有一種不出所料的滿意，惶遽地說：“沒有呀！我真沒收到呀！重要不重要？高先生什麼時候發的？”倒像自己撒謊，收到了信在抵賴。

“咦！怎麼沒收到？”高松年直跳起來，假驚異的表情做得惟妙惟肖，比方鴻漸的真驚惶自然得多；他沒演話劇，是話劇的不

六

幸而是演員們的大幸——"這信很重要。唉！現在抗戰時間的郵政簡直該死。可是你先生已經來了，好得很，這些話可以面談了。"

鴻漸稍微放心，迎合道："內地去上海的信，常出亂子。這次長沙的戰事恐怕也有影響，一大批信會遺失，高先生給我的信假如寄出得早——"

高松年做個一切撇開的手勢，寬宏地饒赦那封自己沒寫、方鴻漸沒收到的信："信就不用提了，我深怕方先生看了那封信，會不肯屈就，現在你來了，你就別想跑，呵呵！是這麼一回事，你聽我說，我跟你先生雖然素昧平生，可是我聽辛楣講起你的學問人品種種，我真高興，立刻就拍電報請先生來幫忙。電報上說——"高松年頓一頓，試探鴻漸是不是善辦交涉的人，因爲善辦交涉的人決不這時候替自己說許下的條件的。

可是方鴻漸像魚吞了餌，一釣就上，急接口說："高先生電報上招我來當教授，可是沒說明白什麼系的教授，所以我想問一問。"

"我原意請先生來當政治系的教授，因爲先生是辛楣介紹的，說先生是留德的博士。可是先生自己開來的履歷上並沒有學位——"鴻漸的臉紅得像有一百零三度寒熱的病人——"並且不是學政治的，辛楣全搞錯了。先生跟辛楣的交情本來不很深罷？"鴻漸臉上表示的寒熱又升了華氏表上一度，不知怎樣對答，高松年看在眼裏，膽量更大——"當然，我決不計較學位，我祇講真才實學。不過部裏定的規矩呆板得很，照先生的學歷，至多祇能當專任講師，教授待遇呈報上去一定要駁下來的。我相信辛楣的保薦不會錯，所以破格聘先生爲副教授，月薪二百八十元，下學年再升。快信給先生就是解釋這一回事，我以爲先生收到信的。”

鴻漸祇好第二次聲明没收到信，同時覺得降級爲副教授已經天恩高厚了。

“先生的聘書，我方纔已經託辛楣帶去了。先生教授什麼課程，現在很成問題。我們暫時還没有哲學系，國文系教授已經够了，祇有一班文法學院一年級學生共修的論理學，三個鐘點，似乎太少一點，將來我再想辦法罷。”

鴻漸出校長室，靈魂像給蒸汽碌碡滾過，一些氣概也無。祇覺得自己是高松年大發慈悲收留的一個棄物，滿肚子又羞又恨，却没有個發洩的對象。回到房裏，辛楣趕來，説李梅亭的事總算幫高松年解決了，要談鴻漸的事。他知道鴻漸已經跟高松年談過話，忙道：“你没有跟他翻臉罷？這都是我不好。我有個印象以爲你是博士，當初介紹你到這兒來，祇希望這事快成功——”“好讓你去專有蘇小姐。”——“不用提了，我把我的薪水，——好，好！我不，我不！”辛楣打拱賠笑地道歉，還稱讚鴻漸有涵養，説自己在校長室講話，李梅亭直闖進來，咆哮得不成體統。鴻漸問梅亭的事怎樣了的。辛楣冷笑道：“高松年請我勸他，糾纏了半天，他説除非學校照他開的價錢買他帶的西藥——唉，我還要給高松年回音呢。我心上牽掛著你的事，所以先趕回來看你。”鴻漸本來氣倒平了，知道高松年真依李梅亭討的價錢替學校買他帶的私貨，又氣悶起來，想李梅亭就有補償，祇自己一個人吃虧。高松年下帖子當天晚上替新來的教授接

六

風，鴻漸鬧彆扭要辭，經不起辛楣苦勸，並且傍晚高松年親來回
拜，總算有了面子，還是去了。

　　辛楣雖然不像李梅亭有提煉成丹、旅行便攜的中國文學精
華片，也隨身帶著十幾本參考書。方鴻漸不知道自己會來教論理
學的，攜帶的《西洋社會史》、《原始文化》、《史學叢書》等等一
本也用不著。他仔細一想，慌張得沒工夫生氣了，希望高松年允
許自己改教比較文化史和中國文學史，可是前一門功課現在不需
要，後一門功課有人擔任。叫化子祇能討到什麼吃什麼，點菜是
輪他不著的。辛楣安慰他說：“現在的學生程度不比從前——”
學生程度跟世道人心好像是在這裝了橡皮輪子的大時代裏僅有的
兩件退步的東西——“你不要慌，無論如何對付得過。”鴻漸上
圖書館找書，館裏通共不上一千本書，老的、糟的、破舊的中文
教科書居其大半，都是因戰事而停辦的學校的遺産。一千年後，
這些書準像敦煌石室的卷子那樣名貴，現在呢，它們古而不稀，
短見淺識的藏書家還不知道收買。一切圖書館本來像死用功人大
考時的頭腦，是學問的墳墓；這圖書館倒像個敬惜字紙的老式慈
善機關，若是天道有知，辦事人今世決不遭雷打，來生一定個個
聰明、人人博士。鴻漸翻找半天，居然發見一本中文譯本的《論
理學綱要》，借了回房，大有唐三藏取到佛經回長安的快樂。他
看了幾頁《論理學綱要》，想學生在這地方是買不到教科書的，
要不要把這本書公開或油印了發給大家。又一轉念，這事不必。
從前先生另有參考書作枕中秘寶，所以肯用教科書；現在沒有參
考書，祇靠這本教科書來灌輸知識，宣揚文化，萬不可公諸大
衆，還是讓學生們莫測高深，聽講寫筆記罷。自己大不了是個副

教授，犯不著太賣力氣的。上第一堂先對學生們表示同情，慨歎後方書籍的難得，然後說在這種環境之下，教授纔不過是個贅疣，因爲教授講學是印刷術沒發明以前的應急辦法，而今不比中世紀，大家有書可看，照道理不必在課堂上浪費彼此的時間——鴻漸自以爲這話說出去準動聽，又高興得坐不定，預想著學生的反應。

鴻漸等是星期三到校的，高松年許他們休息到下星期一纔上課。這幾天裏，辛楣是校長的紅人，同事拜訪他的最多，鴻漸處就少人光顧。這學校草草創辦，規模不大；除掉女學生跟少數帶家眷的教職員以外，全住在一個大園子裏。世態炎涼的對照，愈加分明。星期日下午，鴻漸正在預備講義，孫小姐來了，臉色比路上紅活得多。鴻漸要去叫辛楣，孫小姐說她剛從辛楣那兒來，政治系的教授們在開座談會呢，滿屋子的煙，她瞧人多有事，就沒有坐下。

方鴻漸笑道："政治家聚在一起，當然是烏煙瘴氣。"

孫小姐笑了一笑，說："我今天來謝謝方先生和趙先生。昨天下午，學校會計處把我的旅費補送來了。"

"還是趙先生替你去爭來的，跟我無關。"

"不，我知道，"孫小姐溫柔地固執著，"這是你提醒趙先生的。你在船上——"孫小姐省悟多說了半句話，漲紅臉，那句話也遭了腰斬。

鴻漸猛記得船上的談話，果然這女孩子全聽在耳朵裏了，看她那樣子，自己也窘起來。害羞臉紅和打呵欠或口吃一樣有傳染性，情況黏滯，彷彿像穿橡皮鞋走泥淖，踏不下而又拔不出。

他支吾開玩笑説：“好了，好了。你回家的旅費有了。還是趁早回家罷，這兒沒有意思。”

孫小姐小孩子般撅嘴道：“我真想回家！我天天想家，我給爸爸寫信也説我想家。到明年暑假那時候太遠了，我想著就心焦。”

“第一次出門總是這樣的，過幾時就好了。你對你們那位系主任談過沒有？”

“怕死我了！劉先生要我教一組英文，我真不會教呀！劉先生説四組英文應當各有一個教師，系裏連他祇有三個先生，非我擔任一組不可。我真不知道怎樣教法，學生個個比我高大，看上去全凶得很。”

“教教就會教了。我也從來沒教過書。我想學生程度不會好，你用心準備一下，教起來綽綽有餘。”

“我教的一組是入學考試英文成績最糟的一組，可是，方先生，你不知道我自己多少糟，我想到這兒來好好用一兩年功。有外國人不讓她教，倒要我去丟臉！”

“這兒有什麼外國人呀？”

“方先生不知道麼？歷史系主任韓先生的太太，我也沒看見過，聽范小姐説，瘦得全是骨頭，難看得很。有人説她是白俄，有人説她是奧國歸併給德國以後流亡出來的猶太人，她丈夫説她是美國人。韓先生要她在外國語文系當教授，劉先生不答應，説她沒有資格，英文都不會講，教德文俄文現在用不著。韓先生生了氣，罵劉先生自己沒有資格，不會講英文，編了幾本中學教科書，在外國暑期學校裏混了張證書，算什麼東西——話真不好聽，總算高先生勸開了，韓先生在鬧辭職呢。"

"怪不得前天校長請客他沒有來。咦！你本領真大，你這許多消息，什麼地方聽來的？"

孫小姐笑道："范小姐告訴我的。這學校像個大家庭，除非你住在校外，什麼秘密都保不住，並且口舌多得很。昨天劉先生的妹妹從桂林來了，聽說是歷史系畢業的。大家都説，劉先生跟韓先生可以講和了，把一個歷史系的助教換一個外文系的教授。"

鴻漸掉文道："妹妹之於夫人，親疏不同；助教之於教授，尊卑不敵。我做了你們的劉先生，決不肯吃這個虧的。"

說著，辛楣進來了，説："好了，那批人送走了——孫小姐，我知道你不會就去的。"他説這句話全無用意，可是孫小姐臉紅。鴻漸忙把韓太太這些事告訴他，還説："怎麼學校裏還有這許多政治暗鬥？倒不如進官場爽氣。"

辛楣宣揚教義似的説："有羣眾生活的地方全有政治。"孫小姐坐一會去了。辛楣道："我寫信給她父親，聲明把保護人的責任移交給你，好不好？"

鴻漸道："我看這題目已經像教國文的老師所謂'做死'了，沒有話可以説了，你換個題目來開玩笑，行不行？"辛楣笑他扯淡。

上課一個多星期，鴻漸跟同住一廊的幾個同事漸漸熟了。歷史系的陸子瀟曾作敦交睦鄰的拜訪，所以一天下午鴻漸去回看他。陸子瀟這人刻意修飾，頭髮又油又光，深恐為帽子埋沒，與之不共戴天，深冬也光著頂。鼻子短而闊，彷彿原有筆直下來的趨勢，給人迎鼻孔打了一拳，阻止前進，這鼻子後退不迭，向兩旁橫溢。因為沒結婚，他對自己年齡的態度，不免落在時代的後面；最初他還肯說外國算法的十足歲數，年復一年，他偷偷買了一本翻譯的《Life Begins at Forty》①，對人家乾脆不說年齡，不講生肖，祗說："小得很呢！還是小弟弟呢！"同時表現小弟弟該有的活潑和頑皮。他講話時喜歡切切私語，彷彿句句是軍國機密。當然軍國機密他也知道的，他不是有親戚在行政院、有朋友在外交部麼？他親戚曾經寫給他一封信，這左角印"行政院"的大信封上大書著"陸子瀟先生"，就彷彿行政院都要讓他正位居中似的。他寫給外交部那位朋友的信，信封雖然不大，而上面開的地址"外交部歐美司"六字，筆酣墨飽，字字端楷，文盲在黑夜裏也該一目了然的。這一封來函、一封去信，輪流地在他桌上裝點著。大前天早晨，該死的聽差收拾房間，不小心打翻墨水瓶，把行政院淹得昏天黑地，陸子瀟挽救不及，跳腳痛罵。那位親戚國而忘家，沒來過第二次信；那位朋友外難顧內，一封信也沒回過。從此，陸子瀟祗能寫信到行政院去，書桌上兩封信都是去信了。今日正是去信外交部的日子，子瀟等待鴻漸看見了桌上的信封，忙把這信擱在抽屜裏，說："不相干。有一位朋友招我到外交部去，回他封信。"

鴻漸信以為真，不得不做出惜別慰留的神情道："啊喲！怎樣陸先生要高就了！校長肯放你走麼？"

子瀟連搖頭道："沒有的事！做官沒有意思，我回信去堅辭的。高校長待人很厚道，好幾個電報把我催來，現在你們各位又

---

① 《人生從四十歲纔開始》是當時流行的一本美國書籍。

來了，學校漸漸上軌道，我好意思拆他臺麼?」

鴻漸想起高松年和自己的談話，歎氣道:「校長對你先生，當然是另眼相看了。像我們這種——」

子瀟說話低得有氣無聲，彷彿思想在呼吸:「是呀。校長就是有這個毛病，説了話不作準的。我知道了你的事很不平。」機密得好像四壁全掛著偷聽的耳朵。

鴻漸沒想到自己的事人家早知道了，臉微紅道:「我倒沒有什麼。不過高先生——我總算學個教訓。」

「哪裏的話! 副教授當然有屈一點，可是你的待遇算副教授裏最高的了。」

「什麼? 副教授裏還分等麼?」鴻漸大有約翰生博士不屑把臭蟲和跳蚤分等的派頭。

「分好幾等呢。譬如你們同來，我們同系的顧爾謙就比你低兩級。就像系主任罷，我們的系主任韓先生比趙先生高一級，趙先生又比外語系的劉東方高一級。這裏面等次多得很，你先生初回國做事，所以攪不清了。」

鴻漸茅塞頓開，聽説自己比顧爾謙高，氣平了些，隨口問道:「爲什麼你們的系主任薪水特別高呢?」

「因爲他是博士，Ph.D.。我沒有到過美國，所以沒聽見過他畢業的那個大學，據説很有名，在紐約，叫什麼克萊登大學。」

鴻漸嚇得直跳起來，宛如自己的陰私給人揭破，幾乎失聲叫道:「什麼大學?」

「克萊登大學。你知道克萊登大學?」

「我知道! 哼，我也是——」鴻漸恨不能把舌頭咬住，已經洩漏了三個字。

　　子瀟聽話中有因，像黃泥裏的竹笋，尖端微露，便想盤問到底。鴻漸不肯說，他愈起疑心，祇恨不能採取特務機關的有效刑罰來逼取口供。鴻漸回房，又氣又笑。自從唐小姐把買文憑的事向他質問以後，他不肯再想起自己跟愛爾蘭人那一番交涉，他牢記著要忘掉這事；每逢念頭有扯到它的趨勢，他趕快轉移思路，然而身上已經一陣羞愧的微熱。適纔陸子瀟的話倒彷彿一帖藥，把心裏的鬼胎打下一半。韓學愈撒他的謊，並非跟自己同謀，但有了他，似乎自己的欺騙減輕了罪名。當然新添上一種不快意，可是這種不快意是透風的，見得天日的，不比買文憑的事像謀殺滅跡的屍首，對自己都要遮掩得一絲不露。撒謊騙人該像韓學愈那樣纔行，要有勇氣堅持到底。自己太不成了，撒了謊還要講良心，真是大傻瓜。假如索性大膽老臉，至少高松年的欺負就可以避免。老實人吃的虧，騙子被揭破的恥辱，這兩種相反的痛苦，自己居然一箭雙鵰地兼備了。鴻漸忽然想，近來連撒謊都不會了。因此恍然大悟，撒謊往往是高興快樂的流露，也算得一種創造，好比小孩子遊戲裏的自騙自。一個人身心暢適，精力充溢，會不把頑强的事實放在眼裏，覺得有本領跟現狀開玩笑。真到憂患窮困的時候，人窮智短，謊話都講不好的。

　　過一天，韓學愈特來拜訪。通名之後，方鴻漸倒窘起來，同時快意地失望。理想中的韓學愈不知怎樣的囂張浮滑，不料是個沉默寡言的人。他想陸子瀟也許記錯，孫小姐準是過信流言。木訥樸實是韓學愈的看家本領。現代人有兩個流行的信仰。第一：女子無貌便是德，所以漂亮女人準比不上醜女人那樣有思

想，有品節；第二：男子無口才，就表示有道德，所以啞巴是天
下最誠樸的人。也許上够了演講和宣傳的當，現代人矯枉過正，
以爲祇有不説話的人開口準説真話，害得新官上任，訓話時個個
都説：“爲政不在多言”，恨不能祇指嘴、指心、指天，三個手勢
了事。韓學愈雖非啞巴，天生有點口吃。因爲要掩飾自己的口
吃，他講話少、慢、著力，彷彿每個字都有他全部人格作擔保。
不輕易開口的人總使旁人想他滿腹深藏著智慧，正像密封牢鎖的
箱子，一般人總以爲裏面結結實實都是寶貝。高松年在昆明第一
次見到這人，覺得他誠懇安詳，像個君子，而且未老先秃，可見
腦子裏的學問多得冒上來，把頭髮都擠掉了。再一看他開的學
歷，除掉博士學位以外，還有一條：“著作散見美國《史學雜誌》
《星期六文學評論》等大刊物中”，不由自主地另眼相看。好幾個
拿了介紹信來見的人，履歷上寫在外國“講學”多次。高松年自
己在歐洲一個小國裏讀過書，知道往往自以爲講學，聽衆以爲他
在學講——講不來外國話藉此學學。可是在外國大刊物上發表
作品，這非有真才實學不可。他問韓學愈道：“先生的大作可以
拿來看看麼？”韓學愈坦然説，雜誌全擱在淪陷區老家裏，不過
這兩種刊物中國各大學全該訂閱的，就近應當一找就到，除非經
過這番逃難，圖書館的舊雜誌損失不全了。高松年想不到一個説
謊者會這樣泰然無事；各大學的書籍七零八落，未必找得著那期
雜誌，不過裏面有韓學愈的文章看來是無可疑的。韓學愈也確向
這些刊物投過稿，但高松年沒知道他的作品發表在《星期六文學
評論》的人事廣告欄：“中國青年，受高等教育，願意幫助研究
中國問題的人，取費低廉。”和《史學雜誌》的通信欄：“韓學愈

六

君徵求二十年前本刊，願出讓者請通信某處接洽。"最後他聽説
韓太太是美國人，他簡直改容相敬了，能娶外國老婆非精通西學
不可，自己年輕時不是想娶個比國女人沒有成功麼？這人做得系
主任。他當時也没想到這外國老婆是在中國娶的白俄。

跟韓學愈談話彷彿看慢動電影，你想不到簡捷的一句話需
要那麼多的籌備，動員那麼複雜的身體機構。時間都給他的話膠
著，祇好拖泥帶水地慢走。韓學愈容顔灰暗，在陰天可以與周圍
的天色和融無間，隱身不見，是頭等的保護色。他祇有一樣顯著
的東西，喉嚨裏一個大核。他講話時，這喉核忽升忽降，鴻漸看
得自己喉嚨都發癢。他不説話咽唾沫時，這核稍隱復現，令鴻漸
聯想起青蛙吞蒼蠅的景象。鴻漸看他説話少而費力多，恨不能把
那喉結瓶塞頭似的拔出來，好讓下面的話鬆動。韓學愈約鴻漸上
他家去吃晚飯，鴻漸謝過他，韓學愈又危坐不説話了，鴻漸祇好
找話敷衍，便問："聽説嫂夫人是在美國娶的？"

韓學愈點頭，伸頸咽口唾沫，唾沫下去，一句話從喉核下
浮上："你先生到過美國没有？"

"没有去過——"索性試探他一下——"可是，我一度想
去，曾經跟一個 Dr. Mahoney 通信。"是不是自己神經過敏呢？
韓學愈似乎臉色微紅，像陰天忽透太陽。

"這人是個騙子。"韓學愈的聲調並不激動，説話也不增多。

"我知道。什麼克萊登大學！我險的上了他的當。"鴻漸一面
想，這人肯説那愛爾蘭人是"騙子"，一定知道瞞不了自己了。

"你没有上他的當罷！克萊登是好學校，他是這學校裏一個
開除的小職員，藉著幌子向外國不知道的人騙錢，你真没有上

當？唔，那最好。"

"真有克萊登這學校麼？我以爲全是那愛爾蘭人搞的鬼。"鴻漸詫異得站起來。

"很認真嚴格的學校，雖然知道的人很少——普通學生不容易進。"

"我聽陸先生説，你就是這學校畢業的。"

"是的。"

鴻漸滿腹疑團，真想問個詳細。可是初次見面，不好意思追究，倒見得自己不相信他。並且這人説話很經濟，問不出什麽來；最好有機會看看他的文憑，就知道他的克萊登跟自己的克萊登是一是二了。韓學愈回家路上，腿有點軟，想陸子瀟的報告準得很，這姓方的跟愛爾蘭人有過交涉，幸虧他不像自己去過美國，就恨不知道他是否真的没買文憑，也許他在撒謊。

方鴻漸吃韓家的晚飯，甚爲滿意。韓學愈雖然不説話，款客的動作極周到；韓太太雖然相貌醜，紅頭髮，滿臉雀斑像麵餅上蒼蠅下的糞，而舉止活潑得通了電似的。鴻漸研究出西洋人醜得跟中國人不同：中國人醜得像造物者偷工減料的結果，潦草塞責的醜；西洋人醜得像造物者惡意的表現，存心跟臉上五官開玩笑，所以醜得有計劃、有作用。韓太太口口聲聲愛中國，可是又説在中國起居服食，没有在紐約方便。鴻漸總覺得她口音不够地道，自己没到過美國，要趙辛楣在此就聽得出了，也許是移民到紐約去的。他到學校以後，從没有人對他這樣殷勤過，幾天來的氣悶漸漸消散。他想韓學愈的文憑假不假，管它幹麽，反正這人跟自己要好就是了。可是，有一件事，韓太太大講紐約的時候，韓學愈對她做個眼色，這眼色沒有逃過自己的眼，當時就有一個印象，彷彿偷聽到人家背後講自己的話。這也許是自己多心，別去想它。鴻漸興高采烈，沒回房就去看辛楣："老趙，我回來了。今天對不住你，拋下你一個人吃飯。"

辛楣因爲韓學愈沒請自己，獨吃了一客又冷又硬的包飯，這吃到的飯在胃裏作酸，這沒吃到的飯在心裏作酸，説："國際貴賓回來了！飯吃得好呀？是中國菜還是西菜？洋太太招待得好不好？"

"他家裏老媽子做的中菜。韓太太真醜！這樣醜的老婆，在中國也娶得到，何必到外國去覓寶呢！辛楣，今天我恨你沒有在——"

"哼，謝謝——今天還有誰呀，祇有你！真了不得！韓學愈上自校長，下到同事，誰都不理，就敷衍你一個人。是不是洋太太跟你有什麼親戚？"辛楣欣賞自己的幽默，笑個不了。

鴻漸給辛楣那麼一説，心裏得意，假裝不服氣道："副教授就不是人？祇有你們大主任、大教授配彼此結交？辛楣，講正經話，今天有你，韓太太的國籍問題可以解決了。你是老美國，聽她説話，盤問她幾句，就水落石出。"

辛楣雖然覺得這句話中聽，還不願意立刻放棄他的不快："你這人真沒有良心。吃了人家的飯，還要管閒事，探聽人家陰私。祇要女人可以做太太，管她什麼美國人、俄國人。難道是了美國人，她女人的成分就加了倍？養孩子的效率會與衆不同？"

鴻漸笑道："我是對韓學愈的學籍有興趣。我總有一個感覺，假使他太太的國籍是假的，那麼他的學籍也有問題。"

“我勸你省點事罷。你瞧，謊是撒不得的。自己搗了鬼從此對人家也多疑心——我知道你那一回事是開的玩笑，可是開玩笑開出來多少麻煩！像我們這樣規規矩矩，就不會疑神疑鬼。”

鴻漸惱道：“説得好漂亮！爲什麽當初我告訴了你韓學愈薪水比你高一級，你要氣得摜紗帽不幹呢？”

辛楣道：“我並没有那樣氣量小——這全是你不好，聽了許多閑話來告訴我，否則我耳根清淨，好好的不會跟人計較。”

辛楣新學會一種姿態，聽話時躺在椅子裏，閉了眼睛，祇有嘴邊煙斗裏的煙篆表示他並未睡著。鴻漸看了早不痛快，更經不起這幾句話：“好，好！我以後再跟你講話，我不是人。”

辛楣瞧鴻漸真動了氣，忙張眼道：“説著玩兒的，別氣得生胃病。抽支煙罷。以後恐怕到人家去吃晚飯也不能够了！你没有看見通知？是的，你不會發到的。大後天開校務會議，討論施行導師制問題，聽説導師要跟學生同吃飯的。”

鴻漸悶悶回房。難得一團高興，找朋友掃盡了興。天生人是教他們孤獨的，一個個該各歸各，老死不相往來。身體裏容不下的東西，或消化，或排泄，是個人的事；爲什麽心裏容不下的情感，要找同伴來分攤？聚在一起，動不動自己冒犯人，或者人開罪自己，好像一隻隻刺猬，祇好保持著彼此間的距離，要親密團結，不是你刺痛我的肉，就是我擦破你的皮。鴻漸真想把這些感慨跟一個能瞭解的人談談，孫小姐好像比趙辛楣能瞭解自己，至少她聽自己的話很有興味——不過，剛纔説人跟人該避免接觸，怎麽又找女人呢！也許男人跟男人在一起像一羣刺猬，男人跟女人在一起像——鴻漸想不出像什麽，翻開筆記來準備明天的功課。

鴻漸教的功課到現在還是三個鐘點，同事們談起，無人不當面羨慕他的閒適，倒好像高松年有私心，特別優待他。鴻漸對論理學素乏研究，手邊又沒有參考，雖然努力準備，並不感覺興趣。這些學生來上他的課，壓根兒爲了學分。依照學校章程，文法學院學生應該在物理、化學、生物、論理四門之中，選修一門。大半人一窩蜂似的選修了論理：這門功課最容易——"全是廢話"——不但不必做實驗，天冷的時候，還可以袖手不寫筆記。因爲這門功課容易，他們選它；也因爲這門功課容易，他們瞧不起它，彷彿男人瞧不起容易到手的女人。論理學是"廢話"，教論理學的人當然是"廢物"，"祇是個副教授"，而且不屬於任何系的。在他們心目中，鴻漸的地位比教黨義的和教軍事訓練的高不了多少。不過教黨義的和教軍事訓練的是政府機關派的，鴻漸的來頭沒有這些人大，"聽說是趙辛楣的表弟，跟著他來的；高松年祇聘他做講師，趙辛楣替他爭來的副教授。"無怪鴻漸老覺得班上的學生不把聽講當作一回事。在這種空氣之下，講書不會有勁。更可恨論理學開頭最枯燥無味，要講到三段論法，纔可以穿插點綴些笑話，暫時還無法迎合心理。此外有兩件事也使鴻漸不安。

一件是點名。鴻漸記得自己老師裏的名教授們從不點名，從不報告學生缺課。這纔是堂堂大學者的風度："你們要聽就來聽，我可不在乎。"他企羨之餘，不免模仿。上第一課，他像創世紀裏原人阿大（Adam）唱新生禽獸的名字，以後他連點名簿子也不帶了。到第二星期，他發現五十多學生裏有七八個缺席，這些空座位像一嘴牙齒忽然掉了幾枚，留下的空穴，看了心裏不舒服。下一次，他注意女學生還固守著第一排原來的座位，男學生像從最後一排坐起的，空著第二排，第三排孤零零地坐一個男學生。自己正觀察這陣勢，男學生都頑皮地含笑低頭，女學生隨自己的眼光，回頭望一望，轉臉瞧著自己笑。他總算熬住沒說："顯然，我拒絕你們的力量比女同學吸引你們的力量都大。"他想以後非點名不可，照這樣下去，祇剩有腳而跑不了的椅子和桌子聽課了。不過從大學者的放任忽變而爲小學教師的瑣碎，多麼丟臉！這些學生是狡猾不過的，準看破了自己的用意。

一件是講書。這好像衣料的尺寸不够而硬要做成稱身的衣服。自以爲預備的材料很充分，到上課纔發現自己講得收縮不住地快，筆記上已經差不多了，下課鈴還有好一會纔打。一片無話可說的空白時間，像白漫漫一片水，直向開足馬達的汽車迎上來，望著發急而又無處躲避。心慌意亂中找出話來支扯，説不上幾句又完了，偷眼看手錶，祇拖了半分鐘。這時候，身上發熱，臉上微紅，講話開始口吃，覺得學生都在暗笑。有一次，簡直像挨餓幾天的人服了瀉藥，話要擠也擠不出，祇好早退課一刻鐘。跟辛楣談起，知道他也有此感，説畢竟初教書人沒經驗。辛楣還説："現在纔明白爲什麼外國人要説'殺時間'。打下課鈴以前那幾分鐘的難過！真恨不能把它一刀兩段。"鴻漸最近發明一個方法，雖然不能一下子殺死時間，至少使它受些致命傷。他動不動就寫黑板，黑板上寫一個字要嘴裏講十個字那些時間。滿臉滿手白粉，胳膊酸半天，這都值得，至少以後不會早退。不過這些學生作筆記不大上勁；往往他講得十分費力，有幾個人坐著一字不寫，他眼睛威脅地注視著，他們纔懶洋洋把筆在本子上畫字。鴻漸瞧了生氣，想自己總不至於比李梅亭糟，但是隔壁李梅亭的"先秦小說史"班上，學生笑聲不絕，自己的班上偏這樣無精打采。

他想自己在學校讀書的時候，也不算壞學生，何以教書這樣不出色。難道教書跟作詩一樣，需要"別才"不成？祇懊悔留學外國，沒混個專家的頭銜回來，可以聲威顯赫，把藏有洋老師演講全部筆記的課程，開它幾門，不必像現在幫閑打雜，承辦人家剩下來的科目。不過李梅亭這些人都是教授有年，有現成講義的。自己毫無經驗，更無準備，教的功課又非出自願，要參考也沒有書，當然教不好。假如混過這一年，高松年守信用，升自己爲教授，暑假回上海弄幾本外國書看看，下學年不相信會比不上李梅亭。這樣想著，鴻漸恢復了自尊心。回國後這一年來，他跟他父親疏遠得多。在從前，他會一五一十全稟告方遯翁的。現在他想像得出遯翁的回信。遯翁心境好，就撫慰兒子說："尺有所短，寸有所長，學者未必能爲良師"，這夠叫人內愧了；他心境不好，準責備兒子從前不用功，急時抱佛腳，也許還有一堆"亡羊補牢，教學相長"的教訓。這是紀念周上對學生說的話，自己在教職員席裏旁聽得膩了，用不到千里迢迢去招來。

開校務會議前一天，鴻漸和辛楣商量好到鎮上去吃晚飯，怕導師制實行以後，這自由就沒有了。下午陸子瀟來閑談，問鴻漸知道孫小姐的事沒有。鴻漸問他什麽事，子瀟道："你不知道就算了。"鴻漸瞭解子瀟的脾氣，不問下去。過一會，子瀟尖利地注視著鴻漸，像要看他個對穿，道："你真的不知道麽？怎麽

會呢?"叮囑他嚴守秘密,然後把這事講出來。教務處一公佈孫
小姐教丁組英文,丁組的學生就開緊急會議,派代表見校長兼教
務長抗議。理由是:大家都是學生,當局不該歧視,為什麽旁組
是副教授教英文,丁組祇派個助教來教。他們知道自己程度不
好,所以,他們振振有詞地說,必須一個好教授來教好他們。虧
高松年有本領,彈壓下去。學生不怕孫小姐,課堂秩序不大好,
作了一次文,簡直要不得。孫小姐徵求了外國語文系劉主任的同
意,不叫丁組的學生作文,祇叫他們練習造句。學生知道了大
鬧,質問孫小姐為什麽人家作文而他們偏造句,把他們當中學生
看待。孫小姐說:"因為你們不會作文。"他們道:"不會作文所以
要學作文呀。"孫小姐給他們嚷得沒法,祇好請劉主任來解釋,
纔算了局。今天是作文的日子,孫小姐進課堂就瞧見黑板上寫
著:"Beat down Miss S. Miss S.! is Japanese enemy!"① 學生
都含笑期待著。孫小姐叫他們造句,他們全說沒帶紙,祇肯口頭練
習。她叫一個學生把三個人稱多少數各做一句,那學生一口氣背
書似的說:"I am your husband. You are my wife. He is also
your husband. We are your many husbands,——"② 全課堂笑
得前仰後合,孫小姐憤然出課堂。這事不知怎樣結束呢。子瀟還
聲明道:"這學生是中國文學系的。我對我們歷史系的學生私人
訓話過一次,勸他們在孫小姐班上不要胡鬧,招起人家對韓先生
的誤會,以為他要太太教這一組,鼓動本系學生趕走孫小姐。"

---

① 打倒 S. 小姐! S. 小姐是日寇!
② 我是你的丈夫。你是我的妻子。他也是你的丈夫。我們是你的很多的丈夫。

六

鴻漸道："我什麼都不知道呀。孫小姐跟我好久沒見面了，竟有這樣的事！"

子瀟又尖刻地瞧鴻漸一眼道："我以爲你們是常見面的。"

鴻漸正說："誰告訴你的？"孫小姐來了。子瀟忙起來讓坐，出門時歪著頭對鴻漸點一點，表示他揭破了鴻漸的謊話。鴻漸没工夫理會，忙問孫小姐近來好不好。孫小姐忽然別轉臉，手帕按嘴，肩膀聳動，唏噓哭起來。鴻漸急跑去叫辛楣，兩人進來，孫小姐倒不哭了。辛楣把這事問明白，好言撫慰了半天，鴻漸和著他。辛楣發狠道："這種學生非嚴辦不可，我今天晚上就跟校長去說——你報告劉先生没有？"

鴻漸道："這倒不是懲戒學生的問題。孫小姐這一班決不能教了。你該請校長找人代她的課，並且聲明這事是學校對不住孫小姐。"

孫小姐道："我死也不肯教他們了。我真想回家！"聲音又哽咽著。

辛楣忙說這是小事，又請她同去吃晚飯。她還在躊躇，校長室派人送帖子給辛楣。高松年今天爲部裏派來視察的參事接風，各主任都得奉陪，請辛楣這時候就去招待。辛楣說："討厭！咱今天的晚飯吃不成了，"跟著校役去了。鴻漸請孫小姐去吃晚飯，可是並不熱心。她說改天罷，要回宿舍去。鴻漸瞧她臉黃眼腫，掛著哭的幌子，問她要不要洗個臉，不等她回答，揀塊没用過的新毛巾出來，拔了熱水瓶的塞頭。她洗臉時，鴻漸望著窗外，想辛楣知道，又要誤解的。他以爲給她洗臉的時候很充分了，纔回過頭來，發現她打開手提袋，在照小鏡子，擦粉塗唇膏呢。鴻漸一驚，想不到孫小姐隨身配備這樣完全，平常以為她不修飾的臉原來也是件藝術作品。

孫小姐面部修理完畢，襯了頰上嘴上的顏色，哭得微紅的上眼皮也像塗了胭脂的，替她天真的臉上意想不到地添些妖邪之氣。鴻漸送她出去，經過陸子瀟的房，房門半開，子瀟坐在椅子裏吸煙，瞧見鴻漸倆，忙站起來點頭，又坐下去，宛如有彈簧收放著。走不到幾步，聽見背後有人叫，回頭看是李梅亭，滿臉得意之色，告訴他們倆高松年剛請他代理訓導長，明天正式發表，這時候要到聯誼室去招待部視學呢。梅亭仗著黑眼鏡，對孫小姐像望遠鏡偵察似的細看，笑說："孫小姐愈來愈漂亮了！為什麼不來看我，衹去看小方？你們倆什麼時候訂婚——"鴻漸"噓"他一聲，他笑著跑了。

鴻漸剛回房，陸子瀟就進來，說："咦，我以為你跟孫小姐同吃晚飯去了。怎麼沒有去？"

鴻漸道："我請不起，不比你們大教授。等你來請呢。"

子瀟道："我請就請，有什麼關係。就怕人家未必賞臉呀。"

"誰，孫小姐？我看你關心她得很，是不是看中了她？哈哈，我來介紹。"

"胡鬧胡鬧！我要結婚呢，早結婚了。唉，'曾經滄海難為水'！"

鴻漸笑道："誰教你眼光那樣高的。孫小姐很好，我跟她一路來，可以擔保得了她的脾氣——"

"我要結婚呢，早結婚了，"彷彿開留聲機時，針在唱片上碰到障礙，三番四復地說一句話。

六

"認識認識無所謂呀。"

子瀟猜疑地細看鴻漸道："你不是跟她很好麼？奪人之愛，我可不來。人棄我取，我更不來。"

"豈有此理！你這人存心太卑鄙。"

子瀟忙説他説著玩兒的，過兩天一定請客。子瀟去了，鴻漸想著好笑。孫小姐知道有人愛慕，準會高興，這消息可以減少她的傷心。不過陸子瀟配不過她，她不會看中他的。她乾脆嫁了人好，做事找氣受，太犯不著。這些學生真没法對付，纏得你頭痛，他們黑板上寫的口號，文理倒很通順，孫小姐該引以自慰，等她氣平了向她取笑。

辛楣吃晚飯回來，酒氣醺醺，問鴻漸道："你在英國，到過牛津劍橋没有？他們的 tutorial system① 是怎麼一回事？"鴻漸説旅行到牛津去過一天，導師制詳細內容不知道，問辛楣爲什麼要打聽。辛楣道："今天那位貴客視學先生是位導師制專家，去年奉部命到英國去研究導師制的，在牛津和劍橋都住過。"

鴻漸笑道："導師制有什麼專家！牛津或劍橋的任何學生，不知道得更清楚麼？這些辦教育的人專會掛幌子唬人。照這樣下去，還要有研究留學、研究做校長的專家呢。"

辛楣道："這話我不敢同意。我想教育制度是值得研究的，好比做官的人未必都知道政府組織的利弊。"

"好，我不跟你辯，誰不知道你是講政治學的？我問你，這位專家怎麼説呢？他這次來是不是和明天的會有關？"

---

① 導師制。

　　"導師制是教育部的新方針，通知各大學實施，好像反應不太好。咱們這兒高校長是最熱心奉行的人——我忘掉告訴你，李瞎子做了訓導長了，咦，你知道了——這位部視學順便來指導的，明天開會他要出席，可是他今天講的話，不甚高明。據他說，牛津劍橋的導師制缺點很多，離開師生共同生活的理想很遠，所以我們行的是經他改良、經部核准的計劃。在牛津劍橋，每個學生有兩個導師，一位學業導師，一位道德導師。他認為這不合教育原理，做先生的應當是'經師人師'，品學兼備，所以每人指定一個導師，就是本系的先生；這樣，學問和道德可以融貫一氣了。英國的道德導師是有名無實的；學生在街上闖禍給警察帶走，他到警察局去保釋，學生欠了店家的錢，還不出，他替他擔保。我們這種導師責任大得多了，隨時隨地要調查、矯正、向當局匯報學生的思想。這些都是官樣文章，不用說它，他還有得意之筆。英國導師一壁抽煙斗，一壁跟學生談話的。這最違背'新生活運動'，所以咱們當學生的面，絕對不許抽煙，最好壓根兒戒煙。可是他自己並沒有戒煙，菜館裏供給的煙，他一支一支抽個不亦樂乎，臨走還帶了一匣火柴。英國先生祇跟學生同吃晚飯，並且分桌吃的，先生坐在臺上吃，師生間隔膜得很。這也得改良，咱們以後一天三餐都跟學生同桌吃——"

　　"乾脆跟學生同牀睡覺得了！"

　　辛楣笑道："我當時險的說出口。你還沒聽見李瞎子的議論呢！他恭維了那位視學一頓，然後說什麼中西文明國家都嚴于男女之防，師生戀愛是有傷師道尊嚴的，萬萬要不得，為防患未然起見，未結婚的先生不得做女學生的導師。真氣得死人，他們都對我笑——這幾個院長和系主任裏，祇有我没結婚。"

"哈哈，妙不可言！不過，假使不結婚的男先生訓導女生有師生戀愛的危險，結婚的男先生訓導女生更有犯重婚罪的可能，他倒没想到。"

"我當時質問他，結了婚而太太没帶來的人做得做不得女學生的導師，他支吾其詞，請我不要誤會。這瞎子真渾蛋，有一天我把同路來什麼蘇州寡婦、王美玉的笑話替他宣傳出去。嚇，還有，他説男女同事來往也不宜太密，這對學生的印象不好——"

鴻漸跳起來道："這明明指我和孫小姐説的，方纔瞎子看見我和她在一起。"

辛楣道："這倒不一定指你，我看當時高松年的臉色變了一變，這裏面總有文章。不過我勸你快求婚、訂婚、結婚。這樣，李瞎子不能説閒話，而且——"説時揚著手，嘻開嘴，"你要犯重婚罪也有機會了。"

鴻漸不許他胡説，問他向高松年講過學生侮辱孫小姐的事没有。辛楣説，高松年早知道了，準備開除那學生。鴻漸又告訴他陸子瀟對孫小姐有意思，辛楣説他做"叔叔"的祇賞識鴻漸。説笑了一回，辛楣臨走道："唉，我忘掉了最精彩的東西。部裏頒佈的'導師規程草略'裏有一條説：學生畢業後在社會上如有犯罪行爲，導師連帶負責！"

鴻漸驚駭得呆了。辛楣道："你想，導師制變成這麼一個東西。從前明成祖誅方孝孺十族，聽説方孝孺的先生都牽連殺掉的。將來還有人敢教書麼？明天開會，我一定反對。"

"好傢伙！我在德國聽見的納粹黨教育制度也没有這樣利害，

這算牛津劍橋的導師制麼？"

"哼，高松年還要我寫篇英文投到外國雜誌去發表，讓西洋人知道咱們也有牛津劍橋的學風。不知怎麼，外國一切好東西到中國沒有不走樣的。"辛楣歎口氣，想中國真利害，天下無敵手，外國東西來一件，毀一件。

鴻漸説："你從前常對我稱讚你這位高老師頭腦很好，我這次來了，看他所作所爲，並不高明。"辛楣説："也許那時候我年紀輕，閲歷淺，没看清人。不過我想這幾年來高松年地位高了，一個人地位高了，會變得糊塗的。"事實上，一個人的缺點正像猴子的尾巴，猴子蹲在地面的時候，尾巴是看不見的，直到他向樹上爬，就把後部供大衆瞻仰，可是這紅臀長尾巴本來就有，並非地位爬高了的新標識。

跟孫小姐搗亂的那個中國文學系學生是這樣處置的。外文系主任劉東方主張開除，國文系主任汪處厚反對。趙辛楣因爲孫小姐是自己的私人，肯出力而不肯出面，衹暗底下贊助劉東方的主張。訓導長李梅亭出來解圍，説這學生的無禮，是因爲没受到導師熏陶，愚昧未開，不知者不罪，可以原諒，記過一次了事。他叫這學生到自己臥房裏密切訓導了半天，告訴他怎樣人人要開除他，汪處厚毫無辦法，全虧自己保全，那學生紅著眼圈感謝。孫小姐的課没人代，劉東方怕韓太太乘虛而入，親自代課，所恨國立大學比不上私立大學，薪水是固定的，不因鐘點添多而加薪。代了一星期課，劉東方厭倦起來，想自己好傻，這氣力時間費得冤枉，博不到一句好話。假使學校真找不到代課的人，這一次顯得自己做系主任的人爲了學生學業，不辭繁劇，親任勞怨。現在就放著一位韓太太，自己偏來代課，一屁股要兩張座位，人家全明白是門户之見，忙煞也没處表功。同事裏趙辛楣的英文是有名的，並且衹上六點鐘的功課，跟他情商請他代孫小姐的課，不知道他答應不答應。孫小姐不是他面上的人麽？她教書這樣不行，保薦她的人不該負責任嗎？當然，趙辛楣的英文好像比自己都好——劉東方不得不承認——不過，丁組的學生程度糟得還不够辨别好壞，何況都是旁系的學生，自己在本系的威信不致動摇。劉東方主意已定，先向高松年提議，高松年就請趙辛楣來會商。辛楣爲孫小姐的關係，不好斬釘截鐵地拒絶，靈機一動，推薦方鴻漸。松年説：“嗯，這倒不失爲好辦法，方先生鐘點本來太少，不知道他的英文怎樣？”辛楣滿嘴説：“很好，”心裏想鴻漸教這種學生總綽有餘裕的。鴻漸自知在學校的地位不穩固，又經辛楣細陳利害，劉東方懇切勸駕，居然大膽老臉、低頭小心教起英文來。這事一發表，韓學愈來見高松年，聲明他太太絶不想在這兒教英文，而且表示他對劉東方毫無怨恨，願意請劉小姐當歷史系的助教。高松年喜歡道：“同事們應當和衷共濟，下學年一定聘你夫人幫忙。”韓學愈高傲地説：“下學年我留不留，還成問題呢。統一大學來了五六次信要我和我内人去。”高松年忙勸他不要走，他夫人的事下學年總有辦法。鴻漸到外文系辦公室接洽功課，碰見孫小姐，低聲開玩笑道：“這全是你害我的——要不要我代你報仇？”孫小姐笑而不答。陸子瀟也没再提起請吃飯。

　　在導師制討論會上，部視學先講了十分鐘冠冕堂皇的話，平均每分鐘一句半"兄弟在英國的時候"。他講完看一看手錶，就退席了。聽衆喉嚨裏忍住的大小咳嗽全放出來，此作彼繼。在一般集會上，靜默三分鐘後和主席報告後，照例有這麼一陣咳嗽。大家咳幾聲例嗽之外，還換了較舒適的坐態。高松年繼續演說，少不得又把細胞和有機體的關係作第 N 次的闡明，希望大家爲團體生活犧牲一己的方便。跟著李梅亭把部頒大綱和自己擬的細則宣讀付討論。一切會議上對於提案的贊成和反對極少是就事論事的。有人反對這提議是跟提議的人鬧意見。有人贊成這提議是跟反對這提議的人過不去。有人因爲反對或贊成的人和自己有交情，所以隨聲附和。今天的討論可與平常不同，甚至劉東方也不因韓學愈反對而贊成。對導師學生同餐的那條規則，大家一致抗議，帶家眷的人鬧得更利害。没帶家眷的物理系主任說，除非學校不算導師的飯費，那還可以考慮。家裏飯菜有名的汪處厚說，就是學校替導師出飯錢，導師家裏照樣要開飯，少一個人吃，並不省柴米。韓學愈説他有胃病的，祇能吃麵食，跟學生同吃米飯，學校是不是擔保他生命的安全。李梅亭一口咬定這是部頒的規矩，至多星期六晚飯和星期日三餐可以除外。數學系主任問他怎樣把導師向各桌分配，這纔難倒了他。有導師資格的教授副教授講師四十餘人，而一百三十餘男學生開不到二十桌。假使每桌一位導師、六個學生，要有二十位導師不能和學生同吃飯。假使每桌一位導師、七個學生，導師不能獨當一面，這一點尊嚴都不能維持，漸漸會招學生輕視的。假使每桌兩位導師、四個學生，那麼，現在八個人一桌的菜聽説已經吃不夠，人數減少而桌數增多，菜的質量一定更糟，是不是學校準備多貼些錢。大家有了數字的援助，更理直氣壯了，急得李梅亭說不出話，黑眼鏡摘下來，戴上去，又摘下來，白眼睜睜望著高松年。趙辛楣這時候大發議論，認爲學生吃飯也應當自由，導師制這東西應當聯合旁的大學向教育部抗議。

最後把原定的草案，修改了許多。議決每位導師每星期至少和學生吃兩頓飯，由訓導處安排日期；校長因公事應酬繁忙，而且不任導師，所以無此義務，但保有隨時參加吃飯的權利。因爲部視學說，在牛津和劍橋，飯前飯後有教師用拉丁文祝福，高松年認爲可以模仿。不過，中國不像英國，沒有基督教的上帝來聽下界通訴，飯前飯後沒話可說。李梅亭搜索枯腸，祇想出來"一粥一飯，要思來處不易"二句，大家嘩然失笑。兒女成羣的經濟系主任自言自語道："乾脆大家像我兒子一樣，唸：'吃飯前，不要跑；吃飯後，不要跳——'"高松年直對他眨白眼，一壁嚴肅地說："我覺得在坐下吃飯以前，由訓導長領導學生靜默一分鐘，想想國家抗戰時期民生問題的艱難，我們吃飽了肚子應當怎樣報效國家社會，這也是很有意思的舉動。"經濟系主任忙說："我願意把主席的話作爲我的提議。"李梅亭附議，高松年付表決，全體通過。李梅亭心思周密，料到許多先生陪學生挨了半碗飯，就放下筷溜出飯堂，回去舒舒服服地吃。他定下飯堂規矩：導師的飯該由同桌學生先盛，學生該等候導師吃完，共同退出飯堂，不得先走。看上來全是尊師。外加結合了孔老夫子的古訓"食不語"，吃飯時不得講話，祇許吃啞飯，真是有苦說不出。李梅亭一做訓導長，立刻戒香煙，見同事們照舊抽煙，不足表率學生，想出來進一步的師生共同生活。他知道抽煙最利害的地方是廁所，便藉口學生人多而廁所小，住校教職員人少而廁所大，以後師生可以通用廁所。他以爲這樣一來，彼此顧忌面子，不好隨便吸煙了。結果先生不用學生廁所，而學生擁擠到先生廁所來，並且大膽吸煙解穢，因爲他們知道這是比紫禁城更嚴密的所在，在這兒各守本位，沒有人肯管閑事或能擺導師架子。照例導師跟所導學生每星期談一次話，有幾位先生就藉此請喝茶吃飯，像汪處厚韓學愈等等。

趙辛楣實在看不入眼，對鴻漸説這次來是上當，下學年一定不幹。鴻漸説：“你没來的時候，跟我講什麼教書是政治活動的開始，教學生是訓練幹部。現在怎麼又灰心了?”辛楣否認他講過那些話，經鴻漸力爭以後，他説：“也許我説過的，可是我要訓練的是人，不是訓練些機器。並且此一時，彼一時。那時候我没有教育經驗，所以説那些話；現在我知道中國戰時高等教育是怎麼一回事，我學了乖，當然見風轉舵，這是我的進步。話是空的，人是活的；不是人照著話做，是話跟著人變。假如説了一句話，就至死不變地照做，世界上就没有解約、反悔、道歉、離婚許多事了。”鴻漸道：“怪不得貴老師高先生打電報聘我做教授，來了衹給我個副教授。”辛楣道：“可是你别忘了，他當初衹答應你三個鐘點，現在加到你六個鐘點。有時候一個人，並不想説謊話，説話以後，環境轉變，他也不得不改變原來的意向。辦行政的人尤其難守信用，你衹要看每天報上各國政府發言人的談話就知道。譬如我跟某人同意一件事，甚而至於跟他訂個契約，不管這契約上寫的是十年二十年，我訂約的動機總根據著我目前的希望、認識以及需要。不過，‘目前’是最靠不住的，假使這

'目前'已經落在背後了，條約上寫明'直到世界末日'都沒有用，我們隨時可以反悔。第一次歐戰，那位德國首相叫什麼名字？他說'條約是廢紙'，你總知道了。我有一個印象，我們在社會上一切說話全像戲院子的入場券，一邊印著'過期作廢'，可是那一邊並不注明什麼日期，隨我們的便可以提早或延遲。"鴻漸道："可怕，可怕！你像個正人君子，很夠朋友，想不到你這樣的不道德。以後我對你的話要小心了。"辛楣聽了這反面的讚美，頭打著圈子道："這就叫學問哪！我學政治，畢業考頭等的。嚇，他們政客玩的戲法，我全懂全會，我現在不幹罷了。"說時的表情彷彿馬基雅弗利的魂附在他身上。鴻漸笑道："你別吹。你的政治，我看不過是理論罷。真叫你抹殺良心去幹，你纔不肯呢。你像外國人所說的狗，叫得凶惡，咬起人來並不利害。"辛楣向他張口露出兩排整齊有力的牙齒，臉作凶惡之相。鴻漸忙把支香煙塞在他嘴裏。

　　鴻漸添了鐘點以後，興致恢復了好些。他發現他所教丁組英文班上，有三個甲組學生來旁聽，常常殷勤發問。鴻漸得意非凡，告訴辛楣。苦事是改造句卷子，好比洗髒衣服，一批洗乾淨了，下一批來還是那樣髒。大多數學生瞧一下批的分數，就把卷子扔了，老師白改得頭痛。那些學生雖然外國文不好，卷子上寫的外國名字很神氣。有的叫亞歷山大，有的叫伊利沙白，有的叫迭克，有的叫"小花朵"（Florrie），有個人叫"火腿"（Bacon），因為他中國名字叫"培根"。一個姓黃名伯兪的學生，外國名字是詩人"拜倫"（Byron）。辛楣見了笑道："假使他姓張，他準叫英國首相張伯倫；假使他姓齊，他會變成德國飛機齊伯林；甚至他可以叫拿破侖，衹要中國有跟‘拿’字聲音相近的姓。”

　　陽曆年假早過了，離大考還有一星期。一個晚上，辛楣跟鴻漸商量寒假同去桂林玩兒，談到夜深。鴻漸看錶，已經一點多鐘，趕快準備睡覺。他先出宿舍到廁所去，宿舍樓上樓下都睡得靜悄悄的，腳步就像踐踏在這些睡人的夢上，釘鐵跟的皮鞋太重，會踏碎幾個脆薄的夢。門外地上全是霜。竹葉所剩無幾，而冷風偶然一陣，依舊爲了吹幾片小葉子使那麼大的傻勁。雖然沒有月亮，幾株梧桐樹的禿枝骨鯁地清晰。衹有廁所前面掛的一盞植物油燈，光色昏濁，是清爽的冬夜上一點垢膩。廁所的氣息也像怕冷，縮在屋子裏不出來，不比在夏天，老遠就放著哨。鴻漸沒進門，聽見裏面講話。一人道：“你怎麼一回事？一晚上瀉了好幾次！”另一人呻吟說：“今天在韓家吃壞了──”鴻漸辨聲音，是一個旁聽自己英文課的學生。原來問的人道：“韓學愈怎麼老是請你們吃飯？是不是爲了方鴻漸──”那害肚子的人報以一聲“噓”！鴻漸嚇得心直跳，可是收不住腳，那兩個學生也鴉雀無聲。鴻漸倒做賊心虛似的，腳步都鬼鬼祟祟。回到臥室，猜疑種種，韓學愈一定在暗算自己，就不知道他怎樣暗算，明天非公開拆破他的西洋鏡不可。下了這個英雄的決心，鴻漸纔睡著。早晨他還沒醒，校役送封信來，拆看是孫小姐的，説風聞他上英文課，當著學生駁劉東方講書的錯誤，劉東方已有所知，請他留意。鴻漸失聲叫怪，這是哪裏來的話，怎麼不明不白，添了個冤家。忽然想起那三個旁聽的學生全是歷史系而上劉東方甲組英文的，無疑是他們發的問題裏藏著陷阱，自己中了計。歸根到底，總是韓學愈那渾蛋搗的鬼，一向還以爲他要結交自己，替他守秘密呢！鴻漸愈想愈恨，盤算了半天，怎麼先跟劉東方解釋。

鴻漸到外國語文系辦公室，孫小姐在看書，見了他，滿眼睛都是話。鴻漸嗓子裏一小處乾燥，兩手微顫，跟劉東方略事寒暄，就鼓足勇氣說："有一位同事在外面說——我也是人家傳給我聽的——劉先生很不滿意我教的英文，在甲組上課的時候，常對學生指摘我講書的錯誤——"

"什麼？"劉東方跳起來，"誰説的？"孫小姐臉上的表情更是包羅萬象，假裝看書也忘掉了。

"——我本來英文是不行的，這次教英文一半也因爲劉先生的命令，講錯當然免不了，祇希望劉先生當面教正。不過，這位同事聽說跟劉先生有點意見，傳來的話我也不甚相信。他還説，我班上那三個旁聽的學生也是劉先生派來偵探的。"

"啊？什麼三個學生——孫小姐，你到圖書室去替我借一本——呃——呃——商務出版的《大學英文選》來，還到庶務科去領——領一百張稿紙來。"

孫小姐怏怏去了。劉東方聽鴻漸報了三個學生的名字，說："鴻漸兄，你祇要想這三個學生都是歷史系的，我怎麼差喚得動。那位散佈謠言的同事是不是歷史系的負責人？你把事實聚攏來就明白了。"

鴻漸冒險成功，手不顫了，做出大夢初醒的樣子道："韓學愈，他——"就把韓學愈買文憑的事麻口袋倒米似的全説出來。

劉東方又驚又喜，一連聲說"哦"！聽完了說："我老實告訴你罷，舍妹在歷史系辦公室，常聽見歷史系學生對韓學愈説你在課堂上罵我呢。”

鴻漸發誓説没有，劉東方道：“你想我會相信麼？他搗這個鬼，目的不但是攛走你，還要叫他太太來頂你的缺。他想他已經用了我妹妹，到那時没有人代課，我好意思不請教他太太麼？我用人最大公無私，舍妹也不是他私人用的，就是她丢了飯碗，我決計盡我的力來維持老哥的地位。喂，我給你看件東西，昨天校長室發下來的。”

他打開抽屜，揀出一疊紙給鴻漸看。是英文丁組學生的公呈，寫“呈爲另換良師以重學業事”，從頭到底説鴻漸没資格教英文，把他改卷子的筆誤和忽略羅列在上面，證明他英文不通。鴻漸看得面紅耳赤。劉東方道：“不用理它。丁組學生的程度還幹不來這東西。這準是那三個旁聽生的主意，保不定有韓學愈的手筆。校長批下來叫我查覆，我一定替你辯白。”鴻漸感謝不已，臨走，劉東方問他把韓學愈的秘密告訴旁人没有，叮囑他別講出去。鴻漸出門，碰見孫小姐回來。她稱讚他跟劉東方談話的先聲奪人，他聽了歡喜，但一想她也許看見那張呈文，又羞慚了半天。那張呈文牢牢地貼在他意識裏，像張粘蒼蠅的膠紙。

劉東方果然有本領，鴻漸明天上課，那三個旁聽生不來了。直到大考，太平無事。劉東方教鴻漸對壞卷子分數批得寬，對好卷子分數批得緊，因爲不及格的人多了，引起學生的惡感，而好分數的人太多了，也會減低先生的威望。總而言之，批分數該雪中送炭，萬萬不能慳吝——用劉東方的話説：“一分錢也買不了東西，別説一分分數！"——切不可錦上添花，讓學生把分數看得太賤，功課看得太容易——用劉東方的話説："給窮人至少要一塊錢，那就是一百分，可是給學生一百分，那不可以。"考完那一天，汪處厚碰到鴻漸，説汪太太想見他和辛楣，問他們倆寒假裏哪一天有空，要請吃飯。他聽説他們倆寒假上桂林，摸著鬍子笑道："去幹嗎呀？内人打算替你們兩位做媒呢。"

七

　　鬍子常是兩撇，汪處厚的鬍子衹是一劃。他二十年前早留鬍子，那時候做官的人上唇全毛茸茸的，非此不足以表身份，好比西洋古代哲學家下頷必有長髯，以示智慧。他在本省督軍署當秘書，那位大帥留的菱角鬍子，就像仁丹廣告上移植過來的，好不威武。他不敢培植同樣的鬍子，怕大帥怪他僭妄；大帥的是烏菱圓角鬍子，他衹想有規模較小的紅菱尖角鬍子。誰知道沒有槍桿的人，鬍子也不像樣，又稀又軟，掛在口角兩旁，像新式標點裏的逗號，既不能翹然而起，也不够飄然而裊。他兩道濃黑的眉毛，偏根根可以跟壽星的眉毛競賽，彷彿他最初刮臉時不小心，把眉毛和鬍子一股腦兒全剃下來了，慌忙安上去，鬍子跟眉毛換了位置；嘴上的是眉毛，根本不會長，額上的是鬍子，所以欣欣向榮。這種鬍子，不留也罷。五年前他和這位太太結婚，剛是剃鬍子的好藉口。然而好像一切官僚、强盜、賭棍、投機商人，他相信命。星相家都說他是"木"命"木"形，頭髮和鬍子有如樹木的枝葉，缺乏它們就表示樹木枯了。四十開外的人，頭髮當然半禿，全靠這幾根鬍子表示老樹著花，生機未盡。但是爲了二十五歲的新夫人，也不能一毛不拔，於是剃去兩縷，剩中間一撮，又因爲這一撮不夠濃，修削成電影明星式的一綫。這件事難保不壞了臉上的風水，不如意事連一接二地來。新太太進了門就害病，汪處厚自己給人彈劾，官做不成。虧得做官的人栽筋斗，宛如貓從高處掉下來，總能四腳著地，不致太狼狽。他本來就不靠薪水，他這樣解譬著。而且他是老派名士，還有前清的習氣，做官的時候非常風雅，退了位可以談談學問；太太病也老是這樣，並不加重。這也許還是那一綫鬍子的功效，運氣沒壞到底。

假使留下的這幾根鬍子能夠挽留一部分的運氣，鬍子沒剃的時候，汪處厚的好運氣更不用說。譬如他那位原配的糟糠之妻，湊趣地死了，讓他娶美麗的續弦夫人。結婚二十多年，生的一個兒子都在大學畢業，這老婆早該死了。死掉老婆還是最經濟的事，雖然喪葬要一筆費用，可是離婚不要贍養費麼？重婚不要兩處開銷麼？好多人有該死的太太，就不像汪處厚有及時悼亡的運氣。並且悼亡至少會有人送禮，離婚和重婚連這點點禮金都沒有收入的，還要出訴訟費。何況汪處厚雖然做官，骨子裏衹是個文人，文人最喜歡有人死，可以有題目做哀悼的文章。棺材店和殯儀館衹做新死人的生意，文人會向一年、幾年、幾十年、甚至幾百年的陳死人身上生發。"周年逝世紀念"和"三百年祭"，一樣的好題目。死掉太太——或者死掉丈夫，因爲有女作家——這題目尤其好；旁人儘管有文才，太太或丈夫衹是你的，這是註册專利的題目。汪處厚在新喪裏做"亡妻事略"和"悼亡"詩的時候，早想到古人的好句："眼前新婦新兒女，已是人生第二回，"衹恨一時用不上，希望續弦生了孩子，再來一首"先室人忌辰泫然有作"的詩，把這兩句改頭換面嵌進去。這首詩到現在還沒有做。第二位汪太太過了門没生孩子，祇生病。在家養病反把這病養家了，不肯離開她，所以她終年嬌弱得很，愈使她的半老丈夫由憐而怕。她曾在大學讀過一年，因貧血症退學休養，家裏一住四五年，每逢頭不暈不痛、身子不哼哼唧唧的日子，跟老師學學中國畫、彈彈鋼琴消遣。中國畫和鋼琴是她嫁妝裏代表文化的部分，好比其他女人的大學畢業文憑（配烏油木鏡框）和學士帽照相（十六寸彩色配金漆烏油木鏡框）。汪處厚不會懂西洋音樂，當然以爲太太的鋼琴彈得好；他應該懂得一點中國畫，可是太太的畫，丈夫覺得總不會壞。他老對客人説："她這樣喜歡弄音樂、畫畫，都是費心思的東西，她身體怎麼會好！"汪太太就對客人謙虛説："我身體不好，不能常常弄這些東西，所以畫也畫不好，琴也彈不好。"自從搬到這小村子裏，汪太太寂寞得常跟丈夫吵。她身份嬌貴，瞧不起丈夫同事們的老婆，嫌她們寒窘。她丈夫不甚放心單身男同事常上自己家來，嫌他們年輕。高松年知道她在家裏無聊，願意請她到學校做事。汪太太是聰明人，一口拒絕。一來她自知資格不好，至多做個小職員，有傷體面。二來她知道這是男人的世界，女權那樣發達的國家像英美，還祇請男人去當上帝，祇説 He，不説 She。女人出來做事，無論地位怎麼高，還是給男人利用，祇有不出面躲在幕後，可以用太太或情婦的資格來指使和擺佈男人。女生指導兼教育系講師的范小姐是她的仰慕者，彼此頗有往來。劉東方的妹妹是汪處厚的拜門學生，也不時到師母家來談談。劉東方有一次託汪太太爲妹妹做媒。做媒和做母親是女人的兩個基本慾望，汪太太本來閑得發悶，受了委託，彷彿失業的人找到職業。汪處厚想做媒是沒有危險的，決不至於媒人本身也做給人去。汪太太早有計劃，要把范小姐做給趙辛楣、劉小姐做給方鴻漸。范小姐比劉小姐老，比劉小姐難看，不過她是講師，對象該是地位較高的系主任。劉小姐是個助教，嫁個副教授已經夠好了。至於孫小姐呢，她沒拜訪過汪太太；汪太太去看范小姐的時候，會過一兩次，印象並不太好。

　　鴻漸倆從桂林回來了兩天，就收到汪處厚的帖子。兩人跟汪處厚平素不往來，也沒見過汪太太，看了帖子，想起做媒的話。鴻漸道："汪老頭兒是大架子，祇有高松年和三位院長夠資格上他家去吃飯，當然還有中國文學系的人。你也許配得上，拉我進去幹嗎？要說是做媒，這兒沒有什麼女人呀，這老頭子真是！"辛楣道："去瞻仰瞻仰汪太太也無所謂。也許老汪有姪女、外甥女或者內姨之類——汪太太聽說很美——要做給你。老汪對你說，沒有對我說，指的是你一個人。你不好意思，假造聖旨，拉我來陪你，還說替咱們倆做媒呢！我是不要人做媒的。"嚷了一回，議決先去拜訪汪氏夫婦一次，問個明白，免得開玩笑當真。

　　汪家租的黑磚半西式平屋是校舍以外本地最好的建築，跟校舍隔一條溪。冬天的溪水涸盡，溪底堆滿石子，彷彿這溪新生下的大大小小的一窩卵。水涸的時候，大家都不走木板橋而踏著石子過溪，這表示祇要沒有危險，人人願意規外行動。汪家的客堂很顯敞，磚地上鋪了席，紅木做的老式桌椅，大方結實，是汪處厚向鎮上一個軍官家裏買的，萬一離校別有高就，可以賣給學

校。汪處厚先出來，滿面春風，問兩人覺得客堂裏冷不冷，吩咐
丫頭去搬火盆。兩人同聲讚美他住的房子好，佈置得更精緻，在
他們這半年來所看見的房子裏，首屈一指。汪先生得意地長歎
道，"這算得什麼呢！我有點東西，這一次全丟了。兩位沒看見
我南京的房子——房子總算沒給日本人燒掉，裏面的收藏陳設
都不知下落了。幸虧我是個達觀的人，否則真要傷心死呢。"這
類的話，他們近來不但聽熟，並且自己也說慣了。這次兵災當然
使許多有錢、有房子的人流落做窮光蛋，同時也讓不知多少窮光
蛋有機會追溯自己爲過去的富翁。日本人燒了許多空中樓閣的房
子，佔領了許多烏托邦的產業，破壞了許多單相思的姻緣。譬如
陸子瀟就常常流露出來，戰前有兩三個女人搶著嫁他，"現在當
然談不到了！"李梅亭在上海閘北，忽然補築一所洋房，如今呢？
可惜得很！該死的日本人放火燒了，損失簡直沒法估計。方鴻漸
也把淪陷的故鄉裏那所老宅放大了好幾倍，妙在房子擴充而並不
會侵略鄰舍的地。趙辛楣住在租界裏，不能變房子的戲法，自信
一表人才，不必惆悵從前有多少女人看中他，祗說假如戰爭不發
生，交涉使公署不撤退，他的官還可以做下去——不，做上去。
汪處厚在戰前的排場也許不像他所講的闊綽，可是同事們相信他
的吹牛，因爲他現在的起居服食的確比旁人舒服，而且大家都知
道他是革職的貪官——"政府難得這樣不包庇，不過他早撈飽
了！"他指著壁上掛的當代名人字畫道："這許多是我逃難出來以
後，朋友送的。我灰了心了，不再收買古董了，內地也收買不到
什麼——那兩幅是內人畫的。"兩人忙站起來細看那兩條山水小
直幅。方鴻漸表示不知道汪太太會畫，出於意外；趙辛楣表示久

聞汪太太善畫，名下無虛。這兩種表示相反相成，汪先生高興得摸著鬍子說：“我內人的身體可惜不好，她對於畫和音樂——”沒說完，汪太太出來了。骨肉停勻，並不算瘦，就是臉上沒有血色，也沒擦胭脂，祇敷了粉。嘴唇却塗澤鮮紅，旗袍是淺紫色，顯得那張臉殘酷地白。長睫毛，眼梢斜撇向上。頭髮沒燙，梳了髻，想來是嫌本地理髮店電燙不到家的緣故。手裏抱著皮熱水袋，十指甲全是紅的，當然絕非畫畫時染上的顏色，因為她畫的是青綠山水。

汪太太說她好久想請兩位過來玩兒，自己身體不爭氣，耽誤到現在。兩人忙問她身體好了沒有，又說一向沒敢來拜訪，賞飯免了罷。汪太太說她春夏兩季比秋冬健朗些，晚飯一定要來吃的。汪先生笑道：“我這頓飯不是白請的，媒人做成了要收謝儀，吃你們兩位的謝媒酒也得十八加十八——三十六桌呢！”

鴻漸道：“這怎麼請得起！謝大媒先沒有錢，別說結婚了。”

辛楣道：“這個年頭兒，誰有閑錢結婚？我照顧自己都照顧不來！汪先生，汪太太，吃飯和做媒，兩件事全心領謝謝，好不好？”

汪先生道：“世界變了！怎麼年輕人一點熱情都沒有？一點——呃——‘浪漫’都沒有？婚不肯結，還要裝窮！好，我們不要謝儀，替兩位白當差，嫻，是不是？”

汪太太道：“啊呀！你們兩位一吹一唱。方先生呢，我不大知道，不過你們留學的人，隨身本領就是用不完的財產。趙先生的家世、前途，我們全有數目，祇怕人家小姐攀不上——瞧我這媒婆勁兒足不足？”大家和著她笑了。

辛楣道："有人看得中我，我早結婚了。"

汪太太道："祇怕是你的眼睛高，挑來挑去，沒有一個中意的。你們新回國的單身留學生，像新出爐的燒餅，有小姐的人家搶都搶不勻呢。嚇！我看見得多了，愈是有錢的年輕人愈不肯結婚。他們能够獨立，不在乎太太的陪嫁、丈人的靠山，寧可交女朋友，花天酒地地胡鬧，反正他們有錢。要講沒有錢結婚，娶個太太比濫交女朋友經濟得多呢。你們的藉口，理由不充分。"

兩人聽得駭然，正要回答，汪處厚假裝出正顏厲色道："我有句聲明。我娶你並不是爲了經濟省錢，我年輕的時候，是有名的規矩人，從來不胡鬧，你這話人家誤會了可了不得！"說時，對鴻漸和辛楣頑皮地眨眼。

汪太太輕藐地哼一聲："你年輕的時候？我——我就不相信你年輕過。"

汪處厚臉色一紅。鴻漸忙說，汪氏夫婦這樣美意，不敢辜負，不過願意知道介紹的是什麼人。汪太太拍手道："好了，好了！方先生願意了。這兩位小姐是誰，天機還不可洩漏。處厚，不要說出來！"

汪先生蒙太太這樣密切地囑咐，又舒適了，說："你們明天來了，自然會知道。別看得太嚴重，藉此大家敍敍。假如兩位毫無意思，同吃頓飯有什麼關係，對方總不會把這個作爲把柄，上公堂起訴，哈哈！我倒有句忠言奉勸。這戰爭看來不是一年兩年的事，要好好拖下去呢。等和平了再結婚，兩位自己的青春都蹉跎了。'莫遣佳期更後期'，這話很有道理。兩位結了婚，公私全有好處。我們這學校大有前途，可是一時請人不容易，像兩位這樣的人才——嫻，我不是常和你講他們兩位的？——肯來屈就，學校決不放你們走。在這兒結婚成家，就安定下來，走不了，學校借光不少。我兄弟呢——這話別說出去——下學期也許負責文學院。教育系要從文學院分出去變成師範學院，現在教育系主任孔先生當然不能當文學院長了。兄弟為個人打算，也願意千方百計扣住你們。並且家眷也在學校做事，夫婦兩個人有兩個人的收入，生活負擔並不增加——"

汪太太截斷他話道："寒磣死了！真是你方纔所說'一點浪漫都沒有'，一五一十打什麼算盤！"

汪先生道："瞧你那樣性急！'浪漫'馬上就來。結婚是人生最美滿快樂的事，我和我內人都是個中人，假使結婚不快樂，我們應該苦勸兩位別結婚，還肯做媒麼？我和她——"

汪太太皺眉搖手道："別說了，肉麻！"她記起去年在成都逛寺院，碰見個和尚講輪迴，丈夫偷偷對自己說："我死了，趕快就投人身，來得及第二次娶你，"忽然心上一陣厭恨。鴻漸和辛楣盡義務地恭維說，像他們這對夫婦是千中揀一的。

在回校的路上，兩人把汪太太討論個仔細。都覺得她是個人物，但是為什麼嫁個比她長二十歲的丈夫？兩人武斷她娘家窮，企羨汪處厚是個地方官。她的畫也過得去，不過上面題的字像老汪寫的。鴻漸假充內行道："寫字不能描的，不比畫畫可以塗改。許多女人會描幾筆寫意山水，可是寫字要她們的命。汪太太的字怕要出醜。"鴻漸到自己臥室門口，正掏鑰匙開鎖，辛楣忽然吞吞吐吐說："你注意到麼——汪太太的神情裏有一點點像——像蘇文紈，"未說完，三腳兩步上樓去了。鴻漸驚異地目送著他。

客人去後，汪先生跟太太回臥室，問："我今天總沒有說錯話罷?"這是照例的問句，每次應酬之後，愛挑眼的汪太太總要矯正丈夫的。汪太太道："沒有罷，我也沒心思來記——可是文學院長的事，你何必告訴他們! 你老喜歡吹在前面。"汪處厚這時候確有些後悔，可是嘴硬道："那無所謂的，讓他們知道他們的飯碗一半在我手裏。你今天爲什麼掃我的面子——"汪處厚想起了，氣直冒上來——"就是年輕不年輕那些話，"他加這句解釋，因爲太太的表情是詫異。汪太太正對著梳妝臺的圓鏡子，批判地審視自己的容貌，說："哦，原來如此。你瞧瞧鏡子裏你的臉，人都吃得下似的，多可怕! 我不要看見你!"汪太太並不推開站在身後的丈夫，祇從粉盒子裏取出絨粉拍，在鏡子裏汪先生鐵青的臉上，撲撲兩下，使他面目模糊。

劉東方這幾天上了心事。父親母親都死了，妹妹的終身是哥哥的責任。去年在昆明，有人好意替她介紹，不過毫無結果。當然家裏有了她，劉太太多個幫手，譬如兩個孩子身上的絨綫衣服全是她結的，大女兒還跟著她睡。可是這樣一年一年蹉跎下去，哥哥嫂嫂深怕她嫁不掉，一輩子的累贅。她前年逃難到內地，該進大學四年級，四年級生不許轉學，嫂嫂又要生孩子，一時雇不到用人，家裏亂得很，哥哥沒心思替她想辦法。一耽誤下來，她大學沒畢業。爲了這事，劉東方心裏很抱歉，祇好解嘲說，大學畢業的女人不知多少，有幾個真能夠自立謀生的。劉太太怪丈夫當初爲什麼教妹妹進女子大學，假如進了男女同學的學校，婚事早解決了。劉東方逼得急了，說："范小姐是男女同學

七

的學校畢業的，爲什麼也沒有嫁掉？"劉太太説："你又來了，她比范小姐總好得多——"肯這樣説姑娘的，還不失爲好嫂嫂。劉東方歎氣道："這也許命裏注定的，我母親常説，妹妹生下來的時候，臉朝下，背朝上，是要死在娘家的。妹妹小的時候，我們常跟她開玩笑。現在看來，她真要做老處女了。"劉太太忙説："做老處女怎麼可以？真是年紀大了，嫁給人做填房也好，像汪太太那樣不是很好麼？"言下大有以人力挽回天命之意。去年劉東方替方鴻漸排難解紛，忽然想這個人做妹夫倒不壞：他是自己保全的人，應當感恩戴擧，跟自己結這一門親事，他的地位也可以鞏固了；這樣好機會要錯過，除非這人是個標準傻瓜。劉太太也稱讚丈夫心思敏捷，祇擔心方鴻漸本領太糟，要大舅子替他捧牢飯碗。後來她聽丈夫説這人還伶俐，她便放了心，早計劃將來結婚以後，新夫婦就住在自己的房子裏，反正有一間空著，可是得正式立張租契，否則門户不分，方家養了孩子要把劉家孩子的運氣和聰明搶掉的。到汪太太答應做媒，夫婦倆歡喜得向劉小姐流露消息，滿以爲她會羞怯地高興。誰知道她祇飛紅了臉，一言不發。劉太太嘴快，説："這個姓方的你見過沒有？你哥哥説比昆明——"她丈夫急得在飯桌下狠命踢她的腿。劉小姐説話了，説得非常之多。先説：她不願意嫁，誰教汪太太做媒的？再説：女人就那麼賤！什麼"做媒"、"介紹"，多好聽！還不是市場賣雞賣鴨似的，打扮了讓男人去挑？不中他們的意，一頓飯之後，下文都沒有，真丟人！還説：她也沒有白吃哥嫂的，她在家裏做的事，抵得一個用人，爲什麼要攆她出去？愈説愈氣，連大學没畢業的事都牽出來了。事後，劉先生怪太太不該提起昆明做媒的事，觸動她一肚子的怨氣。劉太太氣沖沖道："你們劉家人的死脾氣！誰娶了她，也是倒楣!"明天一早，跟劉小姐同睡的大女孩子來報告父母，説姑母哭了半個晚上。那天劉小姐没吃早飯和午飯，一個人在屋後的河邊走來走去。劉氏夫婦嚇壞了，以爲她臨清流而萌短見，即使不致送命，鬧得全校知道，總不大好，忙差大女孩子跟著她。幸虧她晚飯回來吃的，並且吃了兩碗。這事從此不提起。汪家帖子來了，她接著不作聲。哥嫂倆也不敢探她口氣；私下商量，到吃飯的那天早晨，還不見動静，就去求汪太太來勸駕。那天早晨，劉小姐叫老媽子準備炭熨斗，説要熨衣服。哥嫂倆相視偷笑。

　　范小姐發現心裏有秘密，跟喉嚨裏有咳嗽一樣的癢得難熬。要人知道自己有個秘密，而不讓人知道是個什麼秘密，等他們問，要他們猜，這是人性的虛榮。范小姐就缺少這樣一個切切私語的盤問者。她跟孫小姐是同房，照例不會要好，她好好地一個人住一間大屋子，平空給孫小姐分去一半。假如孫小姐漂亮闊綽，也許可以原諒，偏偏又衹是那麼平常的女孩子。倒算上海來的，除掉旗袍短一些，就看不出有什麼地方比自己時髦。所以兩人雖然常常同上街買東西，並不推心置腹。自從汪太太説要爲她跟趙辛楣介紹，她對孫小姐更起了戒心，因爲孫小姐常説到教授宿舍看辛楣去的。當然孫小姐告訴過，一向叫辛楣"趙叔叔"，可是現在的女孩子很容易忘掉尊卑之分。汪家來的帖子，她諱莫如深。她平時有個嗜好，愛看話劇，尤其是悲劇。這兒的地方戲院不演話劇，她就把現代本國劇作家的名劇盡量買來細讀。對話裏的句子像："咱們要勇敢！勇敢！勇敢!""活要活得痛快，死要死得乾脆！""黑夜已經這麼深了，光明還會遥遠麼?"她全在旁邊打了紅鉛筆的重槓，默誦或朗誦著，好像人生之謎有了解答。祇在不快活的時候，譬如好月亮引起了身世之感，或者執行"女生指導"的職責，而女生不受指導，反嘰咕:"大不了也是個大學畢業生，憑什麼資格來指導我們? 祇好管老媽子，發廁所裏的手紙!"——在這種時候，她纔發現這些富於哲理的警句沒有什麼幫助。活誠然不痛快，死可也不容易；黑夜似乎够深了，光明依然看不見。悲劇裏的戀愛大多數是崇高的浪漫，她也覺得結婚以前，非有偉大的心靈波折不可。就有一件事，她決不下。她聽說女人戀愛經驗愈多，對男人的魔力愈大；又聽説男人祇肯娶一顆心還是童貞純潔的女人。假如趙辛楣求愛，自己二者之間，何去何從呢? 請客前一天，她福至心靈，想出一個兩面兼顧的態度，表示有好多人發狂地愛過自己，但是自己並未愛過誰，所以這一次還是初戀。恰好那天她上街買東西，店裏的女掌櫃問她:"小姐，是不是在學堂裏唸書?"這一問減輕了她心理上的年齡負擔六七歲，她高興得走路像腳心裝置了彈簧。回校把這話告訴孫小姐，孫小姐説:"我也會這樣問，您本來就像個學生。"范小姐罵她不老實。

范小姐眼睛稍微近視。她不知道美國人的名言——

Men never make passes

At girls wearing glasses——①

可是她不戴眼鏡。在學生時代，上課鈔黑板，非戴眼鏡不可；因

---

① 男人不向戴眼鏡的女人調情。

爲她所認識的男同學，都够不上借筆記轉鈔的交情。有男生幫忙的女同學，決不輕易把這種同心協力、增訂校補的眞本或足本筆記借人；至於那些沒有男生效勞的女同學呢，哼！范小姐雖然自己也是個女人，對於同性者的記錄本領，估計並不過高。像一切好學而又愛美的女人，她戴白金脚無邊眼鏡；無邊眼鏡彷彿不著邊際，多少和臉蛋兒融化爲一，戴了可算沒戴，不比有邊眼鏡，界域分明，一戴上就從此掛了女學究的招牌。這副眼鏡，她現在祇有看戲的時候必須用到。此外像今天要赴盛會：不但梳頭化妝需要它，可以觀察周密；到打扮完了，換上衣服，在半身著衣鏡前遠眺自己的“概觀”，更需要它。她自嫌眼睛沒有神，這是昨夜興奮太過沒睡好的緣故。汪太太有塗眼睫毛的油膏，不妨早去借用，襯托出眼裏一種煙水迷茫的幽夢表情。周身的服裝也可請她批評，及早修正——范小姐是“女生指導”，她把汪太太奉爲“女生指導”的指導的。她五點鐘纔過就到汪家，說早些來可以幫忙。汪先生說今天客人不多，菜是向鎭上第一家館子叫的，無需幫忙，又歎惜家裏的好廚子逃難死了，現在的用人燒的菜不能請客。汪太太說：“你相信她！她不是幫忙來的，她今天來顯顯本領，讓趙辛楣知道她不但學問好、相貌好，還會管家呢。”范小姐禁止她胡說，低聲請她批判自己。汪太太還嫌她擦得不够紅，說應當添點喜色，拉她到房裏，替她塗胭脂。結果，范小姐今天赴宴擦的顏色，就跟美洲印第安人上戰場擦的顏色同樣勝利地紅。她又問汪太太借睫毛油膏，還聲明自己不是沙眼，斷無傳染的危險。汪處厚在外面祇聽得笑聲不絕；眞是“有雞鴨的地方，糞多；有年輕女人的地方，笑多”。

劉小姐最後一個到。坦白可親的臉，身體很豐滿，衣服頗緊，一動衣服上就起波紋。辛楣和鴻漸看見介紹的是這兩位，失望得要笑。彼此都曾見面，祇沒有講過話。范小姐像畫了個無形的圈子，把自己跟辛楣圍在裏面，談話密切得潑水不入。辛楣先說這兒悶得很，沒有玩兒的地方。范小姐說：“可不是麼？我也覺得很少談得來的人，待在這兒真悶！”辛楣問她怎樣消遣，她說愛看話劇，問辛楣愛看不愛看。辛楣說：“我很喜歡話劇，可惜我沒有看過——呃——多少。”范小姐問曹禺如何。辛楣瞎猜道：“我認爲他是最——呃——最偉大的戲劇家。”范小姐快樂地拍手掌道：“趙先生，我真高興，你的意見跟我完全相同。你覺得他什麼一個戲最好？”辛楣没料到畢業考試以後，會有這一次的考試，十幾年小考大考訓練成一套虛虛實實、模棱兩可的回答本領，現在全荒疏了，冒失地說：“他是不是寫過一本——呃——‘這不過是’——”范小姐的驚駭表情阻止他說出來是“春天”、“夏天”、“秋天”還是“冬天”。[1]驚駭像牙醫生用的口撐，教她張著嘴，好一會上下顎合不攏來。假使丈夫這樣愚昧無知，豈不活活氣死人！幸虧離結婚還遠，有時間來教導他。她在天然的驚駭表情裏，立刻放些藝術。辛楣承認無知胡說，她向他講解說“李健吾”並非曹禺用的化名，真有其人，更說辛楣要看劇本，她那兒有。辛楣忙謝她。她忽然笑說：“我的劇本不能借給你，你要看，我另外想方法弄來給你看。”辛楣問不能借的理由。范小姐說她的劇本有好幾種是作者送的，辛楣擔保不會損壞

---

[1] 《這不過是春天》是李健吾的劇本，在上海公演過。

或遺失這種名貴東西。范小姐嬌癡地説："那倒不是。他們那些劇作家無聊得很，在送給我的書上胡寫了些東西，不能給你看——當然，給你看也没有關係。"這麽一來，辛楣有責任説非看不可了。

劉小姐不多説話，鴻漸今天專爲吃飯而來，也衹泛泛應酬幾句。倒是汪太太談鋒甚健，向劉小姐問長問短。汪處厚到裏面去了一會，出來對太太説："我巡查過了。"鴻漸問他查些什麽。汪先生笑説："講起來真笑話。我用兩個女用人。這個丫頭，我一來就用，有半年多了。此外一個老媽子，換了好幾次，始終不滿意。最初用的一個天天要請假回家過夜，晚飯吃完，就找不見她影子，飯碗都堆著不洗。我想這怎麽成，換了一個，很安靜，來了十幾天，没回過家。我和我内人正高興，哈，一天晚上，半夜三更，大門都給人家打下來了。這女人原來有個姘頭，常常溜到我這兒來幽會，所以她不回去。她丈夫得了風聲，就來捉姦，真氣得我要死。最後換了現在這一個，人還伶俐，教會她做幾樣粗菜，也過得去。有時她做的菜似乎量太少，我想，也許她買菜扣了錢。人全貪小利的；'不癡不聾，不作阿家翁，'就算了罷。常換用人，也麻煩！和内人訓她幾句完事。有一次，高校長的朋友遠道帶給他三十隻禾花雀，校長託我替他燒了，他來吃晚飯——你知道，校長喜歡到舍間來吃晚飯的。我内人説禾花雀炸了吃没有味道，照她家鄉的辦法，把肉末填在禾花雀肚子裏，然後紅燒。那天晚飯没有幾個人，高校長，我們夫婦倆，還有數學系的王先生——這個人很有意思。高先生王先生都説禾花雀這樣燒法最好。吃完了，王先生忽然問禾花雀是不是一共三十隻，我們以爲他没有吃夠，他説不是，據他計算，大家祇吃了二十——嫻，二十幾？——二十五隻，應該剩五隻。我説難道我打過偏手，高校長也説豈有此理。我内人到廚房去細問，果然看見半碗汁，四隻——不是五隻——禾花雀！你知道老媽子怎麽説？她説她留下來給我明天早晨下麵吃的。我們又氣又笑。這四隻多餘的禾花雀誰都不肯吃——"

"可惜！爲什麽不送給我吃！"辛楣像要窒息的人，突然衝出了煤氣的籠罩，吸口新鮮空氣，橫插進這句話。

汪太太笑道："誰教你那時候不來呀，結果下了麵送給高校長的。"

鴻漸道："這樣説來，你們這一位女用人是個愚忠，雖然做事欠斟酌，心倒很好。"

汪先生撫髯仰面大笑，汪太太道："'愚忠'？她纔不愚不忠呢！我們一開頭也上了她的當。最近一次，上來的雞湯淡得像白開水，我跟汪先生説：'這不是煮過雞的湯，祇像雞在裏面洗過一次澡。'他聽錯了，以爲我説'雞在這水裏洗過腳'，還跟我開玩笑説什麽'饒你奸似鬼，喝了洗腳水'——"大家都笑，汪先生欣然領略自己的妙語——"我叫她來問，她直賴。後來我把這丫頭帶哄帶嚇，算弄清楚了。這老媽子有個兒子，每逢我這兒請客，她就叫他來，挑好的給他躲在米間裏吃。我問這丫頭爲什麽不早告訴我，是不是偷嘴她也有份。她不肯説，到臨了纔漏出來這老媽子要她做媳婦，允許把兒子配給她。你們想妙不妙？所以每次請客，我們先滿屋子巡查一下。我看這兩個全用不下去了，有機會要換掉她們。"

　　客人同時開口。辛楣鴻漸説："用人真成問題。"范小姐説："我聽了怕死人了，虧得我是一個人，不要用人。"劉小姐説："我們家裏的老媽子，也常常作怪。"

　　汪太太笑對范小姐説："你快要不是一個人了——劉小姐，你哥哥嫂嫂真虧了你。"

　　用人上了菜，大家搶坐。主人説，圓桌子座位不分上下，可是亂不得。又勸大家多吃菜，因爲沒有幾個菜。客人當然説，菜太豐了，就祇幾個人，怕吃不下許多。汪先生説："咦，今天倒忘了把范小姐同房的孫小姐找來，她從沒來過。"范小姐斜眼望身旁的辛楣。鴻漸聽人説起孫小姐，心直跳，臉上發熱，自覺可笑，孫小姐跟自己有什麽關係。汪太太道："最初趙先生帶了這麽一位小姐來，我們都猜是趙先生的情人呢，後來纔知道不相干。"辛楣對鴻漸笑道："你瞧謠言多可怕!"范小姐道："孫小姐現在有情人了——這可不是謠言，我跟她同房，知道得很清楚。"辛楣問誰，鴻漸滿以爲要説到自己，強作安詳。范小姐道："我不能漏洩她的秘密。"鴻漸慌得拚命吃菜，不讓臉部肌肉平定下來有正確的表情。辛楣掠了鴻漸一眼，微笑説："也許我知道是誰，不用你説。"鴻漸含著一口菜，險的説出來："別胡鬧。"范小姐誤會辛楣的微笑，心安理得地説："你也知道了? 消息好靈通! 陸子瀟追求她還是這次寒假裏的事呢，天天通信，要好得很。你們那時候在桂林，怎麽會知道?"

　　鴻漸情感像個漩渦。自己沒牽到，可以放心。但聽説孫小姐和旁人好，又刺心難受。自己並未愛上孫小姐，何以不願她跟陸子瀟要好? 孫小姐有她的可愛，不過她嫵媚得不穩固，嫵媚得勉强，不是真實的美麗。脾氣當然討人喜歡——這全是辛楣不好，開玩笑開得自己心裏種了根。像陸子瀟那樣人，她決不會看中的。可是范小姐說他們天天通信，也決不會憑空撒謊。忽然減了興致。

汪氏夫婦和劉小姐聽了都驚奇。辛楣採取大政治家聽取情報的態度，彷彿早有所知似的，沉著臉回答：“我有我的報導。陸子瀟曾經請方先生替他介紹孫小姐，我不贊成。子瀟年紀太大——”

汪太太道：“你少管閑事罷。你又不是她真的‘叔叔’，就是真‘叔叔’又怎麼樣——早知如此，咱們今天倒沒有請他們那一對也來。不過子瀟有點小鬼樣子，我不大喜歡。”

汪先生搖頭道：“那不行。歷史系的人，少來往爲妙。子瀟是歷史系的臺柱教授，當然不算小鬼。可是他比小鬼都壞，他是個小人，哈哈！他這個人愛搬嘴。韓學愈多心得很，你請他手下人吃飯而不請他，他就疑心你有陰謀要勾結人。學校裏已經什麼‘粵派’，‘少壯派’，‘留日派’鬧得烏煙瘴氣了。趙先生，方先生，你們兩位在我這兒吃飯，不怕人家說你們是‘汪派’麼？劉小姐的哥哥已經有人說他是‘汪派’了。”

辛楣道：“我知道同事裏有好幾個小組織，常常聚餐，我跟鴻漸一個都不參加，隨他們編派我們什麼。”

汪先生道：“你們是高校長嫡系裏的‘從龍派’——高先生的親戚或者門生故交。方先生當然跟高先生原來不認識，可是因爲趙先生間接的關係，算‘從龍派’的外圍或者龍身上的蜻蜓，呵呵！方先生，我和你開玩笑——我知道這全是捕風捉影，否則我決不敢請二位到舍間來玩兒了。"

　　范小姐對學校派別毫無興趣，祇覺得對孫小姐還有攻擊的義務："學校裏鬧黨派，真没有意思。孫小姐人是頂好的，就是太邋遢，滿房間都是她的東西——呃，趙先生，對不住，我忘掉她是你的'姪女兒'，"羞縮無以自容地笑。

　　辛楣道："那有什麼關係。可是，鴻漸，咱們同路來並不覺得她邋遢。"

　　鴻漸因爲人家説他是"從龍派"外圍，又驚又氣，給辛楣一問，隨口説聲"是"。汪太太道："聽説方先生很能説話，爲什麼今天不講話。"方鴻漸忙説，菜太好了，吃菜連舌頭都吃下去了。

　　吃到一半，又談起没法消遣。汪太太説，她有一副牌，可是家跟學校住得近——汪先生没讓她説完，插嘴説："内人神經衰弱，打牌的聲音太鬧，所以不打——這時候打門，有誰會來？"

　　"哈，汪太太，請客爲什麼不請我？汪先生，我是聞著香味尋來的，"高松年一路説著話進來。

　　大家肅然起立，出位恭接，祇有汪太太懶洋洋扶著椅背，半起半坐道："吃過晚飯没有？還來吃一點，"一壁叫用人添椅子碗筷。辛楣忙把自己坐的首位讓出來，和范小姐不再連席。高校長虛讓一下，泰然坐下，正拿起筷，眼睛繞桌一轉，嚷道："這位子不成！你們這座位有意思的，我真糊塗！怎麼把你們倆拆開了：辛楣，你來坐。"辛楣不肯。高校長讓范小姐，范小姐祇是笑，身子像一條餳糖黏在椅子裏。校長没法，説："好，好！天下大勢，合久必分，分久必合，"呵呵大笑，又恭維范小姐漂亮，喝了一口酒，刮得光滑的黄脸發亮像擦過油的黄皮鞋。

鴻漸爲了副教授的事，心裏對高松年老不痛快，因此接觸極少，没想到他這樣的和易近人。高松年研究生物學，知道"適者生存"是天經地義。他自負最能適應環境，對什麽人，在什麽場合，説什麽話。舊小説裏提起"二十萬禁軍教頭"，總説他"十八般武藝，件件都精"；高松年身爲校長，對學校裏三院十系的學問，樣樣都通——這個"通"就像"火車暢通"，"腸胃通順"的"通"，幾句門面話從耳朵裏進去直通到嘴裏出來，一點不在腦子裏停留。今天政治學會開成立會，恭請演講，他會暢論國際關係，把法西斯主義跟共産主義比較，歸根結底是中國現行的政制最好。明天文學研究會舉行聯歡會，他訓話裏除掉説詩歌是"民族的靈魂"，文學是"心理建設的工具"以外，還要勉勵在座諸位做"印度的泰戈爾，英國的莎士比亞，法國的——呃——法國的——羅素（聲音又像"嚕蘇"，意思是盧梭），德國的歌德，美國的——美國的文學家太多了"。後天物理學會迎新會上，他那時候没有原子彈可講，祇可以呼唤幾聲相對論，害得隔了大海洋的愛因斯坦右耳朵發燒，連打噴嚏。此外他還會跟軍事教官閑談，説一兩個"他媽的!"那教官驚喜得刮目相看，引爲同道。今天是幾個熟人吃便飯，並且有女人，他當然謔浪笑傲，另有適應。汪太太説："我們正在怪你，爲什麽辦學校挑這個鬼地方，人都悶得死的。"

"悶死了我可償不起命哪! 償旁人的命，我勉强可以。汪太太的命，寶貴得很，我償不起。汪先生，是不是?"上司如此幽默，大家奉公盡職，敬笑兩聲或一聲不等。

趙辛楣道：“有無綫電聽聽就好了。”范小姐也說她喜歡聽無綫電。

汪處厚道：“地方僻陋也有好處。大家没法消遣，衹能彼此來往，關係就親密了。朋友是這樣結交起來的，也許從朋友而更進一層——趙先生，方先生，兩位小姐，唔？”

高校長用唱黨歌、校歌、帶頭喊口號的聲音叫“好”！敬大家一杯。

鴻漸道：“剛纔汪太太説打牌消遣——”

校長斬截地説：“誰打牌？”

汪太太道：“我們那副牌不是王先生借去天天打麽？”不管高松年警告的眼色。

鴻漸道：“反正辛楣和我對麻將牌不感興趣。想買副紙牌來打 bridge①，找遍了鎮上没有，結果買了一副象棋。辛楣輸了就把棋子拍桌子，木頭做的棋子經不起他的氣力，迸碎了好幾個，這兩天棋都下不成了。”范小姐隔著高校長向辛楣笑，説想不到他這樣孩子氣。劉小姐請辛楣講鴻漸輸了棋的情狀。高校長道：“下象棋很好。紙牌幸虧没買到，總是一種賭具，雖然没有聲音，給學生知道了不大好。李梅亭禁止學生玩紙牌，照師生共同生活的原則——”

鴻漸想高松年像個人不到幾分鐘，怎麼又變成校長面目了，恨不能説：“把王家的麻將公開，請學生也去賭，這就是共同生活了。”汪太太不耐煩地打斷高校長道：“我聽了‘共同生活’這

---

① 橋牌。

七

四個字就頭痛。都是李梅亭的花樣，反正他自己家不在這兒，苦的是有家的人。我本來的確因爲怕鬧，所以不打牌，現在偏要打。校長你要辦我就辦得了，輪不到李梅亭來管。"

高校長看汪太太請自己辦她，大有恃寵撒嬌之意，心顫身熱，說："哪裏的話！不過辦學校有辦學校的困難——你祇要問汪先生——同事之間應當相忍相安。"

汪太太冷笑道："我又不是李梅亭的同事。校長，你什麼時候雇我到貴校當——當老媽子來了？當教員是沒有資格的——"高松年喉間連作撫慰的聲音——"今天星期三，星期六晚上我把牌要回來打它個通宵，看李梅亭又怎麼樣。趙先生，方先生，你們有沒有膽量來？"

高松年歎氣說："我本來是不說的。汪太太，你這麼一來，我祇能告訴各位了。我今天闖席做不速之客，就爲了李梅亭的事，要來跟汪先生商量，不知道你們在請客。"

客人都說："校長來得好，請都請不來呢。"汪先生鎮靜地問："李梅亭什麼事？"汪太太滿臉厭倦不愛聽的表情。

校長道："我一下辦公室，他就來，問我下星期一紀念周找誰演講，我說我還沒有想到人呢。他說他願意在'訓導長報告'裏，順便談談抗戰時期大學師生的正當娛樂——"汪太太"哼"了一聲——"我說很好。他說假如他講了之後，學生問他像王先生家的打牌賭錢算不算正當娛樂，他應當怎樣回答——"大家恍然大悟地說"哦"——"我當然替你們掩飾，說不會有這種事。他說：'同事們全知道了，祇瞞你校長一個人'——"辛楣和鴻漸道："胡說！我們就不知道。"——"他說他調查得很清楚，輸贏很大，這副牌就是你的，常打的是什麼幾個人，也有你汪先生——”汪先生的臉開始發紅，客人都侷促地注視各自的碗筷。好幾秒鐘，屋子裏靜寂得應該聽見螞蟻在地下爬——可是當時沒有螞蟻。

校長不自然地笑，繼續說：“還有笑話，汪太太，你聽了準笑。他不知道什麼地方聽來的，說你們這副牌是美國貨，橡皮做的，打起來沒有聲音——”哄堂大笑，解除適纔的緊張。鴻漸問汪太太是不是真沒有聲音，汪太太笑他和李梅亭一樣都是鄉下人，還說：“李瞎子怎麼變成聾子了，哪裏有美國貨的無聲麻將！”高校長深不以這種輕薄爲然，緊閉著嘴不笑，聊示反對。

汪先生道：“他想怎麼辦呢？向學生宣佈？”

汪太太道：“索性鬧穿了，大家正大光明地打牌，免得鬼鬼祟祟，桌子上蓋毯子，毯子上蓋漆布——”范小姐聰明地註解：“這就是‘無聲麻將’了！”——“我待得膩了，讓李梅亭去鬧，學生攆你走，高校長停你職，離開這地方，真是求之不得。”校長一連聲 tut！tut！tut！

汪先生道：“他無非爲了做不到中國文學系主任，跟我過不去。我倒真不想當這個差使，向校長辭了好幾次，高先生，是不是？不過，我辭職是自動的，誰要逼我走，那可不行，我偏不走。李梅亭，他看錯了人。他的所作所爲，哼！我也知道，譬如在鎮上嫖土娼。”

汪先生富於戲劇性地收住，餘人驚奇得叫起來，辛楣鴻漸立刻想到王美玉。高校長頓一頓說：“那不至於罷？”鴻漸見校長這樣偏袒，按不下憤怒，說：“我想汪先生所講的話很可能，李先生跟我們同路來，鬧了許多笑話，不信祇要問辛楣。"校長滿臉透著不然道："君子隱惡而揚善。這種男女間的私事，最好別管!"范小姐正要問辛楣什麼笑話，嚇得拿匙舀口雞湯和著這問題咽了下去。高校長省悟自己說的話要得罪汪處厚，忙補充說："鴻漸兄，你不要誤會。梅亭和我是老同事，他的為人，我當然知道。不過，汪先生犯不著和他計較。回頭我有辦法勸他。"

汪太太寬宏大量地說："總而言之，是我不好。處厚倒很想敷衍他，我看見他的臉就討厭，從沒請他上我們這兒來。我們不像韓學愈和他的洋太太，對歷史系的先生和學生，三日一小宴、五日一大宴地款待；而且妙得很，請學生吃飯，請同事祇喝茶——"鴻漸想起那位一夜瀉肚子四五次的歷史系學生——"破費還是小事，我就沒有那個精神，也不像那位洋太太能幹。人家是洋派，什麼交際、招待、聯絡，都有工夫，還會唱歌兒呢。咱們是中國鄉下婆婆，就安了分罷，別出醜啦。我常說：有本領來當教授，沒有本領就滾蛋，別教家裏的醜婆娘做學生和同事的女招待——"鴻漸忍不住叫"痛快"! 汪處厚明知太太並非說自己，可是通身發熱——"高先生不用勸李梅亭，處厚也不必跟他拚，祇要想個方法引誘他到王家也去打一次牌，這不就完了麼?"

"汪太太，你真——真聰明!"高校長欽佩地拍桌子，因為不能拍汪太太的頭或肩背，"這計策祇有你想得出來! 你怎麼知道李梅亭愛打牌的?"

汪太太那句話是說著玩兒的，給校長當了真，便神出鬼沒地說："我知道。"汪先生也摸著鬍子，反復援引蘇東坡的名言道："'想當然耳'，'想當然耳'哦!"趙辛楣的眼光像膠在汪太太的臉上。劉小姐冷落在一邊，滿肚子的氣憤，恨汪太太，恨哥嫂，鄙視范小姐，懊悔自己今天的來，又上了當，忽見辛楣的表情，眼稍微瞥范小姐，心裏冷笑一聲，舒服了好些。范小姐也注意到了，喚醒辛楣道："趙先生，汪太太真利害呀！"辛楣臉一紅，喃喃道："真利害！"眼睛躲避著范小姐。鴻漸説："這辦法好得很。不過李梅亭最貪小利，祇能讓他贏；他輸了還要鬧的。"同桌全笑了。高松年想這年輕人多嘴，好不知趣，祇説："今天所講的話，希望各位嚴守秘密。"

　　吃完飯，主人請寬坐。女人塗脂抹粉的臉，經不起酒飯蒸出來的汗氣，和咬嚼運動的震掀，不免像黃梅時節的墙壁。范小姐雖然斯文，精緻得恨不能吃肉都吐渣，但多喝了半杯酒，臉上沒塗胭脂的地方都作粉紅色，彷彿外國肉莊裏陳列的小牛肉。汪太太問女客人："要不要到我房裏去洗手？"兩位小姐跟她去了。高松年汪處厚兩人低聲密談。辛楣對鴻漸道："等一會咱們同走，記牢。"鴻漸笑道："也許我願意一個人送劉小姐回去呢？"辛楣嚴肅地説："無論如何，這一次讓我陪著你送她——汪太太不是存心跟我們開玩笑麼？"鴻漸道："其實誰也不必送誰，咱們倆走咱們的路，她們走她們的路。"辛楣道："這倒做不出。咱們是留學生，好像這一點社交禮節總應該知道。"兩人慨歎不幸身為青年未婚留學生的麻煩。

　　劉小姐勉强再坐一會，説要回家。辛楣忙站起來説："鴻漸，咱們也該走了，順便送她們兩位小姐回去。"劉小姐説她一個人回去，不必人送。辛楣連聲説："不，不，不！先送范小姐到女生宿舍，然後送你回家，我還沒有到你府上去過呢。"鴻漸暗笑

辛楣要撇開范小姐，所以跟劉小姐親熱，難保不引起另一種誤
會。汪太太在咬著范小姐耳朵說話，范小姐含笑帶怒推開她。汪
先生說：“好了，好了。‘出門不管’，兩位小姐的安全要你們負
責了。”高校長說他還要坐一會，同時表示非常艷羨：因爲天氣
這樣好，正是散步的春宵，他們四個人又年輕，正是春宵散步的
好伴侶。

　　四人並肩而行，范劉在中間，趙方各靠一邊。走近板橋，
范小姐說這橋祇容兩個人走，她願意走河底。鴻漸和劉小姐走到
橋心，忽聽范小姐尖聲叫：“啊呀！”忙藉機止步，問怎麼一回
事。范小姐又笑了，辛楣含著譴責，勸她還是上橋走，河底石子
滑得很。纔知道范小姐險的摔一跤，虧辛楣扶住了。劉小姐早過
橋，不耐煩地等著他們，鴻漸等范小姐也過了岸，殷勤問扭了筋
沒有。范小姐謝他，說沒有扭筋——扭了一點兒——可是沒有
關係，就會好的——不過走路不能快，請劉小姐不必等。劉小
姐鼻子裏應一聲，鴻漸說劉小姐和自己都願意慢慢地走。走不上
十幾步，范小姐第二次叫：“啊呀！”手提袋不知何處去了。大家
問她是不是摔跤的時候，失手掉在溪底。她說也許。辛楣道：
“這時候不會給人撿去，先回宿舍，拿了手電來照。”范小姐記起
來了，手提袋忘在汪太太家裏，自罵糊塗，要趕回去取，說：
“怎麼好意思叫你們等呢？你們先走罷，反正有趙先生陪我——
趙先生，你要罵我了。”女人出門，照例忘掉東西，所以一次出
門事實上等於兩次。安娜說：“啊呀，糟糕！我忘掉帶手帕！”這
麼一說，同走的瑪麗也想起沒有帶口紅，裘麗葉給兩人提醒，
說：“我更糊塗！沒有帶錢——”於是三人笑得彷彿這是天地間

最幽默的事，手攙手回去取手帕、口紅和錢。可是這遺忘東西的傳染病並沒有上劉小姐的身，急得趙辛楣心裏直怨："難道今天是命裏注定的？"忽然鴻漸摸著頭問："辛楣，我今天戴帽子來沒有？"辛楣愣了愣，恍有所悟："好像你戴了來的，我記不清了——是的，你戴帽子來的，我——我沒有戴。"鴻漸説范小姐找手提袋，使他想到自己的帽子；范小姐既然走路不便，反正他要回汪家取帽子，替她把手提袋帶來得了，"我快得很，你們在這兒等我一等，"説著，三腳兩步跑去。他回來，手裏祇有手提袋，頭上並無帽子，説："我是沒有戴帽子，辛楣，上了你的當。"辛楣氣憤道："劉小姐，范小姐，你們瞧這個人真不講理。自己糊塗，倒好像我應該替他管帽子的！"黑暗中感激地緊拉鴻漸的手。劉小姐的笑短得刺耳。范小姐對鴻漸的道謝冷淡得不應該，直到女宿舍，也再沒有多話。

　　不管劉小姐的拒絕，鴻漸和辛楣送她到家。她當然請他們進去坐一下。跟她同睡的大姪女還坐在飯桌邊，要等她回來纔肯去睡，呵欠連連，兩隻小手握著拳頭擦眼睛。這女孩子看見姑母帶了客人來，跳進去一路嚷："爸爸！媽媽！"把生下來纔百日的兄弟都吵醒了。劉東方忙出來招待，劉太太跟著也抱了小孩子出來。鴻漸和辛楣照例説這小孩子長得好，養得胖，討論他像父親還是像母親。這些話在父母的耳朵裏是聽不厭的。鴻漸湊近他臉捺指作聲，這是他唯一娛樂孩子的本領。劉太太道："咱們跟方——呃——伯伯親熱，叫方伯伯抱——"她恨不能説"方姑夫"——"咱們剛換了尿布，不會出亂子。"鴻漸無可奈何，苦笑接過來。那小孩子正在吃自己的手，換了一個人抱，四肢亂

七

動，手上的膩唾沫，抹了鴻漸一鼻子半臉，鴻漸蒙劉太太託孤，祇好心裏厭惡。辛楣因爲擺脫了范小姐，分外高興，瞧小孩子露出的一方大腿還乾淨，嘴湊上去吻了一吻，看得劉家老小四個人莫不歡笑，以爲這趙先生真好。鴻漸氣不過他這樣做面子，問他要不要抱。劉太太看小孩子給鴻漸抱得不舒服，想辛楣地位高，又是生客，不能褻瀆他，便伸手說：“咱們重得很，方伯伯抱得累了。”鴻漸把孩子交還，乘人不注意，掏手帕擦臉上已乾的唾沫。辛楣道：“這孩子真好，他不怕生。”劉太太一連串地讚美這孩子如何懂事，如何乖，如何一覺睡到天亮。孩子的大姊姊因爲沒人理自己，圓睜眼睛，聽得不耐煩，插口道：“他也哭，晚上把我都哭醒了。”劉小姐道：“不知道誰會哭！誰長得這麼大了，搶東西吃，打不過二弟，就直著嗓子哭，羞不羞！”女孩子發急，指著劉小姐道：“姑姑是大人，姑姑也哭，我知道，那天——”父母喝住她，罵她這時候還不睡。劉小姐把她拉進去了，自信沒給客人瞧見臉色。以後的談話，祇像用人工呼吸來救淹死的人，挽回不來生氣。劉小姐也沒再露臉。辭別出了門，辛楣道：“孩子們真可怕，他們嘴裏全說得出。劉小姐表面上很平靜快樂，誰想到她會哭，真是各有各的苦處，唉！”鴻漸道：“你跟范小姐是無所謂的。我承劉東方幫過忙，可是我無意在此地結婚。汪太太真是多此一舉，將來爲了這件事，劉東方準對我誤會。”辛楣輕描淡寫道：“那不至於。”接著就問鴻漸對汪太太的印象，要他幫自己推測她年齡有多少。

孫小姐和陸子瀟通信這一件事，在鴻漸心裏，彷彿在複壁裏咬東西的老鼠，擾亂了一晚上，趕也趕不出去。他險的寫信給

－263－

孫小姐，以朋友的立場忠告她交友審慎。最後算把自己勸相信
了，讓她去跟陸子瀟好，自己並沒愛上她，吃什麽隔壁醋，多管
人家閑事？全是趙辛楣不好，開玩笑開得自己心裏有了鬼，彷彿
在催眠中的人受了暗示。這種事大半是旁人說笑話，說到當局者
認真戀愛起來，自己見得多了，決不至於這樣傻。雖然如此，總
覺得吃了虧似的，恨孫小姐而且鄙視她。不料下午打門進來的就
是她，鴻漸見了她面，心裏的怨氣像宿霧見了朝陽，消散淨盡。
她來過好幾次，從未能使他像這次的歡喜。鴻漸說，桂林回來以
後，還沒見過面呢，問她怎樣消遣這寒假的。她說，承鴻漸和辛
楣送桂林帶回的東西，早想過來謝，可是自己發了兩次燒，今天
是陪范小姐送書來的。鴻漸笑問是不是送劇本給辛楣，孫小姐笑
答是。鴻漸道：“你上去見到趙叔叔沒有？”

　　孫小姐道：“我纔不討人厭呢！我根本沒上樓。她要來看趙
先生，問我他住的是樓上樓下，第幾號房間，又不要我做嚮導。
我跟她講好，我決不陪她上樓，我也有事到這兒來。”

　　“辛楣未必感謝你這位嚮導。”

　　“那太難了！”孫小姐說話時的笑容，表示她並不以爲做人很
難——“她昨天晚上回來，我纔知道汪太太請客——”這句原
是平常的話，可是她多了心，自覺太著邊際，忙扯開問：“這位
有名的美人兒汪太太你總見過？”

　　“昨天的事是汪氏夫婦胡鬧——見過兩次了，風度還好，她
是有名的美人兒麽？我今天第一次聽到這句話。”

　　鴻漸見了她面，不大自然，手不停弄著書桌上他自德國帶
回的 Supernorma 牌四色鉛筆。孫小姐要過筆來，把紅色鉛捺出

來，在吸墨水紙板的空白上，畫一張紅嘴，相去一寸許畫十個尖而長的紅點，五個一組，代表指甲，此外的面目身體全沒有。她畫完了，說：“這就是汪太太的——的提綱。”鴻漸想一想，忍不住笑道：“真有點像，虧你想得出！”

一句話的意義，在聽者心裏，常像一隻陌生的貓到屋裏來，聲息全無，過一會兒“喵”一叫，你纔發覺它的存在。孫小姐最初說有事到教授宿舍來，鴻漸聽了並未留意。這時候，這句話在他意識裏如睡方醒。也許她是看陸子瀟來的，帶便到自己這兒坐下。心裏一陣嫉妒，像火上烤的栗子，熱極要迸破了殼。急欲探出究竟，又怕落了關切盤問的痕跡，扯淡說：“范小姐這人妙得很，我昨天還是第一次跟她接近。你們是同房，要好不要好？”

“她眼睛裏祇有汪太太，現在當然又添了趙叔叔了——方先生，你昨天得罪范小姐沒有？”

“我沒有呀，爲什麼？”

“她回來罵你——唉，該死！我搬嘴了。”

“怪事！她罵我什麼呢？”

孫小姐笑道：“沒有什麼。她說你話也不說，人也不理，祇知道吃。”

鴻漸臉紅道：“胡說，這不對。我也說話的，不過沒有多說。昨天我壓根兒是去湊數，沒有我的份兒，當然祇管吃了。”

孫小姐很快看他一眼，弄著鉛筆說：“范小姐的話，本來不算數的。她還罵你是木頭，說你頭上戴不戴帽子都不知道。”

鴻漸哈哈大笑道：“我是該罵！這事說來話長，我將來講給你聽。不過你們這位范小姐——”孫小姐抗議說范小姐不是她的——"好，好。你們這位同屋，我看不大行，專門背後罵人，辛楣真娶了她，老朋友全要斷的。她昨天也提起你。"

"她不會有好話。她説什麽？"

鴻漸躊躇，孫小姐説："我一定要知道。方先生，你告訴我，"笑意全收，甜蜜地執拗。

鴻漸見過一次她這種神情，所有温柔的保護心全給她引起來了，説："她没有多説。她並没罵你，我也記不清，好像説有人跟你通信。那是很平常的事，她就喜歡大驚小怪。"

孫小姐的怒容使鴻漸不敢看她，臉爆炸似的發紅，又像一星火落在一盆汽油面上。她把鉛筆在桌子上頓，説："混帳！我正恨得要死呢，她還替人家在外面宣傳！我非跟她算賬不可。"

鴻漸心裏的結忽然解鬆了，忙説："這是我不好了，你不要理她。讓她去造謡言得了，反正没有人會相信，我就不相信。"

"這事真討厭，我想不出一個對付的辦法。那個陸子瀟——"孫小姐對這三個字厭惡得彷彿不肯讓它們進嘴——"他去年近大考的時候忽然寫信給我，我一個字没理他，他一封一封的信來。寒假裏，他上女生宿舍來找我，硬要請我出去吃飯——"鴻漸緊張的問句："你没有去罷？"使她不自主低了頭——"我當然不會去。他這人真是神經病，還是來信，愈寫愈不成話。先一封信説，省得我回信麻煩，附一張紙，紙頭上寫著一個問題——"她臉又紅暈——"這個問題不用管它，他説假使我對這問題答案是——是肯定的，寫個算學裏的加號，把紙寄還他，否則寫個減號。最近一封信，他索性把加減號都寫好，我祗要劃掉一個就行。你瞧，不是又好氣又好笑麽？"説時，她眼睛裏含笑，嘴撅著。

鴻漸忍不住笑道："這地道是教授的情——教授寫的信了。我們在初中考'常識'這門功課，先生出的題目全是這樣的。不過他對你總是一片誠意。"

孫小姐怫然瞪眼道："誰要他對我誠意！他這種信寫個不了，給人家知道，把我也顯得可笑了。"

鴻漸老謀深算似的説："孫小姐，我替你出個主意。他前前後後給你的信，你沒有擲掉罷？沒有擲掉最好。你一股腦兒包起來，叫用人送還他。一個字兒不要寫。"

"包裹外面要不要寫他姓名等等呢？"

"也不要寫，他拆開來當然心裏明白——"心理分析學者一聽這話就知道潛意識在搗鬼，鴻漸把唐曉芙退回自己信的方法報復在旁人身上——"你乾脆把信撕碎了再包——不，不要了，這太使他難堪。"

孫小姐感激道："我照方先生的話去做，不會錯的。我真要謝謝你。我什麼事都不懂，也沒有一個人可以商量，祇怕做錯了事。我太不知道怎樣做人，做人麻煩死了！方先生，你肯教教我麼？"

這太像個無知可憐的弱小女孩兒了，辛楣説她裝傻也許是真的。鴻漸的猜疑像燕子掠過水，沒有停留。孫小姐不但向他求計，並且對他言聽計從，這使他够滿意了，心裏容不下猜疑。又講了幾句話，孫小姐説，辛楣處她今天不去了，她要先回宿舍，教鴻漸別送。鴻漸原怕招搖，不想送，給她這麼一説，祇能説："我要送送你，送你一半路，到校門口。"孫小姐站著，眼睛注視

地板道："也好，不過，方先生不必客氣罷，外面——呃——閑
話很多，真討厭！"鴻漸嚇得跳道："什麼閑話！"問完就自悔多
此一問。孫小姐訥訥道："你——你没聽見，就不用管了。再見，
我照方先生教我的話去做，"拉拉手，一笑走了。鴻漸頹然倒在
椅子裏，身上又冷又熱，像發瘧疾。想糟糕！糟糕！這"閑話"
不知道是什麼内容。兩個人在一起，人家就要造謠言，正如兩根
樹枝相接近，蜘蛛就要掛網。今天又多嘴，説了許多不必説、不
該説的話。這不是把"閑話"坐實麼？也許是自己的錯覺，孫小
姐臨走一句話説得好像很著重。她的終身大事，全該自己負責
了，這怎麼了得！鴻漸急得坐立不安，滿屋子地轉。假使不愛孫
小姐，管什麼閑事？是不是愛她——有一點點愛她呢？

　　樓梯上一陣女人笑聲，一片片脆得像養花的玻璃房子塌了，
把鴻漸的反省打斷。緊跟著辛楣的聲音："走好，別又像昨天摔
了一跤！"又是一陣女人的笑聲，樓上樓下好幾個房間忽然開門
又輕輕關門的響息。鴻漸想，范小姐真做得出，這兩陣笑就等於
在校長佈告板上向全校員生宣示她和趙辛楣是情人了。可憐的辛
楣！不知道怎樣生氣呢。鴻漸雖然覺得辛楣可憐，同時心境寬
舒，似乎關於自己的"閑話"因此減少了嚴重性。他正拿起一支
煙，辛楣没打門就進屋，搶了過去。鴻漸問他："没有送范小姐
回去？"他不理會，點煙狂吸了幾口，嚷："Damn孫柔嘉這小渾
蛋①，她跟陸子瀟有約會，爲什麼帶了范懿來！我碰見她，要罵
她個臭死。"鴻漸道："你別瞎冤枉人。你記得麼？你在船上不是

---

　　① 他媽的孫柔嘉。

七

説，借書是男女戀愛的初步麼？現在怎麼樣？哈哈，天理昭彰。"
辛楣忍不住笑道："我船上説過這話麼？反正她拿來的兩本什麼
話劇，我一個字都不要看。"鴻漸問誰寫的劇本。辛楣道："你要
看，你自己去取，兩本書在我桌子上。請你順便替我把窗子打
開。我是怕冷的，今天還生著炭盆。她一進來，滿屋子是她的脂
粉香，我簡直受不了。我想抽煙，她表示她怕聞煙味兒。我開了
一路窗。她立刻打噴嚏，嚇得我忙把窗關上。我正擔心，她不要
著了涼，我就沒有清靜了。"鴻漸笑道："我也怕暈倒，我不去
了。"便叫工友上去開窗子，把書帶下來。工友爲萬無一失起見，
把辛楣桌上六七本中西文書全搬下來了，居然没漏掉那兩本話
劇。翻開一本，扉頁上寫："給懿——作者"，下面蓋著圖章。鴻
漸道："好親熱的稱呼！"隨手翻開第二本的扉頁，大叫道："辛
楣，你看見這個没有？"辛楣道："她不許我當時看，我現在也不
要看，"説時，伸手拿過書，祇見兩行英文：

　　　　To my precious darling.

　　　　From the author①

　　辛楣"咦"了一聲，合上封面，看作者的名字，問鴻漸道：
"你知道這個人麼？"鴻漸道："我没聽説過，可能還是一位名作
家呢。你是不是要找他決鬥？"辛楣鼻子裏出冷氣，自言自語道：
"可笑！可鄙！可恨！"鴻漸道："你是跟我説話，還是在罵范懿？
她也真怪，爲什麼把人家寫了這許多話的書給你看？"辛楣的
美國鄉談又流出來了："You baby!②你真不懂她的用意？"鴻漸

①　給我的親愛的寶貝，本書作者贈。
②　你這個無知小娃娃。

道："她用意太顯然了，反教人疑心她不會這樣淺薄。"辛楣道："不管她。這都是汪太太生出來的事，'解鈴還須繫鈴人，'我明天去找她。"鴻漸道："請你也替我的事聲明一下罷。"辛楣道："你不同去麼?"鴻漸道："我不去了。我看你對汪太太有點兒迷，我勸你少去。咱們這批人，關在這山谷裏，生活枯燥，沒有正常的消遣，情感一觸即發，要避免刺激它。"辛楣臉紅道："你別胡說。這是你自己的口供，也許你看中了什麼人。"鴻漸也給他道中心病，支吾道："你去，你去，這兩本戲是不是交汪太太轉給范小姐呢?"辛楣道："那倒不行。今天就還她，不好意思。她明天不會來，總希望我去回看她，我當然不去。後天下午，我差校工直接送還她。"鴻漸想今天日子不好，這是第二個人退回東西了，一壁拿張紙包好了兩本書，鄭重交給辛楣："我犧牲紙一張。這書上面有名人手跡，教校工當心，別遺失了。"辛楣道："名人! 他們這些文人沒有一個不自以爲有名的，祇怕一個人的名氣太大，負擔不起了，還化了好幾個筆名來分。今天雖然沒做什麼事，苦可受够了，該自己慰勞一下。同出去吃晚飯，好不好!"鴻漸道："今天輪到我跟學生同吃晚飯。不過，那沒有關係，你先上館子點好了菜，我敷衍了一碗，就趕來。"

　　鴻漸自覺這一學期上課，駕輕就熟，漸漸得法。學生對他的印象也像好了些。訓導處分發給他訓導的四個學生，偶來聊天，給他許多啓示。他發現自己畢業了沒幾年，可是一做了先生，就屬於前一輩，跟現在這些學生不再能心同理同。第一，他沒有他們的興致。第二，他自信比他們知趣。他祇奇怪那些跟年輕人混的同事們，不感到老一輩的隔膜。是否他們感到了而不露出來？年齡是個自然歷程裏不能超越的事實，就像飲食男女，像死亡。有時，這種年輩意識比階級意識更鮮明。隨你政見、學說或趣味如何相同，年輩的老少總替你隱隱分了界限，彷彿磁器上的裂紋，平時一點沒有什麼，一旦受著震動，這條裂紋先擴大成裂縫。也許自己更老了十幾年，會要跟青年人混在一起，藉他們的生氣來溫暖自己的衰朽，就像物理系的呂老先生，凡有學生活動，無不參加，或者像汪處厚娶這樣一位年輕的太太。無論如何，這些學生一方面盲目得可憐，一方面眼光準確得可怕。他們的讚美，未必盡然，有時竟上人家的當；但是他們的毀罵，那簡直至公至確，等於世界末日的“最後審判”，毫無上訴重審的餘地。他們對李梅亭的厭惡不用說，甚至韓學愈也並非真正得到他們的愛戴。鴻漸身爲先生，纔知道古代中國人瞧不起蠻夷，近代西洋人瞧不起東方人，上司瞧不起下屬——不，下屬瞧不起上司，全沒有學生要瞧不起先生時那樣利害。他們的美德是公道，不是慈悲。他們不肯原諒，也許因爲他們自己不需要人原諒，不知道也需要人原諒，鴻漸這樣想。

至於鴻漸和同事們的關係，祇有比上學期壞。韓學愈彷彿脖子扭了筋，點頭勉強得很，韓太太瞪著眼遠眺鴻漸身後的背影。鴻漸雖然並不在乎，總覺不痛快；在街上走，多了一個顧忌，老遠望見他們來，就避開。陸子瀟跟他十分疏遠，大家心照不宣。最使他煩惱的是，劉東方好像冷淡了許多——汪太太做得好媒人！汪處厚對他的事十分關心，這是他唯一的安慰。他知道老汪要做文學院長，所以禮賢下士。這種抱行政野心的人最靠不住，捧他上了臺，自己未必有多大好處；彷彿洋車夫辛辛苦苦把坐車人拉到了飯店，依然拖著空車子吃西風，別想跟他進去吃。可是自己是一個無足輕重的人，居然有被他收羅的資格，足見未可妄自菲薄。老汪一天碰見他，笑說媒人的面子掃地了，怎麼兩個姻緣全沒有撮合成就。鴻漸祇有連說：「不識抬舉，不敢高攀。」汪處厚說：「你在外文系兼功課，那沒有意思。我想下學期要添一個哲學系，請你專擔任系裏的功課。」鴻漸感謝道：「現在我真是無家可歸，沿門托鉢，同事和學生全瞧不起的。」汪處厚道：「哪裏的話！不過這件事，我正在計劃之中。當然，你的待遇應該調整。」鴻漸不願太受他的栽培，說：「校長當初也答應過我，說下學期升做教授。」汪處厚道：「今天天氣很好，咱們到田野裏走一圈，好不好？或者跟我到舍間去談談，就吃便飯，何如？」鴻漸當然說，願意陪他走走。

過了溪，過了汪家的房子，有幾十株瘦柏樹，一株新倒下來的橫在地上，兩人就坐在樹身上。汪先生取出嘴裏的香煙，指路針似的向四方指點道：「這風景不壞。『閱世長松下，讀書秋樹根』；等内人有興致，請她畫這兩句詩。」鴻漸表示佩服。汪先生道：「方纔你說校長答應你升級，他怎麼跟你說的？」鴻漸道：「他沒有說得肯定，不過表示這個意思。」汪先生搖頭道：「那不算數。這種事是氣得死人的！鴻漸兄，你初回國教書，對於大學裏的情形，不甚了了。有名望的、有特殊關係的那些人當然是例外，至於一般教員的升級可以這樣說：講師升副教授容易，副教授升教授難上加難。我在華陽大學的時候，他們有這麼一比，講師比通房丫頭，教授比夫人，副教授呢，等於如夫人——」鴻漸聽得笑起來——「這一字之差，不可以道里計。丫頭收房做

姨太太，是很普通——至少在以前很普通的事；姨太太要扶正
做大太太，那是干犯綱常名教，做不得的。前清不是有副對麼？
'爲如夫人洗足；賜同進士出身。'有位我們系裏的同事，也是個
副教授，把它改了一句：'替如夫人爭氣；等副教授出頭，'哈
哈——"鴻漸道："該死！做了副教授還要受糟蹋。"——"不
過，有個辦法：粗話所謂'跳槽'。你在本校升不到教授，換個
學校就做到教授。假如本校不允許你走，而旁的學校以教授相
聘，那麼本校祇好升你做教授。旁的學校給你的正式聘書和非正
式的聘信，你愈不接受，愈要放風聲給本校當局知道，這麼一
來，你的待遇就會提高。你的事在我身上；春假以後，我叫華陽
哲學系的朋友寫封信來，託我轉請你去。我先把信給高校長看，
在旁打幾下邊鼓，他一定升你，而且全不用你自己費心。"

有人肯這樣提拔，還不自振作，那真是棄物了。所以鴻漸
預備功課，特別加料，漸漸做"名教授"的好夢。得學位是把論
文哄過自己的先生；教書是把講義哄過自己的學生。鴻漸當年沒
哄過先生，所以未得學位，現在要哄學生，不免欠缺依傍。教授
成爲名教授，也有兩個階段：第一是講義當著作，第二著作當講
義。好比初學的理髮匠先把傻子和窮人的頭作爲練習本領的試驗
品，所以講義在課堂上試用沒出亂子，就作爲著作出版；出版以
後，當然是指定教本。鴻漸既然格外賣力，不免也起名利雙收的
妄想。他見過孫小姐幾次面，沒有深談，祇知道她照自己的話，
不增不減地做了。辛楣常上汪家去，鴻漸取笑他說："小心汪處
厚吃醋。"辛楣莊嚴地說："他不像你這樣小人的心理——並且，
我去，他老不在家，祇碰到一兩次。這位老先生愛賭，常到王家

去。"鴻漸説，想來李梅亭贏了錢，不再鬧了。

　　春假第四天的晚上，跟前幾晚同樣的暖。高松年在鎮上應酬回來，醉飽逍遙，忽然動念，折到汪家去。他家屬不在此地，回到臥室冷清清的；不回去，覺得這夜還沒有完，一回去，這夜就算完了。錶上剛九點鐘，可是校門口大操場上人影都沒有。緣故是假期裏，學生回家的回家，旅行的旅行，還有些在宿舍裏預備春假後的小考。四野裏早有零零落落試聲的青蛙，高松年想這地方氣候早得很，同時聯想到去年吃的麻辣田雞。他打了兩下門，沒人來開。他記起汪家新換了用人，今天説不定是她的例假，不過這小丫頭不會出門的，便拉動門上的鈴索。這鈴索通到用人的臥室裏，裝著原準備主人深夜回來用的。小丫頭睡眼迷離，拖著鞋開門，看見是校長，把嘴邊要打的呵欠忍住，説主人不在家，到王家去的。高校長心跳，問太太呢，小丫頭説沒同去，領高校長進客堂，正要進去請太太，又摸著頭説太太好像也出去了，叫醒她關門的。高松年一陣惱怒，想："打牌！還要打牌！總有一天，鬧到學生耳朵裏去，該警告老汪這幾個人了。"他吩咐小丫頭關門，一口氣趕到王家。汪處厚等瞧是校長，窘得不得了，忙把牌收起。王太太親自送茶，把爲賭客置備的消夜點心獻呈校長。高松年一看沒有汪太太，反説："打擾！打擾！"——他並不勸他們繼續打下去——"汪先生，我有事和你商量，咱們先走一步。"出了門，高松年道："汪太太呢?"汪處厚道："她在家。"高松年道："我先到你府上去過的，那小丫頭説，她也出去了。"汪處厚滿嘴説："不會的！決不會！"來回答高松年，同時安慰自己，可是嗓子都急啞了。

　　趙辛楣嘴裏雖然硬，心裏知道鴻漸的話很對，自己該避嫌
疑。他很喜歡汪太太，因爲她有容貌，有理解，此地祇她一個女
人跟自己屬於同一社會。辛楣自信是有道德的君子，斷不鬧笑
話。春假裏他寂寞無聊，晚飯後上汪家閑談，打門不開，正想回
去。忽然門開了，汪太太自己開的，説：「這時候打門，我想沒
有別人。」辛楣道：「怎麼你自己來開？」汪太太道：「兩個用人，
一個回家去了，一個像隻鳥，天一黑就瞌睡，我自己開還比叫醒
她來開省力。」辛楣道：「天氣很好，我出來散步，走過你們府
上，就來看看你──和汪先生。」汪太太笑道：「處厚打牌去了，
要十一點鐘纔回來呢。我倒也想散散步，咱們同走。你先到門口
拉一拉鈴，把這小丫頭叫醒，我來叫她關門。外面不冷，不要添
衣服罷？」辛楣在門外黑影裏，聽她吩咐丫頭説：「我也到王先生
家去，回頭跟老爺同回家。你別睡得太死！」在散步中，汪太太
問辛楣家裏的情形，爲什麼不結婚，有過情人沒有──「一定
有的，瞞不過我。」辛楣把他和蘇文紈的事略講一下，但經不起
汪太太的鼓動和刺探，愈講愈詳細。兩人談得高興，又走到汪家
門口。汪太太笑道：「我聽話聽糊塗了，怎麼又走回來了！我也
累了，王家不去了。趙先生謝謝你陪我散步，尤其謝謝你告訴我
許多有趣的事。」辛楣這時候有點不好意思，懊悔自己太無含蓄，
和盤托出，便説：「你聽得厭倦了。這種戀愛故事，本人講得津
津有味，旁人祇覺得平常可笑。我有過經驗的。」汪太太道：「我
倒聽得津津有味，不過，趙先生，我想勸告你一句話。」辛楣催
她説，她不肯説，要打門進去，辛楣手攔住她，求她説。她踢開
腳邊的小石子，説：「你記著，切忌對一個女人説另外一個女人

好——”辛楣頭腦像被打一下的發暈，祇説出一聲“啊”！——
“尤其當了我這樣一個脾氣壞、嘴快的人，稱讚你那位小姐如何
溫柔，如何文靜——”辛楣嚷：“汪太太，你别多心！我全没有
這個意思。老實告訴你罷，我覺得你有地方跟她很像——”汪
太太半推開他攔著的手道：“胡説！胡説！誰都不會像我——”
忽然人聲已近，兩人忙分開。

　　汪處厚比不上高松年年輕腿快，趕得氣喘，兩人都一言不
發。將到汪家，高松年眼睛好，在半透明的夜色裏瞧見兩個人扭
作一團，直奔上去。汪處厚也聽到太太和男人的説話聲，眼前起
了一陣紅霧。辛楣正要轉身，肩膀給人粗暴地拉住，耳朵裏聽得
汪太太惶急的呼吸，回頭看是高松年的臉，露著牙齒，去自己的
臉不到一寸。他又怕又羞，忙把肩膀聳開高松年的手，高松年看
清是趙辛楣，也放了手，嘴裏説：“豈有此理！不堪！”汪處厚扭
住太太不放，帶著喘，文縐縐地罵：“好！好！趙辛楣，你這混
帳東西！無恥傢伙！引誘有夫之婦。你别想賴，我親眼看見
你——你抱——”汪先生氣得説不下去。辛楣挺身要講話，又
忍住了。汪太太聽懂丈夫没説完的話，使勁擺脱他手道：“有話
到裏面去講，好不好？我站著腿有點酸了，”一壁就伸手拉鈴。
她聲音異常沉著，好把嗓子裏的震顫壓下去。大家想不到她説這
幾句話，驚異得服服帖帖跟她進門，辛楣一腳踏進門，又省悟過
來，想溜走，高松年攔住他説：“不行！今天的事要問個明白。”

　　汪太太進客堂就挑最舒適的椅子坐下，叫丫頭爲自己倒杯
茶。三個男人都不坐下，汪先生踱來踱去，一聲聲歎氣，趙辛楣
低頭傻立，高校長背著手假裝看壁上的畫。丫頭送茶來了，汪太

太説：“你快去睡，沒有你的事。”她喝口茶，慢慢地説：“有什麼話要問呀？時間不早了。我沒有帶錶。辛楣，什麼時候了？”

辛楣祇當沒聽見，高松年惡狠狠地望他一眼，正要看自己的手錶，汪處厚走到圓桌邊，手拍桌子，彷彿從前法官的拍驚堂木，大吼道：“我不許你跟他説話。老實説出來，你跟他有什麼關係？”

“我跟他的關係，我也忘了。辛楣，咱們倆什麼關係？”

辛楣窘得不知所措。高松年憤怒得兩手握拳，作勢向他揮著。汪處厚重拍桌子道：“你——你快説！”偷偷地把拍痛的手掌擦著大腿。

“你要我老實説，好。可是我勸你別問了，你已經親眼看見。心裏明白就是了，還問什麼？反正不是有光榮、有面子的事，何必問來問去，自尋煩惱？真是！”

汪先生發瘋似的撲向太太，虧得高校長拉住，説：“你別氣！問他，問他。”

同時辛楣搓手懇求汪太太道：“汪太太，你別胡説，我請你——汪先生，你不要誤會，我跟你太太全沒有什麼。今天的事是我不好，你聽我解釋——”

汪太太哈哈狂笑道：“你的膽祇有芥菜子這麼大——”大拇指甲掐在食指尖上做個樣子——“就害怕到這個地步！今天你是洗不清的了，哈哈！高校長，你又何必來助興呢？吃醋沒有你的份兒呀。咱們今天索性打開天窗説亮話，嗯？高先生，好不好？”

辛楣睜大眼，望一望瑟縮的高松年，“哼”一聲，轉身就走。

汪處厚注意移在高松年身上，没人攔辛楣，祇有汪太太一陣陣神經失常的尖笑追隨他出門。

　　鴻漸在房裏還没有睡。辛楣進來，像喝醉了酒的，臉色通紅，行步摇晃，不等鴻漸開口，就説：「鴻漸，我馬上要離開這學校，不能再待下去了。」鴻漸駭異得按著辛楣肩膀，問他緣故。辛楣講給他聽，鴻漸想「糟透了」！祇能説：「今天晚上就走麽？你想到什麽地方去呢？」辛楣説，重慶的朋友有好幾封信招他，今天住在鎮上旅館裏，明天一早就動身。鴻漸知道留住他没有意思，心緒也亂得很，跟他上去收拾行李。辛楣把帶來的十幾本書給鴻漸道：「這些書我不帶走了，你將來嫌它們狼犺，就替我捐給圖書館。」冬天的被褥他也擲下。行李收拾完，辛楣道：「啊呀！有封給高松年的信没寫。你説向他請假還是辭職？請長假罷。」寫完信，交鴻漸明天派人送去。鴻漸喚醒校工來挑行李，送辛楣到了旅館，依依不捨。辛楣苦笑道：「下半年在重慶歡迎你。分别是這樣最好，乾脆得很。你回校睡罷——還有，你暑假回家，帶了孫小姐回去交給她父親，除非她不願意回上海。」鴻漸回校，一路上彷彿自己的天地裏突然黑暗。校工問他趙先生爲什麽走，他隨口説家裏有人生病。校工問是不是老太太，他忽而警悟，想趙老太太活著，不要倒她的楣，便説：「不是，是他的老太爺。」

　　明天鴻漸起得很遲，正洗臉，校長派人來請，説在臥室裏等著他。他把辛楣的信交來人先帶走，隨後就到校長臥室。高松年聽他來了，把表情整理一下，臉上堆的尊嚴厚得可以刀刮，問道：「辛楣什麽時候走的？他走以前，和你商量没有？」鴻漸道：

“他衹告訴我要走。今天一早離開這鎮上的。”高松年道：“學校想請你去追他回來。”鴻漸道：“他去意很堅決，校長自己去追，我看他也未必回來。”高松年道：“他去的緣故，你知道麼？”鴻漸道：“我有點知道。”高松年的臉像蝦蟹在熱水裏浸了一浸，説道：“那麼，我希望你爲他守秘密。説了出去，對他——呃——對學校都不大好。”鴻漸鞠躬領教，興辭而出，“phew”了一口長氣。高松年自從昨晚的事，神經特別敏鋭，鴻漸這口氣吐得太早，落在他耳朵裏。他嘴没罵出“混帳”來，他臉代替嘴表示了這句罵。

因爲學校還在假期裏，教務處並没出佈告，可是許多同事知道辛楣請長假了，都來問鴻漸。鴻漸衹説他收到家裏的急電，有人生病。直到傍晚，鴻漸纔有空去通知孫小姐，走到半路，就碰見她，説正要來問趙叔叔的事。鴻漸道：“你們消息真靈，怪不得軍事間諜要用女人。”

孫小姐道：“我不是間諜。這是范小姐告訴我的，她還説汪太太跟趙叔叔的請假有關係。”

鴻漸頓腳道：“她怎麼知道？”

“她爲趙叔叔還了她的書，跟汪太太好像吵翻了，不再到汪家去。今天中午，汪先生來個條子，説汪太太病了，請她去，去了這時候纔回來。痛罵趙叔叔，説他調戲汪太太，把她氣壞了。還説她自己早看破趙叔叔這個人不好，所以不理他。”

“哼，你趙叔叔總没叫過她 precious darling，你知道這句話的出典麼？”

孫小姐聽鴻漸講了出典，尋思説：“這靠不住，恐怕就是她自己寫的。因爲她有次問過我，'作者' 在英文裏是 author 還是 writer。"

鴻漸吐口唾沫道："真不要臉!"

孫小姐走了一段路，柔懦地說："趙叔叔走了! 祇剩我們兩個人了。"

鴻漸口吃道："他臨走對我說，假如我回家，而你也要回家，咱們可以同走。不過我是飯桶，你知道的，照顧不了你。"

孫小姐低頭低聲說："謝謝方先生。我祇怕帶累了方先生。"

鴻漸客氣道："哪裏的話!"

"人家更要說閑話了，"孫小姐依然低了頭低了聲音。

鴻漸不安，假裝坦然道："隨他們去說，祇要你不在乎，我是不怕的。"

"不知道什麼渾蛋——我疑心就是陸子瀟——寫匿名信給爸爸，造——造你跟我的謠言，爸爸寫信來問——"

鴻漸聽了，像天塌下半邊，同時聽背後有人叫："方先生，方先生!"轉身看是李梅亭陸子瀟趕來。孫小姐嚶然像醫院救護汽車的汽笛聲縮小了幾千倍，伸手拉鴻漸的右臂，彷彿求他保護。鴻漸知道李陸兩人的眼光全射在自己的右臂上，想："完了，完了。反正謠言造到孫家都知道了，隨它去罷。"

陸子瀟目不轉睛地看孫小姐，呼吸短促。李梅亭陰險地笑，說："你們談話真密切，我叫了幾聲，你全没聽見。我要問你，辛楣什麼時候走的——孫小姐，對不住，打斷你們的情話。"

鴻漸不顧一切道："你知道是情話，就不應該打斷。"

李梅亭道："哈，你們真是得風氣之先，白天走路還要勾了手，給學生好榜樣。"

鴻漸道："訓導長尋花問柳的榜樣，我們學不來。"

李梅亭臉色白了一白，看風便轉道："你最喜歡說笑話。別扯淡，講正經話，你們什麼時候請我們吃喜酒啦？"

鴻漸道："到時候不會漏掉你。"

孫小姐遲疑地說："那麼咱們告訴李先生——"李梅亭大聲叫，陸子瀟尖聲叫："告訴什麼？訂婚了？是不是？"

孫小姐把鴻漸勾得更緊，不回答。那兩人直嚷："恭喜，恭喜！孫小姐恭喜！是不是今天求婚的？請客！"強逼握手，還講了許多打趣的話。

鴻漸如在雲裏，失掉自主，儘他們拉手拍肩，隨口答應了請客，兩人纔肯走。孫小姐等他們去遠了，道歉說："我看見他們兩個人，心裏就慌了，不知怎樣纔好。請方先生原諒——剛纔說的話，不當真的。"

鴻漸忽覺身心疲倦，沒精神對付；攬著她手說："我可句句當真。也許正是我所要求的。"

孫小姐不作聲，好一會，說："希望你不至於懊悔，"仰面像等他吻，可是他忘掉吻她，衹說："希望你不懊悔。"

春假最後一天，同事全知道方鴻漸訂婚，下星期要請客了。李梅亭這兩日切切私講的話，比一年來向學生的諄諄訓導還多。他散佈了這消息，還說："準出了亂子了，否則不會肯訂婚的。你們瞧，訂婚之後馬上就會結婚。其實何必一番手腳兩番做呢？乾脆同居得了。咱們不管，反正多吃他一頓。我看，結婚禮送小孩子衣服，最用得著。哈哈！不過，這事有關學校風紀，我將來

要喚起校長的注意，我管訓導，有我的職責，不能祇顧到我和方
鴻漸的私交，是不是？我和他們去年一路來，就覺得路數不對，
祇有陸子瀟是個大冤桶！哈哈。"因此，吃訂婚喜酒那一天，許
多來賓研究孫小姐身體的輪廓。到上了甜菜，幾位女客惡意地強
迫孫小姐多吃，尤其是韓太太連說："Sweets to the sweet"。①少
不了有人提議請他們報告戀愛經過，他們當然不肯。李梅亭藉酒
蒙臉，說："我來替他們報告。"鴻漸警戒地望著他說："李先生，
'倷是好人！'"梅亭愣了愣，頓時記起那蘇州寡婦，呵呵笑道：
"諸位瞧他發急得叫我'好人'，我就做好人，不替你報告——子
瀟，該輪到你請吃喜酒了。"子瀟道："遲一點結婚好。早結了
婚，不到中年就要鬧離婚的。"大家說他開口不吉利，罰酒一杯，
鴻漸和孫小姐也給來賓灌醉了。

　　那天被請而不來的，有汪氏夫婦和劉氏夫婦。劉東方因爲
妹妹婚事沒成功，很怪鴻漸。本來他有計劃，春假後舉行個英文
作文成績展覽會，藉機把鴻漸改筆的疏漏公之於衆。不料學生大
多數對自己的卷子深藏若虛，不肯拿出來獻醜。同時辛楣已經離
校，萬一鴻漸生氣不教英文，沒人會來代他。大丈夫能屈能伸，
他讓鴻漸教完這學期。假如韓太太給他大女兒的襯衫和皮鞋不是
學期將完纔送來，他和韓家早可以講和，不必等到下學期再把鴻
漸的功課作爲還禮了。汪處厚不再請同事和校長到家去吃飯，劉
東方怨他做媒不盡力，趙辛楣又走了，汪派無形解散，他準備辭
職回成都。高校長雖然是鴻漸訂婚的證人，對他並不滿意。李梅

---

①　甜蜜的人吃甜蜜的東西。

亭關於結婚的預言也没有證實。湊巧陸子瀟到鴻漸房裏看見一本
《家庭大學叢書》（*Home University Library*）小冊子，是拉斯
基（Laski）所作的時髦書《共産主義論》，這原是辛楣丢下來
的。陸子瀟的外國文雖然跟重傷風人的鼻子一樣不通，封面上
Communism 這個字是認識的，觸目驚心。他口頭通知李訓導
長，李訓導長書面呈報高校長。校長説："我本來要升他一級，
誰知道他思想有問題，下學期祇能解聘。這個人倒是可造之才，
可惜！可惜！"所以鴻漸連"如夫人"都做不穩，祇能"下堂"。
他臨走把辛楣的書全送給圖書館，那本小冊子在内。韓學愈得到
鴻漸停聘的消息，拉了白俄太太在家裏跳躍得像青蛙和蛤蚤，從
此他的隱事不會被個中人揭破了。他在七月四日——大考結束
的一天——晚上大請同事，請帖上太太出面，借口是美國國慶，
這當然證明他太太是貨真價實的美國人。否則她怎會這樣念念不
忘她的祖國呢？愛國情緒是假冒不來的。太太的國籍是真的，先
生的學籍還會假嗎？

八

西洋趕驢子的人，每逢驢子不肯走，鞭子沒有用，就把一串胡蘿蔔掛在驢子眼睛之前、唇吻之上。這笨驢子以爲走前一步，蘿蔔就能到嘴，於是一步再一步繼續向前，嘴愈要咬，腳愈會趕，不知不覺中又走了一站。那時候它是否吃得到這串蘿蔔，得看驢夫的高興。一切機關裏，上司駕馭下屬，全用這種技巧；譬如高松年就允許鴻漸到下學年升他爲教授。自從辛楣一走，鴻漸對於升級這胡蘿蔔，眼睛也看飽了，嘴忽然不饞了，想暑假以後另找出路。他祇準備聘約送來的時候，原物退還，附一封信，痛痛快快批評校政一下，算是臨別贈言，藉此發洩這一年來的氣憤。這封信的措詞，他還沒有詳細決定，因爲他不知道校長室送給他怎樣的聘約。有時他希望聘約依然是副教授，回信可以理直氣壯，責備高松年失信。有時他希望聘約升他做教授，這麼一來，他的信可以更漂亮了，表示他的不滿意並非出於私怨，完全爲了公事。不料高松年省他起稿子寫信的麻煩，乾脆不送聘約給他。孫小姐倒有聘約的，薪水還升了一級。有人說這是高松年開的玩笑，存心拆開他們倆。高松年自己說，這是他的秉公辦理，

八

決不爲未婚夫而使未婚妻牽累——"別說他們還沒有結婚，就是結了婚生了小孩子，丈夫的思想有問題，也不能'罪及妻孥'，在二十世紀中華民國辦高等教育，這一點民主作風應該具備。"鴻漸知道孫小姐收到聘約，忙仔細打聽其他同事，纔發現下學年聘約已經普遍發出，連韓學愈的洋太太都在敬聘之列，祇有自己像伊索寓言裏那隻沒尾巴的狐狸。這氣得他頭腦發燒，身體發冷。計劃好的行動和説話，全用不著，悶在心裏發酵。這比學生唸熟了書，到時忽然考試延期，更不痛快。高松年見了面，總是笑容可掬，若無其事。辦行政的人有他們的社交方式。自己人之間，什麼臭架子、壞脾氣都行；笑容愈親密，禮貌愈周到，彼此的猜忌或怨恨愈深。高松年的工夫還沒到家，他的笑容和客氣彷彿劣手仿造的古董，破綻百出，一望而知是假的。鴻漸幾次想質問他，一轉念又忍住了。在吵架的時候，先開口的未必佔上風，後閉口纔算勝利。高松年神色不動，準是成算在胸，自己冒失尋釁，萬一下不來臺，反給他笑，鬧了出去，人家總説姓方的飯碗打破，老羞成怒。還他一個滿不在乎，表示飯碗並不關心，這倒是挽回面子的妙法。吃不消的是那些同事的態度。他們彷彿全知道自己解聘，但因爲這事並未公開，他們的同情也祇好加上封套包裹，遮遮掩掩地奉送。往往平日很疏遠的人，忽來拜訪。他知道他們來意是探口氣，便一字不提，可是他們精神和説話裏包含的惋惜，總像聖誕老人放在襪子裏的禮物，送了纔肯走。這種同情比笑罵還難受，客人一轉背，鴻漸咬牙來個中西合璧的咒罵："To Hell 滾你媽的蛋！"

孫柔嘉在訂婚以前，常來看鴻漸；訂了婚，祇有鴻漸去看她，她輕易不肯來。鴻漸最初以爲她祇是個女孩子，事事要請教自己；訂婚以後，他漸漸發現她不但很有主見，而且主見很牢固。她聽他說準備退還聘約，不以爲然，說找事不容易，除非他另有打算，別逞一時的意氣。鴻漸問道："難道你喜歡留在這地方？你不是一來就說要回家麼？"她說："現在不同了。祇要咱們兩個人在一起，什麼地方都好。"鴻漸看未婚妻又有道理，又有情感，自然歡喜，可是並不想照她的話做。他覺得雖然已經訂婚，和她還是陌生得很。過去沒有訂婚經驗——跟周家那一回事不算數的——不知道訂婚以後的情緒，是否應當像現在這樣平淡。他對自己解釋，熱烈的愛情到訂婚早已是頂點，婚一結一切了結。現在訂了婚，彼此間還留著情感發展的餘地，這是椿好事。他想起在倫敦上道德哲學一課，那位山羊鬍子的哲學家講的話："天下祇有兩種人。譬如一串葡萄到手，一種人挑最好的先吃，另一種人把最好的留在最後吃。照例第一種人應該樂觀，因爲他每吃一顆都是吃剩的葡萄裏最好的；第二種人應該悲觀，因爲他每吃一顆都是吃剩的葡萄裏最壞的。不過事實上適得其反，緣故是第二種人還有希望，第一種人祇有回憶。"從戀愛到白頭偕老，好比一串葡萄，總有最好的一顆，最好的祇有一顆，留著做希望，多少好？他嘴快把這些話告訴她，她不作聲。他和她講話，她回答的都是些"唔"，"哦"。他問她爲什麼不高興，她說並未不高興。他說："你瞞不過我。"她說："你知道就好了。我要回宿舍了。"鴻漸道："不成，你非講明白了不許走。"她說："我偏要走。"鴻漸一路上哄她，求她，她纔說："你希望的好葡萄在後面呢，我們是壞葡萄，別倒了你的胃口。"他急得跳腳，說她胡鬧。她説：“我早知道你不是真的愛我，否則你不會有那種離奇的思想。”他賠小心解釋了半天，她臉色和下來，甜甜一笑道：“我是個死心眼兒，將來你討厭——”鴻漸吻她，把她這句話有效地截斷，然後説：“你今天真是顆酸葡萄。”她强迫鴻漸説出來他過去的戀愛。他不肯講，經不起她一再而三地逼，講了一點。她嫌不够，鴻漸像被强盜拷打招供資產的財主，又陸續吐露些。她還嫌不詳細，説：“你這人真不爽快！我會吃這種隔了年的陳醋麽？我聽著好玩兒。”鴻漸瞧她臉頰微紅，嘴邊强笑，自幸見機得早，隱匿了一大部分的情節。她要看蘇文紈和唐曉芙的照相，好容易纔相信鴻漸處真沒有她們的像片，她説：“你那時候總記日記的，一定有趣得很，帶在身邊沒有？”鴻漸直嚷道：“豈有此理！我又不是范懿認識的那些作家、文人，爲什麽戀愛的時候要記日記？你不信，到我臥室裏去搜。”孫小姐道：“聲音放低一點，人家全聽見了，有話好好地説。祇有我哪！受得了你這樣粗野，你倒請什麽蘇小姐呀、唐小姐呀來試試看。”鴻漸生氣不響，她注視著他的臉，笑説：“跟我生氣了？爲什麽眼睛望著別處？是我不好，逗你。道歉！道歉！”

　　所以，訂婚一個月，鴻漸彷彿有了個女主人，雖然自己沒給她訓練得馴服，而對她訓練的技巧甚爲佩服。他想起趙辛楣説這女孩子利害，一點不錯。自己比她大了六歲，世事的經驗多得多，已經是前一輩的人，祇覺得她好玩兒，一切都縱容她，不跟她認真計較。到聘書的事發生，孫小姐慷慨地説：“我當然把我的聘書退還——不過你何妨直接問一問高松年，也許他無心漏掉你一張。你自己不好意思，託旁人轉問一下也行。”鴻漸不聽她的話，她後來知道聘書並非無心遺漏，也就不勉強他。鴻漸開玩笑說：“下半年我失了業，咱們結不成婚了。你嫁了我要挨餓的。”她說：“我本來也不要你養活。回家見了爸爸，請他替你想個辦法。”他主張索性不要回家，到重慶找趙辛楣——辛楣進了國防委員會，來信頗爲得意，比起出走時的狼狽，像換了一個人。不料她大反對，說辛楣和他不過是同樣地位的人，求他薦事，太丟臉了；又說三閭大學的事，就是辛楣薦的，“替各系打雜，教授都没爬到，連副教授也保不住，辛楣薦的事好不好？”鴻漸侚促道：“給你這麼一說，我的地位更不堪了。請你説話留點體面，好不好？”孫小姐説，無論如何，她要回去看她父親母親一次，他也應該見見未來的丈人丈母。鴻漸説，就在此地結了婚罷，一來省事，二來旅行方便些。孫小姐沉吟説：“這次訂婚已經没得到爸爸媽媽的同意，幸虧他們喜歡我，一點兒不爲難。結婚總不能這樣草率了，要讓他們作主。你别害怕，爸爸不凶的，他會喜歡你。”鴻漸忽然想起一件事，説：“咱們這次訂婚，是你父親那封信促成的。我很想看看，你什麼時候把它揀出來。”孫小姐愣愣的眼睛裏發問。鴻漸輕輕擰她鼻子道：“怎麼忘了？就是那封講起匿名信的信。”孫小姐扭頭抖開他的手道：“討厭！鼻子都給你擰紅了。那封信？那封信我當時看了，一生氣，就把它撕了——唔，我倒真應該保存它，現在咱們不怕謠言了，”説完緊握著他的手。

　　辛楣在重慶得到鴻漸訂婚的消息，就寄航空快信道賀。鴻漸把這信給孫小姐看，她看到最後半行：“弟在船上之言驗矣，呵呵。又及，”就問他在船上講的什麼話。鴻漸現在新訂婚，朋友自然疏了一層，把辛楣批評的話一一告訴。她聽得怒形於色，可是不發作，祇說："你們這些男人全不要臉，動不動就說女人看中你們，自己不照照鏡子，真無恥！也許陸子瀟逢人告訴我怎樣看中他呢！我也算倒楣，辛楣一定還有講我的壞話，你說出來。"鴻漸忙扯淡完事。她反對託趙辛楣謀事，這可能是理由。鴻漸說這次回去，不走原路了，乾脆從桂林坐飛機到香港，省吃許多苦，託辛楣設法買飛機票。孫小姐極贊成。辛楣回信道：他母親七月底自天津去香港，他要迎接她到重慶，那時候他們湊巧可以在香港小敍。孫小姐看了信，皺眉道："我不願意看見他，他要開玩笑的。你不許他開玩笑。"鴻漸笑道："第一次見面少不了要開玩笑的，以後就沒有了。現在你還怕他什麼？你升了一輩，他該叫你世嫂了。"

　　鴻漸這次走，沒有一個同事替他餞行。既然校長不高興他，大家也懶跟他聯絡。他不像能夠飛黃騰達的人——"孫柔嘉嫁給他，真是瞎了眼睛，有後悔的一天"——請他吃的飯未必像扔在尼羅河裏的麵包，過些日子會加了倍浮回原主。並且，請吃飯好比播種子：來的客人裏有幾個是吃了不還請的，例如最高上司和低級小職員；有幾個一定還席的，例如地位和收入相等的同僚，這樣，種一頓飯可以收穫幾頓飯。鴻漸地位不高，又不屬於任何系，平時無人結交他，他也祇跟辛楣要好，在同事裏沒撒播飯種子。不過，鴻漸飯雖沒到嘴，謝飯倒謝了好幾次。人家問了他的行期，就惋惜說："怎麼？走得那麼匆促！餞行都來不及。糟糕！偏偏這幾天又碰到大考，忙得沒有工夫，孫小姐，勸他遲幾天走，大家從從容容敍一敍——好，好，遵命，那麼就欠禮

了。你們回去辦喜事，早點來個通知，別瞞人哪！兩個人新婚快
樂，把這兒的老朋友全忘了，那不行！哈哈。"高校長給省政府
請到省城去開會，大考的時候纔回校，始終沒正式談起聘書的
事。鴻漸動身前一天，到校長室秘書處去請發旅行證件，免得路
上軍警麻煩，順便見校長辭行，高松年還沒到辦公室呢。他下午
再到秘書處領取證件，一問校長早已走了。一切機關的首長上辦
公室，本來像隆冬的太陽或者一生裹的好運氣，來得很遲，去得
很早。可是高松年一向勤敏，鴻漸猜想他怕自己、躲避自己，氣
憤裹又有點得意。他訓導的幾個學生，因爲當天考試完了，晚上
有工夫到他房裹來話別。他感激地喜歡，纔明白貪官下任，還要
地方挽留，獻萬民傘、立德政碑的心理。離開一個地方就等於死
一次，自知免不了一死，總希望人家表示願意自己活下去。去後
的毀譽，正跟死後的哀榮一樣關心而無法知道，深怕一走或一
死，像洋蠟燭一滅，留下的祇是臭味。有人送別，彷彿臨死的人
有孝子順孫送終，死也安心閉眼。這些學生來了又去，暫時的熱
鬧更增加他的孤寂，輾轉半夜睡不著。雖然厭惡這地方，臨走時
偏有以後不能再來的悵戀，人心就是這樣捉摸不定的。去年來的
時候，多少同伴，現在祇兩個人回去，幸而有柔嘉，否則自己失
了業，一個人走這條長路，真沒有那勇氣。想到此地，鴻漸心里
像冬夜縮成一團的身體稍覺溫暖，祇恨她不在身畔。天沒亮，轎
夫和挑夫都來了；已是夏天，趁早涼，好趕路。服侍鴻漸的校
工，穿件汗衫，睡眼矇矓送到大門外看他們上轎，一手緊握著鴻
漸的賞錢，準備轎子走了再數。范小姐近視的眼睛因睡眠不足而
愈加迷離，以爲會碰見送行的男同事，臉上胡亂塗些胭脂，勾了

孫小姐的手，從女生宿舍送她過來。孫小姐也依依惜別，捨不下
她。范小姐看她上轎子，祝他們倆一路平安，說一定把人家寄給
孫小姐的信轉到上海，"不過，這地址怎麼寫法？要開方先生府
上的地址了，"說時格格地笑。孫小姐也說一定有信給她。鴻漸
暗笑女人真是天生的政治家，她們倆背後彼此誹謗，面子上這樣
多情，兩個政敵在香檳酒會上碰杯的一套工夫，怕也不過如此。
假使不是親耳朵聽見她們的互相刻薄，自己也以爲她們真是好朋
友了。

　　轎夫到鎮上打完早尖，抬轎正要上路，高松年的親隨趕來，
滿額是汗，把大信封一個交給鴻漸，說奉校長命送來的。鴻漸以
爲是聘書，心跳得要衝出胸膛，忙拆信封，裏面祇是一張信箋，
一個紅紙袋。信上說，這一月來校務紛繁，沒機會與鴻漸細談，
前天剛自省城回來，百端待理，鴻漸又行色匆匆，未能餞別，抱
歉之至；本校暫行緩辦哲學系，留他在此，實屬有屈，所以寫信
給某某兩個有名學術機關，推薦他去做事，一有消息，決打電報
到上海；禮券一張，是結婚的賀儀，尚乞哂納。鴻漸沒看完，就
氣得要下轎子跳罵，忍耐到轎夫走了十里路休息，把一個紙團交
給孫小姐，說："高松年的信，你看！誰稀罕他送禮。到了衡陽，
我掛號退還去。好得很！我正要寫信罵他，祇恨沒有因頭，他這
封來信給我一個回信痛罵的好機會。"孫小姐道："我看他這封信
也是一片好意。你何必空做冤家？罵了他於你有什麼好處？也許
他真把你介紹給人了呢？"鴻漸怒道："你總是一片大道理，就不
許人稱心傻幹一下。你愈有道理，我偏不講道理。"孫小姐道：
"天氣熱得很，我已經口渴了，你別跟我吵架。到衡陽還有四天

呢，到那時候你還要寫信罵高松年，我決不阻止你。"鴻漸深知到那時候自己保不住給她感化得回信道謝，所以愈加悻悻然，不替她倒水，祇把行軍熱水瓶摲給她，一壁說："他這個禮也送得豈有此理。咱們還沒挑定結婚的日子，他爲什麼信上說我跟你'嘉禮完成'，他有用意的，我告訴你。因爲你我同路走，他想——"孫小姐道："別説了！你這人最多心，多的全是邪心！"說時把高松年的信仍團作球形，扔在田岸旁的水潭裏。她剛喝了熱水，臉上的紅到上轎還没褪。

　　爲了飛機票，他們在桂林一住十幾天，快樂得不像人在過日子，倒像日子溜過了他們兩個人。兩件大行李都交給辛楣介紹的運輸公司，據說一個多月可運到上海。身邊旅費充足，多住幾天，滿不在乎。上飛機前一天還是好晴天，當夜忽然下雨，早晨雨停了，有點陰霧。兩人第一次坐飛機，很不舒服，吐得像害病的貓。到香港降落，辛楣在機場迎接，鴻漸倆的精力都吐完了，表示不出久別重逢的歡喜。辛楣瞧他們臉色灰白，説："吐了麼？没有關係的。第一次坐飛機總要納點税。我陪你們去找旅館好好休息一下，晚上我替你們接風。"到了旅館，鴻漸和柔嘉急於休息。辛楣看他們祇定一間房，偷偷別著臉對墻壁伸伸舌頭，上山回親戚家裏的路上，一個人微笑，然後皺眉歎口氣。

　　鴻漸睡了一會儿，精力恢復，換好衣服，等辛楣來。孫小姐給鄰室的打牌聲，街上的木屐聲吵得没睡熟，還覺得噁心要吐，靠在沙發裏，說今天不想出去了。鴻漸發急，勸她勉強振作一下，別辜負辛楣的盛意。她教鴻漸一個人去，還說："你們兩個人有話説，我又插不進嘴，在旁邊做傻子。他没有請旁的女客，今天多我一個人，少我一個人，全無關係。告訴你罷，他請客的館子準闊得很，我衣服都沒有，去了丟臉。"鴻漸道："我不知道你那麼虛榮！那件花綢的旗袍還可以穿。"孫小姐笑道："我還沒花你的錢做衣服，已經挨你罵虛榮了，將來好好的要你替我付裁縫賬呢！那件旗袍太老式了，我到旅館來的時候，一路上看見街上女人的旗袍，袖口跟下襟又短了許多。我白皮鞋也沒有，這時候去買一雙，我又怕動，胃裏還不舒服得很。"辛楣來了，知道孫小姐有病，忙說吃飯改期。她不許，硬要他們兩人出去吃。辛楣釋然道："方——呃——孫小姐，你真好！將來一定是大賢大德的好太太，換了旁的女人，要把鴻漸看守得牢牢的，決不讓他行動自由。鴻漸，你暫時捨得下她麼？老實說，別背後怨我老趙把你們倆分開。"鴻漸懇求地望著孫小姐道："你真不需要我陪你？"孫小姐瞧他的神情，強笑道："你儘管去，我又不生什麼大病——趙先生，我真抱歉——"辛楣道："哪裏的話！今天我是虛邀，等你身體恢復了，過天好好地請你。那麼，我帶他走了。一個半鐘頭以後，我把他送回來，原物奉還，決無損失，哈哈！鴻漸，走！不對，你們也許還有個情人分別的簡單儀式，我先在電梯邊等你——"鴻漸拉他走，說"別胡鬧"。

辛楣在美國大學政治系當學生的時候，旁聽過一門"外交心理學"的功課。那位先生做過好幾任公使館參贊，課堂上說：美國人辦交涉請吃飯，一坐下去，菜還沒上，就開門見山談正經；歐洲人吃飯時祇談不相干的廢話，到吃完飯喝咖啡，纔言歸正傳。他問辛楣，中國人怎樣，辛楣傻笑回答不來。辛楣也有正經話跟鴻漸講，可是今天的飯是兩個好朋友的歡聚，假使把正經話留在席上講，殺盡了風景。他出了旅館，說："你有大半年沒吃西菜了，我請你吃奥國館子。路不算遠，時間還早，咱們慢慢走去，可以多談幾句。"鴻漸衹說出："其實你何必破費，"正待說："你氣色比那時候更好了，是要做官的!"辛楣咳聲乾嗽，目不斜視，說："你們爲什麼不結了婚再旅行?"

鴻漸忽然想起一路住旅館都是用"方先生與夫人"名義的，今天下了飛機，頭暈腦脹，沒理會到這一點，衹私幸辛楣在走路，不會看見自己發燒的臉，忙說："我也這樣要求過，她死不肯，一定要回上海結婚，說她父親——"

"那麼，你太 weak，"辛楣自以爲這個英文字嵌得非常妙。不愧外交詞令：假使鴻漸跟孫小姐並無關係，這個字就說他拿不定主意，結婚與否，全聽她擺佈；假使他們倆不出自己所料，but the flesh is weak①，這個字不用說是含蓄渾成，最好沒有了。

鴻漸像已判罪的犯人，無從抵賴，索性死了心讓臉穩定地去紅罷，囁嚅道："我也在後悔。不過，反正總要回家的。禮節手續麻煩得很，交給家裏去辦罷。"

"孫小姐是不是嘔吐，吃不下東西?"

鴻漸聽他說話轉換方向，又放了心，說："是呀! 今天飛機震盪得利害。不過，我這時候倒全好了。也許她累了，今天起得太早，昨天晚上我們兩人的東西都是她理的。辛楣，你記得麼? 那一次在汪家吃飯，范懿造她謡言，說她不會收拾東西——"

----

① 太不够堅强。給肉慾擺佈了——下一句是成語。

八

"飛機震盪應該過了。去年我們同路走，汽車那樣顛簸，她從没吐過。也許有旁的原因罷？我聽説要吐的——"跟著一句又輕又快的話——"當然我並没有經驗，"毫無幽默地强笑一聲。

鴻漸没料到辛楣又回到那個問題，彷彿躲空襲的人以爲飛機去遠了，不料已經轉到頭上，轟隆隆投彈，嚇得忘了羞憤，祇説："那不會！那不會!"同時心裏害怕，知道那很會。

辛楣咀嚼著煙斗柄道："鴻漸，我和你是好朋友，我雖然不是孫小姐法律上的保護人，總算受了她父親的委托——我勸你們兩位趕快用最簡單的手續結婚，不必到上海舉行儀式。反正你們的船票要一個星期以後纔買得到，索性多住四五天，就算度蜜月，乘更下一條船回去。旁的不説，回家結婚，免不了許多親戚朋友來吃喜酒，這筆開銷就不小。孫家的景況，我知道的，你老太爺手裏也未必寬裕，可省爲什麼不省？何必要他們主辦你們的婚事？"除掉經濟的理由以外，他還歷舉其他利害，證明結婚愈快愈妙。鴻漸給他説得服服帖帖，彷彿一重難關打破了，説："回頭我把這個意思對柔嘉説。費你心打聽一下，這兒有没有註册結婚，手續繁不繁。"

辛楣自覺使命完成，非常高興。吃飯時，他要了一瓶酒，説："記得那一次你給我灌醉的事麼？哈哈！今天灌醉了你，對不住孫小姐的。"他問了許多學校裏的事，歎口氣道："好比做了一場惡夢——她怎麼樣？"鴻漸道："誰？汪太太？聽説她病好了，我没到汪家去過。"辛楣道："她也真可憐——"瞧見鴻漸臉上醖釀著笑容，忙説——"我覺得誰都可憐，汪處厚也可憐，我也可憐，孫小姐可憐，你也可憐。"鴻漸大笑道："汪氏夫婦可憐，這道理我明白。他們的婚姻不會到頭的，除非汪處厚快死，準鬧離婚。你有什麼可憐？家裏有錢，本身做事很得意，不結婚是你自己不好，別説范懿，就是汪太太——”辛楣喝了酒，臉紅已到極點，聽了這話，並不更紅，祇眼睛躲閃似的眨了一眨——“好，我不説下去。我失了業，當然可憐；孫小姐可憐，是不是因爲她錯配了我？”辛楣道：“不是不是。你不懂。”鴻漸道：“你何妨説。”辛楣道：“我不説。”鴻漸道：“我想你新近有了女朋友了。”辛楣道：“這是什麼意思？”鴻漸道：“因爲你説話全是小妞兒撒嬌的作風，準是受了什麼人的熏陶。”辛楣道：“混帳！那麼，我就説啦，啊？我不是跟你講過，孫小姐這人很深心麼？你們這一次，照我第三者看起來，她煞費苦心——”鴻漸意識底一個矇矓睡熟的思想像給辛楣這句話驚醒——“不對，不對，我喝醉了，信口胡説，鴻漸，你不許告訴你太太。我真糊塗，忘了現在的你不比從前的你了，以後老朋友説話也得分個界限，”説時，把手裏的刀在距桌寸許的空氣裏劃一劃。鴻漸道：“給你説得結婚那麼可怕，真是衆叛親離了。”辛楣笑道：“不是衆叛親離，是你們自己離親叛衆。這些話不再談了。我問你，你暑假以後有什麼計劃？”鴻漸告訴他準備找事。辛楣説，國際局勢很糟，歐洲免不了一打，日本是軸心國，早晚要牽進去的，上海天津香港全不穩，所以他把母親接到重慶去，“不過你這一次怕要在上海待些時候了。你願意不願意到我從前那個報館去做幾個月的事？有個資料室主任要到內地去，我介紹你頂他的缺，酬報雖然不好，你可以兼個差。”鴻漸真心感謝。辛楣問他身邊錢够不够。鴻漸説結婚總要花點錢，不知道够不够。辛楣説，他肯

借。鴻漸道："借了要還的。"辛楣道："後天我交一筆款子給你，
算是我送的賀儀，你非受不可。"鴻漸正熱烈抗議，辛楣截住他
道："我勸你別推。假使我也結了婚，那時候，要借錢給朋友都
沒有自由了。"鴻漸感動得眼睛一陣潮潤，心裏鄙夷自己，想要
感激辛楣的地方不知多少，倒是為了這幾個錢下眼淚，知道辛楣
不願意受謝，便說："聽你言外之意，你也要結婚了，別瞞我。"
辛楣不理會，叫西崽把他的西裝上衣取來，掏出皮夾，開礦似的
發掘了半天，鄭重揀出一張小像片，上面一個兩目炯炯的女孩
子，表情非常嚴肅。鴻漸看了嚷道："太好了！太好了！是什麼
人？"辛楣取過像片，端詳著，笑道："你別稱讚得太熱心，我聽
了要吃醋的，咱們從前有過誤會。看朋友情人的照相，客氣就夠
了，用不到熱心。"鴻漸道："豈有此理！她是什麼人？"辛楣道：
"她父親是先父的一位四川朋友，這次我去，最初就住在他家
裏。"鴻漸道："照你這樣，上代是朋友，下代結成親眷，交情一
輩子沒有完的時候。好，咱們將來的兒女——"孫小姐的病徵
冒上心來，自覺說錯了話——"唔——我看她年輕得很，是不
是在唸書？"辛楣道："好好的文科不唸，要學時髦，去唸什麼電
機工程，唸得叫苦連天。放了暑假，報告單來了，倒有兩門功課
不及格，不能升班，這孩子又要面子，不肯轉系轉學。這麼一
來，不唸書了，願意跟我結婚了。哈哈，真是個傻孩子。我倒要
謝謝那兩位給她不及格的先生。我不會再教書了，你假如教書，
對女學生的分數批得緊一點，這可以促成無數好事，造福無量。"
鴻漸笑說，怪不得他要接老太太進去。辛楣又把像片看一看，放
進皮夾，看手錶，嚷道："不得了，過了時候，孫小姐要生氣

了!"手忙腳亂算了賬,一壁説:"快走! 要不要我送你回去,當
面點交?"他們進飯館,薄暮未昏,還是試探性的夜色,出來的
時候,早已妥妥帖帖地是夜了。可是這是亞熱帶好天氣的夏夜,
夜得坦白淺顯,没有深沉不可測的城府,就彷彿讓導演莎士比亞
《仲夏夜之夢》的人有一個背景的榜樣。辛楣看看天道:"好天
氣! 不知道重慶今天晚上有没有空襲,母親要嚇得不敢去了。我
回去開無綫電,聽聽消息。"

　　鴻漸吃得很飽,不會講廣東話,怕跟洋車夫糾纏,一個人
慢慢地踱回旅館。辛楣這一席談,引起他許多思緒。一個人應該
得意,得意的人談話都有精彩,譬如辛楣。自己這一年來,牢騷
滿腹,一觸即發;因爲一向不愛聽人家發牢騷,料想人家也未必
愛聽自己的牢騷,留心管制,像狗戴了嘴罩,談話都不痛快。照
辛楣講,這戰事祇會擴大拖長,又新添了家累,假使柔嘉的病真
給辛楣猜著了——鴻漸愧怕得遍身微汗,念頭想到別處——辛
楣很喜歡那個女孩子,這一望而知的,但是好像並非熱烈的愛,
否則,他講她的語氣,不會那樣幽默。他對她也許不過像自己對
柔嘉,可見結婚無需太偉大的愛情,彼此不討厭已經够結婚資本
了。是不是都因爲男女年齡的距離相去太遠? 但是去年對唐曉芙
呢? 可能就爲了唐曉芙,情感都消耗完了,不會再擺佈自己了。
那種情感,追想起來也可怕,把人擾亂得做事吃飯睡覺都没有心
思,一刻都不饒人,簡直就是神經病,真要不得! 不過,生這種
病有它的快樂,有時寧可再生一次病。鴻漸歎口氣,想一年來,
心境老了許多,要心靈壯健的人纔會生這種病,譬如大胖子纔會
腦充血和中風,貧血營養不足的瘦子是不配的。假如再大十幾

歲，到了回光返照的年齡，也許又會愛得如儍如狂了，老頭子戀愛聽說像老房子著了火，燒起來沒有救的。像現在平平淡淡，情感在心上不成爲負擔，這也是頂好的，至少是頂舒服的。快快行了結婚手續完事。辛楣說柔嘉"煞費苦心"，也承她瞧得起這自己，應當更憐惜她。鴻漸纔理會，撇下她孤單單一個人太長久了，趕快跑回旅館。經過水菓店，買了些鮮荔枝和龍眼。

鴻漸推開房門，裏面電燈滅了，祇有走廊裏的燈射進來一條光。他帶上門，聽柔嘉不作聲，以爲她睡熟了，放輕腳步，想把水菓擱在桌子上，沒留神到當時自己坐的一張椅子，孤零零地離桌幾尺，並未搬回原處。一腳撞翻了椅子，撞痛了腳背和膝蓋，嘴裏罵："渾蛋，誰坐了椅子沒搬好！"同時想糟糕，把她吵醒了。柔嘉自從鴻漸去後，不舒服加上寂寞，一肚子的怨氣，等等他不來，這怨氣放印子錢似的本上生利，祇等他回來了算賬。她聽見鴻漸開門，賭氣不肯先開口。鴻漸撞翻椅子，她險的笑出聲，但一笑這氣就洩了，幸虧忍住並不難。她刹那間還打不定主意：一個是說自己眼巴巴等他到這時候，另一個是說自己好容易睡著又給他鬧醒——兩者之中，哪一個更理直氣壯呢？鴻漸翻了椅子，不見動靜，膽小起來，想柔嘉不要暈過去了，忙開電燈。柔嘉在黑暗裏睡了一個多鐘點，驟見燈光，張不開眼，抬一抬眼皮又閉上了，側身背著燈，呼口長氣。鴻漸放了心，纔發現絲襯衫給汗濕透了，一壁脫外衣，關切地說："對不住，把你鬧醒了。睡得好不好？身體覺得怎麼樣？"

"我矇矓要睡，就給你乒乒乓乓嚇醒了。這椅子是你自己坐的，還要罵人！"

　　她這幾句話是面著壁說的，鴻漸正在掛衣服，沒聽清楚，回頭問："什麼？"她翻身向外道："唉！我累得很，要我提高了嗓子跟你講話，實在沒有那股勁，你省省我的氣力罷——"可是事實上她把聲音提高了一個音鍵——"這張椅子，是你搬在那兒的。辛楣一來，就像閻王派來的勾魂使者，你什麼都不管了。這時候自己冒失，倒怪人呢。"

　　鴻漸聽語氣不對，抱歉道："是我不好，我腿上的皮都擦破了一點——"這"苦肉計"並未產生效力——"我出去好半天了，你真的沒有睡熟？吃過東西沒有？這鮮荔枝——"

　　"你也知道出去了好半天麼？反正好朋友在一起，吃喝玩樂，整夜不回來也由得你，我一個人死在旅館裏都沒人來理會，"她說時嗓子哽咽起來，又回臉向裏睡了。

　　鴻漸急得坐在牀邊，伸手要把她頭回過來，說："我出去得太久了，請你原諒，噲，別生氣。我也是你教我出去，纔出去的——"

　　柔嘉掀開他手道："我現在教你不要把汗手碰我，聽不聽我的話？嚇，我叫你出去！你心上不是要出去麼？我留得住你？留住你也沒有意思，你留在旅館裏準跟我找岔子生氣。"

　　鴻漸放手，氣鼓鼓坐在那張椅子裏道："現在還不是一樣的吵嘴！你要我留在旅館裏陪你，為什麼那時候不老實說，我又不是你肚子裏的蛔蟲，知道你存什麼心思！"

　　柔嘉回過臉來，幽遠地說："你真是愛我，不用我說，就會知道。唉！這是勉強不來的。要等我說了，你纔體貼到，那就算了！一個陌生人跟我一路同來，看見我今天身體不舒服，也不肯撇下我一個人好半天。哼，你還算是愛我的人呢!"

鴻漸冷笑道:"一個陌生人肯對你這樣，早已不陌生了，至少也是你的情人。"

"你別捉我的錯字，也許她是個女人呢?我寧可跟女人在一起的，你們男人全不是好人，祇要哄得我們讓你們稱了心，就不在乎了。"

這幾句話觸起鴻漸的心事，他走近牀畔，說:"好了，別吵了。以後打我撞我，我也不出去，寸步不離地跟著你，這樣總好了。"

柔嘉臉上微透笑影，說:"別說得那樣可憐。你的好朋友已經說我把你鈎住了，我再不讓你跟他出去，我的名氣更不知怎樣壞呢。告訴你罷，這是第一次，我還對你發脾氣，以後我知趣不開口了，隨你出去了半夜三更不回來。免得討你們的厭。"

"你對辛楣的偏見太深。他倒一片好意，很關心咱們倆的事。你現在氣平了沒有?我有幾句正經話跟你講，肯聽不肯聽?"

"你說罷，聽不聽由我——是什麼正經話，要把臉板得那個樣子?"她忍不住笑了。

"你會不會有了孩子，所以身體這樣不舒服?"

"什麼?胡說!"她脆快地回答——"假如真有了孩子，我不饒你!我不饒你!我不要孩子。"

"饒我不饒我是另外一件事，咱們不得不有個準備，所以辛楣勸我和你快結婚——"

柔嘉霍地坐起，睜大眼睛，臉全青了:"你把咱們的事告訴了趙辛楣?你不是人!你不是人!你一定向他吹——"說時手使勁拍著牀。

鴻漸嚇得倒退幾步道："柔嘉，你別誤會，你聽我解釋——"

"我不要聽你解釋。你欺負我，我從此沒有臉見人，你欺負我！"說時又倒下去，兩手按眼，胸脯一聳一聳地哭。

鴻漸的心不是雨衣的材料做的，給她的眼淚浸透了，忙坐在她頭邊，拉開她手，替她拭淚，帶哄帶勸。她哭得累了，纔收淚讓他把這件事說明白。她聽完了，啞聲說："咱們的事，不要他來管，他又不是我的保護人。祇有你不爭氣把他的話當聖旨，你要聽他的話，你一個人去結婚得了，別勉强我。"鴻漸道："這些話不必談了，我不聽他的話，一切隨你作主——我買給你吃的荔枝，你還沒有吃呢，要吃麼？好，你睡著不要動，我剝給你吃——"說時把茶几跟字紙簍移近牀前——"我今天出去回來都沒坐車，這東西是我省下來的車錢買的。當然我有錢買水菓，可是省下錢來買，好像那纔算得真正是我給你的。"柔嘉淚漬的臉溫柔一笑道："那幾個錢何必去省它，自己走累了犯不著。省下來幾個車錢也不夠買這許多東西。"鴻漸道："這東西討價也並不算貴，我還了價，居然買成了。"柔嘉道："你這人從來不會買東西。買了貴東西還自以爲便宜——你自己吃呢，不要盡給我吃。"鴻漸道："因爲我不能幹，所以娶你這一位賢內助呀！"柔嘉眼瞟他道："內助沒有朋友好。"鴻漸道："啊喲，你又來了！朋友祇好絕交。你既然不肯結婚，連內助也沒有，真是'賠了夫人又折朋'。"柔嘉道："別胡說。時候不早了，我下午沒睡著，晚上又等你——我眼睛哭腫了沒有？明天見不得人了！給我面鏡子。"鴻漸瞧她眼皮果然腫了，不肯老實告訴，祇說："祇腫了一點點，全沒有關係，好好睡一覺腫就消了——咦，何必起來照鏡子呢！"柔嘉道："我總要洗臉漱口的。"鴻漸洗澡回室，柔嘉已經躺下。鴻漸問："你睡的是不是剛纔的枕頭？上面都是你的眼淚，潮濕得很，枕了不舒服。你睡我的枕頭，你的濕枕頭讓我睡。"柔嘉感激道："傻孩子，枕頭不用換的。我早把它翻過來，換一面睡了——你腿上擦破皮的地方，這時候痛不痛？我起來替你包好它。"鴻漸洗澡時，腿浸在肥皂水裹，現在傷處星星作痛，可是他說："早好了，一點兒不痛。你放心快睡罷。"柔嘉說："鴻漸，我給你說得很擔心，結婚的事隨你去辦罷。"鴻漸沖洗過頭髮，正在梳理，聽見這話，放下梳子，彎身吻她額道："我知道你是最講理、最聽話的。"柔嘉快樂地歎口氣，轉臉向裹，沉沉睡熟了。

　　以後這一星期，兩人忙得失魂落魄，這件事做到一半，又想起那件事該做。承辛楣的親戚設法幫忙，註册結婚沒發生問題。此外寫信通知家裏要錢，打結婚戒指，做一身新衣服，進行註册手續，到照相館借現成的禮服照相，請客，搬到較好的旅館，臨了還要寄像片到家裏，催款子。雖然很省事，兩人身邊的錢全花完了，虧得辛楣送的厚禮。鴻漸因爲下半年職業尚無著落，暑假裏又沒有進款，最初不肯用錢，衣服就主張不做新的，做新的也不必太好。柔嘉說她不是虛榮浪費的女人，可是終身大典，一生祇有一次，該像個樣子，已經簡陋得無可簡陋了，做了質料好的衣服明年也可以穿的。兩人忙碌壞了脾氣，不免爭執。柔嘉發怒道："我本來不肯在這兒結婚，這是你的主意，你要我那天打扮得像叫花婆麼？這兒舉目無親，一切事都要自己去辦，

商量的人都沒有，別說幫忙！我麻煩死了！家裏人手多，錢也總
有辦法。爸爸媽媽爲我的事，準備一筆款子。你也可以寫信問你
父親要錢。假如咱們在上海結婚，你家裏就一個錢不花麼？咱們
那次訂婚已經替家裏省了不少事了。”鴻漸是留學生，知道西洋
流行的三 P 運動（Poor Pop Pays）；做兒子的平時吶喊著“獨立
自主”，到花錢的時候，逼老頭子掏腰包。他聽從她的話，寫信
給方遯翁。柔嘉看了信稿子，嫌措詞不够明白懇摯，要他重寫，
還說：“怎麼你們父子間這樣客氣，一點不親熱的？我跟我爸爸
寫信從不起稿子！”他像初次發表作品的文人給人批評了一頓，
氣得要投筆焚稿，不肯再寫。柔嘉説：“你不寫就不寫，我不稀
罕你家的錢，我會寫信給我爸爸。”她寫完信，問他要不要審查，
他拿過來看，果然語氣親熱，紙上的“爸爸”“媽媽”寫得如聞
其聲。結果他也把信發了，沒給柔嘉看。後來她知道是虛驚，埋
怨鴻漸説，都是他偏聽辛楣的話，這樣草草結婚，反而惹家裏的
疑心。可是家信早發出去，一切都預備好，不能臨時取消。結婚
以後的幾天，天天盼望家裏回信，遠不及在桂林時的無憂無慮。
方家孫家陸續電匯了錢來，回上海的船票辛楣替他們定好。趙老
太太也到了香港，不日飛重慶。開船前兩天，鴻漸夫婦上山去看
辛楣，一來拜見趙老太太，二來送行，三來辭行，四來還船票等
等的賬。

　　他們到了辛楣所住的親戚家裏，送進名片，辛楣跑出來，
看門的跟在後面。辛楣滿口的“嫂夫人勞步，不敢當”。柔嘉微

---

① 可憐的爸爸爲孩子們付賬。

笑抗議說："趙叔叔別那樣稱呼，我當不起。"辛楣道："沒有這個
道理——鴻漸，你來得不巧。蘇文紈在裏面。她這兩天在香港，
知道我母親來了，今天剛來看她。你也許不願意看見蘇文紈，所
以我趕出來向你打招呼。不過，她知道你在外面。"鴻漸漲紅臉，
望著柔嘉說："那麼咱們不進去罷，就託辛楣替咱們向老伯母說
一聲。辛楣，買船票的錢還給你。"辛楣正推辭，柔嘉說："既然
來了，總要見見老伯母的——"她今天穿了新衣服來的，膽氣
大壯，並且有點好奇。鴻漸雖然怕見蘇文紈，也觸動了好奇心。
辛楣領他們進去。進客堂以前，鴻漸把草帽掛在架子上的時候，
柔嘉打開手提袋，照了照鏡子。

　蘇文紈比去年更時髦了，臉也豐腴得多。旗袍攙合西式，
緊俏伶俐，袍上的花紋是淡紅淺綠橫條子間著白條子，花得像歐
洲大陸上小國的國旗。手邊茶几上擱一頂闊邊大草帽，當然是她
的，襯得柔嘉手裏的小陽傘落伍了一個時代。鴻漸一進門，老遠
就深深鞠躬。趙老太太站起來招呼，文紈安坐著輕快地說："方
先生，好久不見，你好啊？"辛楣說："這位是方太太。"文紈早
看見柔嘉，這時候彷彿聽了辛楣的話纔發現她似的，對她點頭
時，眼光從頭到腳瞥過。柔嘉經不起她這樣看一遍，侷促不安。
文紈問辛楣道："這位方太太是不是還是那家什麼銀行？錢莊？
唉！我記性真壞——經理的小姐？"鴻漸夫婦全聽清了，臉同時
發紅，可是不便駁答，因爲文紈問的聲音低得似乎不準備給他們
聽見。辛楣一時候不明白，衹說："這是我一位同事的小姐，上
禮拜在香港結婚的。"文紈如夢方覺，自驚自歎道："原來又是一
位——方太太，你一向在香港的，還是這一次從外國回來經過

香港？"鴻漸緊握椅子的靠手，防自己跳起來。辛楣暗暗搖頭。柔嘉祇能承認，並非從外國進口，而是從內地出口。文紈對她的興趣頓時消滅，跟趙老太太繼續談她們的話。趙老太太說她有生以來，第一次坐飛機，預想著就害怕。文紈笑道："伯母，你有辛楣陪你，怕些什麽！我一個人飛來飛去就五六次了。"趙老太太說："怎麽你們先生就放心你一個人來來去去麽？"文紈道："他在這兒有公事分不開身呀！他陪我飛到重慶去過兩次，第一次是剛結了婚去見家父——他本來今天要同我一起來拜見伯母的，帶便看看辛楣——"辛楣道："不敢當。我還是你們結婚這一天見過曹先生的。他現在沒有更胖罷？他好像比我矮一個頭，容易見得胖。在香港沒有關係，要是在重慶，管理物資糧食的公務員發了胖，人家就開他玩笑了。"鴻漸今天來了第一次要笑，文紈臉色微紅，趙老太太沒等她開口，就說："辛楣，你這孩子，三十多歲的人了，還愛胡說。這個年頭兒，發胖不好麽？我就嫌你太瘦。文紈小姐，做母親的人總覺得兒子不够胖的。你氣色好得很，看著你，我眼睛都舒服。你家老太太看見你準心裏喜歡。你回去替我們問候曹先生，他公事忙，千萬不要勞步。"文紈道："他偶爾半天不到辦公室，也沒有關係。不過今天他向辦公室也請了假，昨天喝醉了。"趙老太太婆婆媽媽地說："酒這個東西傷身得很，你以後勸他少喝。"文紈眼鋒掠過辛楣臉上，回答說："他不會喝的，不像辛楣那樣洪量，威斯忌一喝就是一瓶——"辛楣聽了上一句，向鴻漸偷偷做個鬼臉，要對下一句抗議都來不及——"他是給人家灌醉的。昨天我們大學同班在此地做事的人開聚餐會，帖子上寫明'攜眷'；他算是我的'眷'，我帶了他

去，人家把他灌醉了。"鴻漸忍不住問："咱們一班有多少人在香
港？"文紈道："喲！方先生，我忘了你也是我們同班，他們没發
帖子給你罷？昨天祇有我一個人是文科的，其餘都是理工法商的
同學。"辛楣道："你瞧，你多神氣！現在祇有學理工法商的人走
運，學文科的人窮得都没有臉見人，不敢認同學了。虧得有你，
撑撑文科的場面。"文紈道："我就不信老同學會那麽勢利——你
不是法科麽？要講走運，你也走運，"説時勝利地笑。辛楣道：
"我比你們的曹先生，就差得太遠。開同學會都是些吃飽了飯
没事幹的人跟闊同學拉手去的。看見不得意的同學，問一聲'你
在什麽地方做事'，不等回答，就伸長耳朵收聽闊同學的談話了。
做學生的時候，開聯歡會還有點男女社交的作用，我在美國，人
家就把留學生的夏令會，説是'三頭會議'：出風頭，充冤大頭，
還有——呃——情人做花頭——"大家都笑了，趙老太太笑得
帶嗆，不許辛楣胡説。文紈笑得比人家短促，説："你自己也參
加夏令會的，你別賴，我看見過那張照相，你是三頭裏什麽頭？"
辛楣回答不出。文紈拍手道："好！你説不出來了。伯母，我看
辛楣近來没有從前老實，心眼也小了許多，恐怕他這一年來結交
的朋友有關係——"柔嘉注視鴻漸，鴻漸又緊握著椅子的靠
手——"伯母，我明天不送你上飛機了，下個月在重慶見面。
那一包小東西，我回頭派用人送來；假如伯母不方便帶，讓他原
物帶轉得了。"她站起來，提了大草帽的緌，彷彿希臘的打獵女
神提著盾牌，叮囑趙老太太不要送，對辛楣説："我要罰你，罰
你替我拿那兩個紙盒子，送我到門口。"辛楣瞧鴻漸夫婦站著，
防她無禮不理他們，説："方先生方太太也在招呼你呢，"文紈纔

對鴻漸點點頭，伸手讓柔嘉拉一拉，姿態就彷彿伸指頭到熱水裏去試試燙不燙，臉上的神情彷彿跟比柔嘉高出一個頭的人拉手，眼光超越柔嘉頭上。然後她親熱地說：“伯母再見，”對辛楣似喜似嗔望一眼，辛楣忙抱了那個盒子跟她出去。

　　鴻漸夫婦跟趙老太太敷衍，等辛楣進來了，起身告辭。趙老太太留他們多坐一會，一壁埋怨辛楣道：“你這孩子又發傻勁，何苦去損她的先生？”鴻漸暗想，蘇文紈也許得意，以爲辛楣未能忘情、發醋勁呢。辛楣道：“你放心，她決不生氣，祇要咱們替她帶私貨就行了。”辛楣要送他們到車站，出了門，說：“蘇文紈今天太豈有此理，對你們無禮得很。”鴻漸故作豁達道：“沒有什麼。人家是闊小姐闊太太，這點點神氣應該有的——”他沒留心柔嘉看他一眼——“你說‘帶私貨’，是怎麼一回事？”辛楣道：“她每次飛到重慶去，總帶些新出的化妝品、藥品、高跟鞋、自來水筆之類去送人，也許是賣錢，我不清楚。”鴻漸驚異得要叫起來，纔知道高高蕩蕩這片青天，不是上帝和天堂的所在了，祇供給投炸彈、走單幫的方便，一壁說：“怪事！我真想不到！她還要做生意麼？我以爲祇有李梅亭這種人帶私貨！她不是女詩人麼？白話詩還做不做？”辛楣笑道：“不知道。她真會經紀呢！她剛纔就勸我母親快買外匯，我看女人全工於心計的。”柔嘉沉著臉，祇當沒聽見。鴻漸道：“我胡說一句，她好像跟你很——唔——很親密。”辛楣臉紅道：“她知道我也在重慶，每次來總找我。她現在對我祇有比她結婚以前對我好。”鴻漸鼻子裏出冷氣，想說：“怪不得你要有張護身照片，”可是沒有說。辛楣頓一頓，眼望遠處，說：“方纔我送她出門，她說她那兒還保存我許多信——那些信我全忘了，上面不知道胡寫些什麼——她説她下個月到重慶來，要把信帶還我。可是，她又不肯把信全數還給我，她説信上有一部分的話，她現在還可以接受。她要當我的面，一封一封地檢，挑她現在不能接受的信還給我。你説可笑不可笑?"説完，不自然地笑。柔嘉冷靜地問："她不知道趙叔叔要訂婚了罷?"辛楣道："我没告訴她，我對她泛泛得很。"送鴻漸夫婦上了下山的纜車，辛楣回家路上，忽然明白了，歎氣道："祇有女人會看透女人。"

鴻漸悶悶上車。他知道自己從前對不住蘇文紈，今天應當受她的怠慢，可氣的是連累柔嘉也遭了欺負。當時爲什麼不諷刺蘇文紈幾句，倒低頭忍氣盡她放肆? 事後追想，真不甘心。不過，受她冷落還在其次，祇是這今昔之比使人傷心。兩年前，不，一年前跟她完全是平等的。現在呢，她高高在上，跟自己的地位簡直是雲泥之別。就像辛楣罷，承他瞧得起，把自己當朋友，可是他也一步一步高上去，自己要仰攀他，不比從前那樣分庭抗禮了。鴻漸鬱勃得心情像關在黑屋裏的野獸，把牆壁狠命地撞、抓、打，但找不著出路。柔嘉見他不開口，忍住也不講話。回到旅館，茶房開了房門，鴻漸脱外衣、開電扇，張臂當風説："回來了，唉!"

"身體是回來了，靈魂恐怕早給情人帶走了，"柔嘉毫無表情地加上兩句按語。

鴻漸當然説她"胡説"。她冷笑道："我纔不胡説呢。上了纜車，就像木頭人似的，一句話也不説，全忘了旁邊還有個我。我知趣得很，決不打攪你，看你什麼時候跟我説話。"

“現在我不是跟你説話了？我對今天的事一點不氣——”

“你怎麼會氣？你祇有稱心。”

“那也未必，我有什麼稱心？”

“看見你從前的情人糟蹋你現在的老婆，而且當著你那位好朋友的面，還不稱心麼！”柔嘉放棄了嘲諷的口吻，坦白地憤恨説——“我早告訴你，我不喜歡跟趙辛楣來往。可是我説的話有什麼用？你要去，我敢説‘不’麼？去了就給人家瞧不起，給人家笑——”

“你這人真蠻不講理。不是你自己要進去麼？事後倒推在我身上？並且人家並沒有糟蹋你，臨走還跟你拉手——”

柔嘉怒極而笑道：“我太榮幸了！承貴夫人的玉手碰了我一碰，我這隻賤手就一輩子的香，從此不敢洗了！‘沒有糟蹋我！’哼，人家打到我頭上來，你也會好像沒看見的，反正老婆是該受野女人欺負的。我看見自己的丈夫給人家笑罵，倒實在受不住，覺得我的臉都剝光了。她説辛楣的朋友不好，不是指的你麼？”

“讓她去罵。我要回敬她幾句，她纔受不了呢。”

“你爲什麼不回敬她？”

“何必跟她計較？我祇覺得她可笑。”

“好寬宏大量！你的好脾氣、大度量，爲什麼不留點在家裏，給我享受享受？見了外面人，低頭賠笑；回家對我，一句話不投機，就翻臉吵架。人家看方鴻漸又客氣，又有耐心，不知道我受你多少氣。祇有我哪，換了那位貴小姐，你對她發發脾氣看——”她頓一頓，説：“當然娶了那種稱心如意的好太太，脾氣也不至於發了。”

她的話一部分是真的，加上許多調味的作料。鴻漸沒法回駁，氣吽吽望著窗外。柔嘉瞧他說不出話，以爲最後一句話刺中他的隱情，嫉妒得坐立不安，管制了自己聲音裏的激動，冷笑著自言自語道：“我看破了，全是吹牛，全——是——吹——牛。”

鴻漸回身問：“誰吹牛？”

“你呀。你說她從前如何愛你，要嫁給你，今天她明明和趙辛楣好，正眼都沒瞧你一下。是你追求她沒追到罷！男人全這樣吹的。”鴻漸對這種“古史辯”式的疑古論，提不出反證，祇能反復說：“就算我吹牛，你看破好了，就算我吹牛。”柔嘉道：“人家多少好！又美，父親又闊，又有錢，又是女留學生，假如我是你，她不看中我，我還要跪著求呢，何況她居然垂青——”鴻漸眼睛都紅了，粗暴地截斷她話：“是的！是的！人家的確不要我。不過，也居然有你這樣的女人千方百計要嫁我。”柔嘉圓睜兩眼，下唇咬得起一條血痕，顫聲說：“我瞎了眼睛！我瞎了眼睛！”

此後四五個鐘點裏，柔嘉並未變成瞎子，而兩人同變成啞子，吃飯做事，誰都不理誰。鴻漸自知說話太重，心裏懊悔，但一時上不願屈服。下午他忽然想起明天要到船公司憑收據去領船票，這張收據是前天辛楣交給自己的，忘掉擱在什麼地方了，又不肯問柔嘉。忙翻箱子，掏口袋，找不見那張收條，急得一身身的汗像長江裏前浪沒過、後浪又滾上來。柔嘉瞧他搔汗濕的頭髮，摸漲紅的耳朵，便問：“找什麼？是不是船公司的收據？”鴻漸驚駭地看她，希望頓生，和顏悅色道：“你怎麼猜到的？你看見沒有？”柔嘉道：“你放在那件白西裝的口袋裏的——”鴻漸頓腳道：“該死該死！那套西裝我昨天交給茶房送到乾洗作去的，怎麽辦呢？我快趕出去。”柔嘉打開手提袋，道：“衣服拿出去洗，自己也不先理一理，隨手交給茶房！虧得我替你檢了出來，還有一張爛鈔票呢。”鴻漸感激不盡道：“謝謝你，謝謝你——”柔嘉道：“好容易千方百計嫁到你這樣一位丈夫，還敢不小心伺候麽？”說時，眼圈微紅。鴻漸打拱作揖，自認不是，要拉她出去吃冰。柔嘉道：“我又不是小孩子，你別把吃東西來哄我。‘千方百計’那四個字，我到死都忘不了的。”鴻漸把手按她嘴，不許她歎氣。結果，柔嘉陪他出去吃冰。柔嘉吸著橘子水，問蘇文紈從前是不是那樣打扮。鴻漸說：“三十歲的奶奶了，衣服愈來愈花，誰都要暗笑的，我看她遠不如你可愛。”柔嘉搖頭微笑，表示不能相信而很願意相信她丈夫的話。鴻漸道：“你聽辛楣說她現在變得多少俗，從前的風雅不知哪裏去了，想不到一年工夫會變得唯利是圖，全不像個大家閨秀。”柔嘉道：“也許她並沒有變，她父親知道是什麽貪官，女兒當然有遺傳性的。一向她的本性潛伏在裏面，現在她嫁了人，心理發展完全，就本相畢現了。俗沒有關係，我覺得她太賤。自己有了丈夫，還要跟辛楣勾搭，什麽大家閨秀！我猜是小老婆的女兒罷。像我這樣一個又醜又窮的老婆，雖然討你的厭，可是安安分分，不會出你的醜的；你娶了那一位小姐，保不住祇替趙辛楣養個外室了。”鴻漸明知她說話太刻毒，祇能唯唯附和。這樣作踐著蘇文紈，他們倆言歸於好。

這次吵架像夏天的暴風雨，吵的時候很利害，過得很快。可是從此以後，兩人全存了心，管制自己，避免說話衝突。船上

八

第一夜，兩人在甲板上乘涼。鴻漸道：「去年咱們第一次同船到內地去，想不到今年同船回來，已經是夫婦了。」柔嘉拉他手代替回答。鴻漸道：「那一次我跟辛楣在甲板上講的話，你聽了多少？説老實話。」柔嘉撒手道：「誰有心思來聽你們的話！你們男人在一起講的話全不中聽的。後來忽然聽見我的名字，我害怕得直想逃走——」鴻漸笑道：「你爲什麼不逃呢？」柔嘉道：「名字是我的，我當然有權利聽下去。」鴻漸道：「我們那天沒講你的壞話罷？」柔嘉瞥他一眼道：「所以我上了你的當。我以爲你是好人，誰知道你是最壞的壞人。」鴻漸拉她手代替回答。柔嘉問今天是八月幾號，鴻漸説二號。柔嘉歎息道：「再過五天，就是一周年了！」鴻漸問什麼一周年，柔嘉失望道：「你怎麼忘了！咱們不是去年八月七號的早晨趙辛楣請客認識的麼？」鴻漸慚愧得比忘了國慶日和國恥日都利害，忙説：「我記得。你那天穿的什麼衣服我都記得。」柔嘉心慰道：「我那天穿一件藍花白底子的衣服，是不是？我倒不記得你那天是什麼樣子，沒有留下印象，不過那個日子當然記得的。這是不是所謂‘緣分’，兩個陌生人偶然見面，慢慢地要好？」鴻漸發議論道：「譬如咱們這次同船的許多人，沒有一個認識的。不知道他們的來頭，爲什麼不先不後也乘這條船，以爲這次和他們聚在一起是出於偶然。假使咱們熟悉了他們的情形和目的，就知道他們乘這隻船並非偶然，和咱們一樣有非乘不可的理由。這好像開無綫電。你把針在面上轉一圈，聽見東一個電臺半句京戲，西一個電臺半句報告，忽然又是半句外國歌啦，半句昆曲啦，雞零狗碎，湊在一起，莫名其妙。可是每一個破碎的片段，在它本電臺廣播的節目裏，有上文下文，並非胡鬧。你祇要認定一個電臺聽下去，就了解它的意義。我們彼此往來也如此，相知不深的陌生人——”柔嘉打個面積一方寸的大呵欠。像一切人，鴻漸恨旁人聽自己說話的時候打呵欠，一年來在課堂上變相催眠的經驗更增加了他的恨，他立刻閉嘴。柔嘉道歉道：“我累了，你講下去呢。”鴻漸道：“累了快去睡，我不講了。”柔嘉怨道：“好好的講咱們兩個人的事，爲什麼要扯到全船的人，整個人類?”鴻漸恨恨道：“跟你們女人講話祇有講你們自己，此外什麼都不懂！你先去睡罷，我還要坐一會呢。”柔嘉怏怏不睬地走了。鴻漸抽了一支煙，氣平下來，開始自覺可笑。那一段議論真像在臺上的演講；教書不到一年，這習慣倒養成了，以後要留心矯正自己，怪不得陸子瀟做了許多年的教授，求婚也像考試學生了。不過，柔嘉也太任性。她常怪自己對別人有講有說，回來對她倒沒有話講，今天跟她長篇大章地談論，她又打呵欠，自己家信裏還讚美她如何柔順呢！

　　鴻漸這兩天近鄉情怯，心事重重。他覺得回家並不像理想那樣的簡單。遠別雖非等於暫死，至少變得陌生。回家祇像半生的東西回鍋，要煮一會纔會熟。這次帶了柔嘉回去，更要費好多時候來和家裏適應。他想得心煩，怕去睡覺——睡眠這東西脾氣怪得很，不要它，它偏會來，請它，哄它，千方百計勾引它，它拿身份躲得影子都不見。與其熱枕頭上翻來覆去，還是甲板上坐坐罷。柔嘉等丈夫來講和，等好半天他不來，也收拾起怨氣睡了。

九

　　鴻漸讚美他夫人柔順，是在報告訂婚的家信裏。方遯翁看完信，叫得像母雞下了蛋，一分鐘內全家知道這消息。老夫婦驚異之後，繼以懊惱。方老太太尤其怪兒子冒失，怎麼不先徵求父母同意就訂婚了。遯翁道："咱們盡了做父母的責任了，替他攀過周家的女兒。這次他自己作主，好呢再好沒有，壞呢將來不會怨到爹娘。你何必去管他們？"方老太太道："不知道那位孫小姐是個什麼樣子，鴻漸真糊塗，照片也不寄一張！"遯翁向二媳婦手裏要過信來看道："他信上説她'性情柔順'。"像一切教育程度不高的人，方老太太對於白紙上寫的黑字非常迷信，可是她起了一個人文地理的疑問："她是不是外省人？外省人的脾氣總帶點兒蠻，跟咱們合不來的。"二奶奶道："不是外省人，是外縣人。"遯翁道："祇要鴻漸覺得她柔順，就好了。唉，現在的媳婦，你還希望她對你孝順麼？這不會有的了。"二奶奶三奶奶彼此做個眼色，臉上的和悅表情同時收斂。方老太太道："不知道孫家有沒有錢？"遯翁笑道："她父親在報館裏做事，報館裏的人會敲竹槓，應當有錢罷，呵呵！我看老大這個孩子，癡人多福。

第一次訂婚的周家很有錢，後來看中蘇鴻業的女兒，也是有錢有勢的人家。這次的孫家，我想不會太糟。無論如何，這位小姐是大學畢業，也在外面做事，看來能够自立的。"遯翁這幾句話無意中替柔嘉樹了兩個仇敵；二奶奶和三奶奶的娘家景況平常，她們祇在中學唸過書。

鴻漸在香港來信報告結婚，要父親寄錢，遯翁看後，又驚又怒，立刻非常沉默。他跟方老太太關了房門，把信研究半天。方老太太怪柔嘉引誘兒子，遯翁也對自由戀愛和新式女人發表了不恭敬的意見。但他是一家之主，覺得家裏任何人丟臉，就是自己丟臉，家醜不但不能外揚，而且不能內揚，要替大兒子大媳婦在他們兄弟姊娌之間遮隱。他叮囑方老太太別對二媳婦三媳婦提起這件事，歎氣道："兒女真是孽債，一輩子要爲他們操心。娘，你何必生氣呢？他們還知道要結婚，這就是了。"吃晚飯時，遯翁笑得相當自然，說："老大今天有信來，他們到了香港了。同走的幾位朋友裏，有人要在香港結婚，老大看了眼紅，也要同時跟孫小姐舉行婚禮。年輕人做事總是一窩蜂似的，喜歡湊熱鬧。他信上還說省我的錢，省我的事呢，這也算他體恤咱們了，娘，是不是？"等大家驚歎完畢，他繼續說："鵬圖鳳儀結婚的費用，全是我負擔的。現在結婚還要像從前在家鄉那樣的排場，我開支不起了。鴻漸省得我掏腰包，我何樂而不爲？可是，鵬圖，你明天替我電匯給他一筆錢，表示我對你們三兄弟一視同仁，免得將來老大怪父母不公平。"晚飯吃完，遯翁出坐時，又說："他這個辦法很好。每逢結婚，兩個當事人無所謂，倒是旁人替他們忙。假如他在上海結婚，我和娘不用說，就是你們夫婦也要忙得焦頭爛額。現在大家都方便。"他自信這幾句話,點明利害,兒子媳婦們不會起疑了。他當天日記上寫道:"漸兒香港來書,云將在港與孫柔嘉女士完姻,蓋軫念時艱家毀,所以節用省事也。其意可嘉,當寄款玉成其事。"三奶奶回房正在洗臉,二奶奶來了,低聲說:"聽見沒有?我想這事不妙呀。從香港到上海這三四天的工夫都等不及了麼?"三奶奶不願意輸給她,便道:"他們忽然在內地訂婚,我那時候就覺得太突兀,這裏面早有毛病。"二奶奶道:"對了!我那時候也這樣想。他們幾月裏訂婚的?"兩人屈指算了一下,相視而笑。鳳儀是老實人,嚇得目瞪口呆,二奶奶笑道:"三叔,咱們這位大嫂,恐怕是方家媳婦裏破記錄的人了。"

過了幾天,結婚照片寄到。柔嘉照上的臉差不多是她理想中自己的臉,遯翁見了喜歡,方老太太也幾次三回戴上做活的眼鏡細看。鳳儀私下對他夫人說:"孫柔嘉還漂亮,比死掉的周家的女兒好得多。"三奶奶冷笑道:"照片靠不住的,要見了面纔作準。有人上照,有人不上照,很難看的人往往照相很好,你別上當。爲什麼祇照個半身?一定是全身不能照,披的紗、抱的花都遮蓋不了,我跟你打賭。嚇!我是你家明媒正娶的,現在要叫這種女人'大嫂嫂',倒盡了楣!我真不甘心。你瞧,這就是大學畢業生!"二奶奶對丈夫發表感想如下:"你留心沒有?孫柔嘉臉上一股妖氣,一看就是個邪道女人,所以會幹那種無恥的事。你父親母親一對老糊塗,倒讚她美!不是我吹牛,我家的姊妹多少正經乾淨,別說從來沒有男朋友,就是訂了婚,跟未婚夫通信爹都不許的。"鵬圖道:"老大這個岳家恐怕比不上周家。周厚卿很會投機做生意，他的點金銀行發達得很，老大和他鬧翻，真是傻瓜！我前天碰見周厚卿的兒子，從前跟老大唸過書，年紀十七八歲，已經做點金銀行的襄理了，會開汽車。我想結交他父親，把周方兩家的關係恢復，將來可以合股投資。這話你別漏出去。”

　　柔嘉不願意一下船就到婆家去，要先回娘家。鴻漸瞭解她怕生的心理，也不勉强。他知道家裏分不出屋子來給自己住，脫離周家以後住的那間房，又黑又狹，祇能擱張小牀。柔嘉也聲明過，她不會在大家庭裏做媳婦的，暫時兩人各住在自己家裏，一面找房子。他們上了岸，向大法蘭西共和國上海租界維持治安的巡警偵探們付了買路錢，贖出行李。鴻漸先送夫人到孫家；因爲汽車等著，每秒鐘都要算錢，謁見丈人丈母的禮節簡略至於極點。他獨自回家，方遯翁夫婦瞧新娘没同來，很不高興，同時又放了心：鴻漸住的那間小屋，現在給兩個老媽子睡，還没讓出來，新娘真來了，連換衣服的地方都没有。老夫婦問了兒子許多話，關於新婦以外，還有下半年的職業。鴻漸撑場面，説報館請他做資料室主任。遯翁道：“那麽，你要長住在上海了。家裏擠得很，又要費我的心，爲你就近找間房子。唉！”至親不謝，鴻漸説不出話。遯翁吩咐兒子晚上去請柔嘉明天過來吃午飯，同時間丈人丈母什麽日子方便，他要挑個飯店好好地請親家。他自負精通人情世故，笑對方老太太説：“照老式結婚的辦法，一頂轎子就把新娘抬來了，管她怕生不怕生。現在不成了，我想叫二奶奶或者三奶奶陪老大到孫家去請她，表示歡迎。這樣一來，她可以比較不陌生。”三奶奶沉著臉，二奶奶歡笑道：“好極了！咱們是要去歡迎大嫂的。明天我陪你去得了，大哥。”鴻漸忙一口謝絕。人散以後，三奶奶對二奶奶說："姐姐，你真是好脾氣！孫柔嘉是什麼東西，擺臭架子，要我們去迎接她！我纔不肯呢。"二奶奶說："她今天不肯來，是不會來的了。我猜準她快要生產了，沒有臉到婆家來，今天推明天，明天推後天，咱們索性等著雙喜進門罷。我知道老大決不讓我去的，你瞧他那時候多少著急。"三奶奶自愧不如，說："老大雖然是長子，方家的長孫總是你們阿醜了。孫柔嘉趕快生個兒子也沒有用。"二奶奶指頭點她一下道："唷！他們方家有什麼大家私可以分，這個年頭兒還講長子長孫麼？阿醜和你們阿凶不是一樣的方家孫子。老頭子幾個錢快完了，往常田裏的那筆進賬現在都落了空，老大三四個月不貼家用了，我看以後還要老頭子替他養家呢。"三奶奶歎氣道："他們做父母的心全偏到夾肢窩裏的！老大一個人大學畢業留洋，錢花得不少了，現在還要用老頭子的錢。我就不懂，他留了洋有什麼用，別說比不上二哥了，比我們老三都不如。"二奶奶道："咱們瞧女大學生'自立'罷。"二人舊嫌盡釋，親熱得有如結義姐妹（因為親生姐妹倒彼此嫉妒的），孫柔嘉做夢也沒想到她做了妯娌間的和平使者。

　　午飯後，遯翁睡午覺，老太太押著兩個滿不願意的老媽子騰房間，二奶奶三奶奶各陪小孩子睡覺。阿醜阿凶沒人照顧，便到客堂裏纏住鴻漸。阿醜問大伯伯討大伯母看，頑皮地問："大伯伯，誰是孫柔嘉？"阿凶距離鴻漸幾步，光著眼吃指頭，聽了這話，拔出指頭，刁嘴咬舌道："'孫柔嘉'不可以說的，要說'大娘'。大伯伯，我沒有說'孫柔嘉'。"鴻漸心不在焉道："你好。"阿醜討喜酒吃，鴻漸說："別吵，明天爺爺給你吃。"阿醜道：“那麼你現在給我吃塊糖。”鴻漸説：“你剛吃過飯，吃什麼糖？你没有凶弟弟乖。”阿凶又拔出指頭道：“我也要吃塊糖。”鴻漸摇頭道：“討厭死了，没有糖吃。”阿醜爬上靠窗的桌子，看街上的行人，阿凶人小，爬不上，要大伯伯抱他上去，鴻漸忙着算賬，不理他，他就哭喪著臉，嚷要撒尿。鴻漸没做過父親，毫無辦法，放下鉛筆，説：“你憋住了。我攙你上樓去找張媽，可是你上了樓不許再下來。”阿凶不願意上去，指桌子旁邊的痰盂，鴻漸説：“隨你便。”阿醜回過臉來説：“剛走過一個人，他一隻手裏拿一根棒冰，他有兩根棒冰，舐了一根，又舐一根。大伯伯，他有兩根棒冰。”阿凶聽得忘了撒尿，説：“我也要看那個人，讓我上去看。”阿醜得意道：“他走到不知哪兒去了，你看不見——大伯伯，你吃過棒冰没有？”阿凶老實説：“我要吃棒冰。”阿醜忙從桌上跳下來，也老實説：“我要吃棒冰。”鴻漸説，等張媽或孫媽收拾好房間差她去買，這時候不准吵，誰吵誰罰掉冰。阿醜問，收拾房間要多少時候。鴻漸説，至少等半個鐘頭。阿醜説：“我不吵，我看你寫字。”阿凶吃够了右手的食指，換個左手的無名指嘗新。鴻漸寫不上十個字，阿醜道：“大伯伯，半個鐘頭到了没有？”鴻漸不耐煩道：“胡説，早得很呢！”阿醜熬了一會，説：“大伯伯，你這支鉛筆好看得很。你讓我寫個字。”鴻漸知道鉛筆到他手裏，準處死刑斷頭，不肯給他。阿醜在客堂裏東找西找，發現鉛筆半寸，舊請客帖子一個，把鉛筆頭在嘴裏吮了一吮，力透紙背，寫了“大”字和“方”字，像一根根火柴搭起來的。鴻漸説：“好，好。你上去瞧張媽收拾好没有。”阿醜去了下來，説還没有呢，鴻漸道：“你祇能再等一下了。”阿醜道：“大伯伯，新娘來了，是不是住在那間房裏？”鴻漸道：“不用你管。”
阿醜道：“大伯伯，什麼叫做‘關係’？”鴻漸不懂，阿醜道：“你
是不是跟大娘在學堂裏有‘關係’的？”鴻漸拍桌跳起來道：“什
麼話？誰教你說這種話的？”阿醜嚇得臉漲得比鴻漸還紅，道：
“我——我聽見媽媽對爸爸說的。”鴻漸憤恨道：“你媽媽混帳！
你没有冰吃，罰掉你的冰！”阿醜瞧鴻漸認真，知道冰不會到嘴，
來個精神戰勝，退到比較安全的距離，說：“我不要你的冰，我
媽媽會買給我吃。大伯伯最壞，壞大伯伯，死大伯伯！”鴻漸作
勢道：“你再胡說，我打你。”阿醜歪著頭，鼓著嘴，表示倔强不
服。阿凶走近桌子說：“大伯伯，我乖，我没有說。”鴻漸道：“你
有冰吃的。別像他那樣！”阿醜聽說阿凶依然有冰吃，走上來一
手拉住他手臂，一手攤掌，說：“你昨天把我的皮球丟了，快賠
給我，我要我的皮球，這時候我要拍。”阿凶慌得叫大伯伯解圍。
鴻漸拉阿醜，阿醜就打阿凶一下耳光，阿凶大哭，撒得一地是
尿。鴻漸正罵阿醜，二奶奶下來了責備道：“小弟弟都給你們吵
醒了！”三奶奶聽見兒子的哭聲也趕下來。兩個孩子都給自己的
母親拉上去，阿醜一路上聲辯說：“爲什麼大伯伯給他吃冰，不
給我吃冰。”鴻漸掏手帕擦汗，歎口氣。想這種家庭裏，柔嘉如
何住得慣。想不到弟媳婦背後這樣糟蹋人，她們當然還有許多不
堪入耳的話，自己簡直不願意知道，阿醜那句話現在知道了都懊
悔。一向和家庭習而相忘，不覺得它藏有多少仇嫉卑鄙，現在爲
了柔嘉，稍能從局外人的立場來觀察，纔恍然明白這幾年來兄弟
妯娌甚至父子間的真情實相，自己有如蒙在鼓裏。

　　方老太太當夜翻箱倒篋，要找兩件劫餘的首飾，明天給大

媳婦作見面禮。遯翁笑她説："她們新式女人還要戴你那種老古董麼?我看算了罷。'贈人以車，不如贈人以言'；我明天倒要勸她幾句話。"方老太太結婚三十餘年，對丈夫掉的書袋，早失去索解的好奇心，祇懂最後一句，忙説："你明天説話留神。他們過去的事，千萬別提。"遯翁怫然道："除非我像你這樣笨！我在社會上做了三十多年的事，這一點人情世故還不懂麼?"明天上午鴻漸去接柔嘉，柔嘉道："你家裏比我們古板，今天去了，有什麼禮節?我是不懂的，我不去了。"鴻漸説："今天是彼此認識一下，毫無禮節，不過父親的意思，要咱們對祖宗行個禮。"柔嘉撒嬌道："算你們方家有祖宗，我們是天上掉下來的，没有祖宗！你爲什麼不對我們孫家的祖宗行禮?明天我教爸爸罰你對祖父祖母的照相三跪九叩首。我要報仇！"鴻漸聽她口氣鬆動，賠笑説："一切瞧我面上，受點委屈。"柔嘉道："不是爲了你，我今天真不願意去。我又不是新進門的小狗小貓，要人抱了去拜竈！"到了方家，老太太瞧柔嘉没像片上美，暗暗失望，又嫌她衣服不够紅，不像個新娘，尤其不贊成她腳上顔色不吉利的白皮鞋。二奶奶三奶奶打扮得淋漓盡致，天氣熱，出了汗，像半融化的奶油喜字蛋糕。她們見了大嫂的相貌，放心釋慮，但對她的身材，不無失望。柔嘉雖然没有沙拉·貝恩哈脱（Sarah Bernhardt）年輕時的纖細腰肢，不至於吞下一粒奎寧丸肚子就像懷孕，但她的瘦削是不能否認的。"雙喜進門"的預言没有落實。遯翁一團高興，問長問短，笑説："以後鴻漸這孩子我跟他媽管不到他了，全交託給你了——"方老太太插口説："是呀！鴻漸從小不能幹的，七歲還不會穿衣服。到現在看他穿衣服不知冷暖，東西甜的鹹的亂吃，完全像個孩子。少奶奶，你要留心他。鴻漸，你不聽我的話，娶了媳婦，她說的話，你總應該聽了。"柔嘉道："他也不聽我的話的——鴻漸，你聽見沒有？以後你不聽我的話，我就告訴婆婆。"鴻漸傻笑。二奶奶和三奶奶偷偷做個鄙薄的眼色。遯翁聽柔嘉要做事，就說："我有句話勸你。做事固然很好，不過夫婦倆同在外面做事，'家無主，掃帚倒豎'，亂七八糟，家庭就有名無實了。我並不是頑固的人，我總覺得女人的責任是管家。現在要你們孝順我們，我沒有這個夢想了，你們對你們的丈夫總要服侍得他們稱心的。可惜我在此地是逃難的局面，房子擠得很，你們住不下，否則你可以跟你婆婆學學管家了。"柔嘉勉強點頭。行禮的時候，祭桌前鋪了紅毯，顯然要鴻漸夫婦向空中過往祖先靈魂下跪。柔嘉直挺挺踏上毯子，毫無下拜的趨勢，鴻漸跟她並肩三鞠躬完事。旁觀的人說不出心裏的驚駭和反對，阿醜嘴快，問父親母親道："大伯伯大娘為什麼不跪下去拜？"這句話像空房子裏的電話鈴響，無人接口。鴻漸窘得無地自容，虧得阿醜阿凶兩人搶到紅毯上去跪拜，險的打架，轉移了大家的注意。方老太太滿以為他們倆拜完了祖先，會向自己跟遯翁正式行跪見禮的。鴻漸全不知道這些儀節，他想一進門已經算見面了，不必多事。所以這頓飯吃得並不融洽，阿醜硬要坐在柔嘉旁邊，叫大娘夾這樣菜夾那樣菜，差喚個不了。菜上到一半，柔嘉不耐煩敷衍這位討厭姪兒了，阿醜便跪在椅子上，伸長手臂，自己去夾菜。一不小心，他把柔嘉的酒杯碰翻，柔嘉"啊呀"一聲，快起身躲，新衣服早染了一道酒痕。遯翁夫婦罵阿醜，柔嘉忙說沒有關係。鵬圖和二奶奶也痛罵兒子，不許他再吃，阿醜哭喪了臉，賴著不肯下椅子。他們希望鴻漸夫婦會説句好話，替兒子留面子。誰知道鴻漸祇關切地問柔嘉："酒漬洗得掉麼？虧得他夾的肉丸子沒滾在你的衣服上，險得很！"二奶奶板著臉，一把拉住阿醜上樓，大家勸都來不及。祇聽得阿醜半樓梯就尖聲嚷痛，厲而長像特別快車經過小站不停時的汽笛，跟著號啕大哭。鵬圖聽了心痛，咬牙切齒道："這孩子是該打，回頭我上去也要打他呢。"

　　下午柔嘉臨走，二奶奶還滿臉堆笑説："別走了，今天就住在這兒罷——三妹妹，咱們把她扣下來——大哥，祇有你，還會送她回家！你就不要留住她麼？"阿醜哭腫了眼，人也不理。方老太太因爲兒子媳婦沒對自己叩頭，首飾也沒給他們，送他們出了門，回房向遯翁嘰咕。遯翁道："孫柔嘉禮貌是不周到，這也難怪。學校裏出來的人全野蠻不懂規矩，她家裏我也不清楚，看來沒有家教。"方老太太道："我十月懷胎養大了他，到現在娶媳婦，受他們兩個頭都不該麼？孫柔嘉就算不懂禮貌，老大應當教教她。我愈想愈氣。"遯翁勸道："你不用氣，回頭老大回來，我會教訓他。鴻漸真是糊塗蟲，我看他將來要怕老婆的。不過孫柔嘉還像個明白懂道理的女人，我方纔教她不要出去做事，你看她倒點頭服從。"

　　柔嘉出了門，就説："好好一件衣服，就算毀了，不知道洗得掉洗不掉。我從來沒見過這種沒管教的孩子。"鴻漸道："我也真討厭他們，好在將來不會一起住。我知道今天這頓飯把你的胃口全吃倒了。説到孩子，我倒想起來了，好像你應該給他們見面錢的，還有兩個用人的賞錢。"柔嘉頓足道："你爲什麼不早跟我説？我家裏沒有這一套，我自己剛脫離學校，全不知道這些奶奶經！麻煩死了！我不高興做你們方家的媳婦了！"鴻漸安慰道："沒有關係，我去買幾個紅封套，替你給他們得了。"柔嘉道："隨你去辦罷，反正我不會討你家好的。你那兩位弟媳婦，都不好對付。你父親說的話也離奇；我孫柔嘉一個大學畢業生到你們方家來當沒工錢的老媽子！哼！你們家裏沒有那麼闊呢。"鴻漸忍不住回護遞翁道："他也沒有叫你當老媽子，他不過勸你不必出去做事。"柔嘉道："在家裏享福，誰不願意？我並不喜歡出去做事呀！我問你，你賺多少錢一個月可以把我供在家裏？還是你方家有祖傳的家當？你自己下半年的職業，八字還未見一撇呢！我掙我的錢，還不好麼？倒說風涼話！"鴻漸生氣道："這是另一件事。他的話也有點道理。"柔嘉冷笑道："你和你父親的頭腦都是幾千年前的古董，虧你還是個留學生。"鴻漸也冷笑道："你懂什麼古董不古董！我告訴你，我父親的意見在外國時髦得很呢，你吃虧的就是沒留過學。我在德國，就知道德國婦女的三K運動：教堂、廚房、保育室——"① 柔嘉道："我不要聽，隨你去說。不過我今天纔知道，你是位孝子，對你父親的話這樣聽從——"這吵架沒變嚴重，因為不能到孫家去吵，不能回方家去吵，不宜在路上吵，所以舌劍唇槍無用武之地。無家可歸有時不失是椿幸事。

　　兩親家見過面，彼此請過客，往來拜訪過，心裏還交換過鄙視，誰也不滿意誰。方家恨孫家簡慢，孫家厭方家陳腐，雙方

---

① 德語裏這三個名詞的第一個字母都是K。

背後都嫌對方不闊。遯翁一天聽太太批評親家母，靈感忽來。日記上添上了精彩的一條，說他現在纔明白爲什麼兩家攀親要叫"結爲秦晉"："夫春秋之時，秦晉二國，世締婚姻，而世尋干戈。親家相惡，於今爲烈，號曰秦晉，亦固其宜。"寫完了，得意非凡，衹恨不能送給親翁孫先生賞鑒。鴻漸柔嘉兩人左右爲難，受足了氣，衹好在彼此身上出氣。鴻漸爲太太而受氣，同時也發現受了氣而有個太太的方便。從前受了氣，衹好悶在心裏，不能隨意發洩，誰都不是自己的出氣筒。現在可不同了；對任何人發脾氣，都不能夠像對太太那樣痛快。父母兄弟不用說，朋友要絕交，用人要罷工，衹有太太像荷馬史詩裏風神的皮袋，受氣的容量最大，離婚畢竟不容易。柔嘉也發現對丈夫不必像對父母那樣有顧忌。但她比鴻漸有涵養，每逢鴻漸動了真氣，她就不再開口。她彷彿跟鴻漸搶一條繩子，盡力各拉一頭，繩子迸直欲斷的時候，她就湊上幾步，這繩子又鬆軟下來。氣頭上雖然以吵嘴爲快，吵完了，他們都覺得疲乏和空虛，像戲散場和酒醒後的心理。回上海以前的吵架，隨吵隨好，宛如富人家的飯菜，不留過夜的。漸漸吵架的餘仇，要隔一天纔會消釋，甚至不了了之，沒講和就講話。有一次鬥口以後，柔嘉半認真半開玩笑地說："你發起脾氣來就像野獸咬人，不但不講道理，並且沒有情分。你雖然是大兒子，我看你的父親母親並不怎樣溺愛你，爲什麼這樣任性？"鴻漸抱愧地笑。他剛纔相罵贏了，勝利使他寬大，不必還敬說："丈人丈母重男輕女，並不寶貝你，可是你也夠難服侍。"

　　他到了孫家兩次以後，就看出來柔嘉從前口口聲聲"爸爸、媽媽"，而孫先生孫太太對女兒的事淡漠得等於放任。孫先生是個惡意義的所謂好人——無用之人,在報館裏當會計主任,毫無勢力。孫太太老來得子,孫家是三代單傳,把兒子的撫養作爲宗教。他們供給女兒大學畢業,已經盡了責任,没心思再料理她的事。假如女婿闊得很,也許他們對柔嘉的興趣會增加些。跟柔嘉親密的是她的姑母,美國留學生,一位叫人家小孩子"你的Baby"、人家太太"你的 Mrs"那種女留學生。這位姑母,柔嘉當然叫她 Auntie。她年輕時出過風頭,到現在不能忘記,對後起的女學生批判甚爲嚴厲。柔嘉最喜歡聽她的回憶,所以獨蒙憐愛。孫先生夫婦很怕這位姑太太,家裏的事大半要請她過問。她丈夫陸先生,一臉不可饒恕的得意之色,好談論時事。因爲他兩耳微聾,人家没氣力跟他辯,他心裏祇聽到自己説話的聲音,愈加不可理喻。夫婦倆同在一家大紗廠裏任要職,先生是總工程師,太太是人事科科長。所以柔嘉也在人事科裏找到位置。姑太太認爲姪女兒配錯了人,對鴻漸的能力和資格坦白地瞧不起。鴻漸也每見她一次面,自卑心理就像戰時物價又高漲一次。姑太太没有孩子,養一條小哈巴狗,取名 Bobby,視爲性命。那條狗見了鴻漸就咬;它女主人常説的話:"狗最靈,能够辨別好壞,"更使他聽了生氣。無奈狗以主貴,正如夫以妻貴,或妻以夫貴,他不敢打它。柔嘉要姑母喜歡自己的丈夫,常教鴻漸替陸太太牽狗出去撒尿拉屎,這並不能改善鴻漸對狗的感情。

鴻漸曾經惡意地對柔嘉説:"你姑母愛狗勝於愛你。"柔嘉道:"別胡鬧!"——又加上一句毫無意義的話——"她就是這個脾氣。"鴻漸道:"她這樣喜歡和狗做伴侶,表示她不配跟人在一起。"柔嘉瞪眼道:"我看狗有時比人都好,至少 Bobby 比你好,它倒很有情義的，不亂咬人。碰見你這種人，是該咬。"鴻漸道："你將來準像你姑母，也會養條狗。唉，像我這個倒楣人，倒應該養條狗。親戚瞧不起，朋友沒有，太太呢——太太容易生氣不理人，有條狗對我搖搖尾巴，總算世界上還有件東西比我都低，要討我的好。你那位姑母在廠裏有男女職工趨奉她，在家裏旁人不用說，就是姪女兒對她多少千依百順！她應當滿意了，還要養條走狗對她搖頭擺尾！可見一個人受馬屁的容量，是沒有底的。"柔嘉管制住自己的聲音道："請你少說一句，好不好？不能有三天安靜的，剛要好了不多幾天，又來無事尋事了。"鴻漸扯淡笑道："好凶！好凶！"

鴻漸爲哈巴狗而發的感慨，一半是真的。正像他去年懊悔到內地，他現在懊悔聽了柔嘉的話回上海。在小鄉鎮時，他怕人家傾軋，到了大都市，他又恨人家冷淡，倒覺得傾軋還是瞧得起自己的表示。就是條微生蟲，也沾沾自喜，希望有人擱它在顯微鏡下放大了看的。擁擠裏的孤寂，熱鬧裏的淒涼，使他像許多住在這孤島上的人，心靈也彷彿一個無湊畔的孤島。這一年的上海和去年大不相同了。歐洲的局勢急轉直下，日本人因此在兩大租界裏一天天地放肆。後來跟中國"並肩作戰"的英美兩國，那時候祇想保守中立；中既然不中，立也根本立不住，結果這"中立"變成祇求在中國有個立足之地，此外全讓給日本人。"約翰牛"（John Bull）一味吹牛；"山姆大叔"（Uncle Sam）原來祇是冰山（Uncle Sham），不是泰山；至於"法蘭西雄雞"（Gallic cock）呢，它確有雄雞的本能——迎著東方引吭長啼，祇可惜把太陽旗誤認爲真的太陽。美國一船船的廢鐵運到日本，英國在考慮封鎖滇緬公路，法國雖然還沒切斷滇越邊境，已扣留了一批中國的軍火。物價像吹斷了綫的風箏，又像得道成仙，平地飛升。公用事業的工人一再罷工，電車和汽車衹恨不能像戲院子和旅館掛牌客滿。銅元鎳幣全搜刮完了，郵票有了新用處，暫作輔幣，可惜人不能當信寄，否則擠車的困難可以避免。生存競爭漸漸脱去文飾和面具，露出原始的狠毒。廉恥並不廉，許多人維持它不起。發國難財和破國難產的人同時增加，各不相犯；因爲窮人衹在大街鬧市行乞，不會到財主的幽靜住宅區去；衹會跟著步行的人要錢，財主坐的流綫型汽車是跟不上的。貧民區逐漸蔓延，像市容上生的一塊癬，政治性的恐怖事件，幾乎天天發生，有志之士被壓迫得慢慢像西洋大都市的交通路綫，向地下發展，地底下原有的那些陰毒曖昧的人形爬蟲，攀附了他們自增聲價。鼓吹"中日和平"的報紙每天發表新參加的同志名單，而這些"和奸"往往同時在另外的報紙上聲明"不問政治"。

　　鴻漸回家第五天，就上華美新聞社拜見總編輯，辛楣在香港早通信替他約定了。他不願找丈人做引導，一個人到報館所在的大樓。報館在三層，電梯外面掛的牌子寫明到四樓纔停。他雖然知道唐人"欲窮千里目，更上一層樓"的好詩，並沒有乘電梯。走完兩層樓早已氣餒心怯，希望樓梯多添幾級，可以拖延些時間。推進彈簧門，一排長櫃臺把館內人跟館外人隔開；假使這櫃臺上裝置銅欄，光景就跟銀行、當鋪、郵局無別。報館分裏外兩大間，外間對門的寫字桌畔，坐個年輕女人，翹起戴鑽戒的無名指，在修染紅指甲。有人推門進來，她頭也不抬。在平時，鴻漸也許會詫異何以辦公室裏的人，指頭上不染墨水而指甲上染紅油，可是匆遽中無心及此，隔了櫃脱帽問訊。她抬起頭來，滿臉莊嚴不可侵犯之色，彷彿前生吃了男人的虧，今生還蓄着戒心似的。她打量他一下，尖了紅嘴唇向左一歪，又低頭修指甲。鴻漸依照她嘴的指示，瞧見一個像火車站買票的小方洞，上寫"傳達"，忙去一看，裏面一個十六七歲的男孩子在理信。他喚起他注意道："對不住，我要找總編輯王先生。"那孩子祇管理他的信，隨口答道："他沒有來。"他用最經濟的口部肌肉運動說這四個字，恰够鴻漸聽見而止，沒多動一條神經，多用一絲聲氣。鴻漸發慌得腿都軟了，說："咦，他怎麼没有來！不會罷？請你進去瞧一瞧。"那孩子做了兩年的傳達，老於世故，明白來客分兩類：低聲下氣請求"對不住，請你如何如何"的小客人，粗聲大氣命令"小孩兒，這是我的片子，找某某"的大客人。今天這一位是屬於前類的，自己這時候正忙，沒工夫理他。鴻漸暗想，假使這事謀成了，準想方法開除這小鬼，再鼓勇説："王先生約我這時候來的。"那孩子聽了這句話，纔開口問那個女人道："蔣小姐，王先生來了沒有？"她不耐煩搖頭道："誰知道他！"那孩子歎口氣，懶洋洋站起來，問鴻漸要片子。鴻漸沒有片子，祇報了姓方。那孩子正要盡傳達的責任，一個人走來，孩子順便問道："王先生來了沒有？"那人道："好像沒有來，今天沒看見他，恐怕要到下午來了。"孩子攤著兩手，表示自己變不出王先生。鴻漸忽然望見丈人在遠遠靠窗的桌子上辦公，像異鄉落難遇見故知。立刻由丈人陪了進去，見到王先生，談得很投機。王先生因爲他第一次來，堅持要送他出櫃臺。那女人不修指甲了，忙著運用中文打字機呢，依然翹著戴鑽戒的無名指。王先生教鴻漸上四

九

層樓乘電梯下去，明天來辦公也乘電梯到四層樓再下來，這樣省走一層樓梯。鴻漸學了乖，甚為高興，覺得已經是報館老內行了。當夜寫信給辛楣，感謝他介紹之恩，附筆開玩笑說，據自己今天在傳達處的經驗，恐怕本報其他報道和消息都不會準確。

房子比職業更難找。滿街是屋，可是輪不到他們住。上海彷彿希望每個新來的人都像隻戴殼的蝸牛，隨身帶著宿舍。他們倆為找房子，心灰力竭，還賠上無謂的口舌。最後，靠遯翁的面子，在親戚家裏租到兩間小房，沒出小費。這親戚一部分眷屬要回鄉去，因為方家的大宅子空著沒被佔領，願意借住，遯翁提議，把這兩間房作為交換條件。這事一說就成，遯翁有理由向兒子媳婦表功。兒子當然服帖，媳婦回娘家一說，孫太太道："笑話！他早該給你房子住了，為什麼鴻漸的弟婦好好的有房子住？你嫁到方家去，方家就應該給你房子。方家沒有房子，害你們新婚夫婦拆散，他們對你不住，現在算找到兩間房，有什麼大了不得！我常說，結婚不能太冒昧的，譬如這個人家裏有沒有住宅，就應該打聽打聽。"幸而柔嘉不把這些話跟丈夫說，否則準有一場吵。她發現鴻漸雖然很不喜歡他的家，但決不讓旁人對它有何批評。為了買傢具，兩人也爭執過。鴻漸認為祇要向老家裏借些來用用，將就得過就算了。柔嘉道地是個女人，對於自己管轄的領土比他看得重，要掙點家私。鴻漸陪她上木器店，看見一張桌子就想買，柔嘉祇問了價錢，把桌子周身內外看個仔細，記在心裏。要另外走好幾家木器店，比較貨色和價錢。鴻漸不耐煩，一次以後，不再肯陪她，她也不要他陪，自去請教她的姑母。

傢具粗備，陸先生夫婦來看姪女婿的新居。陸先生說樓梯太黑，該教房東裝盞電燈。陸太太嫌兩間房都太小，說鴻漸父親當初該要求至少兩間裏有一間大房。陸先生聽太太的話，耳朵不聾，也說："這話很對。鴻漸，我想你府上那所房子不會很大。否則，他們租你的大房子，你租他們的小房間，這太吃虧了，呵呵。"他一笑，Bobby也跟著叫。他又問鴻漸這兩天報館裏有什麼新聞。鴻漸道："沒有什麼消息。"他沒有聽清，問："什麼?"鴻漸湊近他耳朵高聲說："沒有什麼──"他跳起來皺眉搓耳道："嚇，你嘴裏的氣直鑽進我的耳朵，癢得我要死!"陸太太送了姪女一房傢具，而瞧姪女婿對自己丈夫的態度並不遜順，便說："他們的《華美新聞》，我從來不看，銷路好不好? 我中文報不看的，祇看英文報。"鴻漸道："這兩天，波蘭完了，德國和俄國聲勢利害得很，英國壓下去了，將來也許大家沒有英文報看，姑母還是學學俄文和德文罷。"陸太太動了氣，說她不要學什麼德文，雜貨鋪子裏的伙計都懂俄文的。陸先生明白了爭點，也大發議論，說有美國，怕些什麼，英國本來不算數。他們去了，柔嘉埋怨鴻漸。鴻漸道："這是我的房子，我不歡迎他們來。"柔嘉道："你這時候坐的椅子，就是他們送的禮。"鴻漸忙站起來，四望椅子沙發全是陸太太送的，就坐在牀上，說："誰教他們送的? 退還他們得了。我寧可坐在地板上的。"柔嘉又氣又笑道："這種蠻不講禮的話，祇可以小孩子說，你講了並不有趣。"男人或女人聽異性以"小孩子"相稱，無不馴服；柔嘉並非這樣稱呼鴻漸，可是這三個字的效力已經够了。

遯翁夫婦一天上午也來看佈置好的房間。柔嘉到辦公室去了，鴻漸常常飯後繞上報館。他母親先上樓，說："爸爸在門口，他帶給你一件東西，你快下去搬上來——別差女用人，粗手大腳，也許要碰碎玻璃的。”鴻漸忙下去迎接父親，捧了一隻掛在壁上的老式自鳴鐘到房裏。遯翁問他記得這個鐘麼，鴻漸搖頭。遯翁慨然道：“要你們這一代保護祖物，世傳下去，真是夢想了！這隻鐘不是爺爺買的、掛在老家後廳裏的麼？”鴻漸記起來了。這是去年春天老二老三回家鄉收拾劫餘，雇夜航船搬出來的東西之一。遯翁道：“你小的時候，喜歡聽這隻鐘打的聲音，爺爺説，等你大了給你——唉，你全不記得了！我上禮拜花錢叫鐘錶店修理一下，機器全没有壞；東西是從前的結實，現在的鐘錶哪裏有這樣經用！”方老太太也説：“我看柔嘉戴的錶，那樣小，裏面的機器都不會全的。”鴻漸笑道：“娘又説外行話了。‘麻雀雖小，五臟俱全’；機器當然應有盡有，就是不大牢。”他母親道：“我是説它不牢。”遯翁挑好掛鐘的地點，吩咐女用人向房東家借梯，看鴻漸上去掛，替鐘捏一把汗。梯子搬掉，他端詳著壁上的鐘，躊躇滿志，對兒子説：“其實還可以高一點——讓它去罷，别再動它了。這隻鐘走得非常準，我昨天試過的，每點鐘祇走慢七分，記好，要走慢七分。”方老太太看了傢具説：“這種木器都不牢，傢具是要紅木的好。多少錢買的？”她聽説是柔嘉姑丈送的，便問：“柔嘉家裏給她東西没有？”鴻漸撒謊道：“那一間客室兼飯室的器具是她父母買的——”看母親臉上並不表示滿足——“還有竈下的一切用品也是丈人家辦的。”方老太太的表情依然不滿足，可是鴻漸一時想不起貴重的東西來替丈人家掙面子。方老太太指鐵牀道：“這明明是你們自己買的，不是她姑母送的。”鴻漸不耐煩道：“牀總不能教人家送。”方老太太忽然想起佈置新房一半也是婆家的責任，便不說了。遯翁夫婦又問柔嘉每天什麽時候回來，平常吃些什麽菜，女用人做菜好不好，要多少開銷一天，一月要用幾擔煤球等等。鴻漸大半不能回答，遯翁搖頭，老太太說："全家託一個用人，太粗心大意了。這個李媽靠得住靠不住？"鴻漸道："她是柔嘉的奶媽，很忠實，不會揩油。"遯翁"哼"一聲道："你這糊塗人，知道什麽？"老太太道："家裏沒有個女主人總不行的。我要勸柔嘉別去做事了。她一個月會賺多少錢！管管家事，這幾個錢從柴米油鹽上全省下來了。"鴻漸忍不住說老實話："她廠裏酬報好，賺的錢比我多一倍呢！"二老敵意地靜默，老太太覺得兒子偏袒媳婦，老先生覺得兒子坍盡了天下丈夫的臺。回家之後，遯翁道："老大準怕老婆，怎麽可以讓女人賺的錢比他多！這種丈夫還能振作乾綱麽？"方老太太道："我就不信柔嘉有什麽本領，咱們老大留了洋倒不如她！她應當把廠裏的事讓給老大去做。"遯翁長歎道："兒子沒出息，讓他去罷！"

柔嘉回家，剛進房，那隻鐘表示歡迎，發條唏哩呼嚕轉了一會，當當打五下。她詫異道："這是什麽地方來的？呀，不對！我錶上快六點鐘了。"李媽一一報告。柔嘉問："老太太到竈下去看看沒有？"李媽說沒有。柔嘉又問她今天買的什麽菜，釋然道："這些菜很好，倒沒請老太太看看，別以爲咱們餓瘦了她的兒子。"李媽道："我衹煎了一塊排骨給姑爺吃，留下好幾塊生的浸在醬油酒裏，等一會煎了給你吃晚飯。"柔嘉笑道："我屢次教你別這樣，你改不好的。我怎吃得下那麽許多！你應當盡量給姑爺吃，他們男人吃量大，嘴又饞，吃不飽要發脾氣的。"李媽道：

"可不是麽？我的男人老李也——"柔嘉没想到她會把鴻漸跟老李相比，忙截住道："我知道，從小就聽見你講，端午吃粽子，他把有赤豆的粽子尖兒全吃了，給你吃粽子跟兒，對不對？"李媽補充道："粽子跟兒大，没煎熟，我吃了生米，肚子脹了好幾天呢！"晚上鴻漸回來，説明鐘的歷史，柔嘉説："真是方府三代傳家之寶——咦，怎麼還是七點鐘？"鴻漸告訴她每點鐘走慢七分鐘的事實。柔嘉笑道："照這樣説，恐怕它短針指的七點鐘，還是昨天甚至前天的七點鐘，要它有什麼用？"她又説鴻漸生氣的時候，拉長了臉，跟這隻鐘的輪廓很相像。鴻漸這兩天傷風，嗓子給痰塞了，柔嘉拍手道："我發現你説話以前嗓子裏唏哩呼嚕，跟它打的時候發條轉動的聲音非常之像。你是這隻鐘變出來的妖精。"兩人有説有笑，彷彿世界上没有夫婦反目這一回事。

一個星期六下午，二奶奶三奶奶同來作首次拜訪。鴻漸在報館裏没回來，柔嘉忙做茶買點心款待，還説："爲什麼兩個孩子不帶來？回頭帶點糖果回去給他們吃。"三奶奶道："阿凶吵著要跟我來，我怕他來闖禍，没帶他。"二奶奶道："我對阿凶説，大娘的房子乾淨，不比在家裏可以隨地撒尿，大伯伯要打的。"柔嘉不誠實道："哪裏的話！很好帶他來。"三奶奶覺得兒子失了面子，報復説："我們的阿凶是没有靈性的，阿醜比他大不了幾歲，就很有心思，別以爲他是個孩子！譬如他那一次弄髒了你的衣服，吃了一頓打，從此他記在心裏，不敢跟你胡鬧。"兩人爲了兒子暫時分裂，頃刻又合起來，同聲羡慕柔嘉小家庭的舒服，説她好福氣。三奶奶怨慕地説："不知道何年何月我們也能够分出來獨立門户呢！當然現在住在一起，我也沾了二姐姐不少光。"

二奶奶道：“他們方家祇有一所房子跟人家交換，我們是輪不到的。”柔嘉忙說：“我也很願意住在大家庭裏，事省，開銷省。自開門户有自開門户的麻煩，柴米油鹽啦，水電啦，全要自己管。鴻漸又沒有二弟三弟能幹。”二奶奶道：“對了！我不像三妹，我知道自己是個飯桶，要自開門户開不起來，還是混在大家庭裏過糊塗日子罷。像你這樣粗粗細細、内内外外全行，又有靠得住的用人，大哥又會賺錢，我們要跟你比，差得太遠了。”柔嘉怕她們回去搬嘴，不敢太針鋒相對。她們把兩間房裏的器具細看，問了價錢，同聲推尊柔嘉能幹精明，會買東西，不過時時穿插說：“我在什麽地方也看見這樣一張桌子（或椅子），價錢好像便宜些，可惜我沒有買。”三奶奶問柔嘉道：“你有沒有擱箱子的房間？”柔嘉道：“沒有。我的箱子不多，全擱在臥室裏。”二奶奶道：“上海的弄堂房子太小，就有擱箱子的房間，也擱不下多少箱子。我嫁到方家的時候，新房背後算有個後房，我陪嫁的箱子啦、盆啦、桶啦、桌面啦，怎麽也放不下，弄得新房裏都擱滿了，看了真不痛快。”三奶奶道：“我還不是跟你一樣？死日本人把我們這些東西全搶光，想起來真傷心！現在要一件沒一件，都要重新買。我的皮衣服就七八套呢，從珍珠皮旗袍到灰背外套都全的，現在自己倒沒得穿！”二奶奶也開了自己嫁裝的虛賬，還說：“倒是大姐姐這樣好。外國在打仗啦，上海還不知道怎樣呢！説不定咱們再逃一次難。東西多了，到時候帶又帶不走，丢了又捨不得。三妹，你還有點東西，我是什麽都沒有，走個光身，倒也乾脆，哈哈！咱們該回去了。”柔嘉纔明白她們倆來調查自己陪嫁的，氣憤得晚飯都没胃口吃。

九

鴻漸回家，瞧她愛理不理，打趣她道："今天在辦公室碰了姑母的釘子，是不是？"她翻臉道："我正發火呢，開什麼玩笑！我家裏一切人對我好好的，祇有你們家裏的人上門來給我氣受。"鴻漸發慌，想莫非母親來教訓她一頓，上次母親講的話，自己都瞞她的，忙說："誰呢？"柔嘉道："還有誰！你那兩位寶貝弟媳婦。"鴻漸連說"討厭"！放了心。柔嘉道："這是你的房子，你家的人當然可以直出直進，我一點主權沒有的。我又不是你家裏的人，沒攆走就算運氣了。"鴻漸拍她頭道："舊話別再提了。那句話算我說錯。你告訴我，她們怎樣欺負你。我看你也利害得很，是不是一個人打不過她們兩個人？"柔嘉道："我利害？沒有你方家的人利害！全是三頭六臂，比人家多個心，心裏多幾個竅，腸子都打結的。我睡著做夢給她們殺了，煮了，吃了，我夢還不醒呢。"鴻漸笑道："何至於此！不過你睡得是死，我報館回來遲一點，叫你都叫不醒的。"柔嘉板臉道："你扯淡，我就不理你。"鴻漸道歉，問清楚了緣故，發狠道："假如我那時候在家，我真要不客氣揭破她們。她們有什麼東西陪過來，對你吹牛！"柔嘉道："這倒不能冤枉她們，她們嫁過來，你已經出洋了，你又沒瞧見她們的排場。"鴻漸道："我雖然當時不在場，她們的家境我很熟悉。老二的丈人家尤其窮，我在大學的時候，就想送女兒過門，倒是父親反對早婚，這事談了一陣，又一擱好幾年。"柔嘉歎氣道："也算我倒楣！現在逼得和她們這種人姐妹相稱，還要受她們的作踐。她們看了傢具，話裏隱隱然咱們買貴了；她們一對能幹奶奶，又對我關切，為什麼不早來幫我買呀！"鴻漸急問："那一間的器具你也說是買的沒有？"柔嘉道："我說了，為什麼?"鴻漸拍自己的後腦道:"糟糕!糟透了!我懊悔那天沒告訴你,"就把方老太太問丈人家送些什麼的事說出來。柔嘉也跳腳道:"你爲什麼不早說?我還有臉到你家去做人麼!她們回去準一五一十搬嘴對是非,連姑母送的傢具都以爲是咱們自己買的。你這人太糊塗,撒了謊當然也應該跟我打個招呼。從結婚那一回事起,你總喜歡自作聰明,結果無不弄巧成拙。"鴻漸自知理屈,又不服罵,申辯説:"我撒這個謊也出於好意。我後來沒告訴你,是怕你知道了生氣。"柔嘉道:"不錯,我知道了很生氣。謝謝你一片好意,撒謊替我娘家掙面子。你應當老實對你媽説,這是我預支了廠裏的薪水買的。我們孫家窮,嫁女兒沒有什麼東西給她;你們方家爲兒子娶媳婦花了聘金沒有?給了兒子媳婦東西沒有?嚇,這兩間房子,還是咱們出租金的——哦,我忘了,還有這隻鐘——"她瞧鴻漸的臉拉長,給他一面鏡子——"你自己瞧瞧,不像鐘麼?我一點沒有説錯。"鴻漸忍不住笑了。

　　這許多不如意的小事使柔嘉怕到婆家去。她常慨歎説:"咱們還没跟他們住在一起,已經惹了多少口舌。要過大家庭生活,需要訓練的。祇要看你兩位弟婦訓練得多少頭尖、眼快——嘴利,我真鬥不過她們,也没有心思跟她們鬥,讓她們去做孝順媳婦罷。我祇奇怪,你是在大家庭裏長大的,怎麼家裏這種詭計暗算,全不知道?"鴻漸道:"這些事没結婚的男人不會知道,要結了婚,眼睛纔張開。我有時想,家裏真跟三閭大學一樣是個是非窩,假使我結了婚幾年然後到三閭大學去,也許訓練有素,感覺靈敏些,不至於給人家暗算了。"柔嘉忙説:"這些話説它幹嗎?

假如你早結了婚，我也不會嫁給你了——除非你娶了我懊悔。"
鴻漸心境不好，没情緒來迎合柔嘉，祇自言自語道："School for
scandal①，全是 School for scandal，家庭罷，學校罷，彼此彼
此。"他們倆雖然把家裏當作"造謡學校"，逃學可不容易。遯翁
那天帶鐘來，交給兒子一張祖先忌辰單，表示這幾天家祭，兒子
媳婦都該回去參加行禮。柔嘉看見了就撅嘴。虧得她有辦公做藉
口，中飯時不能趕回來。可是有幾天忌辰剛好是星期日，她要想
故意忘掉，遯翁會吩咐二奶奶或三奶奶打電話到房東家裏來請。
尤其可厭的是，方家每來個親戚，偶爾説起没看見過大奶奶，遯
翁夫婦就立刻打電話招柔嘉去，不論是下午六點鐘她剛從辦公室
回家，或者星期六她要出去玩兒，或者星期天她要到姑母家或娘
家去。死祖宗加上活親戚，弄得柔嘉疲於奔命，常怨鴻漸説：
"你們方家真是世家，有那許多祖宗！爲什麽不連皇帝的生日死
日都算在裏面？""你們方家真是大家！有了這許多親戚有什麽
用？"她敷衍過幾次以後，顧不得了，叫李媽去接電話，説她不
在家。不肯去了四五回，漸漸内怯不敢去，怕看他們的嘴臉。鴻
漸同情太太，而又不敢得罪父母，祇好一個人回家。不過家裏人
的神情，彷彿怪他不"女起解"似的押了柔嘉來。他交不出人，
也推三託四，不肯常回家。

假使"中心爲忠"那句唐宋相傳的定義没有錯，李媽忠得
不忠，因爲她偏心。鴻漸叫她做的事，她常要先請柔嘉核准。
譬如鴻漸叫她買青菜，她就説："小姐愛吃菠菜的，我要先問問

---

① 造謡學校。

她。"柔嘉當然吩咐她照鴻漸的意思去辦。鴻漸對她說:"天氣冷了,我的夾衣服不會再穿了。今天太陽好,你替我拿出去曬一曬,回頭給小姐收起來。"她堅持說,柔嘉的夾衣服還沒有收起來,他不必急,天氣會回暖的,等柔嘉曬衣服時一起曬。柔嘉已經出門,他沒法使李媽瞭解年輕女人穿衣服跟男人不同,祇要外套換厚的,夾衣服可以穿入冬季。李媽反說:"姑爺,曬衣服是娘兒們的事,您不用管。小姐大清早就出去辦事了,您爲什麼不出去? 這時候出去,晚上早點回來,不好麼?"諸如此類,使他又好氣又好笑。笑時稱她爲"李老太太"或者"Her Majesty"①,氣時恨不能請她走。夫婦倆吵架,給她聽見了,臉便繃得跟兩位主人一樣緊,正眼不瞧鴻漸,給他東西也祇是一搡。他事後對柔嘉嘰咕道:"這不像話! 你們一主一僕連結起來,會把我虐待死的。"柔嘉笑道:"我勸過她好幾次了,她要幫我,我有什麼辦法,她說女人全吃丈夫的虧,她自己吃老李的虧——吃生米粽子。不過,我在你家裏孤掌難鳴,現在也教你嘗嘗味道。"

柔嘉的父親跟女婿客氣得疏遠,她兄弟發現姐夫武不能踢足球、打網球,文不能修無綫電、開汽車,也覺得姐姐嫁錯了人。鴻漸勉盡半子之職,偶到孫家一去。幸而柔嘉不常回娘家,祇三天兩天到姑母家去玩。搬進新居一個多月以後,鴻漸夫婦上陸家吃飯。兩人吃完臨走,陸太太生硬地笑道:"鴻漸,我要討你厭,勸你一句話,你以後不許欺負柔嘉——"彷彿本國話力量不夠,她訂外交條約似的,來個華洋兩份——"你再 bully

---

①　皇后陛下。

她，我不答應的。"鴻漸先聽她有"討厭話"相勸，早像箭豬碰見仇敵，毛根根竪直，到她說完，倒不明白她的意思，正想發問，柔嘉忙說："Auntie，他對我很好，誰說他欺負我，我也不是好欺的。"陸太太道："鴻漸，你聽聽柔嘉多好，她還回護你呢！"鴻漸氣沖沖道："你怎麼知道我欺負她？我——"柔嘉拉他道："快走！快走！時間不早，電影要開場了。Auntie跟你說著玩兒的。"鴻漸出了門，說："我沒有心思看電影，你一個人去罷。"柔嘉道："咦！我又沒有得罪你。你總相信我不會告訴她什麼話。"鴻漸炸了："我所以不願意跟你到陸家去。在自己家裏吃了虧不够，還要挨上門去受人家教訓！我欺負你！哼，我不給你什麼姑母奶媽欺負死，就算長壽了！倒說我方家的人難說話呢！你們孫家的人從上到下全像那隻混帳王八蛋的哈巴狗。我名氣反正壞透了，今天索性欺負你一下，我走我的路，你去你的，看電影也好，回娘家也好！"把柔嘉勾住的手都推脫了。柔嘉本來不看電影無所謂，但丈夫言動粗魯，甚至不顧生物學上的可能性，把狗作爲甲殼類來比自己家裏的人，她也生氣了；在街上不好吵，便說："我一個人去看電影，有什麼不好？不稀罕你陪。"頭一扭，撇下丈夫，獨自過街到電車站去了。鴻漸一人站著，悵然若失，望柔嘉的背影在隔街人叢裏出沒，異常纖弱，不知哪兒來的憐惜和保護之心，也就趕過去。柔嘉正走，肩上有人一拍，嚇得直跳，回頭瞧是鴻漸，驚喜交集，說："你怎麼也來了？"鴻漸道："我怕你跟人跑了，所以來監視你。"柔嘉笑道："照你這樣會吵，總有一天吵得我跑了，可是我決不跟人跑，受了你的氣不够麼？還要找男人，我真傻死了。"鴻漸道："今天我不認錯的，是

你姑母冤枉我。"柔嘉道:"好,算我家裏的人冤屈了你,我向你
賠罪。今天電影我請客。"鴻漸兩手到外套背心和褲子的大小口
袋裏去掏錢,柔嘉笑他道:"電車快來了,你別在街上捉虱。有
了皮夾爲什麼不把錢放在一起? 錢又不多,替你理衣服的時候,
東口袋一張鈔票,西口袋一張郵票。"鴻漸道:"結婚以前,請朋
友吃飯,我把錢擱在皮夾裏,付賬的時候掏出來裝門面。現在皮
夾子舊了,給我扔在不知什麼地方了。"柔嘉道:"講起來可氣。
結婚以前,我就沒吃過你好好的一頓飯;現在做了你老婆,別想
你再請我一個人像模像樣地吃了。"鴻漸道:"今天飯請不起,我
前天把這個月的錢送給父親了。零用還够請你吃頓點心,回頭看
完電影,咱們找個地方喝茶。"柔嘉道:"今天中飯不在家裏吃,
李媽等咱們回去吃晚飯的。吃了點心,就吃不下晚飯,東西剩下
來全糟蹋了。不要吃點心罷——哈哈,你瞧我多賢惠,會作家;
祇有你老太太還説我不管家務呢。"電影看到一半,鴻漸忽然打
攪她的注意,低聲道:"我明白了,準是李媽那老家伙搬的嘴,
你大前天不是差她送東西到陸家去的麼?"她早料到是這麼一回
事,藏在心裏沒説,祇説:"我回去問她。你千萬別跟她吵,我
會教訓她。攆走了她,找不到替工的;像我們這種人家,單位
小,不打牌,不請客,又出不起大工錢,用人用不牢的。姑媽方
面,我自然會解釋。你這時候看電影,別去想那些事,我也不説
話了,已經漏看了一段了。"

　　等丈夫轉了背,柔嘉盤問李媽。李媽一口否認道:"我什麼
都沒有説,祇説姑爺脾氣躁得很。"柔嘉道:"這就够了,"警告
她以後不許。那兩天裏,李媽對鴻漸言出令從。柔嘉想自己把方

家種種全跟姑母談過，幸虧她沒漏出來，否則鴻漸更要吵得天翻地覆，他最要面子。至於自己家裏的瑣屑，她知道鴻漸決不會向方家去講，這一點她相信得過。自己嫁了鴻漸，心理上還是孫家的人；鴻漸娶了自己，跟方家漸漸隔離了。可見還是女孩子好，祇有自己的父親糊塗，袒護著兄弟。

鴻漸從此不肯陪她到陸家去，柔嘉也不敢勉強。她每去了回來，說起這次碰到什麼人，聽到什麼新聞，鴻漸總心裏作酸，覺得自己冷落在一邊，就說幾句話含諷帶刺。一個星期日早晨，吃完早點，柔嘉道："我要出去了，鴻漸，你許不許？"鴻漸道："是不是到你姑母家去？哼，我不許你，你還不是一樣去！問我幹麼？下半天去不好麼？"柔嘉道："來去我有自由，給你面子問你一聲，倒惹你拿糖作醋。冬天日子短了，下午去沒有意思。這時候太陽好，我還要帶了絨綫去替你結羊毛坎肩，跟她商量什麼樣子呢。"鴻漸冷笑道："當然不回來吃飯了。好容易星期日兩個人中午都在家，你還要撇下我一個人到外面去吃飯。"柔嘉道："唷！說得多可憐！倒像一刻離不開我似的！我在家裏，你跟我有話說麼？一個人踱來踱去，唉聲歎氣，問你有什麼心事，理也不理——今天星期天，大家別吵，好不好？我去了就回來，"不等他回答，回臥房換衣服去了。她換好衣服出來，鴻漸坐在椅子裏，報紙遮著臉，動也不動。她摸他頭髮說："為什麼懶得這個樣子，早晨起來，頭也不梳？今天可以去理髮了。我走了。"鴻漸不理，柔嘉看他一眼，沒透過報紙，轉身走了。

她下午一進門就問李媽："姑爺出去沒有？"李媽道："姑爺剛理了髮回來，還沒有到報館去。"她上樓，道："鴻漸，我回來了。今天爸爸，兄弟，還有姑夫兩個姪女兒都在。他們要拉我去買東西，我怕你等急了，所以趕早回來。”

鴻漸意義深長地看壁上的鐘，又忙伸出手來看錶道：“也不早了，快四點鐘了。讓我想一想，早晨九點鐘出去的，是不是？我等你吃飯等到——”

柔嘉笑道：“你這人不要臉，無賴！你明明知道我不會回來吃飯的，並且我出門的時候，吩咐李媽十二點鐘開飯給你吃——不是你這隻傳家寶鐘上十二點，是鬧鐘上十二點。”

鴻漸無詞以對，輸了第一個回合，便改換目標道：“羊毛坎肩結好沒有？我這時候要穿了出去。”

柔嘉不耐煩道：“沒有結！要穿，你自己去買。我沒見過像你這樣 nasty 的人①！我忙了六天，就不許我半天快樂，回來準看你的臉。”

鴻漸道：“祇有你六天忙，我不忙的！當然你忙了有代價，你本領大，有靠山，賺的錢比我多——”

“虧得我會賺幾個錢，否則我真給你欺負死了。姑媽說你欺負我，一點兒沒有冤枉你。”

鴻漸發狠拍桌道：“那麼你快去請你家庭駐外代表李老太太上來，叫她快去報告你的 Auntie。”

“總有那一天，我自己會報告。像你這種不近人情的男人，世界上我想沒有第二個。他們討你厭，不上你的門，那也够了，你還不許我去看他們。你真要我斷絕六親？你那種孤獨脾氣不應

---

① 惡意找岔子的人。

當娶我的，祇可惜泥裏不會迸出女人來，天上不會掉下個女人來，否則倒無爺無娘，最配你的脾胃。嚇，老實說，我看破了你。我孫家的人無權無勢，所以討你的厭；你碰見了什麼蘇文紈、唐曉芙的父親，你不四腳爬地去請安，我就不信。」

鴻漸氣得發顫道：「你再胡說，我就打上來。」柔嘉瞧他臉青耳紅，自知說話過火，閉口不響。停一會，鴻漸道：「我倒給你害得自己家裏都不敢去！你辦公室裏天天碰見你的姑媽，還不夠麼？姑媽既然這樣好，你乾脆去了別回來。」

柔嘉自言自語道：「她是比你對我好，我家裏的人也比你家裏的人好。」

鴻漸的回答是：「Sh——sh——sh——shaw！」

柔嘉道：「隨你去噓。我家裏的人比你家裏的人好。我偏要常常回去，你管不住我。」

鴻漸對太太的執拗毫無辦法，怒目注視她半天，奮然開門出去，直撞在李媽身上。他推得她險的摔下樓梯，一壁說：「你偷聽够了沒有？快去搬嘴，我不怕你。」他報館回來，柔嘉已經睡了，兩人不講話。明天也復如是。第三天鴻漸忍不住了，吃早飯時把碗筷桌子打得一片響，柔嘉依然不睬。鴻漸自認失敗，先開口道：「你死了沒有？」柔嘉道：「你跟我講話，是不是？我還不死呢，偏不讓你清淨！我在看你拍筷子，頓碗，有多少本領施展出來。」鴻漸歎氣道：「有時候，我真恨不能打你一頓。」柔嘉瞥他一眼道：「我看動手打我的時候不遠了。」這樣，兩人算講了和。不過大吵架後講了和，往往還要追算，把吵架時的話重溫一遍：男人說：「我否則不會生氣的，因爲你說了某句話；」女人説：“那麼你爲什麼先説那句話呢？”追算不清，可能陪上小吵一次。

　　鴻漸到報館後，發見一個熟人，同在蘇文紈家喝過茶的沈太太。她還是那時候趙辛楣介紹進館編《家庭與婦女》副刊的，現在兼編《文化與藝術》副刊。她丰采依然，氣味如舊，祇是裝束不像初回國時那樣的法國化，談話裏的法文也減少了。她一年來見過的人太多，早忘記鴻漸，到鴻漸自我介紹過了，她嬌聲感慨道：“記得！記起來了！時間真快呀！你還是那時候的樣子，所以我覺得面熟。我呢，我這一年來老得多了！方先生，你不知道我爲了一切的一切心裏多少煩悶！”鴻漸照例説她沒有老。她問他最近碰見曹太太沒有，鴻漸説在香港見到的。她自打著脖子道：“啊呀！你瞧我多糊塗！我上禮拜收到文紈的信，信上説碰見你，跟你談得很痛快。她還託我替她辦件事，我忙得没工夫替她辦，我一天雜七雜八的事真多！”鴻漸心中暗笑她撒謊，問她沈先生何在。她高抬眉毛，圓睜眼睛，一指按嘴，法國表情十足，四顧無人注意，然後湊近低聲道：“他躲起來了。他名氣太大，日本人跟南京僞政府全要找他出來做事。你別講出去！”鴻漸閉住呼吸，險的窒息，忙退後幾步，連聲説“是”。他回去和柔嘉談起，因説天下真小，碰見了蘇文紈以後，不料又會碰見她。柔嘉冷冷道：“是，世界是小。你等著罷，還會碰見個人呢。”鴻漸不懂，問碰見誰。柔嘉笑道：“還用我説麼？你心裏明白，嚛，別燒盤。”他纔會意是唐曉芙，笑罵道：“真胡鬧！我做夢都沒有想到。就算碰見她又怎麼樣？”柔嘉道：“問你自己。”他歎口氣道：“祇有你這傻瓜念念不忘地把她記在心裏！我早忘了，她也許嫁了人，做了母親，也不會記得我了。現在想想結婚以前把戀愛看得那樣鄭重，真是幼稚。老實說，不管你跟誰結婚，結婚以後，你總發現你娶的不是原來的人，換了另外一個。早知道這樣，結婚以前那種追求、戀愛等等，全可以省掉。談戀愛的時候，雙方本相全收斂起來，到結婚還沒有彼此認清，倒是老式婚姻乾脆，索性結婚以前，誰也不認得誰。"柔嘉道："你議論發完沒有？我祇有兩句話：第一，你這人全無心肝，我到現在還把戀愛看得很鄭重；第二，你真是你父親的兒子，愈來愈頑固。"鴻漸道："怎麼'全無心肝'，我對你不是很好麼？並且，我這幾句話不過是泛論，你總是死心眼兒，喜歡扯到自己身上。你也可以說，你結婚以前沒發現我的本來面目，現在纔知道我的真相。"柔嘉道："說了半天廢話，就是這一句中聽。"鴻漸道："你年輕得很呢，到我的年齡，也會明白這道理了。"柔嘉道："別賣老，還是剛過三十歲的人呢！賣老就會活不長的。我祇怕不到三十歲，早給你氣死了。"鴻漸笑道："柔嘉，你這人什麼都很文明，這句話可落伍。還像舊式女人把死來要挾丈夫的作風，不過不用刀子、繩子、砒霜，而用抽象的'氣'，這是不是精神文明？"柔嘉道："呸！要死就死，要挾誰？嚇誰？不過你別樂，我不饒你的。"鴻漸道："你又當真了！再講下去，要吵嘴了。你快睡罷，明天一早你要上辦公室的，快閉眼睛。很好的眼睛，睡眠不夠，明天腫了，你姑母要來質問的，"說時，拍小孩子睡覺似的拍她幾下。等柔嘉睡熟了，他想現在想到重逢唐曉芙的可能性，木然無動於中，真見了面，準也如此。緣故是一年前愛她的自己早死了，愛她、怕蘇文紈、給鮑小姐誘惑這許多自己，一個個全死了。有幾個死掉的自己埋葬在記憶裏，立碑志墓，偶一憑弔，像對唐曉芙的一番情感。有幾個自己，彷彿是路斃的，不去收拾，讓它們爛掉化掉，給鳥獸吃掉——不過始終消滅不了，譬如向愛爾蘭人買文憑的自己。

　　鴻漸進了報館兩個多月，一天早晨在報紙上看到沈太太把她常用的筆名登的一條啓事，大概説她一向致力新聞事業，不問政治，外界關於她的傳説，全是捕風捉影云云。他驚疑不已，到報館一打聽，纔知道她丈夫已受僞職，她也到南京去了。他想起辛楣在香港警告自己的話，便寫信把這事報告，問他結婚没有，何以好久無信。他回家跟太太討論這件事，她也很惋惜。不過，她説：“她走了也好，我看她編的副刊並不精彩。她自己寫的東西，今天明天，搬來搬去，老是那幾句話，倒也省事。看報的人看完就把報紙扔了，不會找出舊報紙來對的。想來她不要出集子，否則幾十篇文章其實祇有一篇，那真是大笑話了。像她那樣，《家庭與婦女》，我也會編；你可以替她的缺，編《文化與藝術》。”鴻漸道：“我没有你這樣自信。好太太，你不知道拉稿子的苦。我老實招供給你聽罷：《家庭與婦女》裏《主婦須知》那一欄，什麽‘醬油上澆了麻油就不會發霉’等等，就是我寫的。”柔嘉笑得肚子都痛了，説：“笑死我了！你懂得什麽醬油上澆麻油！是不是向李媽學的？我倒一向没留心。”鴻漸道：“所以你這個家管不好呀。李媽好好的該拜我做先生呢！沈太太没有稿子，跟我來訴苦，説我資料室應該供給資料。我怕聞她的味道，答應了她，可以讓她快點走。所以我找到一本舊的《主婦手册》，每期抄七八條，不等她來就送給她。你没有那種氣味，要拉稿子，我第一個就不理你。"柔嘉皺眉道:"你不說好話,聽得我噁心。你這話給她知道了,她準捉你到滬西七十六號去受拷打。"[①] 他夫人開的玩笑使他頓時嚴肅,說:

"我想這兒不能再住下去。你現在明白爲什麼我當初不願意來了。"

三星期後一個星期六,鴻漸回家很早。柔嘉道:"趙辛楣有封航空快信,我以爲有什麼要緊事,拆開看了。對不住。"

鴻漸一壁換拖鞋道:"他有信來了! 快給我看,講些什麼話?"

"忙什麼? 並没有要緊的事。他寫了快信,要打回單,倒害我找你的圖章找了半天,信差在樓下催,急得死人! 你以後圖章別東擱西擱,放在一定的地方,找起來容易。這是咱們回上海以後,他第一次回你的信罷? 我以爲不必發快信,多寫幾封書信,倒是真的。"

鴻漸知道她對辛楣總有點冤仇,也不理她。信很簡單,說歷次信都收到,沈太太事知悉,上海江河日下,快來渝爲上,或能同在一機關中服務,可到上次轉運行李的那家公司上海辦事處,見薛經理,商量行程旅伴。信末有"內子囑筆敬問嫂夫人好"。他像暗中摸索,忽見燈光,心裹高興,但不敢露在臉上,祇説:"這傢伙! 結婚都不通知一聲,也不寄張結婚照相來。我很願意你看看這位趙太太呢。"

"我不看見也想得出。辛楣看中的女人,汪太太、蘇小姐,

---

① 七十六號是敵偽特務機關。

我全瞻仰過了。想來也是那一派。”

“那倒不然。所以我希望他寄張照相來，給你看看。”

“咱們結婚照送給他的。不是我離間，我看你這位好朋友並不放你在心上。你去了有四五封信罷？他纔潦潦草草來這麼一封信，結婚也不通知你。他闊了，朋友多了；我做了你，一封信沒收到回信，決不再去第二封。”

鴻漸給她説中了心事，支吾道：“你總喜歡過甚其詞，我前後不過給他三封信。他結婚不通知我，是怕我送禮；他體諒我窮，知道咱們結婚受過他的厚禮，一定要還禮。”

柔嘉乾笑道：“哦，原來是這個道理！祇有你懂他的意思了。畢竟是好朋友，知己知彼！不過，喜事不比喪事，禮可以補送的，他應當信上乾脆不提‘内子’兩個字兒。你要送禮，這時候盡來得及。”

鴻漸被駁倒，祇能敲詐道：“那麼你替我去辦。”

柔嘉一壁刷著頭髮道：“我没有工夫。”

鴻漸道：“早晨出去還是個人，這時候怎麼變成刺猬了！”

柔嘉道：“我就是刺猬，你不要跟刺猬説話。”

沉默了一會，刺猬自己説話了：“辛楣信上勸你到重慶去，你怎樣回覆他？”

鴻漸囁嚅道：“我想是想去，不過還要仔細考慮一下。”

“我呢？”柔嘉臉上不露任何表情，像下了百葉窗的窗子。鴻漸知道這是暴風雨前的靜寂。

“就是爲了你，我很躊躇。上海呢，我很不願意住下去，報館裏也没有出路，這家庭一半還虧你維持的——”鴻漸以爲這句話可以温和空氣——"辛楣既然一番好意，我很想再到裏面去碰碰運氣。不過事體還沒有定，帶了家眷進去，許多不方便，咱們這次回上海找房子的苦，你當然記得。辛楣是結了婚的人，不比從前。我計劃我一個人先進去，有了辦法，再來接你，你以爲何如？當然這要從長計議，我並沒有決定，你的意見不妨説給我聽聽。"鴻漸説這一篇話，隨時準備她截斷，不知道她一言不發，盡他説。這静默使他愈説愈心慌。

"我在聽你做多少文章。儘管老實講出來得了。結了婚四個月，對家裏又醜又凶的老婆早已厭倦了——壓根兒就沒愛過她——有機會遠走高飛，爲什麼不換換新鮮空氣。你的好朋友是你的救星，逼你結婚是他——我想著就恨——幫你恢復自由也是他。快去罷！他提拔你做官呢，説不定還替你找一位官太太呢！我們是配不上你的。"

鴻漸咄咄道："哪裏來的話！真是神經過敏。"

"我一點兒不神經過敏。你儘管去，我決不扣留你。倒讓你的朋友説我'千方百計'嫁了個男人，把他看得一步不放鬆，倒讓你説家累耽誤了你的前程。哼，我纔不呢！我吃我自己的飯，從來沒叫你養過，我不是你的家累。你這次去了，回來不回來，悉聽尊便。"

鴻漸歎氣道："那麼——"柔嘉等他説："我就不去，"不料他説——"我帶了你同進去，那總好了。"

"我這兒好好的有職業，爲什麼無緣無故扔了它跟你去。到了裏面，萬一兩個人全找不到事，真叫辛楣養咱們一家？假使你有事，我沒有事，那時候你不知要怎樣欺負人呢！辛楣信上沒説提拔我，我進去幹什麼？做花瓶？太醜，没有資格。除非服侍官太太做老媽子。”

“活見鬼！活見鬼！我没有欺負你，你自己動不動表示比我能幹，賺的錢比我多。你現在也知道你在這兒是靠親戚的面子，到了内地未必找到事罷？”

“我是靠親戚，你呢？没有親戚可靠，靠你的朋友，咱們倆還不是彼此彼此？並且我從來没説我比你能幹，是你自己心地齷齪，咽不下我賺的錢比你多。内地呢，我也到過。別忘了三閭大學停聘的不是我。我爲誰犧牲了内地的事到上海來的？真没有良心！”

鴻漸氣得冷笑道：“提起三閭大學，我就要跟你算賬。我懊悔聽了你的話，在衡陽寫信給高松年謝他，準給他笑死了。以後我再不聽你的話，你以爲高松年給你聘書，真要留你麼？別太得意，他是跟我搗亂哪！你這傻瓜！”

“反正你對誰的話都聽，尤其趙辛楣的話比聖旨都靈，就是我的話不聽。我祇知道我有聘書你没有，管他‘搗亂’不‘搗亂’。高松年告訴你他在搗亂？你怎麼知道？不是自己一個指頭遮羞麼？”

“是的。他真心要留住你，讓學生再來一次 beat down Miss Sung 呢。”

柔嘉臉紅得像鬥雞的冠，眼圈也紅了，定了定神，説：“我是個年輕女孩子，大學剛畢業，第一次做事，給那些狗男學生欺負，没有什麼難爲情。不像有人留學回來教書，給學生上公呈要趕走，還是我通的消息，保全他的飯碗。”

鴻漸有幾百句話，同時奪口而出，反而一句說不出。柔嘉不等他開口，說："我要睡了，"進浴室漱口洗臉去，隨手帶上了門。到她出來，鴻漸要繼續口角，她說："我不跟你吵。感情壞到這個田地，多說話有什麼用？還是少說幾句，留點餘地罷。你要吵，隨你去吵；我漱過口，不再開口了。"說完，她跳上牀，蓋上被，又起來開抽屜，找兩團棉花塞在耳朵裏，躺下去，閉眼靜睡，一會兒鼻息調勻，像睡熟了。她丈夫恨不能拉她起來，逼她跟自己吵，衹好對她的身體揮拳作勢。她眼睫毛下全看清了，又氣又暗笑。明天晚上，鴻漸回來，她燒了橘子酪等他。鴻漸慪氣不肯吃，熬不住嘴饞，一壁吃，一壁罵自己不爭氣。她說："回辛楣的信你寫了罷？"他道："没有呢，不回他信了，好太太。"她說："我不是不許你去，我勸你不要鹵莽，辛楣人很熱心，我也知道。不過，他有個毛病，往往空口答應在前面，事實上辦不到。你有過經驗的。三間大學直接拍電報給你，結果還打了個折扣，何況這次是他私人的信，不過泛泛說句謀事有可能性呢？"鴻漸笑道："你真是'千方百計'，足智多謀，層出不窮。幸而他是個男人，假使他是個女人，我想不出你更怎樣吃醋？"柔嘉微窘，但也輕鬆地笑道："爲你吃醋，還不好麼？假使他是個女人，他會理你？他會跟你往來？你真在做夢！衹有我哪，昨天挨了你的罵，今天還要討你好。"

報館爲了言論激烈，收到恐嚇信和租界當局的警告。辦公室裏有了傳說，什麼出面做發行人的美國律師不願意再借他的名字給報館了，什麼總編輯王先生和股東鬧翻了，什麼沈太太替敵僞牽綫來收買了。鴻漸跟王先生還相處得來，聽見這許多風聲，便去問他，順便給他看辛楣的信。王先生看了很以爲然，但勸鴻漸暫時別辭職，他自己正爲了編輯方針以去就向管理方面力爭，不久必有分曉。鴻漸慷慨道："你先生哪一天走，我也哪一天走。"王先生道："合則留，不合則去。這是各人的自由，我不敢勉强你。不過，辛楣把你重託給我的，我有什麽舉動，一定告訴你，決不瞞你什麽。"鴻漸回去對柔嘉一字不提。他覺得半年以來，什麽事跟她一商量就不能照原意去做，不痛快得很，這次偏偏自己單獨下個決心，大有小孩子背了大人偷幹壞事的快樂。柔嘉知道他沒回辛楣的信，自以爲感化勸服了他。

舊曆冬至前一天早晨，柔嘉剛要出門，鴻漸道："別忘了，今天咱們要到老家裏去吃冬至晚飯。昨天老太爺親自打電話來叮囑的，你不能再不去了。"柔嘉鼻梁皺一皺，做個厭惡表情道："去，去，去！'醜媳婦見公婆！'真跟你計較起來，我今天可以不去。前一晚姑母家裏宴會，你不肯陪我去，爲什麽今天我要陪你去？"鴻漸笑她拿糖作醋。柔嘉道："我是要對你說說，否則，你佔了我的便宜還認爲應該的呢。我回家來等你回來了同去，叫我一個人去，我不肯的。"鴻漸道："你又不是新娘第一次上門，何必要我多走一趟路。"柔嘉沒回答就出門了。她出門不久，王先生來電話，請他立刻去。他猜想出了大事，怦怦心跳，急欲知道，又怕知道。王先生見了他，苦笑道："董事會昨天晚上批準我辭職，隨我什麽時候離館，他們早已找好替人，我想明天辦交代，先通知你一聲。"鴻漸道："那麽我今天向你辭職——我是你委任的——要不要書面辭職？"王先生道："你去跟你老丈商量一下，好不好？"鴻漸道："這是我私人的事。”王先生是個正人，這次爲正義被逼而走，喜歡走得熱鬧點，減少去職的凄黯，不肯私奔似的孑身溜掉。他入世多年，明白在一切機關裏，人總有人可替，座位總有人來坐，慪氣辭職祇是辭職的人吃虧，被辭的職位漠然不痛不癢；人不肯坐椅子，苦了自己的腿，椅子空著不會肚子餓，椅子立著不會腿痠的。不過椅子空得多些，可以造成不景氣的印象。鴻漸雖非他的私人，多多益善，不妨湊個數目。所以他跟著國内新聞、國外新聞、經濟新聞以及兩種副刊的編輯同時提出辭職。報館管理方面早準備到這一著，夾袋裏有的是人；並且知道這次辭職有政治性，希望他們快走，免得另生枝節，反正這個月的薪水早發了。除掉經濟新聞的編者要挽留以外，其餘王先生送閱的辭職信都一一照准。資料室最不重要，隨時可以換人；所以鴻漸失業最早，第一個准辭。當天下午，他丈人聽到消息，忙來問他，這事得柔嘉同意沒有，他隨口説得她同意。丈人怏怏不信。鴻漸想明天不來了，許多事要結束，打電話給柔嘉，説他今天沒工夫回家同去，請她也直接去罷，不必等。電話裏聽得出她很不高興，鴻漸因爲丈人忽然又走來，不便解釋。

　　他近七點鐘纔到老家，一路上懊悔沒打電話問柔嘉走了沒有，她很可能不肯單獨來。大家見了他，問怎麼是一個人來，母親鐵青臉説：“你這位奶奶真是貴人不踏賤地，下帖子請都不來了。”鴻漸正在解釋，柔嘉進門。二奶奶三奶奶迎上去，笑説：“真是稀客！”方老太太勉强笑了笑，彷彿笑痛了臉皮似的。柔嘉藉口事忙。三奶奶説：“當然你在外面做事的人，比我們忙多了。”二奶奶説：“辦公有一定時間的，大哥，三弟，我們老二也在外面做事，並沒有成天不回家。大姐姐又做事，又管家務，所以分不出工夫來看我們了。"鴻漸因爲她們説話像參禪似的，都隱藏機鋒，聽著徒亂人意，便溜上樓去見父親。講不到三句話，柔嘉也來了，問了遯翁好，寒暄幾句，熬不住埋怨丈夫道："我現在知道你不回家接我的緣故了。你爲什麽向報館辭職不先跟我商量？就算我不懂事，至少你也應該先到這兒來請教爹爹。"遯翁沒聽見兒子説辭職，失聲驚問。鴻漸窘道："我正要告訴爹呢——你——你怎麽知道的？"柔嘉道："爸爸打電話給我的，你還哄他！他都沒有辭職，你爲什麽性急就辭，待下去看看風頭再説，不好麽？"鴻漸忙替自己辯護一番。遯翁心裏也怪兒子莽撞，但不肯當媳婦的面坍他的臺，反正事情已無可挽回，便説："既然如此，你辭了很好。咱們這種人，萬萬不可以貪小利而忘大義。我所以寧可逃出來做難民，不肯回鄉，也不過爲了這一點點氣節。你當初進報館，我就不贊成，覺得比教書更不如了。明天你來，咱們爺兒倆討論討論，我替你找條出路。"柔嘉不再説話，板着臉。吃飯時，方老太太苦勸鴻漸吃菜，説："你近來瘦了，臉上一點不滋潤。在家裏吃些什麽東西？柔嘉做事忙，没工夫當心你，你爲什麽不到這兒來吃飯？從小就吃我親手做的菜，也沒有把你毒死。"柔嘉低頭，盡力抑制自己，挨了半碗飯，就不肯吃。方老太太瞧媳婦的臉不像好對付的，不敢再撩撥，祇安慰自己總算媳婦沒有敢回嘴。

　　回家路上，鴻漸再三代母親道歉。柔嘉祇簡單地説："你當時盡她説，沒有替我表白一句。我又學了一個乖。"一到家，她説胃痛，叫李媽沖熱水袋來暖胃。李媽忙問："小姐怎麽吃壞了?"她説，吃没有吃壞，氣倒氣壞了。在平時，鴻漸準要怪她爲什麼把主人的事告訴用人，今天他不敢説。當夜柔嘉没再理他，明早夫婦間還是鴉雀無聲。吃早點時，李媽問鴻漸今天中飯要吃什麼。鴻漸説有事要到老家去，也許不回來吃飯了，叫她不必做菜。柔嘉冷笑道："李媽，以後你可以省事了。姑爺從此不在家吃飯，他們老太太説你的菜裏放毒藥的。"

鴻漸皺眉道："唉！你何必去跟她講——"

柔嘉重頓著右腳的皮鞋跟道："我偏要跟她講。李媽在這兒做見證，我要講講明白。從此以後，你打死我，殺死我，我再不到你家去。我死了，你們詩禮人家做羹飯祭我，我的鬼也不來的——"説到此眼淚奪眶溢出，鴻漸心痛，站起來撫慰，她推開他——"還有，咱們從此河水不犯井水，一切你的事都不用跟我來説。我們全要做漢奸，祇有你方家養的狗都深明大義的。"説完，回身就走，下樓時一路哼著英文歌調，表示她滿不在乎。

鴻漸鬱悶不樂，老家也懶去。遯翁打電話來催。他去聽了遯翁半天的議論，並没有實際的指示和幫助。他對家裏的人都起了憎恨，不肯多坐。出來了，到那家轉運公司去找它的經理，想問問旅費，没碰見他，約明天再去。上王先生家去也找個空。這時候電車裏全是辦公室下班的人，他擠不上，就走回家，一壁想怎樣消釋柔嘉的怨氣。在衖口瞧見一部汽車，認識是陸家的，心裏就鯁一鯁。開後門經過跟房東合用的廚房，李媽不在，火爐上燉的罐頭喋喋自語個不了。他走到半樓，小客室門罅開，有陸太太高聲説話。他衝心的怒，不願進去，腳彷彿釘住。祇聽她正説："鴻漸這個人，本領没有，脾氣倒很大，我也知道，不用李

媽講。柔嘉，男人像小孩子一樣，不能 spoil 的①，你太依順
他——"他血升上臉，恨不能大喝一聲，直撲進去，忽聽到李
媽腳步聲，向樓下來，怕給她看見，不好意思，悄悄又溜出門。
火冒得忘了寒風砭肌，不知道這討厭女人什麼時候滾蛋，索性不
回去吃晚飯了，反正失了業準備討飯，這幾個小錢不用省它。走
了幾條馬路，氣憤稍平。經過一家外國麵包店，廚窗裏電燈雪
亮，照耀各式糕點。窗外站一個短衣襤褸的老頭子，目不轉睛地
看窗裏的東西，臂上挽個籃，盛著粗拙的泥娃娃和蠟紙粘的風
轉。鴻漸想現在都市裏的小孩子全不要這種笨樸的玩具了，講究
的洋貨有的是，可憐這老頭子，不會有生意。忽然聯想到自己正
像他籃裏的玩具，這個年頭兒沒人過問，所以找職業這樣困難。
他歎口氣，掏出柔嘉送的錢袋來，給老頭子兩張鈔票。麵包店門
口候客人出來討錢的兩個小乞丐，就趕上來要錢，跟了他好一段
路。他走得肚子餓了，挑一家便宜的俄國館子，正要進去，伸手
到口袋一摸，錢袋不知去向，急得在冷風裏微微出汗，微薄得不
算是汗，衹譬如情感的蒸汽。今天真是晦氣日子！衹好回家，坐
電車的錢也沒有，一股怨毒全結在柔嘉身上。假如陸太太不來，
自己決不上街吃冷風，不上街就不會丟錢袋，而陸太太是柔嘉的
姑母，是柔嘉請上門的——柔嘉沒請也要冤枉她。並且自己的
錢一向前後左右口袋裏零碎擱著，扒手至多摸空一個口袋，有了
錢袋一股腦兒放進去，倒給扒手便利，這全是柔嘉出的好主意。

　　李媽在廚房洗碗，見他進來，說："姑爺，你吃過晚飯了？"

---

　　①　不能驕縱的。

他祇作没聽見。李媽從没見過他這樣板著臉回家，擔心地目送他出廚房。柔嘉見是他，擱下手裏的報紙，站起來説："你回來了！外面冷不冷？在什麼地方吃的晚飯？我們等等你不回來，就吃了。"

鴻漸準備趕回家吃飯的，知道飯吃過了，失望中生出一種滿意，彷彿這事為自己的怒氣築了牢固的基礎，今天的吵架吵得響，沉著臉説："我又没有親戚家可以去吃白食，當然没有吃飯。"

柔嘉驚異道："那麼，快叫李媽去買東西。真糟糕！家裏的餅乾前天吃完了我忘掉去買，要給你點點饑的東西也没有！你到什麼地方去了？叫我們好等！姑媽特來看你的。等等你不來，我就留她吃晚飯了！"

鴻漸像落水的人，捉到繩子的一頭，全力掛住，道："哦！原來她來了！怪不得！人家把我的飯吃掉了，我自己倒没得吃。承她情來看我，我没請她來呀！我不上她的門，她為什麼上我的門？姑母要留住吃飯，丈夫是應該挨餓的。好，稱了你的心罷，我就餓一天，不要李媽去買東西。"

柔嘉坐下去，拿起報紙，道："我理了你都懊悔，你這不識抬舉的傢伙。你願意挨餓，活該，跟我不相干。報館又不去了，深明大義的大老爺在外面忙些什麼國家大事呀？到這時候纔回來！家裏的開銷，我負擔一半的，我有權利請客，你管不著。並且，李媽做的菜有毒，你還是少吃為妙。"

鴻漸氣上加氣，胃裏刺痛，身邊零用一個子兒没有了，要明天上銀行去拿，這時候又不肯向柔嘉要，説："反正我餓死了你快樂。你的好姑母會替你找好丈夫。"

柔嘉冷笑道："啐！我看你瘋了。餓不死的，餓了可以頭腦清楚點。"

鴻漸的憤怒像第二陣潮水冒上來，說："這是不是你那位好姑母傳授你的秘訣？'柔嘉，男人不能太 spoil 的，要餓他，凍他，虐待他。'"

柔嘉仔細研究他丈夫的臉道："哦，所以房東家的老媽子說看見你回來的。爲什麼不光明正大上樓呀？偷偷摸摸像個賊，躲在半樓梯偷聽人說話。這種事祇配你的兩位弟媳婦去幹，虧你是個大男人！羞不羞？"

鴻漸道："我是要聽聽，否則我真蒙在鼓裏，不知道人家在背後怎樣糟蹋我呢。"

"我們怎樣糟蹋你？你何妨說？"

鴻漸擺空城計道："你心裏明白，不用我說。"

柔嘉確曾把昨天吃冬至晚飯的事講給姑母聽，兩人一唱一和地笑罵，以爲全落在鴻漸耳朵裏了，有點心慌，說："本來不是說給你聽的，誰教你偷聽？我問你，姑母說要替你在廠裏找個位置，你的尖耳朵聽到沒有？"

鴻漸跳起來大喝道："誰要她替我找事？我討飯也不要向她討！她養了 Bobby 跟你孫柔嘉兩條走狗還不够麼？你對她說，方鴻漸'本領雖沒有，脾氣很大'，資本家走狗的走狗是不做的。"

兩人對站著。柔嘉怒得眼睛異常明亮，說："她那句話一個字兒沒有錯。人家倒可憐你，你不要飯碗，飯碗不會發霉。好罷，你父親會替你'找出路'。不過，靠老頭子不稀奇，有本領自己找出路。"

"我誰都不靠。我告訴你，我今天已經拍電報給趙辛楣，方纔跟轉運公司的人全講好了。我去了之後，你好清靜，不但留姑媽吃晚飯，還可以留她住夜呢。或者乾脆搬到她家去，索性讓她養了你罷，像 Bobby 一樣。"

柔嘉上下唇微分，睜大了眼，聽完，咬牙說："好，咱們算散伙。行李衣服，你自己去辦，別再來找我。去年你浪蕩在上海沒有事，跟著趙辛楣算到了內地，內地事丟了，靠趙辛楣的提拔到上海，上海事又丟了，現在再到內地投奔趙辛楣去。你自己想想，一輩子跟住他，咬住他的衣服，你不是他的走狗是什麼？你不但本領沒有，連志氣都沒有，別跟我講什麼氣節了。小心別討了你那位朋友的厭，一腳踢你出來，那時候又回上海，看你有什麼臉見人。你去不去，我全不在乎。"

鴻漸再熬不住，說："那麼，請你別再開口，"伸右手猛推她的胸口。她踉蹌退後，撞在桌子邊，手臂把一個玻璃杯帶下地，玻璃屑混在水裏。她氣喘說："你打我？你打我！"衣服厚實的李媽像爆進來一粒棉花彈，嚷："姑爺，你怎麼動手打人？你要打，我就叫。讓樓下全聽見——小姐，他打你什麼地方，打傷沒有？別怕，我老命一條跟他拚。做了男人打女人！老爺太太沒打過你，我從小餵你吃奶，用氣力拍你一下都沒有，他倒動手打你！"說著眼淚滾下來。柔嘉也倒在沙發裏心酸啜泣。鴻漸看她哭得可憐，而不願意可憐，恨她轉深。李媽在沙發邊庇護著柔嘉，道："小姐，你別哭！你哭我也要哭了——"說時又拉起圍裙擦眼淚——"瞧，你打得她這個樣子！小姐，我真想去告訴姑太太，就怕我去了，他又要打你。"

鴻漸厲聲道："你問你小姐，我打她没有？你快去請姑太太，我不打你小姐得了！"半推半搡，把李媽直推出房，不到一分鐘，她又衝進來，說："小姐，我請房東家大小姐替我打電話給姑太太，她馬上就來，咱們不怕他了！"鴻漸和柔嘉都没想到她會當真，可是兩人這時候還是敵對狀態，不能一致聯合怪她多事。柔嘉忘了哭，鴻漸驚奇地望著李媽，彷彿小孩子見了一隻動物園裏的怪獸。沉默了一會，鴻漸道："好，她來我就走，你們兩個女人結了黨不夠，還要添上一個，說起來倒是我男人欺負你們，等她走了我回來。"到衣架上取外套。

柔嘉不願意姑母來把事鬧大，但瞧丈夫這樣退卻，鄙薄得不復傷心，嘶聲說："你是個 Coward！ Coward！ Coward！①我再不要看見你這個 Coward！"每個字像鞭子打一下，要鞭出她丈夫的膽氣來，她還嫌不夠狠，順手抓起桌上一個象牙梳子盡力扔他。鴻漸正回頭要回答，躲閃不及，梳子重重地把左顴打個著，迸到地板上，折爲兩段。柔嘉祇聽他"啊喲"叫痛，瞧梳子打處立刻血隱隱地紅腫，倒自悔過分，又怕起來，準備他還手。李媽忙在兩人間攔住。鴻漸驚駭她會這樣毒手，看她扶桌僵立，淚漬的臉像死灰，兩眼全紅，鼻孔翕開，嘴咽唾沫，又可憐又可怕，同時聽下面腳步聲上樓，不計較了，祇說："你狠，啊！你鬧得你家裏人知道不夠，還要鬧得鄰舍全知道，這時候房東家已

---

① 懦夫！懦夫！懦夫！

經聽見了。你新學會潑辣不要面子，我還想做人，倒要面子的。我走了。你老師來了再學點新的本領，你真是個好學生，學會了就用！你替我警告她，我饒她這一次。以後她再來教壞你，我會上門找她去，別以爲我怕她。李媽，姑太太來，別專説我的錯，你親眼瞧見的是誰打誰。"走近門大聲説："我出去了，"慢慢地轉門鈕，讓門外偷聽的人得訊走開然後出去。柔嘉眼睜睜看他出了房，癱倒在沙發裏，扶頭痛哭，這一陣淚不像祇是眼裏流的，宛如心裏、整個身體裏都擠出了熱淚，合在一起宣泄。

鴻漸走出門，神經麻木，不感覺冷，意識裏祇有左頰在發燙。頭腦裏，情思彌漫紛亂像個北風飄雪片的天空。他信腳走著，徹夜不睡的路燈把他的影子一盞盞彼此遞交。他彷彿另外有一個自己在説："完了！完了!"散雜的心思立刻一撮似的集中，開始覺得傷心。左頰忽然星星作痛，他一摸濕膩膩的，以爲是血，嚇得心倒定了，腿裏發軟。走到燈下，瞧手指上沒有痕跡，纔知道流了眼淚。同時感到周身疲乏、肚子饑餓。鴻漸本能地伸手進口袋，想等個叫賣的小販，買個麵包，恍然記起身上沒有錢。肚子餓的人會發火，不過這火像紙頭燒起來的，不會耐久。他無處可去，想還是回家睡，真碰見了陸太太也不怕她。就算自己先動手，柔嘉報復得這樣狠毒，兩下勾銷。他看錶上十點已過，不清楚自己什麼時候出來的，也許她早走了。到街口沒見汽車，先放了心。他一進門，房東太太聽見聲音，趕來説："方先生，是你！你家少奶奶不舒服，帶了李媽到陸家去了，今天不回來了。這是你房門的鑰匙，留下來交給你的。你明天早飯到我家來吃，李媽跟我講好。"鴻漸心直沉下去，撈不起來，機械地接鑰匙，道聲謝。房東太太像還有話說，他三腳兩步逃上樓。開了臥室的門，撥亮電燈，破杯子跟斷梳子仍在原處，成堆的箱子少了一隻，他呆呆地站著，身心遲鈍得發不出急，生不出氣。柔嘉走了，可是這房裏還留下她的怒容、她的哭聲、她的說話，在空氣裏沒有消失。他望見桌上一張片子，走近一看，是陸太太的。忽然怒起，撕爲粉碎，狠聲道：「好，你倒自由得很，撇下我就走！滾你媽的蛋，替我滾，你們全替我滾！」這簡短一怒把餘勁都使盡了，軟弱得要傻哭個不歇。和衣倒在牀上，覺得房屋旋轉，想不得了！萬萬生不得病！明天要去找那位經理，說妥了再籌旅費，舊曆年可以在重慶過。心裏又生希望，像濕柴雖點不著火，而開始冒煙，似乎一切會有辦法。不知不覺中黑地昏天合攏、裹緊，像滅盡燈火的夜，他睡著了。最初睡得脆薄，饑餓像鑷子要鑷破他的昏迷，他潛意識擋住它。漸漸這鑷子鬆了、鈍了，他的睡也堅實得鑷不破了，沒有夢，沒有感覺，人生最原始的睡，同時也是死的樣品。

那隻祖傳的老鐘從容自在地打起來，彷彿積蓄了半天的時間，等夜深人靜，搬出來一一細數：「當、當、當、當、當、當」響了六下。六點鐘是五個鐘頭以前，那時候鴻漸在回家的路上走，蓄心要待柔嘉好，勸她別再爲昨天的事弄得夫婦不歡；那時候，柔嘉在家裏等鴻漸回來吃晚飯，希望他會跟姑母和好，到她廠裏做事。這個時間落伍的計時機無意中包涵對人生的諷刺和感傷，深於一切語言、一切啼笑。

記錢鍾書與《圍城》

楊　絳

前　言

自從一九八〇年《圍城》在國內重印以來，我經常看到鍾書對來信和登門的讀者表示歉意：或是誠誠懇懇地奉勸別研究什麼《圍城》；或客客氣氣地推説"無可奉告"；或者竟是既欠禮貌又不講情理的拒絶。一次我聽他在電話裏對一位求見的英國女士説："假如你吃了個鷄蛋覺得不錯，何必認識那下蛋的母鷄呢?"我直耽心他衝撞人。胡喬木同志偶曾建議我寫一篇《錢鍾書與〈圍城〉》。我確也手癢，但以我的身份，容易寫成鍾書所謂"亡夫行述"之類的文章。不過我既不稱讚，也不批評，只據事紀實；鍾書讀後也承認没有失真。喬木同志最近又問起這篇文章。恰好朱正同志所編《駱駝叢書》願意收入，我就交給他出版，也許能供《圍城》的偏愛者參考之用。

一　錢鍾書寫《圍城》

錢鍾書在《圍城》的序裏説，這本書是他"銖銖積累"寫成的。我是"錙銖積累"讀完的。每天晚上，他把寫成的稿子給我看，急切地瞧我怎樣反應。我笑，他也笑；我大笑，他也大笑。有時我放下稿子，和他相對大笑，因為笑的不僅是書上的事，還有書外的事。我不用說明笑什麼，反正彼此心照不宣。然後他就告訴我下一段打算寫什麼，我就急切地等着看他怎麼寫。他平均每天寫五百字左右。他給我看的是定稿，不再改動。後來他對這部小說以及其它"少作"都不滿意，恨不得大改特改，不過這是後話了。

　　鍾書選註宋詩，我曾自告奮勇，願充白居易的"老嫗"——也就是最低標準；如果我讀不懂，他得補充註釋。可是在《圍城》的讀者裏，我卻成了最高標準。好比學士通人熟悉古詩文裏詞句的來歷，我熟悉故事裏人物和情節的來歷。除了作者本人，最有資格為《圍城》做註釋的，該是我了。

　　看小說何需註釋呢？可是很多讀者每對一本小說發生興趣，就對作者也發生興趣，並把小說裏的人物和情節當作真人實事。有的乾脆把小說的主角視為作者本人。高明的讀者承認作者不能和書中人物等同，不過他們說，作者創造的人物和故事，離不開他個人的經驗和思想感情。這話當然很對。可是我曾在一篇文章裏指出：創作的一個重要成分是想像，經驗好比黑暗裏點上的火，想像是這個火所發的光；沒有火就沒有光，但光照所及，遠遠超過火點兒的大小①。創造的故事往往從多方面超越作者本人的經驗。要從創造的故事裏返求作者的經驗是顛倒的。作者的思

---

　　① 　參看《事實——故事——真實》（《文學評論》一九八〇年第三期十七頁）。

想情感經過創造，就好比發過酵而釀成了酒；從酒裏辨認釀酒的原料，也不容易。我有機緣知道作者的經歷，也知道釀成的酒是什麼原料，很願意讓讀者看看真人實事和虛構的人物情節有多少聯繫，而且是怎樣的聯繫。因爲許多所謂寫實的小説，其實是改頭換面地敍寫自己的經歷，提昇或滿足自己的感情。這種自傳體的小説或小説體的自傳，實在是浪漫的紀實，不是寫實的虛構。而《圍城》祇是一部虛構的小説，儘管讀來好像真有其事，實有其人。

《圍城》裏寫方鴻漸本鄉出名的行業是打鐵、磨豆腐，名産是泥娃娃。有人讀到這裏，不禁得意地大哼一聲説："這不是無錫嗎？錢鍾書不是無錫人嗎？他不也留過洋嗎？不也在上海住過嗎？不也在内地教過書嗎？"有一位專愛考據的先生，竟推斷出錢鍾書的學位也靠不住，方鴻漸就是錢鍾書的結論更可以成立了。

錢鍾書是無錫人，一九三三年畢業於清華大學，在上海光華大學教了兩年英語，一九三五年考取英庚款到英國牛津留學，一九三七年得文學學士（B. Litt.）學位，然後到法國，入巴黎大學進修。他本想讀學位，後來打消了原意。一九三八年，清華大學聘他爲教授，據那時候清華的文學院長馮友蘭先生來函説，這是破例的事，因爲按清華舊例，初回國教書祇當講師，由講師昇副教授，然後昇爲教授。鍾書九、十月間回國，在香港上岸，轉昆明到清華任教。那時清華已並入西南聯大。他父親原是國立浙江大學教授，應老友廖茂如先生懇請，到湖南藍田幫他創建國立師範學院；他母親弟妹等隨叔父一家逃難住上海。一九三九年秋，鍾書自昆明回上海探親後，他父親來信來電，說自己老病，要鍾書也去湖南照料。師範學院院長廖先生來上海，反復勸說他去當英文係主任，以便伺候父親，公私兼顧。這樣，他就未回昆明而到湖南去了。一九四〇年暑假，他和一位同事結伴回上海探親，道路不通，半途折回。一九四一年暑假，他由廣西到海防搭海輪到上海，準備小住幾月再回內地。西南聯大外語係主任陳福田先生到了上海特來相訪，約他再回聯大。值珍珠港事變，他就淪陷在上海出不去了。他寫過一首七律《古意》，內有一聯說："槎通碧漢無多路，夢入紅樓第幾層"，另一首《古意》又說："心如紅杏專春鬧，眼似黃梅詐雨晴"，都是寄託當時羈居淪陷區的悵望情緒。《圍城》是淪陷在上海的時期寫的。

鍾書和我一九三二年春在清華初識，一九三三年訂婚，一九三五年結婚，同船到英國（我是自費留學），一九三七年秋同到法國，一九三八年秋同船回國。我母親一年前去世，我蘇州的家已被日寇搶劫一空，父親避難上海，寄居我姐夫家。我急要省視老父，鍾書在香港下船到昆明，我乘原船直接到上海。當時我中學母校的校長留我在"孤島"的上海建立"分校"。二年後上海淪陷，"分校"停辦，我暫當家庭教師，又在小學代課，業餘創作話劇。鍾書陷落上海沒有工作，我父親把自己在震旦女子文理學院授課的鐘點讓給他，我們就在上海艱苦度日。

有一次，我們同看我編寫的話劇上演，回家後他說："我想寫一部長篇小說！"我大高興，催他快寫。那時他正偷空寫短篇小說，怕沒有時間寫長篇。我說不要緊，他可以減少授課的時間，我們的生活很省儉，還可以更省儉。恰好我們的女傭因家鄉生活好轉要回去。我不勉强她，也不另覓女傭，祇把她的工作自己兼任了。劈柴生火燒飯洗衣等等我是外行，經常給煤煙染成花臉，或熏得滿眼是淚，或給滾油燙出泡來，或切破手指。可是我急切要看鍾書寫《圍城》（他已把題目和主要內容和我講過），做竈下婢也心甘情願。

《圍城》是一九四四年動筆，一九四六年完成的。他就像原《序》所說："兩年裏憂世傷生"，有一種惶急的情緒，又忙着寫《談藝錄》；他三十五歲生日詩裏有一聯："書癖鑽窗蜂未出，詩情繞樹鵲難安"，正是寫這種兼顧不來的心境。那時候我們住在錢家上海避難的大家庭裏，包括鍾書父親一家和叔父一家。兩家同住分炊，鍾書的父親一直在外地，鍾書的弟弟妹妹弟媳和姪兒女等已先後離開上海，只剩他母親沒走，還有一個弟弟單身留在上海；所謂大家庭也只像個小家庭了。

以上我略敍鍾書的經歷、家庭背景和他撰寫《圍城》時的處境，爲作者寫個簡介。下面就要爲《圍城》做些註解。

鍾書從他熟悉的時代、熟悉的地方、熟悉的社會階層取材。但組成故事的人物和情節全屬虛構。儘管某幾個角色稍有真人的影子，事情都子虛烏有；某些情節略具真實，人物卻全是捏造的。

方鴻漸取材於兩個親戚：一個志大才疏，常滿腹牢騷；一個狂妄自大，愛自吹自唱。兩人都讀過《圍城》，但是誰也沒自認爲方鴻漸，因爲他們從未有方鴻漸的經歷。鍾書把方鴻漸作爲故事的中心，常從他的眼裏看事，從他的心裏感受。不經意的讀者會對他由瞭解而同情，由同情而關切，甚至把自己和他合而爲

圍　城

一。許多讀者以爲他就是作者本人。法國十九世紀小説《包法利夫人》的作者福婁拜曾説："包法利夫人，就是我。"那麽，錢鍾書照樣可説："方鴻漸，就是我。"不過還有許多男女角色都可説是錢鍾書，不光是方鴻漸一個。方鴻漸和錢鍾書不過都是無錫人罷了，他們的經歷遠不相同。

我們乘法國郵船阿多士Ⅱ（Athos Ⅱ）回國，甲板上的情景和《圍城》裏寫的很像，包括法國警官和猶太女人調情，以及中國留學生打麻將等等。鮑小姐卻純是虛構。我們出國時同船有一個富有曲綫的南洋姑娘，船上的外國人對她大有興趣，把她看作東方美人。我們在牛津認識一個由未婚夫資助留學的女學生，聽説很風流。牛津有個研究英國語文的埃及女學生，皮膚黑黑的，我們兩人都覺得她很美。鮑小姐是綜合了東方美人、風流未婚妻和埃及美人而搏捏出來的。鍾書曾聽到中國留學生在郵船上偷情的故事，小説裏的方鴻漸就受了鮑小姐的引誘。鮑魚之肆是臭的，所以那位小姐姓鮑。

蘇小姐也是個複合體。她的相貌是經過美化的一個同學。她的心眼和感情屬於另一個；這人可一點不美。走單幫販私貨的又另是一人。蘇小姐做的那首詩是鍾書央我翻譯的，他囑我不要翻得好，一般就行。蘇小姐的丈夫是另一個同學，小説裏亂點了鴛鴦譜。結婚穿黑色禮服、白硬領圈給汗水浸得又黃又軟的那位新郎，不是別人，正是鍾書自己。因爲我們結婚的黃道吉日是一年裏最熱的日子。我們的結婚照上，新人、伴娘、提花籃的女孩子、提紗的男孩子，一個個都像剛被警察拿獲的扒手。

趙辛楣是由我們喜歡的一個五六歲的男孩子變大的，鍾書爲他加上了二十多歲年紀。這孩子至今没有長成趙辛楣，當然也不可能有趙辛楣的經歷。如果作者説："方鴻漸，就是我，"他準也會説："趙辛楣，就是我。"

有兩個不甚重要的人物有真人的影子，作者信手拈來，未加融化，因此那兩位相識都"對號入座"了。一位滿不在乎，另一位聽説很生氣。鍾書誇張了董斜川的一個方面，未及其他。但董斜川的談吐和詩句，並没有一言半語抄襲了現成，全都是捏造的。褚慎明和他的影子並不對號。那個影子的真身比褚慎明更誇張些呢。有一次我和他同乘火車從巴黎郊外進城，他忽從口袋裏掏出一張紙，上面開列了少女選擇丈夫的種種條件，如相貌、年齡、學問、品性、家世等等共十七八項，逼我一一批分數，并排列先後。我知道他的用意，也知道他的對象，所以小心翼翼地應付過去。他接着氣呼呼地對我説："她們説他（指鍾書）'年少翩翩'，你倒説説，他'翩翩'不'翩翩'。"我應該厚道些，老實告訴他，我初識鍾書的時候，他穿一件青布大褂，一雙毛布底鞋，戴一副老式大眼鏡，一點也不"翩翩"。可是我瞧他認爲我該和他站在同一立場，就忍不住淘氣説："我當然最覺得他'翩翩'。"他聽了怫然，半天不言語。後來我稱讚他西裝筆挺，他驚喜説："真的嗎？我總覺得自己的衣服不挺，每星期洗熨一次也不如别人的挺。"我肯定他衣服確實筆挺，他才高興。其實，褚慎明也是個複合體，小説裏的那杯牛奶是另一人喝的。那人也是我們在巴黎時的同伴，他尚未結婚，曾對我們講：他愛"天仙的美"，不愛"妖精的美"。他的一個朋友卻欣賞"妖精的美"，對一個牽狗的妓女大有興趣，想"叫一個局"，把那妓女請來同喝點什麼談談話。有一晚，我們一群人同坐咖啡館，看見那個牽狗的妓女進另一家咖啡館去了。"天仙美"的愛慕者對"妖精美"的愛慕者自告奮勇説："我給你去把她找來。"他去了好久不見回來，鍾書説："別給蜘蛛精網在盤絲洞裏了，我去救他吧。"鍾書跑進那家咖啡館，只見"天仙美"的愛慕者獨坐一桌，正在喝一杯很燙的牛奶，四圍都是妓女，在竊竊笑他。鍾書"救"了他回來。從此，大家常取笑那杯牛奶，説如果叫妓女，至少也該喝杯啤酒，不該喝牛奶。準是那杯牛奶作祟，使鍾書把褚慎明拉到飯館去喝奶；那大堆的藥品準也是即景生情，由那杯牛奶生發出來的。

　　方遯翁也是個複合體。讀者因爲他是方鴻漸的父親，就確定他是鍾書的父親，其實方遯翁和他父親祇有幾分相像。我和鍾書訂婚前後，鍾書的父親擅自拆看了我給鍾書的信，大爲讚賞，直接給我寫了一封信，鄭重把鍾書託付給我。這來很像方遯翁的作風。我們淪陷在上海時，他來信説我"安貧樂道"，這也很像方遯翁的語氣。可是，如説方遯翁有二三分像他父親，那麼，更有四五分是像他叔父，還有幾分是捏造，因爲親友間常見到這類的封建家長。鍾書的父親和叔父都讀過《圍城》。他父親莞爾而笑；他叔父的表情我們沒看見。我們夫婦常私下捉摸，他們倆是否覺得方遯翁和自己有相似之處。

　　唐曉芙顯然是作者偏愛的人物，不願意把她嫁給方鴻漸。其實，作者如果讓他們成爲眷屬，由眷屬再吵架鬧翻，那麼，結婚如身陷圍城的意義就闡發得更透徹了。方鴻漸失戀後，説趙辛楣如果娶了蘇小姐也不過爾爾，又説結婚後會發現娶的總不是意中人。這些話都很對。可是他究竟没有娶到意中人，他那些話也就可釋爲聊以自慰的話。

至於點金銀行的行長，"我你他"小姐的父母等等，都是上海常見的無錫商人，我不再一一註釋。

我愛讀方鴻漸一行五人由上海到三閭大學旅途上的一段。我没和鍾書同到湖南去，可是他同行的五人我全認識，没一人和小説裏的五人相似，連一絲影兒都没有。王美玉的卧房我倒見過：牀上大紅綢面的被子，叠在牀裏邊；桌上大圓鏡子，一個女人脱了鞋坐在牀邊上，旁邊煎着大半臉盆的鴉片。那是我在上海尋找住房時看見的，向鍾書形容過。我在清華做學生的時期，春假結伴旅遊，夜宿荒村，睡在鋪乾草的泥地上，入夜夢魘，身下一個小娃娃直對我嚷："壓住了我的紅棉襖"，一面用手推我，卻推不動。那番夢魘，我曾和鍾書講過。蛆叫"肉芽"，我也曾當作新鮮事告訴鍾書。鍾書到湖南去，一路上都有詩寄我。他和旅伴遊雪竇山，有紀遊詩五古四首，我很喜歡第二第三首，我不妨抄下，作爲真人實事和小説的對照。

天風吹海水，屹立作山勢；浪頭飛碎白，積雪疑幾世。我常觀乎山，起伏有水致；蜿蜒若没骨，皺具波濤意。乃知水與山，思各出其位，譬如豪杰人，異量美能備。固哉魯中叟，秪解别仁智。

山容太古靜，而中藏瀑布，不舍晝夜流，得雨勢更怒。辛酸亦有淚，貯胸敢傾吐；略似此山然，外勿改其度。相契默無言，遠役喜一晤。微恨多遊踪，藏焉未爲固。衷曲莫浪陳，悠悠彼行路。

小説裏只提到遊雪竇山，一字未及遊山的情景。遊山的自是遊山的人，方鴻漸、李梅亭等正忙着和王美玉打交道呢。足見可捏造的事豐富得很，實事盡可拋開，而且實事也擠不進這個捏造的世界。

　　李梅亭途遇寡婦也有些影子。鍾書有一位朋友是忠厚長者，旅途上碰到一個自稱落難的寡婦；那位朋友資助了她，後來知道是上當。我有個同學綽號"風流寡婦"，我曾向鍾書形容她臨睡洗去脂粉，臉上眉眼口鼻都沒有了。大約這兩件不相干的事湊出來一個蘇州寡婦，再碰上李梅亭，就生出"俫是好人"等等妙語奇文。

　　汪處厚的夫人使我記起我們在上海一個郵局裏看見的女職員。她頭髮枯黃，臉色蒼白，眼睛斜撇向上，穿一件淺紫色麻紗旗袍。我曾和鍾書講究，如果她皮膚白膩而頭髮細軟烏黑，淺紫的麻紗旗袍換成綾條柔軟的深紫色綢旗袍，可以變成一個美人。汪太太正是這樣一位美人，我見了似曾相識。

　　范小姐、劉小姐之流想必是大家熟悉的，不必再介紹。孫柔嘉雖然跟着方鴻漸同到湖南又同回上海，我卻從未見過。相識的女人中間（包括我自己），沒一個和她相貌相似。但和她稍多接觸，就發現她原來是我們這個圈子裏最尋常可見的。她受過高等教育，沒什麼特長，可也不笨；不是美人，可也不醜；沒什麼興趣，卻有自己的主張。方鴻漸"興趣很廣，毫無心得"；她是毫無興趣而很有打算。她的天地極小，只局限在"圍城"內外。她所享的自由也有限，能從城外擠入城裏，又從城裏擠出城外。她最大的成功是嫁了一個方鴻漸，最大的失敗也是嫁了一個方鴻漸。她和方鴻漸是蕓蕓知識分子間很典型的夫婦。孫柔嘉聰明可喜的一點是能畫出汪太太的"扼要"：十點紅指甲，一張紅嘴唇。一個年輕女子對自己又羨又妒又瞧不起的女人，會有這種尖刻。

但這點聰明還是鍾書賦與她的。鍾書慣會抓住這類"扼要"，例如他能抓住每個人聲音裏的"扼要"，由聲音辨別説話的人，儘管是從未識面的人。

也許我正像堂吉訶德那樣，揮劍搗毀了木偶戲臺，把《圍城》裏的人物斫得七零八落，滿地都是硬紙做成的斷肢殘骸。可是，我逐段閲讀這部小説的時候，使我放下稿子大笑的，並不是發現了真人實事，卻是看到真人實事的一鱗半爪，經過拼湊點化，創出了從未相識的人，捏造了從未想到的事。我大笑，是驚喜之餘，不自禁地表示"我能拆穿你的西洋鏡"。鍾書陪我大笑，是瞭解我的笑，承認我笑得不錯，也帶着幾分得意。

可能我和堂吉訶德一樣，做了非常掃興的事。不過，我相信，這來可以説明《圍城》和真人實事的關係。

二　寫《圍城》的錢鍾書

要認識作者，還是得認識他本人，最好從小時候起。

鍾書一出世就由他伯父抱去撫養，因爲伯父沒有兒子。據錢家的"墳上風水"，不旺長房旺小房；長房往往沒有子息，便有，也沒出息，伯父就是"没出息"的長子。他比鍾書的父親大十四歲，二伯父早亡，他父親行三，叔父行四，兩人是同胞雙生，鍾書是長孫，出嗣給長房。伯父爲鍾書連夜冒雨到鄉間物色得一個壯健的農婦；她是寡婦，遺腹子下地就死了，是現成的好奶媽（鍾書稱爲"姆媽"）。姆媽一輩子幫在錢家，中年以後，每年要呆呆的發一陣子呆，家裏人背後稱爲"癡姆媽"。她在鍾書

結婚前特地買了一隻翡翠鑲金戒指，準備送我做見面禮。有人哄
她那是假貨，把戒指騙去，姆媽氣得大發瘋，不久就去世了，我
始終没見到她。

　　鍾書自小在大家庭長大，和堂兄弟的感情不輸親兄弟。親
的、堂的兄弟共十人，鍾書居長。衆兄弟間，他比較稚鈍，孜孜
讀書的時候，對什麼都没個計較，放下書本，又全没正經，好像
有大量多餘的興致没處寄放，專愛胡説亂道。錢家人愛説他吃了
癡姆媽的奶，有"癡氣"。我們無錫人所謂"癡"，包括很多意
義：瘋、傻、憨、稚氣、騃氣、淘氣等等。他父母有時説他"癡
顛不拉"、"癡舞作法"、"嘸著嘸落"（"著三不著兩"的意思——
我不知正確的文字，只按鄉音寫）。他確也不像他母親那樣沉默
寡言、嚴肅謹慎，也不像他父親那樣一本正經。他母親常抱怨他
父親"憨"。也許鍾書的"癡氣"和他父親的憨厚正是一脈相承
的。我曾看過他們家的舊照片。他的弟弟都精精壯壯，唯他瘦
弱，善眉善眼的一副忠厚可憐相。想來那時候的"癡氣"祇是稚
氣、騃氣，還不會淘氣呢。

　　鍾書週歲"抓週"，抓了一本書，因此取名"鍾書"。他出世
那天，恰有人送來一部《常州先哲叢書》，伯父已爲他取名"仰
先"，字"哲良"。可是週歲有了"鍾書"這個學名，"仰先"就
成爲小名，叫作"阿先"。但"先兒"、"先哥"好像"亡兒"、
"亡兄"，"先"字又改爲"宣"，他父親仍叫他"阿先"。（他父親
把鍾書寫的家信一張張貼在本子上，有厚厚許多本，親手貼上題
簽"先兒家書（一）（二）（三）……"；我還看到過那些本子和
上面貼的信。）伯父去世後，他父親因鍾書愛胡説亂道，爲他改

字"默存"，叫他少説話的意思。鍾書對我説："其實我喜歡'哲良'，又哲又良——我閉上眼睛，還能看到伯伯給我寫在練習簿上的'哲良'。"這也許因爲他思念伯父的緣故。我覺得他確是又哲又良，不過他"癡氣"盎然的胡説亂道，常使他不哲不良——假如淘氣也可算不良。"默存"這個號顯然没有起克制作用。

伯父"没出息"，不得父母歡心，原因一半也在伯母。伯母娘家是江陰富户，做顏料商發財的，有七八隻運貨的大船。鍾書的祖母娘家是石塘灣孫家，官僚地主，一方之霸。婆媳彼此看不起，也影響了父子的感情。伯父中了秀才回家，進門就捱他父親一頓打，説是"殺殺他的勢氣"；因爲鍾書的祖父雖然有兩個中舉的哥哥，他自己也不過是個秀才。鍾書不到一歲，祖母就去世了。祖父始終不喜歡大兒子，鍾書也是不得寵的孫子。

鍾書四歲（我紀年都用虛歲，因爲鍾書只記得虛歲，而鍾書是陽曆十一月下旬生的，所以週歲當减一歲或二歲）由伯父教他識字。伯父是慈母一般，鍾書成天跟着他。伯父上茶館，聽説書，鍾書都跟去。他父親不便干涉，又怕慣壞了孩子，祇好建議及早把孩子送入小學。鍾書六歲入秦氏小學。現在他看到人家大講"比較文學"，就記起小學裏造句："狗比貓大，牛比羊大"；有個同學比來比去，祇是"狗比狗大，狗比狗小"，捱了老師一頓罵。他上學不到半年，生了一場病，伯父捨不得他上學，藉此讓他停學在家。他七歲，和比他小半歲的堂弟鍾韓同在親戚家的私塾附學，他念《毛詩》，鍾韓念《爾雅》。但附學不便，一年後他和鍾韓都在家由伯父教。伯父對鍾書的父親和叔父説："你們兩兄弟都是我啓蒙的，我還教不了他們？"父親和叔父當然不敢反對。

　　其實鍾書的父親是由一位族兄啓蒙的。祖父認爲鍾書的父親笨，叔父聰明，而伯父的文筆不頂好。叔父反正聰明，由伯父教也無妨；父親笨，得請一位文理較好的族兄來教。那位族兄嚴厲得很，鍾書的父親捱了不知多少頓痛打。伯父心疼自己的弟弟，求了祖父，讓兩個弟弟都由他教。鍾書的父親捱了族兄的痛打一點不抱怨，卻別有領會。他告訴鍾書：“不知怎麼的，有一天忽然給打得豁然開通了。”

　　鍾書和鍾韓跟伯父讀書，祇在下午上課。他父親和叔父都有職業，家務由伯父經管。每天早上，伯父上茶館喝茶，料理雜務，或和熟人聊天。鍾書總跟着去。伯父花一個銅板給他買一個大酥餅吃（據鍾書比給我看，那個酥餅有飯碗口大小，不知是真有那麼大，還是小兒心目中的餅大）；又花兩個銅板，向小書鋪子或書攤租一本小說給他看。家裏的小說祇有《西遊記》、《水滸》、《三國演義》等正經小說。鍾書在家裏已開始囫圇吞棗地閱讀這類小說，把“獃子”讀如“豈子”，也不知《西遊記》裏的“獃子”就是豬八戒。書攤上租來的《說唐》、《濟公傳》、《七俠五義》之類是不登大雅的，家裏不藏。鍾書吃了酥餅就孜孜看書，直到伯父叫他回家。回家後便手舞足蹈向兩個弟弟演說他剛看的小說：李元霸或裴元慶或楊林（我記不清）一錘子把對手的槍打得彎彎曲曲等等。他納悶兒的是，一條好漢祇能在一本書裏稱雄。關公若進了《說唐》，他的青龍偃月刀祇有八十斤重，怎敵得李元霸的那一對八百斤重的錘頭子；李元霸若進了《西遊記》，怎敵得過孫行者的一萬三千斤的金箍棒（我們在牛津時，他和我講哪條好漢使哪種兵器，重多少斤，歷歷如數家珍）。妙的是他能把各件兵器的斤兩記得爛熟，却連阿拉伯數字的1、2、3都不認識。鍾韓下學回家有自己的父親教，伯父和鍾書却是"老鼠哥哥同年伴兒"。伯父用繩子從高處掛下一團棉花，教鍾書上、下、左、右打那團棉花，説是打"棉花拳"，可以練軟功。伯父愛喝兩口酒。他手裏没多少錢，祇能買些便宜的熟食如醬豬舌之類下酒，哄鍾書那是"龍肝鳳髓"，鍾書覺得其味無窮。至今他喜歡用這類名稱，譬如洋火腿在我家總稱爲"老虎肉"。他父親不敢得罪哥哥，祇好伺機把鍾書抓去教他數學；教不會，發狠要打又怕哥哥聽見，祇好擰肉，不許鍾書哭。鍾書身上一塊青、一塊紫，晚上脱掉衣服，伯父發現了不免心疼氣惱。鍾書和我講起舊事，對父親的着急不勝同情，對伯父的氣惱也不勝同情，對自己的忍痛不敢哭當然也同情，但回憶中只覺得滑稽又可憐。我笑説：痛打也許能打得"豁然開通"，擰，大約是把竅門擰塞了。鍾書考大學，數學祇考得十五分。

　　鍾書小時候最樂的事是跟伯母回江陰的娘家去；伯父也同去（堂姊已出嫁）。他們往往一住一兩個月。伯母家有個大莊園，鍾書成天跟着莊客四處田野裏閒逛。他常和我講田野的景色。一次大雷雨後，河邊樹上掛下一條大綠蛇，據説是天雷打死的。伯母娘家全家老少都抽大煙，後來伯父也抽上了。鍾書往往半夜醒來，跟着伯父伯母吃半夜餐。當時快樂得很，回無錫的時候，吃足玩够，還穿着外婆家給做的新衣。可是一回家他就擔憂，知道父親要盤問功課，少不了捱打。父親不敢當着哥哥管教鍾書，可是抓到機會，就着實管教，因爲鍾書不但荒了功課，還養成不少壞習氣，如晚起晚睡、貪吃貪玩等。

一九一九年秋天，我家由北京回無錫。我父母不想住老家，要另找房子。親友介紹了一處，我父母去看房子，帶了我同去。鍾書家當時正租居那所房子。那是我第一次上他們錢家的門，只是那時兩家並不相識。我記得母親說，住在那房子裏的一位女眷告訴她，搬進以後，没離開過藥罐兒。那所房子我家没看中；錢家雖然嫌房子陰闇，也没有搬出。他們五年後才搬入七尺場他們家自建的新屋。我記不起那次看見了什麼樣的房子、或遇見了什麼人，只記得門口下車的地方很空曠，有兩棵大樹；很高的白粉牆，粉牆高處有一個個砌着鏤空花的方窗洞。鍾書說我記憶不錯，還補充說，門前有個大照牆，照牆後有一條河從門前流過。他說，和我母親說話的大約是嬸母，因爲叔父嬸母住在最外一進房子裏，伯父伯母和他住中間一進，他父母親伺奉祖父住最後一進。

我女兒取笑說：“爸爸那時候不知在哪兒淘氣呢。假如那時候爸爸看見媽媽那樣的女孩子，準搵些鼻牛來彈她。”鍾書因此記起舊事說，有個女裁縫常帶着個女兒到他家去做活；女兒名寶寶，長得不錯，比他大兩三歲。他和鍾韓一次抓住寶寶，把她按在大廳隔扇上，鍾韓拿一把削鉛筆的小腳刀作勢刺她。寶寶大哭大叫，由大人救援得免。兄弟倆覺得這番勝利當立碑紀念，就在隔扇上刻了“刺寶寶處”四個字。鍾韓手巧，能刻字，但那四個字未經簡化，刻來煞是費事。這大概是頑童剛開始“知慕少艾”的典型表現。後來房子退租的時候，房主提出賠償損失，其中一項就是隔扇上刻的那四個不成形的字，另一項是鍾書一人幹的壞事，他在後園"挖人參"，把一棵玉蘭樹的根刨傷，那棵樹半枯了。

鍾書十一歲，和鍾韓同考取東林小學一年級，那是四年制的高等小學。就在那年秋天，伯父去世。鍾書還未放學，經家人召回，一路哭著趕回家去，哭叫"伯伯"，伯父已不省人事。這是他生平第一次遭受的傷心事。

伯父去世後，伯母除掉長房應有的月錢以外，其它費用就全由鍾書父親負擔了。伯母娘家敗得很快，兄弟先後去世，家裏的大貨船逐漸賣光。鍾書的學費、書費當然有他父親負擔，可是學期中間往往添買新課本，鍾書沒錢買，就沒有書；再加他小時候貪看書攤上伯父為他租的小字書，看壞了眼睛，坐在教室後排，看不見老師黑板上寫的字，所以課堂上老師講什麼，他茫無所知。練習簿買不起，他就用伯父生前親手用毛邊紙、紙捻子為他釘成的本子，老師看了直皺眉。練習英文書法用鋼筆。他在開學的時候有一支筆桿、一個鋼筆尖，可是不久筆尖撅斷了頭。同學都有許多筆尖，他只有一個，斷了頭就沒法寫了。他居然急中生智，把毛竹筷削尖了頭蘸着墨水寫，當然寫得一塌糊塗，老師簡直不願意收他的練習簿。

我問鍾書為什麼不問父親要錢。他説，從來沒想到過。有時伯母叫他向父親要錢，他也不説。伯母抽大煙，早上起得晚，鍾書由伯母的陪嫁大丫頭熱些餿粥吃了上學。他同學、他弟弟都穿洋襪，他還穿布襪，自己覺得腳背上有一條拼縫很刺眼，只希望穿上棉鞋可遮掩不見。雨天，同學和弟弟穿皮鞋，他穿釘鞋，而且是伯伯的釘鞋，太大，鞋頭塞些紙團。一次雨天上學，路上看見許多小青蛙滿地蹦跳，覺得好玩，就脫了鞋捉來放在鞋裏，抱着鞋光腳上學；到了教室裏，把盛着小青蛙的釘鞋放在擡板桌下。上課的時候，小青蛙從鞋裏出來，滿地蹦跳。同學都忙著看青蛙，竊竊笑樂。老師問出因由，知道青蛙是從鍾書鞋裏出來的，就叫他出來罰立。有一次他上課玩彈弓，用小泥丸彈人。中彈的同學嚷出來，老師又叫他罰立。可是他混混沌沌，並不覺得羞慚。他和我講起舊事常説，那時候幸虧糊塗，也不覺得什麽苦惱。

鍾書跟我講，小時候大人哄他説，伯母抱來一個南瓜，成了精，就是他；他真有點兒怕自己是南瓜精。那時候他伯父已經去世，"南瓜精"是舅媽、姨媽等晚上坐在他伯母鴉片榻畔閒談時逗他的，還正色囑咐他切莫告訴他母親。鍾書也懷疑是哄他，可是真有點耽心。他自説混沌，恐怕是事實。這也是家人所謂"癡氣"的表現之一。

他有些混沌表現，至今依然如故。例如他總記不得自己的生年月日。小時候他不會分辨左右，好在那時候穿布鞋，不分左右腳。後來他和鍾韓同到蘇州上美國教會中學的時候，穿了皮鞋，他仍然不分左右亂穿。在美國人辦的學校裏，上體育課也用英語喊口號。他因爲英文好，當上了一名班長。可是嘴裏能用英語喊口號，兩腳却左右不分；因此只當了兩個星期的班長就給老師罷了官，他也如釋重負。他穿内衣或套脖的毛衣，往往前後顛倒，衣服套在脖子上只顧前後掉轉，結果還是前後顛倒了。或許這也是錢家人説他"癡"的又一表現。

鍾書小時最喜歡玩"石屋裏的和尚"。我聽他講得津津有味，以爲是什麼有趣的遊戲；原來祇是一人盤腿坐在帳子裏，放下帳門，披着一條被單，就是"石屋裏的和尚"。我不懂那有什麼好玩。他説好玩得很；晚上伯父伯母叫他早睡，他不肯，就玩"石屋裏的和尚"，玩得很樂。所謂"玩"，不過是一個人盤腿坐著自言自語。小孩子自言自語，其實是出聲的想像。我問他是否編造故事自娛，他却記不得了。這大概也算是"癡氣"吧。

　　鍾書上了四年高小，居然也畢業了。鍾韓成績斐然，名列前茅；他祇是個癡頭傻腦、没正經的孩子。伯父在世時，自愧没出息，深怕"墳上風水"連累了嗣給長房的鍾書。原來他家祖墳下首的一排排樹高大茂盛，"上首的細小萎弱。上首的樹當然就代表長房了。伯父一次私下花錢向理髮店買了好幾斤頭髮，叫一個佃户陪着，悄悄帶着鍾書同上祖墳去，把頭髮埋在上首幾排樹的根旁。他對鍾書説，要叫上首的樹榮盛，"將來你做大總統。"那時候鍾書才七八歲，還不懂事，不過多少也感覺到那是伯父背着人幹的私心事，所以始終没向家裏任何别人講過。他講給我聽的時候，語氣中還感念伯父對他的愛護，也驚奇自己居然有心眼爲伯父保密。

　　鍾書十四歲和鍾韓同考上蘇州桃塢中學（美國聖公會辦的學校）。父母爲他置備了行裝，學費書費之外，還有零用錢。他就和鍾韓同往蘇州上學，他功課都還不錯，只算術不行。

　　那年他父親到北京清華大學任教，寒假没回家。鍾書寒假回家没有嚴父管束，更是快活。他藉了大批的《小説世界》、《紅玫瑰》、《紫蘿蘭》等刊物恣意閲讀。暑假他父親歸途阻塞，到天津改乘輪船，轉輾回家，假期已過了一半。他父親回家第一事是命鍾書鍾韓各做一篇文章；鍾韓的一篇頗受誇讚，鍾書的一篇不文不白，用字庸俗，他父親氣得把他痛打一頓，鍾書忍笑向我形容他當時的窘況：家人都在院子裏乘涼，他一人還在大廳上，捱了打又痛又羞，嗚嗚地哭。這頓打雖然沒有起"豁然開通"的作用，卻也激起了發奮讀書的志氣。鍾書從此用功讀書，作文大有進步。他有時不按父親教導的方法作古文，嵌些駢驪，倒也受到父親讚許。他也開始學著作詩，只是並不請教父親。一九二七年桃塢中學停辦，他和鍾韓同考入美國聖公會辦的無錫輔仁中學，鍾書就經常有父親管教，常為父親代筆寫信，由口授而代寫，由代寫信而代作文章。鍾書考入清華之前，已不復捱打而是父親得意的兒子了。一次他代父親為鄉下某大戶作了一篇墓誌銘。那天午飯時，鍾書的姆媽聽見他父親對他母親稱讚那篇文章，快活得按捺不住，立即去通風報信，當着他伯母對他說："阿大啊，爹爹稱讚你呢！說你文章做得好!"鍾書是第一次聽到父親稱讚，也和姆媽一樣高興，所以至今還記得清清楚楚。那時商務印書館出版錢穆的一本書，上有鍾書父親的序文。據鍾書告訴我，那是他代寫的，一字沒有改動。

我常見鍾書寫客套信從不起草，提筆就寫，八行箋上，幾次擡頭，寫來恰好八行，一行不多，一行不少。鍾書說，那都是他父親訓練出來的，他額角上捱了不少"爆栗子"呢。

鍾書二十歲伯母去世。那年他考上清華大學，秋季就到北京上學。他父親收藏的"先兒家書"是那時候開始的。他父親身後，鍾書才知道父親把他的每一封信都貼在本子上珍藏。信寫得非常有趣，對老師、同學都有生動的描寫。可惜鍾書所有的家書

（包括寫給我的），都由"回禄君"收集去了。

　　鍾書在清華的同班同學饒餘威一九六八年在新加坡或臺灣寫了一篇《清華的回憶》①，有一節提到鍾書："同學中我們受錢鍾書的影響最大。他的中英文造詣很深，又精於哲學及心理學，終日博覽中西新舊書籍，最怪的是上課時從不記筆記，只帶一本和課堂無關的閒書，一面聽講一面看自己的書，但是考試時總是第一，他自己喜歡讀書，也鼓勵別人讀書。……"據鍾書告訴我，他上課也帶筆記本，祇是不作筆記，卻在本子上亂畫。現在美國的許振德君和鍾書是同係同班，他最初因鍾書奪去了班上的第一名，曾想揍他一頓出氣，因爲他和鍾書同學之前，經常是名列第一的。一次偶有個不能解決的問題，鍾書向他講解了，他很感激，兩人成了朋友，上課常同坐在最後一排。許君上課時注意一女同學，鍾書就在筆記本上畫了一系列的《許眼變化圖》，在同班同學裏頗爲流傳，鍾書曾得意地畫給我看。一年前許君由美國回來，聽鍾書説起《許眼變化圖》還忍不住大笑。

　　鍾書小時候，中藥房賣的草藥每一味都有兩層紙包裹：一張白紙，一張印着藥名和藥性。每服一付藥可攢下一叠包藥的紙。這種紙乾淨、吸水，鍾書大約八、九歲左右常用包藥紙來臨摹他伯父藏的《芥子園畫譜》，或印在《唐詩三百首》裏的"詩中之畫"。他爲自己想出一個別號叫"項昂之"——因爲他佩服項羽，"昂之"是他想像中項羽的氣概。他在每幅畫上揮筆署上

---

　　①　《清華大學第五級畢業五十週年紀念册》（一九八四年出版）轉載此文，饒君已故。

"項昂之"的大名，得意非凡。他大約常有"項昂之"的興趣，祇恨不善畫。他曾央求當時在中學讀書的女兒爲他臨摹過幾幅有名的西洋淘氣畫，其中一幅是《魔鬼臨去遺臭圖》（圖名是我杜撰），魔鬼像吹喇叭似的後部撒着氣逃跑，畫很妙。上課畫《許眼變化圖》，央女兒代摹《魔鬼遺臭圖》，想來也都是"癡氣"的表現。

鍾書在他父親的教導下"發憤用功"，其實他讀書還是出於喜好，祇似饞嘴佬貪吃美食：食腸很大，不擇精粗，甜咸雜進。極俗的書他也能看得哈哈大笑。戲曲裏的插科打諢，他不僅且看且笑，還一再搬演，笑得打跌。精微深奧的哲學、美學、文藝理論等大部著作，他像小兒吃零食那樣吃了又吃，厚厚的書一本本漸次吃完，詩歌更是他喜好的讀物。重得拿不動的大字典、辭典、百科全書等，他不僅挨着字母逐條細讀，見了新版本，還不嫌其煩地把新條目增補在舊書上。他看書常做些筆記。

我祇有一次見到他苦學。那是在牛津，他提出論文題目之前當學習"古文書學（Paleography）"，要能辨認英國十一世紀以來的各式古字體。他毫無興趣，考試前祇好硬記，因此每天讀一本偵探小説"休養腦筋"，"休養"得睡夢中手舞腳踢，不知是捉拿兇手，還是自己做了兇手和警察打架。結果考試不及格，祇好暑假後補考。這件補考的事，《圍城》英譯本《導言》裏也提到。鍾書一九七九年訪美，該譯本出版家把譯本的《導言》給他過目，他讀到這一段又驚又笑，想不到調查這麼精密。後來胡志德（Theodore Huters）君來見，才知道是他向鍾書在牛津時的同窗好友 Donald Stuart 打聽來的。

鍾書的"癡氣"書本裏灌注不下，還洋溢出來。我們在牛津時，他午睡，我臨帖，可是一個人寫寫字睏上來，便睡着了。他醒來見我睡了，就飽蘸濃墨，想給我畫個花臉。可是他剛落筆我就醒了。他没想到我的臉皮比宣紙還吃墨，洗淨墨痕，臉皮像紙一樣快洗破了，以後他不再惡作劇，祇給我畫了一幅肖像，上面再添上眼鏡和鬍子，聊以過癮。回國後他暑假回上海，大熱天女兒熟睡（女兒還是娃娃呢），他在她肚子上畫一個大臉，捱他母親一頓訓斥，他不敢再畫。淪陷在上海的時候，他多餘的"癡氣"往往發洩在叔父的小兒小女、孫兒孫女和自己的女兒阿圓身上。這一串孩子挨肩兒都相差兩歲，常在一起玩。有些語言在"不文明"或"臭"的邊緣上，他們很懂事似的注意避忌。鍾書變着法兒，或作手勢，或用切口，誘他們説出來，就賴他們説"壞話"。於是一群孩子圍着他吵呀，打呀，鬧個没完。他雖然捱了圍攻，還儼然以勝利者自居。他逗女兒玩，每天臨睡在她被窩裏埋置"地雷"，埋得一層深入一層，把大大小小的各種玩具、鏡子、刷子、甚至硯臺或大把的毛筆都埋進去，等女兒驚叫，他就得意大樂。女兒臨睡必定小心搜查一遍，把被裏的東西一一取出。鍾書恨不得把掃帚、畚箕都塞入女兒被窩，博取一遭意外的勝利。這種玩意兒天天玩也没多大意思，可是鍾書百玩不厭。

他又對女兒説，《圍城》裏有個醜孩子，就是她。阿圓信以爲真，却也並不計較。他寫了一個開頭的《百合心》裏，有個女孩子穿一件紫紅毛衣，鍾書告訴阿圓那是個最討厭的孩子，也就是她。阿圓大上心事，怕爸爸冤枉她，每天找他的稿子偷看，鍾書就把稿子每天換個地方藏起來。一個藏，一個找，成了捉迷藏式的遊戲。後來連我都不知道稿子藏到哪裏去了。

　　鍾書的"癡氣"也怪別致的。他很認真地跟我說："假如我們再生一個孩子，說不定比阿圓好，我們就要喜歡那個孩子了，那我們怎麼對得起阿圓呢。"提倡一對父母生一個孩子的理論，還從未講到父母爲了用情專一而祇生一個。

　　解放後，我們在清華養過一隻很聰明的貓。小貓初次上樹，不敢下來，鍾書設法把它救下。小貓下來後，用爪子輕輕軟軟地在鍾書腕上一搭，表示感謝。我們常愛引用西方諺語："地獄裏盡是不知感激的人。"小貓知感，鍾書說它有靈性，特別寶貝。貓兒長大了，半夜和別的貓兒打架。鍾書特備長竹竿一枝，倚在門口，不管多冷的天，聽見貓兒叫鬧，就急忙從熱被窩裏出來，拿了竹竿，趕出去幫自己的貓兒打架。和我們家那貓兒爭風打架的情敵之一是緊鄰林徽因女士的寶貝貓，她稱爲她一家人的"愛的焦點"。我常怕鍾書爲貓而傷了兩家和氣，引用他自己的話說："打狗要看主人面，那麼，打貓要看主婦面了!"（《貓》的第一句），他笑說："理論總是不實踐的人製定的。"

　　錢家人常說鍾書"癡人有癡福"。他作爲書癡，倒真是有點癡福。供他閱讀的書，好比富人"命中的祿食"那樣豐足，會從各方面源源供應（除了下放期間，他祇好"反芻"似的讀讀自己的筆記，和攜帶的字典）。新書總會從意外的途徑到他手裏。他祇要有書可讀，別無營求。這又是家人所謂"癡氣"的另一表現。

　　鍾書和我父親詩文上有同好，有許多共同的語言。鍾書常和我父親說些精緻典雅的淘氣話，相與笑樂。一次我父親問我：

"鍾書常那麼高興嗎?""高興"也正是錢家所謂"癡氣"的表現。

我認爲《管錐編》、《談藝録》的作者是個好學深思的鍾書,《槐聚詩存》的作者是個"憂世傷生"的鍾書,《圍城》的作者呢,就是個"癡氣"旺盛的鍾書。我們倆日常相處,他常愛説些癡話,説些傻話,然後再加上創造,加上聯想,加上誇張,我常能從中體味到《圍城》的筆法。我覺得《圍城》裏的人物和情節,都憑他那股子癡氣,呵成了真人實事。可是他畢竟不是個不知世事的癡人,也畢竟不是對社會現象漠不關心,所以小説裏各個細節雖然令人捧腹大笑,全書的氣氛,正如小説結尾所説:"包涵對人生的諷刺和感傷,深於一切語言、一切啼笑",令人迴腸蕩氣。

鍾書寫完了《圍城》,"癡氣"依然旺盛,但是沒有體現爲第二部小説。一九五七年春,"大鳴大放"正值高潮,他的《宋詩選註》剛脱稿,因父病到湖北省親,路上寫了《赴鄂道中》五首絶句,現在引録三首:"晨書暝寫細評論,詩律傷嚴敢市恩。碧海掣鯨閑此手,衹教疏鑿別清渾。""弈棋轉燭事多端,飲水差知等暖寒。如膜妄心應褪淨,夜來無夢過邯鄲。""駐車清曠小徘徊,隱隱遥空蹴潾雷。脱葉猶飛風不定,啼鳩忽噤雨將來。"後兩首寄寓他對當時情形的感受,前一首專指《宋詩選註》而説,點化杜甫和元好問的名句("或看翡翠蘭苕上,未掣鯨魚碧海中";"誰是詩中疏鑿手,暫教涇渭各清渾")。據我瞭解,他自信還有寫作之才,卻衹能從事研究或評論工作,從此不但口"噤",而且不興此念了。《圍城》重印後,我問他想不想再寫小説。他説:"興致也許還有,才氣已與年俱減。要想寫作而沒有可能,那祇會有遺恨；有條件寫作而寫出來的不成東西，那就祇有後悔了。遺恨裏還有哄騙自己的餘地，後悔是你所學的西班牙語裏所謂‘面對真理的時刻’，使不得一點兒自我哄騙、開脫、或寬容的，味道不好受。我寧恨毋悔。”這幾句話也許可作《圍城・重印前記》的箋註吧。

　　我自己覺得年紀老了；有些事，除了我們倆，沒有別人知道。我要乘我們夫婦都健在，一一記下。如有錯誤，他可以指出，我可以改正。《圍城》裏寫的全是捏造，我所記的卻全是事實。

　　　　　　　　　　　　　　　　　一九八五年十二月

人獸

鬼

書名由作者題簽

目　次

序

　　假使這部稿子沒有遺失或燒燬，這本書有一天能够出版，序是免不了的。

　　節省人工的方法愈來愈進步，往往有人甘心承認是小説或劇本中角色的原身，藉以不費事地自登廣告。爲防免這種冒名頂替，我特此照例聲明，書裏的人物情事都是憑空臆造的。不但人是安分守法的良民，獸是馴服的家畜，而且鬼也並非沒管束的野鬼；他們都衹在本書範圍裏生活，決不越規溜出書外。假如誰要頂認自己是這本集子裏的人、獸或鬼，這等於説我幻想虛構的書中角色，竟會走出了書，別具血肉、心靈和生命，變成了他，在現實裏自由活動。從黄土搏人以來，怕沒有這樣創造的奇跡。我不敢夢想我的藝術會那麽成功，惟有事先否認，並且敬謝他擡舉我的好意。

三十三年（一九四四）四月一日

　　此書稿本曾由楊絳女士在兵火倉皇中録副。《靈感》曾在傅雷、周煦良兩先生主編的《新語》第　、第二期發表。《貓》曾

在鄭振鐸、李健吾兩先生主編的《文藝復興》第一期發表。出版
事宜又承徐調孚先生費力。併此誌謝。

三十五年（一九四六）一月三日

《靈感》有捷克語譯本，見捷克《外國文學雜誌》一九七五年第三期；《靈感》和《紀念》有英語譯本，見哥倫比亞大學出版社一九八一年出版的《一九一九至一九四九年中國中短篇小説選》；《紀念》有俄語譯本，見一九八五年 MOCKBA，«ХУДОЖЕСТВЕННАЯ ЛИТЕРАТУРА» 出版的《紀念：中國當代短篇小説選》。

上帝的夢

　　那時候，我們的世界已經給科學家、哲學家和政治家訓練得馴服，沿着創化論、進化論、層化論、優生學、"新生活運動"的規律，日新月進。今天淘汰了昨天的生活方式，下午增高了上午的文化程度。生活和文明瞬息千變，變化多得歷史不勝載，快到預言不及說。那時候，人生歷程的單位是用"步"來計算；不說"過了一年"，說"又進了一步"，不說"壽終"，說"行人止步"，不說"哀悼某人逝世"，說"百步笑五十步"——笑他沒多向前進幾步。在男女結合的集會上，賀客祇說"雙飛"，不說"雙宿"；祇有少數守舊的人還祝這對夫婦"保持五分鐘熱度"，這就等於我們現在說"百年偕老"，明知是不可能的空話。但是這種進步的世界有一個美中不足，一切近百年史、五十年來的"文化檢討"、日記、年譜、自傳、"我的幾分之幾的一生"，以及其他相類含有訃告性的作品，都失掉了作用。幸虧那時候的人壓根兒就沒工夫看書。至於寫這類讀物的作者呢？他們運氣好，早搶先在二十世紀初葉投了胎，出世了，寫了，死了，有人讀了，沒人讀了，給人忘了。進化的定律是後來者居上。時間空間演化出無機體；無機體進而爲動植物；從固定的植物裏變出文靜、糾纏住不放的女人，從活潑的動物裏變出粗野、敢冒險的男人；男人女人創化出小孩子；小孩子推演出洋娃娃。所以，至高無上的上帝該是進化最後的產物。不過，要出產個上帝談何容易。歷史上哪一個偉人不在娘胎裏住過十月纔肯出世呢？像現在有四萬萬互相殘害的子孫的黃帝，就累他母親懷了足足二十個月的孕；正位爲太上道德真君的老子也在娘胎裏住了八十年，然後呱呱下地，真是名副其實的"老子"了。所以當天演的力量，經過數不清的年頭，創化出一位上帝時，人類已在這世界絕跡了——也許就爲"雙飛"而不"雙宿"的緣故。甚至進化論者也等不及了。因此，這個充滿了物質的世界同時也很空虛，宛如一個放大了無數倍的愚人的頭腦。

　　正在深夜。古舊的黑暗溫厚地掩覆住衰老的世界，彷彿沉重的眼皮蓋在需要休息的眼睛上。上帝被天演的力量從虛無裏直推出來，進了時空間，開始覺得自己的存在。到此刻，自古以來神學家和玄學家的證明，情人、戰士、農人和貧苦人的祈禱，總算有個主兒。但是，這許多虔誠的表示，好比家人寄給流浪者的信，父母生前對於遺腹子的願望，上帝絲毫沒有領略到。他張開眼，什麼都瞧不見。身子周圍的寂靜，無邊，無底。已消逝的人類的遺習，在上帝的本能裏半醒過來，他像小孩子般害怕，要啼哭。然而這寂靜好久沒給人聲打破，結成了膠，不容許聲音在中間流動。上帝省悟到這身外的寂靜和心裏的恐怖都是黑暗孵庇的。他從此恨黑暗，要求他所未見過、不知名的光明。這要求一刻強於一刻，過了不知多少時間忽然黑暗薄了一層，夜減少了它的壓力，隱隱露出高山深谷的輪廓，眼睛起了作用，視野裏有了收穫。這使上帝開始驚奇自己願力的偉大。他想，他不要黑暗，黑暗就知趣讓步。這還不夠！本來望出去什麼也沒有，現在他眼睛所到，黑暗裏就會生出東西，龐大地迎合着自己的目光。以前人類讚美萬能創世的歌聲，此時在上帝意識層下似乎又顫動著遺音和回響。

上帝也有人的脾氣，知道了有權力就喜歡濫使。他想索性把黑暗全部驅除，瞧它聽不聽命令。咦！果然一會兒東方從灰轉白，白裏透紅，出了太陽。上帝十分快樂，他覺得這是他要求的，聽他的吩咐。他給日光射花的眼睛，自動地閉上，同時心裏想："好利害的傢伙，暫時不要它。"說也奇怪，果然眼前一切立即消滅，祇見一團息息不停地泛出紅色的黑暗。到此地步，上帝對自己的本領和權力，不能再懷疑了。既然閉上眼便能去掉光明，這光明準是自己的眼睛裏產生的；不信，試張開眼睛。你瞧，這不是太陽？那不是山和水？都千依百順地呈獻在眼裏。從前公雞因為太陽非等他啼不敢露臉，對母雞昂然誇口，又對著太陽引吭高叫，自鳴得意。比公雞偉大無數倍的上帝，這時候心理上也就和他相去不遠，祇恨天演的歷程沒化生出相當於母雞的東西來配他，聽他誇口。這可不是天演的缺陷，有它科學上的根據。正像一切優生學配合出的動物（譬如騾），或者受人崇拜的獨裁元首（譬如祇有一個睾丸的希脱勒），上帝是不傳種的，無須配偶。不過，公雞般的得意長鳴，還是免不了的。所以上帝不由自主地哈哈大笑，這笑在曠野空谷裏起了回聲，使上帝佩服自己的聲音能變得這樣多，放得這樣大，散得這樣遠。

這位上帝真不愧進化出來的。他跟原始人絕然不同。他全

没有野蠻人初發現宇宙時的迷信和敬畏。他還保持著文明人唯我
獨尊的自信心。野蠻人隨時隨地相信有神道，向它屈服拜倒。上
帝祇發現了自己的偉大，覺得能指揮萬物，無須依賴任何人。世
界隨他的視綫蜿蜒地伸出去；腳走到哪裏，地會跟到哪裏，祇有
地平綫向後退，這也表示它對自己的畏卻。一切都增進他的驕
傲，培養他的虛榮。他忽然需要一個伴侶。在這廣漠的世界裏，
一個兒待下去怪乏味的。要一個伴侶來解悶兒。上帝因此考慮這
個伴侶該具有的條件。他的結論雖沒有下面所説的那樣明白，大
意是相同的。

第一，這伴侶要能對自己瞭解。不過，這種瞭解祇好像批
評家對天才創作家的瞭解，能知而不能行。他的瞭解不會使他如
法創作來和自己競賽，祇够使他中肯地讚美，妙入心坎地拍馬；
因爲——

第二，這伴侶的作用就爲滿足自己的虛榮心。他該對自己
無休歇地、不分皁白地頌讚，像富人家養的清客，被收買的政治
家，受津貼的報紙編輯。不過，自己並沒有賄賂他，這頌讚是出
於他内心的感激悦服；所以——

第三，這伴侶該對自己忠實，虔誠，像——像什麼呢？不
但天真未鑿的上帝不會知道，就是我們飽經世故，看過父子、兄
弟、男女、主僕、上司和下屬、領袖和愛戴者之間種種關係，也
還不知道像什麼。

有些人，臨睡稍一思想，就會失眠；另有些人，清醒時胡
思亂想，就會迷迷糊糊地入睡。上帝也許是後一種人演化出來
的，他從思想滑進了睡夢。這馴服的世界也跟隨他到夢境裏來。

他夢裏依然是荒山野水，水裏照見自己的形象。他靈機一動，向石骨稜稜的山身上，挑比較豐肥的地方，挖了一團泥，對照水裏的形象，捏成坯子，吹口氣。這坯子就活動起來，向腳邊俯伏，叫："全知全能的真宰呀！我將無休止地歌頌你。"上帝這時候又驚又喜的心情，簡直不可擬議。假使我們是小女孩子，忽聽得手裏抱的洋娃娃趕着自己叫"媽媽"，或者是大學女生，忽見壁上貼的好萊塢男明星在照相裏對自己做眼，低聲唱："妹妹，我愛你!"也許我們能揣猜、想像他那時候心理的萬分之一。可惜我們都不是。

一切宗教的聖經寶典關於黃土搏人的記載，此刻纔算證實了不失爲預言。上帝並不明白自己在作夢，或者夢在作弄自己。他不知道這團水泥分析起來壓根兒就是夢的資料。他以爲真有一個湊趣助興的人，從此以後，讚美不必出自己的口，而能稱自己的心。因爲對自己最好的頌讚，是心上要説而又是耳朵裏聽來的，有自讚那樣的周到和中肯，而又出於旁人的嘴裏。咱們都有這個理想，也許都曾在夢裏造個人來實現。醒時要憑空造這樣一個人，可沒那麼容易，我們祇能把現成的人作爲原料加工改造，成果總不很得心應手。

上帝在人類滅絕後纔出世，不知不覺中佔有許多的便宜。譬如兩個民族相鬥爭時，甲族虔誠地求他懲罰乙族，乙族真摯地望他毁滅甲族，使聰明正直的他左右爲難。這種困難，此時決不會發生。就像他在夢裏造人，假如世間還有文人，就會惹起筆墨官司。據他把爛泥捏人一點看來，上帝無疑地有自然主義的寫實作風，因爲他把人性看得這樣卑污，向下層去找材料。同時，他當然充得古典派的作家，因爲“一切創造基於模仿”，萬能的他也免不了模仿著水裏的印象纔能造出一個人來。不知道是古典派理論不準確呢，是上帝的手工粗劣呢，還是上帝的相貌醜陋呢，他照自己的模樣造成的人，看來實在不順眼。他想這也許由於泥坯太粗，而且初次動手，手工還没純熟。於是他選取最細軟的泥——恰是無數年前林黛玉葬花的土壤，仔細揀去砂礫，調和了山谷陰處未乾的朝露，對著先造的人型，仔細觀察長處短處，然後用已有經驗的手指，捏製新的泥坯子。他從流水的波紋裏，採取了曲綫來做這新的體態；從朝霞的嫩光裏，挑選出綺紅來做它的臉色；向晴空裏提煉了蔚藍，濃縮入它的眼睛；最後，他收住一陣輕飄浮盪的風，灌注進這個泥型，代替自己吹氣。風的性子是膨脹而流動的，所以這模型活起來，第一椿事就是伸個軟軟的懶腰，打個長長的呵欠，爲天下傷春的少女定下了榜樣。這第二個模型正是女人。她是上帝根據第一個模型而改良的製造品。男人祇是上帝初次的嘗試，女人纔是上帝最後的成功。這可以解釋爲什麼愛漂亮的男子都向女人學樣，女人要更先進，就發展成爲妖怪。

從此，上帝有了事做。爲這對男女，上帝費盡心思，造各種家畜、家禽、果子、蔬菜，給他們享受、利用。每造一件東西，他總沾沾自喜地問男人和女人道：“我又爲你們發明了新東西，你們瞧我本領大不大？”於是那一對齊聲歌頌：“慈悲救世的上帝！”日子長了，這一對看慣了他的奇跡，感謝得也有些厭了，反嫌他礙著兩口子間的體己。同時上帝也詫異，何以他們倆的態度漸漸冷淡，不但頌讚的聲音減少了高朗，而且俯伏時的膝蓋和背脊也似乎不如以前彎得爽利。於是，上帝有個不快意的發現。自從造人以來，他發明的東西是不少了，但是有發現還算第一次。

這發現就是：每涉到男女關係的時候，"三"是個少不了而又要不得的數目。假使你是新來湊上的第三者，你當然自以爲少不了，那兩人中的一人也會覺得你少不了，還有餘下的一人一定認爲你要不得，你更以爲他或她要不得。假使你是原來的而退作第三者，你依然覺得自己少不了，那兩人卻都以爲你要不得，你也許對兩人中的一人還以爲她或他少不了，對餘下的一人當然以爲她或他要不得。據數學家説，一隻三角形裏不能有兩隻鈍角。不過，在男女三角形的關係裏，總有一隻鈍角。上帝發現這鈍角並不是那粗坯的男人，卻正是自己，不知趣地監護著他倆。他最初造女人，並非要爲男人添個伴侶。他祇因爲冷清清地無聊，製造個玩意兒來解悶，第一個坯子做得不滿意，所以又造一個。誰知道他倆要好起來，反把他撇在一邊。他詫異何以女人對巍巍在上的造物主老是敬而遠之，倒和那泥土氣的男人親密。於是，上帝又有一個不快意的發現。這一次的發現不是數學上的，而是物理學上的。

這發現就是：宇宙間有地心吸力那一回事。由於地心吸力，一切東西都趨向下面，包括牛頓所看見的蘋果。所以下等人這樣多，上等人那麼稀罕，並且上等人也常有向下層壓迫的趨勢；青年人那麼容易墮落；世道人心那麼每況愈下——這全是一個道理。上帝在造女人的時候，又調露水，又仿波紋，無意中證實了"女人水性"那句古話，更沒想到另一句古話："水性就下。"假使樹上掉下的蘋果恰砸痛了牛頓的頭，或碰破了他的鼻子，那麼牛頓雖因此而發現吸力的定律，準會覺得這吸力的例子未免咄咄逼人。同樣，上帝雖參透人情物理，心上老是不自在，還覺得女人的情感不可理解。他甚至恨自己的偉大是個障礙，不容許他們來接近。造了這一對男女，反把自己的寂寞增加了；襯着他們的親密，自己愈覺被排斥的孤獨。更可氣的是，他們有不能滿足的需要時，又會來求情討好。譬如水果爛了，要樹上結新的，家畜吃膩了，要山裏添些野味，他倆就會纏住上帝，又親又熱，哄到上帝答應。一到如願以償，他們又好一會要把上帝撇在腦後。上帝愈想愈氣。原來要他們愛自己，非先使他們愛新果子或野味不可，自己不就身份降低，祇等於果子或野味麼？他們這樣存心，若還讓他們有求必遂，那末自己真算得果子中的傻瓜，野味裏的呆鳥了！因此上帝下個決心，不再允許他們的請求。但是，上帝是給他倆罩上"正直慈悲"的頭銜的，不好意思藉小事和他倆為難。祇能靜候機會，等他們提出無理要求時，給他們一個乾脆的拒絕。妙在上帝是長生不死的，隨你多麼長的時期，都熬得住等待。

一天，女人獨來向上帝請安。她坐在他腳邊，仰面看著他臉，藍液體的眼睛，像兩汪地中海的水，嬌聲說："真宰啊！你心最好，能力最大，我真不知怎樣來感謝你！"

上帝用全力抵抗住她眼睛的閃電戰術，猜疑地問："你有什麼要求？"

女人賠小心似的媚笑，這笑擴充到肩背腰腹，使她全身豐腴的曲綫添了波折，說的話彷彿被笑從心底下泛上來的，每個字都載沉載浮在笑聲裏："你真是全知全曉的造物主哪！什麽事都瞞不過你，我真怕你。其實我没有什麽要求；你待我們太好了，一切都很完美。那——那也算不得什麽要求。"

"'那'是什麽呢？快説罷。"上帝不耐煩地説，心給希冀逗得直跳直进，想出氣的機會來了。

女人把後備着的嬌態全部動員，扭著身子説："偉大的天公啊！你真是無所不能。你毫不費力地一舉手，已够使我們驚奇讚美。我並不要新鮮的東西，我祇懇求你"——説時，她將臉貼住上帝漠無所感的腿，懶洋洋地向遠遠睡在山谷裏的男人做個手勢——"我祇懇求你再造一個像他樣子的人。不，不完全像他，比他坏子細膩些，相貌長得漂亮些。慈悲的主啊！你是最體貼下情的！"

上帝直跳起來，險把黏在腳邊的女人踢開去，忙問："要我再造一個男人？爲什麽？"

女人一手摩心口，一手摩臉頰，説："嚇死我了！神奇的上帝啊！你的力量真偉大！行動真迅速！你看，我的臉給你碰痛了——那没有關係。你不是問我緣故麽？我的男人需要一個朋友，他老和我在一起，怪悶的。你再造一個男人，免得他整日守著我，你説，對不對？"

"也免得你整夜守著他，是不是？"上帝的怒聲，喚起了晴空隱隱的雷霆，"女人啊！你真大膽，竟向我提這樣的要求！你對一切東西都貪多、浪費，甚至對於男人，在指定配給以外，還要奢侈品。那還了得！快回去，我饒赦你初次，你再抱非分的慾望，我會責罰你，使你現有的男人都保不住，我把他毁滅。"

最後一句話很有效力。女人飛紅了臉，嗔哚著嘴，起身去了，一路上嘀咕："我說著頑兒，你就拿腔作樣。老實說，我早看破你沒本領造一個比他好的男人！"這些話幸而上帝沒聽到。他出了心頭惡氣，樂的不得了；怕笑容給女人回頭瞧見了，把臉躲在黑雲堆裏。他嘻開嘴，白牙齒的磁光在黑雲裏露出來，女人恰回臉一望，她沒見過牙膏商標上畫著的黑人，誤認以爲電光。上帝努力壓住的"哈哈"笑聲，在腔子裏一陣陣地掀動，女人遠遠聽着，以爲就是打雷。她想上帝在施展恐怖手段，又氣又怕，三腳兩步，跑到男人那裏。上帝纔恐嚇過她，要剥奪她這個惟一的男人，所以她對他又恢復了佔有的熱情。她坐在他頭邊，吻醒了他，擁抱住他，說話裏每一個字上都印著吻痕、染著嘴唇的潮潤："我祇有你！我祇愛你！沒有你，我活不了。誰要把你拿走，我就拚了這條命！"男人酣睡初醒，莫名其妙，聽到女人重申佔領決心的宣言，侷促不安，他剛做一個夢，心裏有鬼。女人跑得累了，情感緊張得倦了，沉沉睡去。他偷偷起來，挑了兩塊吃剩的肥肉，去向上帝進貢。

"弘恩大量的主人翁啊！求你垂鑒我的虔誠，接受這微末的孝敬。我們一切原是你賜予的，這東西也就是你的，我們所能貢獻在你腳下的，祇是一片真心。"男人如是説。

上帝方纔的高興，此時更增加了。他想，人來獻祭，這還是第一次，準是那女人差男人代她來表示悔罪的。讓自己的喜悦在臉上流露，就未免給他們小看了。於是他默然不答，祇向男人做出一種表情——法國和西班牙小説家用下面的記號來傳達的表情：

"？"

男人見上帝臉色不難看，便鼓勇説："我向主人要求一椿小事——"

上帝恍然大悟那兩塊肥肉相當於女人的巧笑媚眼，也是有請求時的賄賂；要是當初這男人也造得嬌美多姿，他就連這兩塊肉都節省了。

"——我求你爲我另造一個女人——"

"女人剛纔向我作同樣的要求，"上帝截斷他的話。

上帝此時又失望，又生氣。但是那頭腦熱昏的男人，聽了上帝的話，又驚又喜。他想："女人真是鬼靈精兒！我做的夢，她怎會知道？怪不得她那一會抱了我説那些話，原來她甘心犧牲自己的利益，已經代向上帝要求，但又有些捨不得我給新造的女人搶去。唉！她這樣心胸寬大，這樣體貼入微，我怎忍得下心拋棄了她呢？"一面想，一面向上帝撒謊説："是呀，她也覺得生活單調，希望有個同性的人來伴她解悶。"

"你錯了！她不是要求我造個同性的人，她是向我提出同性質的要求。她求我另造個男人，要比你這蠢物長得好，你知道麽？"

男人的失望不亞於上帝，趕快問："主呀！你允許她沒有？"

上帝感到發脾氣的痛快，厲聲説："我後悔沒允許了她。你們倆真沒配錯，好一對！快去！你再不小心，瞧我把女人都毀滅了"——似乎這恐嚇的力量還不夠大，上帝又加上説："並且不再給你肉吃！"男人在這兩重威脅之下，發抖討饒，碰了一鼻子灰回去。上帝吸口氣，感慨何以造的人這樣不成器呢？這兩個人壞得這樣平衡，這樣對稱，簡直像兩句駢文或一聯律詩，上帝想到他們倆配搭得那樣停勻合適，又佩服自己藝術的精妙了。

男人和女人向上帝都洩漏了個人的秘密，同樣一無所得。男人怕上帝把他的請求告訴女人，女人不知道上帝已經把她的請求告訴了男人，所以雙方不約而同地對上帝又怨恨，又防他嚷出彼此的私房話來。男人說："我們日用的東西也將就得過了，可以不必去找上帝。"女人說："他本領也使完了，再求他，他也變不出什麼新花樣來，倒去看他的臉，真討厭。"男女同聲說："我們都遠著他，別理他，祇當沒有他。"於是神和人愈來愈疏遠；上帝要他們和自己親近的目的依然不能達到。上帝因此想出一個旁敲側擊的妙法。他們生活太容易，要讓他們遭遇些困難和痛苦，那時候他們"窮則呼天"，會知道自己是不好得罪的。

那一晚上，男人和女人在睡夢中驚醒，聽見遠處一種洪大的吼聲。向來祇有人吃葷腥，此外畜生像牛、羊、豬等都長齋持素，受了上帝感化，抱著"寧人吃我，我祇吃草"的偉大精神。現在人以外，添了吃葷的動物，不但要奪人的肉食，並且人肉也合它們的口味，全不知道人肉好比貓肉、狗肉以及其他吃大葷的畜生的肉，是不中吃的——唐僧的肉所以惹得山精水怪饞涎欲滴，無非因爲他是十世不破葷的和尚。男女倆所聽見的聲音，正是餓獅子覓食不耐煩的叫。他們本能地戰慄，覺得這吼聲裏含有敵性。四周蜷伏著的家畜，霍然聳立，豎起耳朵，屏住氣息，好像在注意什麼。這愈增加兩人的不安。獅子叫幾聲後住了，它吼聲所裂開的夜又合攏來。好一會，家畜等彷彿明白危險暫時已過，都透口氣，態度鬆懈下去。男人伸手撫摸身畔偃臥的羊，發現羊毛又濕又熱，像剛出過汗的。女人打個寒噤，低聲説："準是上帝和我們搗亂，我想還是找個山洞去睡。我害怕在露天過夜。"兩人起來，把牲口趕進山谷，然後躲入就近的洞裏躺下。身和心漸漸溶解，散開去，沉下去，正要消失在睡眠裏，忽然警惕，兩人頓時清醒過來。一陣恐怖的寒冷從心上散佈到四肢，凍結住他倆的身體和喉舌。這恐怖的原因像在黑暗裏窺伺著、估量著他們。兩人不敢動，不敢透氣，一陣陣冷汗直淋。時間也像給恐怖凝固住了，停止不流。忽然，恐怖不知到哪裏去了，空氣也彷彿釋卻負擔，天明的曙光已向洞口試探。同時，山洞左右，一頭豬狂叫，祇叫了半聲，以下響息全無，聲音收束得給快刀劃斷似的乾脆。豬的叫聲徹底解除了洞裏的緊張。男人伸胳臂給女人枕著，讓她睡在自己懷裏；他們倆相處以來，從未没有情慾地這樣需要彼此。到天大亮，兩人分頭出去。男人點家畜，少了一頭豬，其餘的牛羊等也像經過大打擊的，無精打采。正在猜測著緣故，去打水的女人氣急敗壞地跑回哭訴。她過樹林時，看見一條大蟒蛇蟠著——吞了豬後，正作助消化的飯後睡覺。水邊沙灘上，橫著一條鱷魚，昂頭向天張著大口；她幸而跑回得快，没給它瞧見。看來四處都有危險潛伏，兩人不能再無憂無慮地生活了。"一夜之間怎會添出這許多怕人東西呢？"兩人討論道，"無疑是我們尊他爲上帝的傢伙造了來害我們的。他不是上帝，他祇是魔鬼、萬惡的魔鬼。我們没有眼睛，給他哄到如今。好了！好了！也有看破他真相這一天！"這幾句話無形中解決了自古以來最難解答的問題："這世界既是全能至善的上帝造的，何以又有惡魔那般猖獗？"原來上帝祇是發善心時的魔鬼，肯把旁的東西給我們吃，而魔鬼也就是使壞心時的上帝，要把我們去餵旁的東西。他們不是兩個對峙的東西，是一個東西的兩個方面、兩種名稱，好比瘋子一名天才，強盜就是好漢，情人又叫冤家。

男女間的竊竊私議，上帝竟沒聽見。他還以爲自己獨一無二，不知道上帝惟一的"一"，早給男女倆看成中國古代醫生開方子在藥味下注的"一"——"二分半"。他雖然全知全能，畢竟是個上等人物，不屑管被窩裏的事、聽門背後的話。他此時搓著雙手，祇等有好戲看。果然兩人垂頭喪氣，想不出個辦法，但也不來求教上帝。一會兒，蟒蛇肚子消化了豬，獅子和老虎開始在鄰近叫吼，男人拉女人慌忙跑到洞裏，把石頭堵在進口。祇苦了剩下的家畜四面亂竄，向山罅裏躲。上帝想："妙啊！看野獸把你們家畜吃完了，你們自然會來哀求我。那時候，哼！……"誰知道，天下事固不能盡如人意，人間事也未必盡如天意。這種消耗策略並沒有使人屈服。因爲野獸總是野獸，欠缺文明的修養。譬如那蟒蛇沒受過教育，不知道顛撲不破的那句古話，"羊肉沒吃著，惹得一身羶"，所以它吃過豬後，想換換口味，囫圇吞了一頭大羊。羊有兩支尖角，刺破它的咽喉，羊肉算是到口，卻賠了性命。獅子和老虎也是小家子相得很，不知道吃飯的禮貌，吃牛肉吃得搶起來，打作一團，結果老虎死了，獅子負傷到溪邊去喝水。這溪裏的鱷魚是個文盲，沒唸過韓昌黎有名的《祭鱷文》，所以不去吃魚蝦，反要嘗獅子肉。那獅子不吃人家的肉也罷了，那肯割捨自己的肉，又跟鱷魚性命相搏，打得勝負難分，你死我也不活。男人和女人給洞外慘厲的叫聲，嚇得半死。他們聽得外面靜了，從洞口石縫裏張出去，早有家畜三三兩兩在吃草。兩人放心出洞，知道毒蟲惡獸都死完了，家畜並没損失多少。他們興高采烈，把打死的老虎等開剝，從此他們洞裏有皮毯子，女人有了皮大氅，男人有幾天新鮮野味吃。女人還没給美國名廠紡織的鯊魚皮（shark skin）耀花眼睛，所以剝下的鱷魚皮已經够使她喜歡了。祇恨那大蛇不是從中國古書爬出來的，骨節裏没有明珠。幸而那猛獸也不是從中國古書出來的，否則女人吃了獅子心和大蟲膽，在妖媚之外又添上凶悍，男人的日子就不好過了！

不過，他們也没多少日子好過了。上帝看見他們因禍轉福，又氣又恨。他瞭解要使他們受罪，必須造些無皮可剝、無肉可吃的東西。於是皮毯子、皮大氅以及家畜身上的毛裏忽然有了虱。晚上滿空都是毒蚊子。兩人吃東西時，蒼蠅像大點下投的黑雨。還有無孔不入，没法防禦的微生蟲。不出上帝所料，兩人一同病倒，不多時，都吐口氣死了，實現了一切情人“同年同月同日死”的盟誓。蒼蠅依然忙忙碌碌地工作，更一會兒，兩人屍骸上有了又肥又白的蛆。吃牛、羊、豬甚至老虎和獅子肉的人，給那些小東西吃得剩個骨骼架子。上帝造了蟲豸，注視著它們工作的精密和效率的迅速，十分快意，看出了神，忘掉原不要這一對男女死掉，祇要他們吃了苦頭向自己屈服，還要留著他們的。到蛆蟲吃完皮肉，要鑽吸骨髓時，他纔省悟，已來不及了。不知是微生蟲做事太神速呢，還是男女倆見事太晚，上帝没得到他們服輸悔罪的表示。他造了東西來實現自己的計劃，像人，像猛獸，像微生蟲，結果何以老是事與願違呢？上帝恨——

睜開眼來，祇看見下午的太陽無力地懶在山頭。適纔的事原來是夢。自己主宰一切，要做就做，而夢境偏有治外法權，不受他管制，這也夠可氣了！但是，這夢安知不是預兆？造一個人和自己作伴的事，大可斟酌。自己是永生的，無窮無盡的年月，孤獨一個怎樣度呢？上帝伸著懶腰，對這死氣沉沉的落日，生意奄奄的世界，長長地打個厭倦的呵欠，張大了嘴，好像要一口吞卻那無窮盡、難消遣的光陰。

貓

　　"打狗要看主人面，那麼，打貓要看主婦面了——"頤谷這樣譬釋著，想把心上一團蓬勃的憤怒像梳理亂髮似的平順下去。誠然，主婦的面，到現在還沒瞧見，反正那混賬貓兒也不知躲到哪裏去了，也無從打它。祇算自己晦氣，整整兩個半天的工夫全白費了。李先生在睡午覺，照例近三點鐘纔會進書房。頤谷滿肚子憋著的怒氣，那時都冷了，覺得非趁熱發洩一下不可。湊巧老白送茶進來，頤谷指著桌上抓得千瘡百孔的稿子，字句流離散失得像大轟炸後的市民，說："你瞧，我回去吃頓飯，出了這個亂子！我臨去把謄清的稿子給李先生過目，誰知他看完了就擱在我桌子上，沒放在抽屜裏，現在又得重鈔了。"

　　老白聽話時的點頭一變而爲搖頭，歎口微氣説："那可糟啦！這準是'淘氣'幹的。'淘氣'可真淘氣！太太慣了它，誰也不敢碰它根毛。齊先生，您回頭告訴老爺，別讓'淘氣'到書房裏來。"他躬著背蠕緩地出去了。

　　"淘氣"就是那隻闖事的貓。它在東皇城根窮人家裏，原叫做"小黑"。李太太嫌"小黑"的稱謂太俗，又笑説："那跟門房'老白'不成了一對兒麼？老白聽了要生氣的。"貓送到南長街李家的那天，李太太正請朋友們茶會，來客都想給它起個好聽的名字。一個愛慕李太太的詩人說："在西洋文藝復興的時候，標準美人要生得黑，我們讀沙士比亞和法國七星派詩人的十四行詩，就知道使他們顛倒的都是些黑美人，我個人也覺得黑比白來得神秘，富於含蓄和誘惑。一向中國人喜歡女人皮膚白，那是幼稚的審美觀念，好比小孩祇愛吃奶，没資格喝咖啡。這隻貓又黑又美，不妨借沙士比亞詩裏的現成名字，叫它 'Dark Lady'，再雅致没有了。"有兩個客人聽了彼此做個鬼臉，因為這詩人說話明明雙關著女主人。李太太自然極高興，祇嫌"Dark Lady"名字太長。她受過美國式的教育，養成一種逢人叫小名以表親暱的習氣，就是見了沙士比亞的面，她也會叫他 Bill，何況貓呢？所以她採用詩人的提議，同時來個簡稱，叫"Darkie"，大家一致叫"妙！"，這貓聽許多人學自己的叫聲，莫名其妙，也和著叫："妙！妙！（miaow! miaow!）"没人想到這簡稱的意義並非"黑美人"，而正是李太太嫌俗的"小黑"。一個大名鼎鼎的老頭子，當場一言不發，回家翻了半夜的書，明天清早趕來看李太太，講詩人的壞話道："他懂什麽？我當時不好意思跟他擡槓，所以忍住没有講。中國人一向也喜歡黑裏俏的美人，就像妲己，古文作'䵂己'，就是說她又黑又美。䵂己剛是'Darkie'的音譯，並且也譯了意思。哈哈！太巧了，太巧了！"這貓仗著女主人的寵愛，專鬧亂子，不上一星期，它的外國名字叫滑了口，變爲跟 Darkie 雙聲疊韻的混名："淘氣"。所以，好像時髦教會學校的學生，這畜生中西名字，一應俱全，而且未死已蒙謚法——混名。它到了李家不足兩年，在這兩年裏，日本霸佔了東三省，北平的行政機構改組了一次，非洲亡了一個國，興了一個帝國，國際聯盟暴露了真相，祇算一場國際聯夢或者一羣國際聯盲。但是李太太並沒有換丈夫，淘氣還保持著主人的寵愛和自己的頑皮。在這變故反覆的世界裏，多少人對主義和信仰能有同樣的恒心呢？

這是齊頤谷做李建侯試用私人書記的第三天，可是還沒瞻仰過那位有名的李太太。要講這位李太太，我們非得用國語文法家所謂"最上級形容詞"不可。在一切有名的太太裏，她長相最好看，她為人最風流豪爽，她客廳的陳設最講究，她請客的次數最多，請客的菜和茶點最精緻豐富，她的交遊最廣。並且，她的丈夫最馴良，最不礙事。假使我們在這些才具之外，更申明她住在戰前的北平，你馬上獲得結論：她是全世界文明頂古的國家裏第一位高雅華貴的太太。因為北平——明清兩代的名士像湯若士、謝在杭們所咒詛為最俗、最髒的北京——在戰事前幾年忽然被公認為全國最文雅、最美麗的城市。甚至無風三尺的北平塵土，也一變而為古色古香，似乎包含著元明清三朝帝國的劫灰，歐美新興小邦的歷史博物院都派學者來裝滿了瓶子回去陳列。首都南遷以後，北平失掉它一向政治上的作用，同時，像一切無用過時的東西，它變為有歷史價值的陳設品。宛如一個七零八落的舊貨攤改稱為五光十色的古玩鋪，雖然實際上毫無差異，在主顧的心理上卻起了極大的變化。逛舊貨攤去買便宜東西，多少寒窘！但是要上古玩鋪你非有錢不可，還得有好古癖，還得有鑒別力。這樣，本來不屑撿舊貨的人現在都來買古玩了，本來不得已而光顧舊貨攤的人現在也添了身份，算是收藏古董的雅士了。那時候你祇要在北平住家，就充得通品，就可以向南京或上海的朋友誇傲，彷彿是個頭銜和資格。説上海或南京會産生藝術和文化，正像説頭腦以外的手足或腰腹也會思想一樣的可笑。周口店"北京人"遺骸的發現，更證明了北平居住者的優秀。"北京人"是猴子裏最進步的，有如北平人是中國人裏最文明的。因此當時報紙上鬧什麼"京派"，知識分子上溯到"北京人"爲開派祖師，所以北京雖然改名北平，他們不自稱"平派"。京派差不多是南方人。那些南方人對於他們僑居的北平的得意，彷彿猶太人愛他們入籍歸化的國家，不住地掛在口頭上。遷居到北平以來，李太太腳上沒發過濕氣，這是住在文化中心的意外利益。

李氏夫婦的父親都是前清遺老，李太太的父親有名，李先生的父親有錢。李太太的父親在辛亥革命前個把月放了什麼省的藩臺，滿心想弄幾個錢來彌補歷年的虧空。武昌起義好像專跟他搗亂似的，他把民國恨得咬牙切齒。幸而他有個門生，失節做了民國的大官，每月送筆孝敬給他。他住在上海租界裏，抱過去的思想，享受現代的生活，預用著未來的錢——賒了賬等月費匯來了再還。他漸漸悟出寓公自有生財之道。今天暴發户替兒子辦喜事要證婚，明天洋行買辦死了母親要點主，都用得著前清的遺老，謝儀往往可抵月費的數目。妙在買辦的母親死不盡，暴發户的兒子全養得大。他文理平常，寫字也不出色，但是他發現祇要蓋幾個自己的官銜圖章，"某年進士"，"某省布政使"，他的字和文章就有人出大價錢來求。他纔知道清朝亡得有代價，遺老值得一做，心平氣和，也肯送女兒進洋學堂唸書了。李先生的父親和他是同鄉，極早就講洋務，做候補道時上過"富國裕民"的條陳，奉憲委到上海向洋人定購機器；清朝亡得太早，沒領略到條陳的好處，他祇富裕了自己。他也曾做出洋遊歷的隨員，回國以後，把考察所得，歸納爲四句傳家格言："吃中國菜，住西洋房子，娶日本老婆，人生無遺憾矣!"他親家的貫通過去、現在、未來，正配得上他的融會中國、東洋、西洋。誰知道建侯那糊塗蟲，把老子的家訓記顛倒了。第一，他娶了西洋化的老婆，比西洋老婆更難應付。愛默在美國人辦的時髦女學畢業，本來是毛得撩人、刺人的毛丫頭，經過"二毛子"的訓練，她不但不服從丈夫，並且丈夫一個人來侍候她還嫌不夠。第二，他夫婦倆都自信是文明人，不得不到北平來住中國式的舊房子，設備當然沒有上海來得洋化。第三，他吃日本菜得了胃病。這事説來話長。李太太從小對自己的面貌有兩點不滿意：皮膚不是上白，眼皮不雙。第一點還無關緊要，因爲她不稀罕那種又紅又白的洋娃娃臉，她覺得原有的相貌已經夠可愛了。單眼皮呢，確是極大的缺陷，内心的豐富沒有充分流露的工具，宛如大陸國沒有海港，物産不易出口。進了學校，她纔知道單眼皮是日本女人的國徽，因此那個足智多謀、偷天換日的民族建立美容醫院，除掉身子的長短没法充分改造，"倭奴"的國號祇好忍受，除此外面部器官無不可以修補，醜的變美，怪物改成妖精。李先生向她求婚，她提出許多條件，第十八條就是蜜月旅行到日本。一到日本，她進醫院去修改眼皮，附帶把左頰的酒靥加深。她知道施了手術，要兩星期見不得人，怕李先生耐不住蜜月期間的孤寂，在這浪漫的國家裏，不爲自己守節；所以進醫院前對李先生説："你知道，我這次跨海征東，千里迢迢來受痛苦，無非爲你，要討你喜歡。我的臉也就是你的面子。我蒙著眼，又痛又黑暗，你好意思一個人住在外面吃喝玩樂麼？你愛我，你得聽我的話。你不許跟人到處亂跑。
還有，你最貪嘴，可是我進醫院後，你別上中國館子，大菜也別
吃，祇許頓頓吃日本料理。你答應我不？算你愛我，陪我受苦，
我痛的時候心上也有些安慰。吃得壞些，你可以清心寡慾，不至
於胡鬧，糟蹋了身體。你個兒不高，吃得太胖了，不好看。你背
了我騙我，我會知道，從此不跟你好。"兩星期後，建侯到醫院
算賬並迎接夫人，身體卻未消瘦，祇是臉黃皮寬，無精打采，而
李太太花五百元日金新買來的眼睛，好像美術照相的電光，把她
原有的美貌都煥映烘託出來。她眼睫跟眼睛合作的各種姿態，
開，閉，明，暗，尖利，朦朧，使建侯看得出神，疑心她兩眼裏
躲著兩位專家在科學管理，要不然轉移不會那樣斬截，表情不會
那樣準確，效果不會那樣的估計精密。建侯本來是他父親的兒
子，從今以後全副精神做他太太的丈夫。朋友們私議過，李太太
那樣漂亮，怎會嫁給建侯。有建侯的錢和家世而比建侯能幹的
人，並非絕對沒有。事實上，天並沒配錯他們倆。做李太太這一
類女人的丈夫，是第三百六十一行終身事業，專門職務，比做大
夫還要忙，比做挑夫還要累，不容許有旁的興趣和人生目標。旁
人雖然背後嘲笑建侯，說他"夫以妻貴"，沾了太太的光，算個
小名人。李太太從沒這樣想過。建侯對太太的虛榮心不是普通男
人佔有美貌妻子、做主人翁的得意，而是一種被佔有、做下人的
得意，好比闊人家的婢僕、大人物的親隨、或者殖民地行政機關
裏的土著雇員對外界的賣弄。這種被佔有的虛榮心是做丈夫的人
最稀有的美德，能使他氣量大，心眼兒寬。李太太深知缺少這個
丈夫不得；彷彿亞剌伯數碼的零號，本身毫無價值，但是沒有

它，十百千萬都不能成立。任何數目後加個零號便進了一位，所以這零號也跟着那數目而意義重大了。

　　結婚十年來，李先生心寬體胖，太太稱他好丈夫，太太的朋友說他夠朋友。上個月裏，他無意中受了刺激。在一個大宴會上，一位冒失的年輕劇作家和他夫婦倆同席。這位尚未出頭的劇作家知道同席有李太太，透明地露出滿腔榮幸。他又要恭維李太太，又要賣弄才情，一張嘴簡直分不出空來吃菜。上第三道菜時，他蒙李太太惠許上門拜訪，願償心定，可以把一部分注意力移到吃飯上去。心難二用，他已經夠忙了；實在顧不到建侯，沒和他敷衍。建侯心上十分不快，回家後嘀咕說這年輕人不通世故。那小子真說到就做，第二天帶了一包稿子趕上門來，指名要見李太太。建侯忽然發了傻孩子勁，躲在客堂外面偷聽。祇聽他寒暄以後，看見沙發上睡的淘氣，便失聲驚歎，讚美這貓兒"真可愛！真幸福！"把稿子"請教"以後，他打聽常來的幾個客人，說有機會都想一見。李太太泛泛說過些時請他喝茶，大家認識認識。他還不走，又轉到淘氣身上，說他自己也最愛貓，貓是理智、情感、勇敢三德全備的動物：它撲滅老鼠，像除暴安良的俠客；它靜坐念佛，像沉思悟道的哲學家；它叫春求偶，又像抒情歌唱的詩人。他還說什麼暹羅貓和波斯貓最好，可是淘氣超過它們。總而言之，他恭維李太太，讚美淘氣，就沒有一句話問到李先生。這事喚起建侯的反省，悶悶不樂了兩天，對於個人生活下了改造的決心。從今以後，他不願藉太太的光，要自己有個領域，或做官，或著作。經過幾番盤算，他想先動手著作，一來表示自己並非假充斯文，再則著作也可導致做官。他定了這個計劃，最初不敢告訴太太，怕她潑冷水。一天他忍不住說了，李太太出乎意料地贊成，說："你要有表現，這也是時候了。我一向太自私，沒顧到耽誤了你的事業！你以後專心著作，不用陪著我外面跑。"

著作些什麼呢？建侯頭腦並不太好，當學生時，老向同學借抄講堂筆記，在外國的畢業論文還是花錢雇猶太人包工的。結婚以後，接觸的人多了，他聽熟了許多時髦的名詞和公式，能在談話中適當應用，作爲個人的意見。其實一般名著的內容，也不過如此。建侯錯過了少年時期，沒有冒冒失失寫書寫文章，現在把著作看得太嚴重了，有中年婦女要養頭胎那樣的擔心。他仔細考慮最適宜的體裁。頭腦不好，沒有思想，沒有理想；可是大著作有時全不需要好頭腦，祇需要好屁股。聽鄭須溪說，德國人就把"坐臀"（sitzfleisch）作爲知識分子的必具條件。譬如，祇要有坐性，《水滸傳》或《紅樓夢》的人名引得總可以不費心編成的。這是西洋科學方法，更是二十世紀學問工具，祇可惜編引得是大學生或小編輯員的事，不值得親自動手。此外祇有寫食譜了。在這一點上自己無疑是個權威，太太請客非自己提調不可，朋友們的推服更不必說。因爲有胃病，又戒絕了煙酒，舌頭的感覺愈加敏銳，對於口味的審美愈加嚴明。並且一頓好飯，至少要吃它三次：事前預想著它的滋味，先在理想中吃了一次；吃時守著醫生的警告不敢放量，所以戀戀不捨；到事後回憶餘味，又在追想裏吃了一次。經過這樣一再而三的咀嚼，菜的隱惡和私德，揭發無遺。是的，自己若肯寫食譜，準會把薩梵冷（Brillat-Savarin）壓倒。提起薩梵冷，心上又有不快的聯想。薩梵冷的名字還是前年聽陳俠君講的。那時候，這個討厭傢伙已算家裏的慣客了。他知道自己講究吃，一天帶了初版薩梵冷的名著 *Physiologie du goût*（《口味生理學》）來相送。自己早把法語忘光了，冒失地嚷："你錯了！我害胃病，不害風痛病，這本講 goût 的生理學對我毫無用處。"那傢伙的笑聲到現在還忘不了。他惡意地對愛默說："你們先生不翻譯，太可惜了！改天你向傅聚卿講，聘建侯當《世界名著集成》的特約翻譯，有了稿費請客。"可恨愛默也和著他笑。寫食譜的興致，給這事掃盡了。並且，現代人講吃經決算不得正經事業，俠君曾開玩笑說："外國製茶葉和咖啡的洋行裏，都重價雇用'辨味員'，沏了各種茶，煮了各種咖啡，請他嘗過，然後分等級，定價錢。這種人一天總得喝百把杯茶或咖啡，幸而祇在舌頭上打個轉就吐出來，不咽下去，否則非瀉肚子、失眠不可。你有現成的胃病，反正是嘴饞不落肚的，可惜大飯店裏沒有'辨味員'的職務，不聘你去做廚房審定委員，埋沒了你那條舌頭！"寫食譜這事給他知道，就有得打趣了。想來想去，還是寫歐美遊記，既有益，更有趣，是兼軟硬性的作品。寫遊記不妨請人幫忙，而不必聲明合作；祇要本人確曾遊過歐美，藉旁人的手來代寫印象，那算不得什麼一回事。好比演講集的著作權，速寫的記錄員是絲毫無分的。這跟自己怕動筆的脾氣最相宜沒有。先用個私人書記再說，頂好是未畢業而想賺錢的大學生。

那時候，齊頤谷學校裏的愛國分子鬧得凶，給軍警逮捕了一大批去，加上罪名坐監牢。頤谷本來膽小，他寡母又怕兒子給同學們牽累，暫時停學在家。經過輾轉介紹，四天前第一次上建侯的門。這個十九歲的大孩子，藍布大褂，圓桶西裝褲子，方頭黑皮鞋，習慣把左手插在褲子口袋裹，壓得不甚平伏的頭髮，頗討人喜歡的臉一進門就紅著，一雙眼睛冒牌地黑而亮，因爲他的內心和智力絕對配不上他瞳子的深沉、靈活。建侯極中意這個少年，略問幾句，吩咐他明天來開始幹活，先試用一個月。頤谷走後，建侯一團高興，進去向愛默講挑了一個中意的書記。愛默笑他像小孩子新得了玩具，還説：「我有淘氣，誰稀罕你的書記！」臉在淘氣身上擦著問：「咱們不稀罕他的書記，是不是？——啊呀！不好了，真討厭！」李太太臉上的粉給淘氣舐了一口去，她摔下貓，站起來去照鏡子。

頤谷到李家這兩天半裏，和建侯還相得。怕羞的他，見了建侯，倒不很畏縮。建侯自會説話以來，一生從没碰見任何人肯讓他不斷地發言，肯像頤谷那樣嚴肅地、耐心地、興奮地聽他講。他一向也没知道自己竟有這樣滔滔汩汩的口才。這兩天，他的自尊心像插進傷寒病人嘴裏的溫度表，直升上去。他纔領會到私人秘書的作用，有秘書的人會覺得自己放大了幾倍，擡高了幾層。他跟頤谷先討論這遊記的名稱和寫法，順便講了許多洋景致。所以第一天到吃午飯的時候，頤谷已經知道建侯在美國做學生時交遊怎樣廣，每年要花多少錢，大學功課怎樣難，畢業怎樣不容易；機器文明多麼可驚，怎樣紐約一市的汽車銜接起來可以繞地球一週；他如何對美國人宣揚中國，他穿了什麼顏色和花紋的中國長袍馬褂去參加化裝跳舞會；他在外國生病，房東太太怎樣天天煨雞給自己吃，一個美國女孩子怎樣天天送鮮花，花裏還附問病的紙條兒，上面打着「×」號——「你懂麼？」建侯嘻開嘴，滿臉頑皮地問頤谷，「你去請教你的女朋友，她會知道這是

Kiss 的記號。在西洋社交公開，這事平常得很！"遊記的題目也算擬定了兩個，《西遊記》或《歐美漫步》，前者來得渾成，後者來得時髦。當天頤谷吃了午飯回來辦公，又知道要寫這個遊記，在筆述建侯的印象以外，還得參考美國《國家地理學會雜誌》、《旅行雜誌》、"必得過"（Baedeker）和"没來"（Murray）兩公司出版的大城市指南，尋材料來補充。明天上午，建侯纔決定這遊記該倒寫，不寫出國，而寫回國，怎樣從美國到歐洲漫遊，在意大利乘船回中國。他的理由是，一般人的遊記，都從出國寫起，上了輪船，一路東張西望，少見多怪，十足不見世面的小家子氣。自己在美洲住了三年，對於西洋文明要算是老內行了，換個國家去玩玩，雖然見到些新鮮事物和排場，不至於像鄉下人初到大都市，咋舌驚歎，有失身份。他說："回國時的遊歷，至少像林黛玉初入榮國府，而出國時的遊歷呢，怕免不了像劉姥姥一進大觀園。"頤谷曾給朋友們拉去聽京戲大名旦拿手的《黛玉葬花》，所以也見過身體豐滿結實的林黛玉（彷彿《續紅樓夢》裏警幻仙子給黛玉吃的強身健美靈丹，黛玉提早服了來葬花似的），但是看建侯口講指劃，自比林黛玉，忍不住笑了。建侯愈加得意。頤谷忙說："李先生，這樣，遊記的題目又得改了。"建侯想了想，說："巧得很！前天報上看見有人在翻譯英國哈代的小說《還鄉記》，這名稱倒也現成；我這部書就叫《海客還鄉記》，你瞧好不好！"一頓飯後，建侯忽然要把自序先寫；按例，印在書前的自序是全書完稿最後纔寫的。頤谷暗想，這又是倒寫法。建侯口述意見，頤谷記下來，整理，發揮，修改，直到淘氣出亂子那天的飯時，纔謄清了給建侯過目。經過這兩天半的工作，頤谷對建侯的敬畏心理消失乾淨。青年人的偏激使他對他的主人不留情地鄙視；他看到了建侯的無聊、虛榮、理智上的貧乏，忽視了建侯爲人和待人的好處。他該感激建侯肯出相當高的價錢雇自己來幹這種不急之務；他祇恨建侯倚仗有錢，犧牲青年人的時間和精力來替他寫無意義的東西。當時他對著貓抓破的稿子，祇好捺住脾氣再鈔寫一次。也許淘氣這畜生倒是位有識、有膽的批評家，它的摧殘文物的行爲，安知不是對這篇稿子最痛快有效的批評呢？想到這裏，頤谷苦笑了。

建侯知道了這事，同情以外，還向頤谷道歉自己的疏忽。頤谷再沒理由氣憤了。過一天早晨，建侯一見頤谷，就說："今天下午四點半鐘，内人請你喝茶。"頤谷客氣地傻笑，真覺得受寵若驚。建侯接著說："她本想認識你，昨天晚上我對她講了淘氣跟你搗亂，她十分抱歉，把淘氣罵了一頓。今天剛有茶會，順便請你進去談談。"這使頤谷自慚形穢起來，想自己不懂禮節，沒有講究衣服，晉見時髦太太，準鬧笑話，他推辭說："都是生人，我去不好意思。"建侯和藹地說："沒有什麼不好意思。今天來的都是你聽見過的人，祇有在我家裏，你纔會看到他們聚在一起。你不要錯過機會。我有事要出去，請你把第一章關於紐約的資料搜集起來。到四點半，我來領你進去。假如我不來，你叫老白做嚮導。"頤谷整半天什麼事也沒心思做，幸而建侯不在，可以無忌憚地怠工。很希望接觸那許多名字有電磁力的人，而又害怕他們笑自己，瞧不起自己。最好是由建侯帶領進去，羞怯還好像有個緩衝；如果請老白領路，一無保障地進客廳，那就窘了。萬一建侯不來，非叫到老白不可，問題就多了！假使準時進去，旁的客人都没到，女主人定要冷笑。吃東西時的早到和遲退，需要打仗時搶先和斷後那樣的勇氣，自己不敢冒這個險。假如客人都來了，自己後去，衆目所注，更受不了。想來想去，祇有一個辦法，四點半左右，機伶著耳朵聽門鈴響。老白引客人到客廳，得經過書房。第一個客人來，自己就緊跟著進去；女主人和客人都忙著彼此應酬，自己不致在他們注意焦點下侷促不安。

到時候是建侯來陪他進去的。一進客廳，頤谷臉就漲紅，眼睛前起了層水氣，模糊地知道有個時髦女人含笑和自己招呼。坐下去後，頤谷注視地毯，没力量擡眼看李太太一下，祇緊張地覺著她在對面，忽然發現自己的腳伸得太出，忙縮回來，臉上的紅又深了一個影子。他也没聽清李太太在講淘氣什麽話。李太太看頤谷這樣怕羞，有些帶憐憫的喜歡，想這孩子一定平日没跟女人打過交道，就問：“齊先生，你學校裏是不是男女同學的？”李太太明知道在這個年頭兒，不收女人的學校正像收留女人的和尚寺一樣的没有品。

“不是的——”

“呀？”李太太倒詫異了。

“是的，是的！”頤谷絕望地矯正自己。李太太跟建侯做個眼色，没説什麽，祇向頤谷一笑。這笑是愛默專爲頤谷而發的。像天橋打拳人賣的狗皮膏藥和歐美朦朧派作的詩，這笑裏的藴蓄，豐富得真是説起來叫人不信。它含有安慰、保護、喜歡、鼓勵等等成分。頤谷還不敢正眼看愛默，愛默的笑，恰如勝利祈禱、慈善捐款等好心好意的施與，對方並未受到好處。老白又引客人進來，愛默起身招待，心還逗留在這長得聰明的孩子身上，想他該是受情感教育的年紀了。建侯拍頤谷的肩說:"別拘謹!"李氏夫婦瞭解頤谷怕生,來了客人,祇浮泛地指著介紹,遠遠打個招呼,讓他坐在不惹人注目的靠壁沙發裏。頤谷漸漸鬆弛下來,瞻仰著這些久聞大名的來客。

高個子大聲說話的是馬用中,有名的政論家,每天在《正論報》上發表社評。國際或國內起什麼政治變動,他事後總能證明這恰在他意料之中,或者他曾暗示地預言過。名氣大了,他的口氣也大了。尤其在私人談話時,你覺得他不是政論家,簡直是政治家,不但能談國內外的政情,並且講來活像他就是舉足輕重的個中人,彷彿天文臺上的氣象預測者說,刮風或下雨自己都作得主一樣。他曾在文章裏公開告訴讀者一樁生活習慣:每天晚上他上牀睡覺以前,總把日曆當天的一張撕掉,不像一般人,一夜醒來看見的還是沒有撕去的"昨日之日"。從這個小節,你能推想他自以爲是什麼樣的人。這幾天來中日關係緊張,他不愁社論沒有題目。

斜靠在沙發上,翹著腳抽煙斗的是袁友春。他自小給外國傳教士帶了出洋。跟著這些迂腐的洋人,傳染上洋氣裏最土氣的教會和青年會氣。承他情瞧得起祖國文化,回國以後,就向那方面花工夫。他認爲中國舊文明的代表,就是小玩意、小聰明、幫閑湊趣的清客,所以他的宗旨彷彿義和拳的"扶清滅洋",高擱起洋教的大道理,而提倡陳眉公、王百谷等的清客作風。讀他的東西,總有一種吃代用品的感覺,好比塗麵包的植物油,沖湯的味精。更像在外國所開中國飯館裏的"雜碎",祇有沒吃過地道中國菜的人,會上當認爲是中華風味。他哄了本國的外行人，也哄了外國人——那不過是外行人穿上西裝。
他最近發表了許多講中國民族心理的文章，把人類公共的本能
都認爲中國人的特質。他的煙斗是有名的，文章裏時常提起
它，説自己的靈感全靠抽煙，好比李太白的詩篇都從酒裏來。
有人説他抽的怕不是板煙，而是鴉片，所以看到他的文章，就
像鴉片癮來，直打呵欠，又像服了麻醉劑似的，祇想瞌睡。又
説，他的作品不該在書店裏賣，應當在藥房裏作爲安眠藥品發
售，比"羅明那兒"（Luminal），"渥太兒"（Ortal）都起作用
而没有副作用。這些話都是嫉妒他的人説的，當然作不得準。

　　這許多背後講他刻薄話的人裏，有和他互相吹捧的朋友陸
伯麟，就是那個留一小撮日本鬍子的老頭兒。他雖没講起抽板
煙，但他的臉色祇有假定他抽煙來解釋。他兩眼下的黑圈不但
顏色像煙熏出來的，並且綫形也像繚繞彎曲、引人思緒的煙
篆。至於他鼻尖上黯淡的紅色，祇譬如蝦蟹烘到熱氣的結果。
除掉向日葵以外，天下怕没有像陸伯麟那樣親日的人或東西。
一向中國人對日本文明的態度是不得已而求其次，因爲西洋太
遠，祇能把日本偷工減料的文明來將就。陸伯麟深知這種態度
妨礙著自己的前程，悟出一條妙法。中國人買了日本貨來代替
西洋貨，心上還鄙夷不屑，而西洋人常買了日本古玩當中國珍
品，在倫敦和巴黎舊貨店裏就陳列着日本絲織的女人睡衣，上
面繡條蟠龍，標明慈禧太后御用。祇有宣傳西洋人的這種觀
點，纔會博得西洋留學生對自己另眼相看。中國人抱了偏見，
瞧不起模仿西洋的近代日本，他就提倡模仿中國的古代日本。
日本文明學西洋像了，人家説它欠缺創造力；學中國没有像，

他偏説這別有風味，自成風格，值得中國人學習，好比説酸酒
兼有釀醋之妙一樣。更進一步，他竟把醋作爲標準酒。中國文
物不帶盆景、俳句、茶道的氣息的，都給他罵得一文不值。他
主張作人作文都該有風趣。可惜他寫的又像中文又像日文的
"大東亞文"，達不出他的風趣來，因此有名地"耐人尋味"。
袁友春在背後曾説，讀他的東西，祇覺得他千方百計要有風
趣，可是風趣出不來，好比割去了尾巴的狗，把尾巴骨亂轉亂
動，辦不到搖尾討好。他就是爲淘氣取名"覬己"的人。

　　科學家鄭須溪又瘦又小，可是他内心肥胖，並不枯燥。他
在德國專攻天文學。也許受了德國文化的影響，他立志要做個
"全人"，抱有知識上的帝國主義，把人生各方面的學問都霸佔
著算自己領土。他自信富於詩意，具有浪漫的想像和情感，能
把人生的豐富跟科學的精確調劑融會。所以他談起天上的星
來，語氣宛如談的是好萊塢裏的星。有一位中年不嫁的女科學
家聽他演講電磁現象，在滿場歡笑聲中，羞得面紅耳赤，因爲
他把陰陽極間的吸引説得儼然是科學方法核準的兩性戀愛。他
對政治、社會等問題，也常發表言論，極得青年人的愛戴。最
近他可不大得勁。爲了學生愛國運動鬧罷課的事，他寫一篇文
章，説自己到德國學天文的動機也是雪國恥：因爲庚子之役，
德國人把中國的天文儀器搬去了，所以他想把德國人的天文學
理灌輸到中國來，這是精神戰勝物質的榜樣。這椿故事在平時
準會大家傳誦，增加他的名聲。不幸得很，自從國際聯盟決議
予中國以"道義上的援助"，相類的名詞像"精神上的勝利"，
也引起青年人的反感。鄭須溪因此頗受攻擊。

貓

西裝而頭髮剃光的是什麼學術機關的主任趙玉山。這機關裏雇用許多大學畢業生在編輯精博的研究報告。最有名的一種《印刷術發明以來中國書刊中誤字統計》，就是趙玉山定的題目。據說這題目一輩子做不完，最足以培養學術探討的耐久精神。他常宣稱："發現一個誤字的價值並不亞於哥倫布的發現新大陸。"哥倫布是否也認爲發現新大陸並不亞於發現一個誤字，聽者無法問到本人，祇好點頭和趙玉山同意。他平時沉默寡言，沒有多少趣味。但他曾爲李太太犧牲一頭頭髮，所以有資格做李家的慣客。他和他的年輕太太，不很相得。這位太太喜歡熱鬧，神經健全得好像沒有感覺似的，日常生活都要聲音做背景，留聲機和無綫電，成天交替地開著。這已經够使趙玉山頭痛。她看慣了電影，銀幕上的男女每到愛情成就時接吻，海陸空中會飄來音樂助興。所以她堅持臥室裏有時必須開無綫電，不管是耶穌誕夜，電臺廣播的大半是讚美詩，或是國慶日的晚上，廣播的是《卿雲歌》。可憐她先生幾乎因此害神經衰弱症。他們初到北平時，李氏夫婦曾接風請吃午飯，趙太太一見李太太，心裏就討厭她風頭太健，把一切男人呼來喚去。吃完飯，大家都稱讚今天菜好，歸功於廚子的藝術和建侯的提調。建侯說："各位別先誇獎！今天有趙太太，她在大學家政系得過學位，是烹飪的權威，該請她指教批評。"趙太太放不過這個掃李太太面子的好機會，記得家政學講義裏一條原則，就有恃無恐地說："菜的口味是好極了，祇是顏色太單調些，清蒸的多，黃燜和紅燒的少，不够紅白調勻，在感受上起不了交響樂的那種效果。"那時候是五月中旬，可是趙太太講話後，全席的人都私下抽口冷氣。趙玉山知道他太太的話，無字不誤，祇沒法來校勘訂正。李太太笑着打趣說："下次飯菜先送到美容院去化了裝，塗脂擦粉，再請趙太太來品定。"陳俠君哈哈大笑道："乾脆借我畫畫的顏色盆供在飯桌上得啦。"趙太太講錯了話，又羞又氣。在回家路上忽然想起李太太本人就是美容醫院的產品，當時該說這句話來堵愛默的嘴："美容院還不够，該送到美容醫院去。"祇恨自己見事太遲，吃了眼前虧。從此她和李太太結下深仇，不許丈夫去，丈夫偏不聽話，她就冤枉他看上了愛默。有一次夫婦倆又爲這事吵嘴，那天玉山纔理過髮，她硬說他頭光臉滑，要向李太太獻媚去，使性子滿嘴咬了口香橡皮糖吐在玉山頭上。結果玉山祇好剃光頭髮，偏是深秋天氣，沒有藉口，他就說頭髮長了要多消耗頭皮上的血液，減少思想效率。他沒想到，把這個作爲藉口，就別希望再留長頭髮了。李太太知道他夫人爲自己跟他反目，請他吃飯和喝茶的次數愈多。外面謠言紛紜，有的說他剃髮是跟太太鬧翻了，有的說他愛李太太灰了心，一句話，要出家做和尚。陸伯麟曾說他該把剃下來的頭髮數一數，也許中國書刊裏的誤字恰是這個數目，省得再去統計。他睜大了眼睛說："伯老，你別開玩笑！發現一個錯字跟發現一個新大陸同樣的重要……"

舉動斯文的曹世昌，講話細聲細氣，柔軟悦耳，隔壁聽來，頗足使人誤會心醉。但是當了面聽一個男人那樣軟綿綿地講話，好多人不耐煩，恨不得把他像無綫電收音機似的撥一下，放大他的聲音。這位溫文的書生愛在作品裏給讀者以野蠻的印象，彷彿自己兼有原人的真率和超人的凶猛。他過去的生

活籠罩著神秘氣氛。假使他説的是老實話，那末他什麼事都幹
過。他在本鄉落草做過土匪，後來又吃糧當兵，到上海做流氓
小弟兄，也曾登臺唱戲，在大飯店裏充侍者，還有其他富於浪
漫性的流浪經驗，講來都能使祇在家庭和學校裏生活的青年搖
頭伸大拇指説："真想不到！" "真没得説！"他寫自己幹這些營
生好像比真去幹它們有利，所以不再改行了。論理有那麼多奇
趣橫生的回憶，他該寫本自傳，一股腦兒收進去。可是他祇東
鱗西爪，寫了些帶自傳性的小説；也許因爲真寫起自傳來，三
十多歲的生命裏，安插不下他形形色色的經歷，也許因爲自傳
寫成之後，一了百了，不便隨時對往事作新補充。他現在名滿
文壇，可是還忘不掉小時候没好好進過學校，老覺得那些"正
途出身"的人瞧不起自己，隨時隨地提防人家損傷自己的尊
嚴。蜜裏調油的聲音掩蓋著劍拔弩張的態度。因爲地位關係，
他不得不和李家的有名客人往來，而他真喜歡結識的是青年學
生，他的"小朋友們"。這時大家講的話，他接談不來，憋着
一肚子的嫉妒、憤怒、鄙薄，細心觀察這些"紳士"們的醜
態，有機會向小朋友們淋漓盡致地刻劃。忽然他認清了冷落在
一邊的頤谷，像是個小朋友的材料。

　　今天的茶會少不了傅聚卿。《麻衣相法》未可全信，但有
時候相貌確能影響人的一生。譬如有深酒渦、好牙齒的女郎，
自然愛對人笑；出了"快樂天使"的名氣，脾氣也會無形中減
少暴厲。傅聚卿的眼睛，不知道由於先天還是後天的緣故，自
小有斜睨的傾向。他小學校裏的先生老覺得這孩子眼梢瞟著，
表示鄙夷不屑，又像冷眼旁觀，挑老師講書的錯兒。傅聚卿的

老子是本地鄉紳，教師們不敢得罪他。他到十五六歲時，眼睛的效力與年俱進，給他一眼瞧見，你會立刻侷促不安，提心吊膽，想適纔是否做了儍事，還是瓜皮帽結子上給人掛了紙條子或西裝襪子上鈕扣没扣好。他有位父執，是個名士，一天對他老子說：“我每次碰見你家世兄，就想起何義門的評點，眼高於頂，其實祇看到些細節，吹毛求疵。你們世兄的眼神兒頗有那種風味。”傅聚卿也不知道何義門是什麽人，聽說是蘇州人批書的，想來是金聖嘆一流人物，從此相信憑自己的面貌可以做批評家。在大學文科三年級時，指定參考書裏有英國蒲伯（Pope）的詩。他讀到罵《冷眼旁觀報》編者愛迪生的名句，說他擅長睨視（leer）和藐視（sneer），又讀到那形容“批眼”（the critic eye）的一節，激動得在圖書館閱覽室裏就像熱鍋上的螞蟻。從此他一言一動，都和眼睛的風度調和配合，寫文章的語氣，也好像字裏行間包含著藐視。他知道全世界以英國人最爲眼高於頂，而愛迪生母校牛津大學的學生眼睛更高於高帽子頂，可以傲視帝皇。他在英國住過八年，對人生一發傲睨，議論愈高不可攀；甚至你感到他的卓見高論不應當平攤桌上、低頭閱覽，該設法粘它在屋頂天花板上，像在羅馬雪斯丁教堂裏賞鑒米蓋郎淇羅的名畫一樣，擡頭仰面不怕脖子酸痛地瞻望。他在英國學會板著臉、愛理不理的表情，所以在公共集會上，在他邊上坐的要是男人，陌生人會猜想是他兄弟，要是女人呢，準以爲是他太太，否則他不會那樣不瞅不睬的。他也抽煙斗，據他說這是受過牛津或劍橋教育的特色。袁友春雖冷笑過：“別聽他擺架子吹牛，算他到過英國！誰愛抽煙斗就抽！”可是心上總憎嫌傅聚卿，好像自己祇能算"私吸洋煙",而聚卿用得安南鴉片鋪的招牌上響噹噹的字眼:"公煙"。

客人有的看錶,有的問主人:"今天想還有俠君?"李太太對建侯説:"我們再等他十分鐘,他老是這脾氣!"假使頤谷是個多心眼兒的人,他就明白已到的客人和主人恰是十位,加上陳俠君是十一位,這個拖泥帶水的數目,表示有一位客是臨時添入的,原來没他的份兒。可是頤谷忙著想旁的事,没工夫顧到這些。他還没打破以貌取人的成見,覺得這些追求真、善、美的名人,本身也應有真、善、美的標誌,彷彿屠夫長一身肥肉,珠寶商戴着兩三個大戒指。想不到都那樣碌碌無奇,他們的名氣跟他們的儀表成爲使人失望的對照。没有女客,那倒無足惋惜。頤谷從學校裏知道,愛好文藝和學問的女學生大多充不得美人樣品。所以今天這種知識分子的聚會上,有女客也決不會中看,祇能襯出女主人的美貌。從容觀察起來,李太太確長得好。嘉寶(Garbo)式的長髮披著,和她肩背腰身的輪廓,融諧一氣,不像許多女人的頭髮自成局面,跟身體的外綫不相呼應。是三十歲左右的太太了,俏麗漸漸豐滿化,趨向富麗。因爲皮膚暗,她臉上宜於那樣濃妝。因爲眼睛和牙齒都好,而顴骨稍高,她宜笑,宜説話,宜變化表情。她雖然常開口,可是並不多話,一點頭,一笑,插進一兩句,回頭又跟另一個人講話。她並不是賣弄才情的女人,祇愛操縱這許多朋友,好像變戲法的人,有本領或拋或接,兩手同時分顧到七八個在空中的碟子。頤谷私下奇怪,何以來的都是近四十歲、久已成名的人。他不瞭解這些有身家名望的中年人到李太太家來,是他們現在惟一經濟保險的浪漫關係,不會出亂子,不會鬧笑話，不要花費，而獲得精神上的休假，有了逃避家庭的俱樂部。建侯並不對他們猜忌，可是他們彼此吃醋得利害，祇肯在一點上通力合作：李太太對某一個新相識感到興趣，他們異口同聲講些巧妙中聽的壞話。他們對外賣弄和李家的交情，同時不許任何外人輕易進李家的交情圈子。這樣，李太太愈可望而不可即了。事實上，他們並不是李太太的朋友，祇能算李太太的習慣，相與了五六年，知己知彼，呼喚得動，掌握得住，她也懶得費心機更培養新習慣。祇有這時候進來的陳俠君比較上得她親信。

理由是陳俠君最閑著沒事做，常能到李家來走動。他曾在法國學過畫，可是他不必靠此為生。他嘗說，世界上資本家以外，和"無產階級"的勞動者對峙的還有一種"無業階級"，家有遺產、不事正業的公子哥兒。他勉強算屬於這個階級。他最初回國到上海，頗想努力振作，把繪畫作為職業。誰知道上海這地方，什麼東西都愛洋貨，就是洋畫沒人過問。洋式佈置的屋子裏掛的還是中堂、條幅、橫披之類。他的大伯父是有名的國畫家，不懂透視，不會寫生；除掉"外國墳山"和自來水，也沒逛過名山秀水，祇憑祖傳的收藏和日本珂玀版《南畫集》，今天畫幅山水"仿大癡筆意"，明天畫幅樹石"曾見雲林有此"，生意忙得不可開交。這氣壞了有藝術良心的陳俠君。他伯父一天對他說："我的好姪兒呀，你這條路走錯了！洋畫我不懂，可是總比不上我們古畫的氣韻，並且不像中國畫那樣用意微妙。譬如大前天一個銀行經理求我為他銀行會客室畫幅中堂，你們學洋畫的人試想該怎樣畫法，要切銀行，要口彩好，又不能俗氣露骨。"俠君想不出來，祗好搖頭。他伯父呵呵大笑，攤開紙卷道："瞧我畫的！"畫的是一棵荔枝樹，結滿了大大小小的荔枝，上面寫著："一本萬利圖。臨羅兩峯本。"俠君看了又氣又笑。他伯父又問"幸福圖"怎樣畫法，俠君真以為他向自己請教，源源本本告訴他在西洋神話裏，幸福女神是個眼蒙布帶、腳踏飛輪的女人。他伯父拈著鬍子微笑，又攤開一卷紙，畫著一株杏花、五隻蝙蝠，題字道："杏蝠者，幸福諧音也；蝠數五，諧五福也。自我作古。"俠君祗有佩服，雖然不很情願。他伯父還有許多女弟子，大半是富商財主的外室；這些財翁白天忙著賺錢，怕小公館裏的情婦長日無聊，要不安分，常常叫她們學點玩藝兒消遣。最理想的當然是中國畫，可以賣弄而不難學。拜門學畫的先生，不比旁的教師，必須有名兒的，這也很掙面子，而且中國畫的名家十九上了年紀，不會引誘女人，可以安心交託。俠君年紀輕，又是花天酒地的法國留學生，人家先防他三分；學洋畫聽說專畫模特兒，難保不也畫《紅樓夢》裏傻大姐所說的"妖精打架"，那就有傷風化了。俠君在上海受够了冷落，搬到北平來住，有了一些說話投機的朋友，漸漸恢復自尊心，然而初回國時那股勁頭再也鼓不起來。因為他懶得什麼事都不幹，人家以為他上了勁什麼事都能幹，他也成了名流。他祗有談話不懶，晚上睡著了還要說夢話。他最擅長跟女人講話。他知道女人不喜歡男人對她們太尊敬，所以他帶玩弄地恭維，帶冒犯地迎合。例如上月裏李太太做生日，她已到了願有人記得她生日而不願有人知道她生年的時期，當然對客人說自己老了，大家都抗議說："不老！不老！"祗有陳俠君說："快該老了！否則年輕的姑娘們都給您比下去了，再没有出頭的日子啦！"

客人齊了，用人送茶點上來。李太太叫頤谷坐在旁邊，爲自己斟第一杯茶，第二杯茶就給他斟，問他要幾塊糖，頤谷客氣地躊躇説："謝謝，不要糖。"李太太注視他，微笑低聲説："別又像剛纔否認你學校裏有女學生，這用不到客套。不擱糖，這茶不好喝。我乾脆不問你，給你加上牛奶。"頤谷感謝天，這時候大家都忙著談話，没人注意到自己的窘態，李太太的笑容和眼睛表情使他忽然快樂得彷彿心給熱東西燙痛了。他機械地把匙調著茶，好一會没聽見旁人在講什麽。

建侯道："俠君，你來的時候耳朵燒没有？我們都在罵你。"

陳俠君道："咱們背後誰不罵誰——"

愛默插嘴説："我可没罵過誰。"

俠君左手按在胸口，坐著向愛默深深彎背道："我從没罵過你。"回頭向建侯問："罵我些什麽呢？何妨講來聽聽，'有則改之，無則加勉'。"

馬用中喝完茶還得上報館做稿子，便搶著説："罵你臭架子，每次有意晚到，耽誤大家的時間，恭候你一個人。"

袁友春説："大家説你這藝術家的習氣是在法國拉丁區坐咖啡館學來的，説法國人根本没有時間觀念，所以'時間即金錢'那句話還得向英文去借。我的見解不同，我想你生來這遲到的脾氣，不，没生出來就有這脾氣，你一定十月滿足了還賴在娘胎裏不肯出世的。"

大家都笑了，陳俠君還没回答，傅聚卿冷冷地説："這幽默太笨重了，到肉鋪子裏去稱一下，怕斤兩不小。"

袁友春臉上微紅，睜眼看傅聚卿道："英國人用磅做單位的，不講斤兩，你露出冒牌英國佬的馬腳來了。"

陳俠君喝著茶說："可惜！可惜！這樣好茶給你們潤了嗓子來吵嘴，真冤哪！我今天可不是故意累你們等，方纔送一個朋友全家上車回南邊去，所以來遲了。這兩天風聲又緊起來，好多人想搬家離開這兒。老馬，你說，這仗打得起來不？你的消息該比我們靈通羅。"

曹世昌涵意深微地說："你該看他的社論。國家大事，私人訪問，恕不答覆。"

幾張嘴同說："爲了讀他的社論，看不出所以然，所以要問他。"頤谷也覺得這關係到切身利益，祇等馬用中吃完了"三明治"騰出嘴來講話。李太太說："是呀！我也得有個準備。北平真危險的話，祇有把上海出租的房子要回來，建侯得先到南邊去料理了。可是三年前的夏天，比現在緊張多呢！日本飛機在頭上轉，大家都搶著回南，平滬特快車頭二等的走廊裏站滿了乘客，三等車裏擠得一宵轉身不得，什麼笑話都有。到後來，大事化爲無事，去的人又回來，白忙了一趟。這幾年來，我們受慣了虛驚，也許什麼事兒沒有。用中，你瞧怎樣？"

馬用中好像沒忘記生理衛生關於溦粉應在嘴裏消化的教訓，仔細咀嚼麵包，吃完了把碟子旁的手巾拂去胸前沾的麵包屑，皺着眉頭說："這事很難肯定地說……"

李太太使性說："那不行，你非講不可。"傅聚卿道："爲什麼這樣吞吞吐吐？何妨把你自己的眼光來判斷一下。老實告訴你，老馬，我就從來沒把你的話作準。反正你在這兒講話又不是作社論，你不負什麼文責。要知道禍福吉凶，我們自會去求籤卜卦，請教擺測字攤的人，不會根據你大政論家的話來行動。"

馬用中衹當没聽見，對李太太說："我想戰事暫時不會起。第一，我們還没有充分準備。第二，我得到消息，假使日本跟我們打仗，俄國也許要乘機向它動手，這消息的來源我不能公佈，反正是頂可靠的。第三，英美爲保護遠東利益，不會坐視日本侵略中國，我知道它們和我們當局有實際援助的默契。日本怕俄國，也不能不顧忌到英美，決不敢真幹起來。第四，我們政府首領和希脱勒、墨沙里尼最友善，德國、意國都和我們同情，斷不至於幫了日本去牽制英美。所以，我們的觀察，兩三年內還不會有戰爭，當然，天下常有意料不到的事。"

李太太恨道："你這人真討厭！聽了你一大堆話，剛有點兒放心，又來那麼洩氣的一句！"馬用中抱歉地傻笑，彷彿戰爭意外發生都是他失察之咎。曹世昌問："那麼，當前的緊張局面怎樣了結呢？"

袁友春輕蔑地說"哼！還有什麼？我們衹能讓步。"

馬用中態度嚴肅，說："我們衹有忍耐著，暫時讓步。"

"那可糟啦！"建侯說，頤谷心裏也應聲回響。

"不讓步事情更糟。"傅聚卿、陸伯麟同時說。

陳俠君道："讓步！讓到什麼時候得了！大不了亡國，倒不如乾脆跟日本拚個你死我活。老實講，北平也不值得留戀了。在這種委屈苟安的空氣裏，我們一天天增進亡國順民的程度，我就受不了！衹有打！"說時拍著桌子，表示他的言行一致，好像證明該這樣打日本人的。坐在他右面的趙玉山嚇得直跳起來，把茶都濺在衣服上。

李太太笑道："瞧你這傻勁兒！小心別打破我的茶杯。'打！'你肯上前綫去打麼？"

俠君正在向玉山道歉："都是我不好！回頭你太太又該藉這茶漬跟你吵了——"聽見這話，回臉過來說："我不肯，我不能，而且我不敢。我是懦夫，我怕炮火。"

建侯聳肩，對大家做個眼色，傅聚卿說："你肯承認自己懦弱，這就是最大的勇氣。這個年頭兒，誰都不敢講自己怕打仗。敢這樣坦白講的，你還是第一個。有些人把他們的畏縮掩飾成爲政策，說維持和平，說暫時妥協，不可輕舉妄動，意氣用事。有些人高喊著抗戰，祇希望虛聲奪人，把吶喊來嚇退日本，心上並不願意，也並不相信這戰爭真能發生。千句併一句說，大家都膽小得要裝勇敢，就沒人有膽量敢誠實地懦弱。可是你自己怕打仗，又主張打仗，這未免有點矛盾。"

俠君把牛奶倒在茶碟裏，叫淘氣來舐，撫摸著淘氣的毛，回答說："這並不矛盾。這正是中國人傳統的心理，這也是貓的心理。我們一向說，'善戰者服上刑'，'佳兵不祥'，但是也說，'不得已而用兵'。怕打仗，躲避打仗，無可躲避了就打。沒打的時候怕死，到打的時候怕得忘了死。我中國學問根柢不深，記不起古代什麼一位名將說過，士兵的勇氣都從畏懼裏出來，怕懼敵人，但是更怕懼自己的將帥，所以祇有努力向前殺敵。譬如家畜裏膽子最小的是貓，可是我們祇看見小孩子給家裏養的貓抓破了皮，從沒見過家裏養的狗會咬痛小孩子。你把不滿一歲的小孩子或小狗跟小貓比一下，就明白貓和其他兩種四足家畜的不同。你對小孩子恐嚇，裝樣子要打他，他就哭了。你對小狗這樣，它一定四腳朝天，擺動兩個前爪，彷彿搖手請你別打，身子左右滾著。祇有小貓，它愈害怕態度愈凶，小鬍子根根挺直，小腳爪的肌肉像張滿未發的弓弦，準備跟你拚命。可是貓遠不如狗的勇敢，這大家都知道。所以，怕打仗跟能打仗並不像聚卿所想的那樣矛盾。"

袁友春覺得這段議論頗可留到自己講中國人特性的文章裏去用，所以一聲不響，好像沒聽見。陸伯麟道："我從沒想到俠君會演說。今天的事大可編個小說回目：'拍桌子，陳俠君慷慨宣言；翻茶杯，趙玉山淋漓生氣。'或者：'陳俠君自比小貓；趙玉山妻如老虎。'"大家都笑說陸伯麟"缺德"，趙玉山一連搖頭道："胡說！不通！"

曹世昌說："我沒有陳先生的氣魄，不過，咱們知識分子有咱們對國家的職責。咱們能力所及，應該趕快去做。我想咱們應當喚起國際的同情，先博得輿論的支持，對日本人無信義的行為加以制裁。這種非官方的國外宣傳，你們精通外國文的人更應該做。袁先生在這一方面有很大的成績，傅先生您亦何妨來一下？今年春天在倫敦舉行的中國藝術展覽會已經引起全世界文化人士對中國的注意，這是最好的機會，千萬不要錯過。打鐵趁它熱——假使不熱，咱們打得它發熱。"這幾句話講得頤谷心悅誠服，想畢竟是曹世昌有道理。

傅聚卿道："你太瞧得起我了，這事祇有友春能幹。可是，你把外國的同情也看得過高，同情不過是情感上的奢華，不切實際的。我們跟玉山很同情，咱們中間誰肯出傻力氣幫他去制服趙太太。咱們親眼看見陳俠君害他潑了一身茶，陸伯老講話損他，咱們爲他抱不平没有？外國人知道切身利害有關，自然會來援助。現代的輿論並非中國傳統所謂清議。獨裁國家裏，政府的意旨統制報紙的輿論，絶不是報紙來左右政府。民治國家像英國罷，全國的報紙都操縱在一兩個報閥的手裏，這種報閥不是有頭腦有良心的知識分子，不過是靠報紙來發財和擴大勢力的野心資本家，哪裏會主持什麽公道？至於倫敦畫展呢，讓我告訴你一句耐人尋味的話。有位英國朋友寫信給我說，從前歐洲一般人對日本藝術開始感覺興趣，是因爲日俄之戰，日本人打了勝仗；現前斷定中日開戰，中國準打敗仗，所以忽然對中國藝術發生好奇心，好比大房子要換主人了，鄰居就會去探望。"

陸伯麟打個呵欠道："這些話都不必談。反正中國爭不來氣，要依賴旁人。跟日本妥協，受英美保護，不過是半斤八兩。我就不明白這裏面有什麽不同。要說是國恥，兩者都是國恥。日本人誠然來意不善，英美人何嘗存著好心。我倒寧可傾向日本，多少還是同種，文化上也不少相同之點。我知道我說這句話要挨人臭罵的。"

陳俠君道："這地道是'日本通'的話。平時的日本通，到戰事發生，好些該把名稱倒過來，變成'通日本'，——伯老，得罪得罪！冒犯了你，我們湖南人講話粗魯，不知忌諱的。"後面這幾句話因爲陸伯麟氣得臉色翻白，捻鬍子的手指都抖著。中國各地衹有兩廣人、湖南人，勉強湊上山東人，這四省人可以雄赳赳説："我們這地方的人就生來這樣脾氣。"他們的生長地點宛如一個辯論的理由、挑戰的口號。陸伯麟是滬杭寧鐵路綫上的土著，他的故鄉叫不響；祇有旁人背後藉他的籍貫來罵他，來解釋或原諒他的性格，在吵架時自己的籍貫助不了聲勢的。所以他一時上竟想不出話來抵擋陳俠君的"我們湖南人"。再說，自己剛預言過要挨罵，現在預言居然中了，還怨什麼？

鄭須溪趕快避開爭端說："從政治的立場來看，我們是否該宣戰，我不敢決定。我爲了多開口，也已經挨了青年人的罵。但是從超政治的觀點來講，戰爭也許正是我們民族精神的需要。一個大規模的戰爭可以刺激起我們這個民族的潛伏著的美德，幫我們恢復精神的健康和國家的自尊心。當然，痛苦是免不了的，死傷、恐怖、流離、饑荒，以及一切伊班涅茨的'四騎士'所能帶來的災禍。但這些都是戰爭歷程中應有的事，在整個光榮壯烈的英雄氣魄裏，局部的痛苦得了補償。人生原是這樣，從醜和惡裏提煉出美和善。就像桌子上新鮮的奶、雪白的糖、香噴噴的茶、精美可口的點心，這些好東西入口以後，到我們腸胃裏經過生理化學的作用，變質變形，那種爛糊糟糕的狀態簡直不堪想像，想起來也該替這些又香又甜的好東西傷心叫屈。可是非有這樣骯髒的歷程，肉體不會美麗和健康。我——"

李太太截斷他道："你講得叫人要反胃了！我們女人不愛聽這種拐彎抹角的議論。人生有許多可恨、可厭，全不合理的事，沒法避免。假如戰爭免不了，你犯不著找深奧的理由，證明它合理，證明它好。你爲戰爭找道理，並不能擡高戰爭，反而褻瀆了道理，我們聽著就對一切真理發生猜疑，覺得也許又是強辯飾非。我們必需幹的事，不一定就是好事。你那種說法，近乎自己騙自己，我不贊成。"頤谷聽得出了神，注視著愛默講話時的側

面，眼睛像兩星晶瑩的火，燃燒著驚奇和欽佩。陳俠君眼快，瞧
見他這樣子，微笑向愛默做個眼色。愛默回頭看頤谷，頤谷羞得
低下頭去，手指把麵包捻成一個個小丸子。陳俠君不放鬆地問：
"這位先生貴姓？剛纔來晚了，荒唐得很，沒有請教。"頤谷感到
十雙眼睛的光射得自己兩臉發燒，心裏恨不能一刀殺死陳俠君，
同時聽見自己的聲音回答："敝姓齊。"建侯說："我忘掉向你介
紹，這位齊先生是幫我整理材料的人，人聰明得了不得。""唔！
唔！"這是陳俠君的回答。假使世間有天從人願那一回事，陳俠
君這時候臉上該又燙又辣，像給頤谷打了耳光的感覺。

　　"你倒沒有聘個女——女秘書？"袁友春問建侯。他本要說
"女書記"，忽然想到這稱呼太直率，做書記的頤谷聽了也許刺
耳，所以忙改口尊稱"秘書"，同時心裏佩服自己的機靈周到。

　　曹世昌道："這不用問。太太肯批准麼？女書記也幫不了多
少忙。"

　　李太太說："這還像句話說。隨他用一屋子的女書記，我管
不著，別扯到我身上。建侯，對不對？"建侯油膩膩地傻笑。

　　袁友春道："像建侯纔可以安全保險地用女書記，決不鬧什
麼引誘良家少女的笑話。家裏放著愛默這樣漂亮的夫人，他眼睛
看高了，要他垂青可不容易。"

　　陳俠君瞧建侯一眼道："他要引誘，怕也沒有膽量。"

　　建侯按住惱怒，強笑道："你知道我沒有膽量？"

　　俠君大叫道："這簡直大逆不道！愛默，你聽見沒有？快把
你們先生看管起來。"

　　愛默笑道："有人愛上建侯，那最好沒有。這證明我挑丈夫

的眼光不錯，旁人也有眼共賞。我該得意，決不吃'忌諱'。"

　　愛默話雖然漂亮，其實文不對題；因爲陳俠君講建侯看中旁的女人，並非講旁的女人看中建侯。但也沒人矯正她。陳俠君繼續說："建侯膽量也許有餘，胃口一定不够。咱們人到中年，食色兩個基本慾望裏，祇要任何一個還强烈，人就還不算衰老。這兩種慾望彼此相通，根據一個人飲食的嗜好，我們往往可以推斷他戀愛時的脾氣——"

　　陸伯麟眼睛釘在面前的茶杯上，彷彿對自己的鬍子說："愛默剛纔講她自己決不捻酸吃醋，可是她愛吃醋溜魚，哼！"建侯道："這話對！俠君專門胡說八道，好像他什麼都知道！"

　　俠君不理會陸伯麟，把頭打着圈兒對建侯說："因爲她愛吃醋溜魚，所以我斷定她也會吃醋。你小心著，別太樂！"

　　李太太笑道："這真是信口開河！好罷，好罷！算我是醋瓶兒、醋罐兒、醋缸兒，你講下去。"

　　俠君像皮球給人刺過一針，走漏了氣，懶懶地說："也沒什麼可講。建侯吃菜的胃口不好，想來他在戀愛上也不是貪多的人。"

　　"而且一定也精益求精，像他對烹調一樣，沒有多少女人够得上他的審美標準，"傅聚卿說。建侯聽著，洋洋得意。

　　"此話大錯特錯，"俠君忍不住說："最能得男人愛的並不是美人。我們該防備的倒是相貌平常、姿色中等的女人。見了有名的美人，我們祇能仰慕她，不敢愛她。我們這種未老已醜的臭男人自慚形穢，知道沒希望，決不做癩蛤蟆吃天鵝肉的夢。她的美貌增進她跟我們心理上的距離，彷彿是危險記號，使我們膽怯、懦怯，不敢接近。要是我們愛她，我們好比敢死冒險的勇士，抱有明知故犯的心思。反過來，我們碰見普通女人，至多覺得她長得還不討厭，來往的時候全不放在眼裏，嚇！忽然一天發現自己糊里糊塗地，不知什麼時候讓她在我們心裏做了小窩。這真叫戀愛得不明不白，戀愛得冤枉。美人像敵人的正規軍隊，你知道戒備，即使打敗了，也有個交代。平常女人像這次西班牙內戰裏弗朗哥的‘第五縱隊’，做間諜工作，把你顛倒了，你還在夢裏。像咱們家裏的太太，或咱們愛過的其他女人，一個都說不上美，可是我們當初追求的時候，也曾爲她們睡不著，吃不下——這位齊先生年紀雖輕，想來也飽有經驗？哈哈！”頤谷聽著俠君前面一段議論，不由自主地佩服他觀察得入情入理，沒想到他竟扯到自己頭上，漲紅了臉，說不出話，對陳俠君的厭恨復活了。

李太太忙說：“俠君，你這人真討厭——齊先生，別理他。”

袁友春道：“俠君，你適纔講咱們的太太不美，這‘咱們’裏有沒有建侯？”曹世昌、趙玉山都和著他。

李太太笑道：“這不用問，當然有他。我也是‘未老先醜’，現在已老更醜。”

俠君慌的縮了頭，手抓著後腦，做個鬼臉。陸伯麟卻忍不住笑了。

馬用中說：“你們話都不正經。我報館裏有兩個女職員做事都很細心認真。玉山，你所裏好像也有女研究員！”

趙玉山道：“我們有三個，都很好。像我們這研究所，一般年輕女人會覺得沉悶枯燥，決不肯來。我的經驗是，在大學專修自然科學、中國文學、歷史、地理的女學生，都比較老實認真。

祇有讀西洋文學的女學生最要不得，滿腦子的浪漫思想，什麼都不會，外國文也沒讀通，可是動不動要瞭解人生，要做女作家，要做外交官太太去招待洋人，頂不安分。聚卿介紹過這樣一個寶貝到我們所裏來，好容易我把她攆走了，聚卿還怪著我呢。」

傅聚卿說：「我不怪你旁的，我怪你頭腦頑固，胸襟狹小，容不下人。」

鄭須溪道：「這話不錯。玉山該留她下來，也許你們所裏的學術空氣能把她潛移默化，使她漸漸跟環境適合，很可能成爲一個人才。」

陸伯麟笑說：「我想起一椿笑話。十幾年前，我家還在南邊。有個春天，我陪內人到普陀山去燒香，就住在寺院的客房裏。我看牀鋪的樣子，不很放心，問和尚有沒有臭蟲。和尚擔保我沒有，『就是有一兩個，佛門的臭蟲受了菩薩感應，不吃葷血；萬一真咬了人，阿彌陀佛，先生別弄死它，在菩薩清淨道場殺生有罪孽的。』好傢伙！那天我給咬得一宵沒睡。後來纔知道真有人聽和尚的話。有同去燒香的婆媳兩人，那婆婆捉到了臭蟲，便擱在她媳婦的牀上，算是放生積德，媳婦嚷出來，傳爲笑話。須溪講環境能感化性格，我想起和尚廟的吃素臭蟲來了。」大家都哈哈大笑。

鄭須溪笑完道：「伯老，你不要笑那和尚，他的話有一部分真理。臭蟲跟佛教程度差得太多了，陳俠君所謂『心理距離』相去太遠，所以不會受到感化。智力比較高的動物的確能够傳染主人的脾氣，這一點生物學家和動物心理學家都承認。譬如主人愛說笑話，來的朋友們常常哈哈大笑，他養的狗處在這種環境裏，也會有幽默，常做出滑稽引人笑的舉動，有時竟能嘻開嘴學人的笑容。記得達爾文就觀察到狗能模仿人的幽默，我十幾年前看德國心理學家潑拉埃講兒童心理的書裏，也提起這類事。我說學術空氣能改變女人的性格，並非大帽子空話。」

陸伯麟道：「狗的笑容倒沒見過，回頭養條狗來試驗試驗。可是我聽了你的科學證明，和你絕對同意。我喜歡書，所以我家裏的耗子也受了主人的感化，對書有特別嗜好，常把我的書咬壞。和尚們也許偷偷吃肉，所以寺院裏的虱子不戒葷腥。你的話對極了！」說完向李太太擠擠眼，彷彿要她注意自己諷刺的巧妙。

鄭須溪搖頭道：「你這老頭子簡直不可理喻。」袁友春道：「何必舉狗的例子呢？不現成有淘氣麼？你們細心瞧它動作時的腰身，婀娜剛健，有時真像愛默，尤其是它伸懶腰的姿態。它在李府上養得久了，看慣美麗女主人的榜樣，無形中也受了感化。」

李太太道：「我不知道該罵你，還是該謝你。」

陳俠君道：「他這話根本不對。淘氣在李家好多年了，不錯，可是它也有男主人哪！爲什麼它不模仿建侯？你們別笑，建侯又要誤會我挖苦他了。建侯假如生在十六世紀的法國，他這身段的曲綫美，不知該使多少女人傾倒愛慕，不拿薪水當他的女書記呢！那時候的漂亮男女，都行得把肚子凸出——法國話好像叫panserons——鼓得愈高愈好，跟現代女人的束緊前面腹部而聳起後面臀部，正是相反。建侯算得古之法國美少年，也配得做淘氣的榜樣。所以我說老袁倒果爲因。並不是淘氣學愛默的姿態，是愛默參考淘氣的姿態，神而明之，自成一家。這話愛默聽了不會生氣的。傾國傾城、天字第一號外國美人是埃及女皇克類巴德拉——埃及的古風是女人愈像貓愈算得美。在朋友們的太太裏，當然推愛默穿衣服最稱身，譬如我内人到冬天就像麻口袋盛滿了棒子麵，祇有你那合式樣兒，不像衣服配了身體做的，真像身體適應著衣服生長的。這不是學淘氣的一身皮毛麼？不成淘氣會學了你纔生皮長毛？"

愛默笑道："小心建侯揍你！你專講廢話。"建侯把面前一塊éclair給陳俠君道："請你免開尊口，還是吃東西罷，省得嘴閑著又要嚼蛆。"俠君真接了咬著，給點心堵住了上下古今的議論。

傅聚卿說："我在想俠君講的話。戀愛裏的確有'心理距離'，所以西洋的愛神專射冷箭。射箭當然需要適當的距離，紅心太逼近了箭射不出，太遠隔了箭射不到；地位懸殊的人固然不易相愛，而血統關係太親密的人也不易相愛。不過這距離不僅在心理方面。各位有這個經驗麼？有時一個女人遠看很美，頗爲可愛，走近了細瞧，纔知道全是假的，長得既不好看，而且化妝的原料欠講究，化妝的技巧也沒到家。這種娘兒們打的什麼主意，我真想不出。花那麼多的心思和工夫來打扮，結果祇能站十碼以外供人遠眺！是否希望男人老遠地已經深深地愛上她們，到走近看了真相，後悔無及，祇有將錯就錯，愛她們到底？今天聽俠君的話，纔明白她們跟槍炮一樣，放射力有一定的距離。這種女人，我一天不知要碰見多少，我恨死了她們，覺得她們要騙我的愛，我險的上當。虧得我生在現代，中國風氣開通，有機會對她們仔細觀察，矯正一眼看去的幻覺。假使在古代，關防嚴密，惟有望見女人憑著高樓的欄杆，或者瞥見她打起驢車的簾子。可望而不可即，祇好一見生情，倒煞費心機去追求她，那冤不冤！我想著都發抖。"説時傅聚卿打個寒噤。建侯笑得利害，不但嘴笑，整個矮胖的身體也參加這笑。

陳俠君早吃完那塊糕，歎口氣説："聚卿，你眼睛終是太高呀！我們上半世已過的人，假如此心不死，就不能那樣苛求。不但對相貌要放低標準，並且在情感方面也不能責備求全。十年前我最瞧不起那些眼開眼閉的老頭子，明知他們的年輕姨太太背了自己胡鬧，裝傻不管。現在我漸漸瞭解他們，同情他們。除非你容忍她們對旁人的愛，你別夢想她們會容忍你對她們的愛。我在巴黎學畫的時候，和一個科西嘉的女孩子很要好，後來發現她是虔誠的天主教徒，要我也進教纔肯結婚，彷彿她就是教會招攬主顧的女招待，我衹好把她甩了。我那時要求女人全副精神愛我，整個心裏裝滿的是我，不許留一點點給任何人，上帝也是我的情敵，她該爲我放棄他，她對我的愛情應當超越一切宗教的顧忌。可是現在呢？我安分了，没有奢望了，假如有可愛的女人肯大發慈悲，賞賜我些剩餘的溫柔，我像叫化子討得殘羹冷炙，感激涕零。她看我一眼，對我一笑，或臉一紅，我都記在心上，貯蓄著有好幾天的思量和回味。打仗？我們太老啦！可是還不够老，衹怕徵兵輪到我們。戀愛？我們太老啦！可是也不够老，衹怕做情人輪不到我們！"

馬用中起身道："俠君這番話又喪氣，又無恥。時候不早了，我先走一步。李太太，建侯，謝謝您，再會，再會。別送！齊先生，再見。"曹世昌也同時説俠君的議論"傷風敗俗"。建侯聽俠君講話，呆呆地像上了心事，直到馬用中叫他名字，纔忙站起來，和著愛默説："不多坐一會兒麼？不送，不送。"頤谷掏出錶來，看時間不早，也想告辭，衹希望大家都走，混在人堆裏，七嘴八舌中說一句客氣話便溜。然而看他們都坐得頂舒服的，不像就走；自己怕母親盼望，實在坐不住了，正盤算怎樣過這一重重告別的難關。李太太瞧見他看錶，就說："時間還早啊，可是我不敢多留你，明兒見。"頤谷含糊地向李太太謝了幾句。因爲他第一次來，建侯送他到大門。出客堂時建侯把門反手關上，頤谷聽見關不斷的裏面說笑聲，武斷他們說笑著自己，臉更熱了。跳上了電車，他忽然記起李太太說："明兒見"。仔細再想一想，把李太太對自己臨去時講的話從記憶裏提出來，揀淨理清，清清楚楚的"明兒見"三個字。這三個字還沒僵冷，李太太的語調還沒有消散。"明"字說得很滑溜，襯出"見"字語音的清朗和著重，不過著重得那麼輕鬆衹好像說的時候在字面上點一下。那"兒"字隱躲在"明"字和"見"字聲音的夾縫裏，偷偷地帶過去。自己絲毫沒記錯。心止不住快活地跳，明天這個日子值得等待，值得盼望。頤谷笑容上臉，高興得容納不下，恨不得和同車的乘客們分攤高興。對面坐的一個中年女人見頤谷向自己笑，誤會他用意，惡狠狠看了頤谷一眼，板著臉，別過頭去。頤谷碰到一鼻子灰，莫名其妙，纔安靜下來。到了家，他母親當然問他李太太美不美。他偏說李太太算不得美，皮膚不白啦，顴骨稍微高啦，更有其他什麼缺點啦。假如頤谷沒著迷，也許他會讚揚愛默俏麗動人；現在他似乎新有了一個秘密，這個秘密初來未慣，躲在他心裏，怕見生人，所以他說話也無意中合於外交和軍事上聲東擊西的掩護策略。他母親年輕結婚的時候，中國人還未發明戀愛。那時候有人來做媒，父母問到女孩子本人，她中意那男人的話，衹有紅著臉低頭，一聲不響，至多說句"全憑爹媽作主"，然後飛快地跑回房裏去，這已算女孩兒家最委婉的表情了。誰料到二三十年後，世情大變，她兒子一個大男孩子的心思也會那麼曲折！所以她祇打趣兒子，說他看得好仔細，旁的沒講什麼。頤谷那天晚上做了好幾個顛倒混沌的夢，夢見不小心把茶潑在李太太衣服上，窘得無地自容，祇好逃出了夢。醒過來，又夢見淘氣抓破自己的鼻子，陳俠君罵自己是貓身上的跳虱。氣得正要回罵，夢又轉了彎，自己在撫摸淘氣的毛，忽然發現撫摸的是李太太的頭髮，醒來十分慚愧，想明天真無顏見李氏夫婦了。卻又偷偷地喜歡，昧了良心，牛反芻似的把這夢追溫一遍。

李太太並未把頤谷放在心上。建侯送頤谷出去時，陳俠君道："這小孩子相貌倒是頂聰明的。愛默，他該做你的私人秘書，他一定死心塌地聽你使喚，他這年齡正是爲你發傻勁的時候。"愛默道："怕建侯不肯。"曹世昌道："俠君，你這人最要不得！你今天把那小孩子欺負得夠了。年輕人沒見過世面，怪可憐的。"俠君道："誰欺負他？我看他睜大了眼那驚奇的樣子，幼稚得可憐，所以和他開玩笑，叫他別那麼緊張。"陸伯麟道："你自以爲開玩笑，全不知輕重。怪不得建侯惱你。"大家也附和著他。說時，建侯進來。客人坐一會，也陸續散了。愛默那晚上睡到下半夜，在前半覺和後半覺接榫處，無故想起日間頤谷對自己的表情和陳俠君的話，忽然感到興奮，覺得自己還不是中年女人，轉身側向又睡著了。

明天，頤谷正爲建侯描寫他在紐約大旅館高樓上望下去，電綫、行人、車輛搞得頭暈眼花，險的栽出窗子，愛默打門進來。看了他們一眼，又轉身像要出去，說："你們忙著，我不來打攪你們，我沒有事。"建侯道："我們也沒有事，你要不要看看我遊記的序文？"愛默道："記得你向我講過序文的大意。好，我等你第一章脫稿了，一起看，專看序文沒有意思。建侯，我想請頤谷抽空寫大後天咱們請客的帖子，可以不可以？"頤谷沒準備李太太爲自己的名字去了外罩，上不帶姓，下不帶"先生"，名字赤裸裸的，好像初進按摩浴室的人沒料到侍女會爲他脫光衣服。他沒等建侯回答，忙說："可以，可以！就怕我字寫不好——"頤谷說了這句謙詞，算表示他從容自在，並非侷促到語無倫次。建侯不用說也答應。頤谷向愛默手中接過請客名單，把眼花腿軟的建侯拋擱在紐約旅館第三十二層樓窗口，一心來爲愛默寫帖子了。他替建侯寫遊記，滿肚子的委屈，而做這種瑣碎的鈔寫工作，倒虔誠得像和尚刺血寫佛經一樣。回家後他還追想著這小事，似乎這是愛默眼裏有他的表示。第二天他爲愛默覆了幾封無關緊要的信，第三天他代愛默看了一本作者贈送的新小說，把故事撮要報告她，因爲過一天這作者要見到愛默。頤谷並不爲這些事花多少心力，午後回家的時候卻感到當天的生活異常豐富，對明天也有不敢希望的希望。

寫請帖的那一天，李先生已經不很高興。到李太太叫頤谷代看小說，李先生覺得這不但截斷了遊記寫作，並且像燒熱的刀判分豬油，還消耗了中午前後那一段好時間，當天別指望頤谷再爲自己工作了。他不好意思當場發作，祇隱約感到不安，怕愛默會把這個書記奪去。他當著愛默冷冷對頤谷說："你看你的小説，把稿子給我，我自己來寫。"愛默似笑非笑道："抓得那樣緊！你

貓

寫書不爭這一天半天，我明天得罪了人怎麼辦？你不要我管家事的話，這本書我早看了。"頤谷這時候袛知道愛默要自己效勞，全聽不出建侯話中用意，當真把稿子交與建侯。建侯接過來，一聲不響，黃臉色裏泛出青來。愛默看建侯一眼，向頤谷笑著說："費心！"出書房去了。頤谷坐下來看那小說，真是那位作者的晦氣！頤谷要讓愛默知道自己眼光凶、標準高，對那書裏的情節和文字直挑錯兒，就彷彿得了傅聚卿的傳授似的。建侯呆呆坐著，對面前的稿子瞪眼，沒有動筆。平時總是他看錶叫頤谷回家吃飯的，今天直到老媽子出來問他要不要開飯，他纔對頤谷强笑，吩咐他走，看見他帶了那本小說回家，愈加生氣。建侯到飯廳裏，坐下來喝湯，一言不發，愛默也不講話。到底女人是創世以來就被壓迫的動物，忍耐心好，建侯先開口了："請你以後別使喚我的書記，我有正經事兒要他幹。你找他辦那些瑣碎的事，最好留到下午，等他幹完我的正事。"

愛默"哼"了一聲用英語說道："你在和我生氣，是不是？女用人站在旁邊聽著，好意思麼？吵嘴也得瞧什麼地方！剛纔當著你那寶貝書記的面，叫我下不去，現在好好吃飯，又來找岔子。吃飯的時候別動火，我勸你。回頭胃病又要發啦！總有那一天你把我也氣成胃病，你才樂意。今天有炸龍蝦，那東西很不容易消化。"那女用人不懂英語，氣色和音調是詳得出的，肚子裏暗笑道："兩口兒在慪氣了！你們嘰哩咕嚕可瞞不過我。"

飯吃完，夫婦到臥室裏，丫頭把建侯睡午覺的被窩鋪好出去。建侯忍不住問愛默道："我講的話，你聽見沒有？"

愛默坐在沙發裏，抽著煙道："聽見！怎會不聽見？老媽子、小丫頭全聽見。你講話的聲音，天安門、海淀都聽得到，大家全知道你在教訓老婆。"

建侯不願意戰事擴大，妨害自己睡覺，總結地說："聽見就好了。"

愛默一眼不瞧丈夫，彷彿自言自語："可是要我照辦那不成。我愛什麼時候使喚他，由得我。好一副丈夫架子！當着書記和用人，對我吆喝！"

建侯覺得躺着吵架，形勢不利。牀是女人的地盤，祇有女人懶在牀上見客談話，人地相宜。男人躺在牀上，就像無險可守的軍隊，威力大打折扣。他坐起來說："這書記是我用的，該聽我支配。你叫他打雜差，也得先向我打個招呼。"

愛默扔掉香煙，騰出嘴來供相罵專用，說："祇要你用他一天，我有事就得找他。老實說，你給他的工作並不見得比我叫他做的事更有意思。你有本領寫書，自己動筆，不要找人。曹世昌、陸伯麟、傅聚卿都寫了好多書，誰還沒有雇傭個書記呢！"

建侯氣得把手拍牀道："好，好！我明天叫那姓齊的孩子滾。乾脆大家沒書記用。"

愛默道："你辭掉他，我會用他。我這許多雜事，倒不比你的遊記——"

建侯道："你忙不過來，爲什麼不另用個書記，倒侵佔我的人呢？"

愛默道："先生，可省儉爲什麼不省儉？我不是無謂浪費的女人。並且，我什麼時候跟你分過家來？"

建侯道："我倒希望咱們彼此界限分得清一點。"

愛默站起來道："建侯，你説話小心，回頭別懊悔。你要分咱們就分。"

建侯知道話説重了，還倔强説："你別有意誤解，小題大做。"

愛默冷笑道："我並不誤解。你老覺得人家把我比你瞧得起，心裏氣不過。前天聽了陳俠君的胡説，想找個相好的女人。嚇！你放心，我決不妨礙你的幸福。"

建侯氣勢減縮，强笑道："哈哈！這不是藉題發揮是什麼？對不住，我要睡了。"他躺下去把被蒙著頭不作聲。愛默等他五分鐘後頭伸出來，又説："你去問那孩子把那本小説要回來，我不用他代我看了。"

建侯道："你不用假仁假義。我下午有事出門，不到書房去。你要使喚齊頤谷，就隨你便罷。我以後也不寫什麼東西了，反正一切都是這樣！我名分下的東西，結果總是給你侵佔去了。朋友們和我交情淡，都跟你好；家裏的用人搶先忙著爲你，我的事老擱在後面，我的命令抵不上你的方便。僥倖咱們沒有孩子，否則他們準像畜生和野蠻人，衹知道有母親，眼睛裏不認識我這爸爸。"李太太對養育兒女的態度，正像蘇聯官立打胎機關的標語："第一次光顧我們歡迎，可是請您別再來！"但是婦科醫生嚴重警告她不宜生産，所以小孩子一次也沒來投胎過。朋友們背後説她真是個"絶代佳人"。她此刻回答道："説得好可憐！真是苦命丈夫哪！用人聽我的話，因爲我管家呀。誰愛管家！我煩得頭都痛了！從明天起，請你來管，讓用人全來奉承你。講到朋友，那更笑話！爲什麼嫁你以後，我從前同學時代的朋友一個都不來往了。你向我計較你的朋友,我向誰要我的朋友?再說,現在的朋友可不是咱們倆大家有的?分什麼跟我好,跟你不好?你這人真是小孩子氣。至於書記呢,這種時局今天不保明天,誰知道能用他多少時候?萬一咱們搬家回南,總不能帶著他走呀。可是你現在就辭掉他,也得送他一個月的薪水。我並不需要他,不過,你不寫東西也犯不著就叫他馬上走,有事時可以差喚差喚。到一個月滿期,瞧情形再說。這是我女人家算小的話,我又忍不住多嘴討你厭了。反正以後一切歸你管,由你作主。"建侯聽他太太振振有詞,又衹講自己"小孩子氣",不好再吵,便搖手道:"這話別提,都是你對。咱們講和。"愛默道:"你衹說聲'講和'好容易!我假如把你的話作準,早拆開了!"說著出去了,不睬建侯伸出待拉的講和的手。建侯一個人躺著,想明明自己理長,何以吵了幾句,反而詞窮理屈,向她賠不是,還受她冷落。他愈想愈不平。

以後這四五天,建侯不大進書房,成天在外面跑,不知忙些什麼。有一兩次晚上應酬,也不能陪愛默同去。頤谷的工作並不減少。建侯沒有告訴他遊記已經停寫,仍然不讓他空閒,吩咐他摘譯材料,說等將來一起整理。愛默也常來叫他寫些請帖、謝帖之類,有時還坐下來閒談一會。頤谷沒有姊妹,也很少親戚來往,寡母衹有他一個兒子,管束得很嚴,所以他進了大學一年,從沒和女同學談過話。正像汽水瓶口儘管封閉得嚴嚴密密,映著日光,看得見瓶子裏氣泡在浮動,頤谷表面上拘謹,心裏早蠢攢著無主招領的愛情。一個十八九歲沒有女朋友的男孩子,往往心裏藏的女人抵得上皇帝三十六宮的數目,心裏的污穢有時過於公共廁所。同時他對戀愛抱有崇高的觀念，他希望找到一個女人能跟自己心靈契合，有親密而純潔的關係，把生理衝動推隔得遠遠的，裹上重重文飾，不許它露出本來面目。頤谷和愛默接觸以後，他的泛濫無歸的情感漸漸收聚在一處，而對於一個毫無戀愛經驗的男孩子，中年婦人的成熟的姿媚，正像暮春天氣或鴨絨褥子一樣泥得人軟軟的清醒不來。戀愛的對象祇是生命的利用品，所以年輕時癡心愛上的第一個人總比自己年長，因爲年輕人自身要成熟，無意中挑有經驗的對象，而年老時發瘋愛上的總是比自己年輕，因爲老年人自身要恢復青春，這夢想在他最後的努力裏也反映著。頤谷到李家第二星期後，已經肯對自己承認愛上李太太了。這愛情有什麼結果，他全沒工夫去想。他祇希望常有機會和她這樣接近。他每聽見她的聲音，他心就跳，臉上佈滿紅色。這種臉色轉變逃不過愛默的眼睛。頤谷不敢想像愛默會愛自己，他祇相信愛默還喜歡自己。但是有時他連這個信念都沒有，覺得自己一味妄想，給愛默知道了，定把自己輕鄙得一文不值。他又忙忙搜索愛默自己也記不得的小動作和表情來證明並非妄想。然而這還不夠，愛默心裏究竟怎麼想呀？真沒法去測度。假如她不喜歡自己，好！自己也不在乎，去！去！去她的！把她冷落在心窩外面。可是事情做完，睡覺醒來，發現她並沒有出去，依然盤據在心裏，第一個念頭就牽涉到她。他一會兒高興如登天，一會兒沮喪像墮地，盪着單相思的鞦韆。

　　第三個星期一頤谷到李家，老白一開門就告訴他說建侯昨天回南去了，頤谷忙問爲什麼，李太太同去沒有。他知道了建侯爲料理房子的事去上海，愛默一時還不會走，心纔定下來，然而終不舒泰。離別在他心上投了陰影。他坐立不安好半天，愛默纏到書房裏，告訴他建侯星期六晚上回來，說外面消息不好，免不了開戰，該趁早搬家，所以昨天匆匆到上海去了。頤谷強作鎮靜地問道："李太太，你不會就離開北平罷?"像病人等著急救似的等她回答。愛默正要回答，老白進來通報："太太，陳先生來了。"愛默說："就請他到書房裏來——我等李先生回來，就收了這兒的攤也去。頤谷，你很可以到南方去進學校，比這兒安全些。"頤谷早料到是這回事，然而聽後絕望灰心，祇眼睛還能自制著不流淚。陳俠君一路嚷道："愛默，想不到你真聽了我的話，建侯居然肯把機要秘書讓給你。"他進來招呼了頤谷，對愛默說："建侯昨天下午坐通車回南了?"

愛默說："你消息真快! 是老白告訴你的吧?"

"我知道得很早，我昨天送他走的。"

"這事怪了! 他事先通知你沒有?"

"你知道他見了我就頭痛，那裏會巴巴地來告訴我? 我這幾天無聊，有朋友走，就到車站去送，藉此看看各種各色的人。昨天我送一個親戚，誰知道碰上你們先生，他看見我好像很不得勁，要躲，我招呼了他，他纔跟我說到上海找房子去。你昨天倒沒有去送他?"

"我們老夫老妻，又不是依依惜別的情人。大不了去趟上海，送什麼行? 他也不要人送，祇帶了個手提箱，沒有大行李。"

"他有個表姪女和他一起回南，是不是?"俠君含義無窮地盯住愛默。

愛默跳起來道："呀? 什麼?"

"他臥車車廂裏衹有他和一個十七八歲的女孩子，樣子很老實，長得也不頂好，見了我也衹想躲，你説怪不怪？建侯説是他的表姪女？那也算得你的表姪女了。"

愛默臉色發白説："他哪裏有什麼表姪女？這有點兒蹊蹺？"

"是呀！我當時也説，怎麼從没聽你們説起。建侯挽著那女孩子的手，對我説：'你去問愛默，她會知道。'我聽他語氣嚴重，心裏有些奇怪，當時也没多講什麼。建侯神氣很落落難合，我就和他分手了。"

愛默眼睛睜到無可再大，説："這裏頭有鬼。那女孩子什麼樣子？建侯告訴你她的姓没有？"

陳俠君忽然拍著大腿，笑得前仰後合。愛默生氣道："有什麼可笑的?"頤谷恨陳俠君闖來打斷了談話，看到愛默氣惱，就也一臉的怒氣。俠君笑意未斂，説："對不住，我忍不住要笑。建侯那大傻子，説做就真會去做！我現在全明白了，那女孩子是他新有的情人，偷偷到南方去度蜜月，没料到會給我這討厭傢伙撞破。他知道這事瞞不了，索性叫我來向你報信。哈哈！我夢想不到建侯還有那一手！這都是那天茶會上把他激出來的。我衹笑他照我的話一字没改地去做，揀的對象也是相貌平庸，態度寒窘，樣子看來是個没見世面的小孩子，一頓飯、兩次電影就可以結交的，北平城裏多得是！在她眼裏，建侯又闊綽，又偉大，真好比那位離婚的美國女人結識了英國皇太子了。哈哈，這事怎樣收場呢!"

愛默氣得管束不住眼淚道："建侯竟這樣混賬！欺負我——"這時候，她的時髦、能幹一下子都褪掉了，露出一個軟弱可憐的女人本相。頤谷看見愛默哭了，不知所措，忽然發現了愛默哭的時候，她的年齡，她相貌上的缺陷都顯示出來，她的臉在眼淚下也像潑著水的鋼筆字，模糊浮腫。同時愛默的眼淚提醒他，她還是建侯的人，這些眼淚是建侯名分裏該有的。陳俠君雖然理論上知道，女人一哭，怒氣就會減少，宛如天一下雨，狂風就會停吹，但真見了眼淚，也慌得直說："怎麽你哭了？有什麽辦法，我一定盡力！"

愛默恨恨道："都是你惹出來的事，你會盡什麽力。你去罷，我有事會請你來。我旁的沒什麽，就氣建侯把我蒙在鼓裏，我自己也太糊塗！"

俠君知道愛默脾氣，扯個淡走了。愛默也沒送他，坐在沙發上，緊咬著牙。臉上的淚漬像玻璃窗上已乾的雨痕。頤谷瞧她的臉在憤恨裏變形換相，變得又尖又硬，帶些殺氣。他意識到這是一個利害女人，害怕起來，想今天還是回家罷，就起身說："李太太——"

愛默如夢乍醒道："頤谷，我正要問你，你愛我不愛？"

這句突兀的話把頤谷嚇得呆呆的，回答不上來。

愛默頑皮地說："你別以爲我不知道呀！你愛著我。"怎樣否認這句話而不得罪對方，似還沒有人知道。頤谷不明白李太太問的用意，也不再願意向她訴說衷情，祇覺得情形嚴重，想溜之大吉。

愛默瞧第二炮也沒打響，不耐煩道："你說呀！"

頤谷愁眉苦臉，結結巴巴道："我——我不敢——"

這並不是愛默想像中的回答，同時看他那爲難樣子，真教人生氣，不過想到建侯的事，心又堅決起來，就説："這話倒有趣。爲什麼不敢？怕李先生？你看李先生這樣胡鬧。説怕我罷，我有什麼可怕？你坐下來咱們細細地談。"愛默把身子移向一邊，讓出半面沙發拍著叫頤谷坐。愛默問的用意無可誤解了，頤谷如夢忽醒，這幾天來魂夢裏構想的求愛景象，不料竟是這麼一回事。他記起陳俠君方纔的笑聲來，建侯和那女孩子的戀愛在旁人眼裏原來祇是椿笑話！一切調情、偷情，在本人無不自以爲纏綿浪漫、大膽風流，而到局外人嘴裏不過又是一個曖昧、滑稽的話柄，祇照例博得狎褻的一笑。頤谷未被世故磨練得頑鈍，想到這裏，愈加畏縮。

愛默本來怒氣勃勃，見頤谷閃閃躲躲，愈不痛快，説："我請你坐，爲什麼不坐下來！"

頤谷聽了命令，祇好坐下。剛坐下去，"啊呀！"一聲，直跳起來，彈簧的震動把愛默也顛簸著。愛默又驚又怒道："你這人怎麼一回事？"

頤谷道："淘氣躲在沙發下面，把我的腳跟抓了一把。"

愛默忍不住大笑，頤谷嘟著嘴道："它抓得很痛，襪子可能給抓破了。"

愛默伸手把淘氣捉出來，按在自己腿上，對頤谷説："現在你可以安心坐了。"

頤谷急得什麼推託藉口都想不出，哭喪著臉胡扯道："這貓雖然不是人，我總覺得它懂事，好像是個第三者。當著它有許多話不好講。"説完纔覺得這句話可笑。

愛默皺眉道："你這孩子真不痛快！好，你捉它到外面去。"

把淘氣遞給頤谷。淘氣掙扎，頤谷緊提了它的頸皮——這事李太太已看不入眼了——半開書房門，把淘氣扔出去，趕快帶上門，祇聽得淘氣連一接二地尖叫，鋭利得把聽覺神經刺個對穿，原來門關得太快，夾住了它的尾巴尖兒。愛默再也忍不住了，立起來順手給頤谷一下耳光，拉開門放走淘氣，一面説："去你的，你這大儍瓜！"淘氣夾著創痛的尾巴直向裏面竄，頤谷帶著熱辣辣的一片臉頰一口氣跑到街上，大門都沒等老白來開。頭腦裏像舂米似的一聲聲頓著："大儍瓜！大儍瓜！"

李太太看見頤谷跑了，懊悔自己太野蠻，想今天大失常度，不料會為建侯生氣到這個地步。她忽然覺得老了，彷彿身體要塌下來似的衰老，風頭、地位和排場都像一副副重擔，自己疲乏得再挑不起。她祇願有個逃避的地方，在那裏她可以忘掉驕傲，不必見現在這些朋友，不必打扮，不必鋪張，不必為任何人長得美麗，看得年輕。

這時候，昨天從北平開的聯運車，已進山東地境。李建侯看著窗外，心境像向後飛退的黃土那樣的乾枯憔悴。昨天的興奮彷彿醉酒時的高興，事後留下的滋味不好受。想陳俠君準會去報告愛默，這事鬧大了，自己沒法下臺。為身邊這平常幼稚的女孩子拆散家庭，真不值得！自悔一時糊塗，忍不住氣，自掘了這個陷阱。這許多思想，攬了他手同看窗外風景的女孩子全不知道。她祇覺得人生前途正像火車走不完的路途，無限地向自己展開。

靈　感

　　有那麼一個有名望的作家，我們竟不知道他的姓名叫什麼，這並非因爲他是未名、廢名、無名氏，或者莫名其妙。緣故很簡單：他的聲名太響了，震得我們聽不清他的名字。例如信封上祇要寫："法國最大詩人"，郵差自會把信送給雨果；電報祇要打給"意大利最大的生存作家"，電報局自然而然去尋到鄧南遮。都無須開明姓名和地址。我們這位作家的名氣更大，他的名字不但不用寫得，並且不必曉得，完全埋沒在他名聲裏。祇要提起"作家"兩字，那就是他。

　　這位作家是天才，所以他多產；他又有藝術良心，所以他難產。文學畢竟和生育孩子不同，難產並未斷送他的性命，而多產祇增加了讀者們的負擔。他寫了無數小説、戲曲、散文和詩歌，感動、啓發、甄陶了數不清的中學生。在外國，作品銷路的廣狹，要由中産階級的脾胃來支配。我們中國呢，不愧是個詩書古國，不講財産多少，所以把中學生的程度和見識作爲作品的標準。祇有中學生，這些有頭腦而尚無思想、喜歡聽演講、容易崇拜偉人、充滿了少年維特的而並非奇特的煩惱的大孩子，纔肯花錢買新書、訂閱新雜誌。至於大學生們，自己早在寫書，希望出版，等人來買了。到了大學教授，書也不寫了，祇爲旁人的書作序，等人贈閱了。比大學教授更高的人物連書序也沒工夫寫，祇爲旁人的書封面題籤，自有人把書來敬獻給他們了。我們這位作家學到了成功祕訣，深知道中學生是他的好主顧。因此，他的全部作品可以標題爲："給不大不小的讀者"；或者："給一切青年的若干封匿名欠資信"——"匿名"，因爲上面説過，不知道他的姓名；"欠資"，因爲書是要青年們掏腰包買的。他能在激烈裏保持穩健，用清晰來掩飾淺薄，使糊塗冒充深奧。因爲他著作這樣多，他成爲一個避免不了的作家，你到處都碰得見他的作品。燒餅攤、熟食店、花生米小販等的顧客常常碰到他戲劇或小説的零星殘頁，意外地獲得了精神食糧。最後，他對文學上的貢獻由公認而被官認。他是國定的天才，他的代表作由政府聘專家組織委員會來翻譯爲世界語，能向諾貝爾文學獎金候選。這個消息披露以後，有他的一位崇拜者立刻在報紙的《讀者論壇》裏發表高見説："政府也該做這事了！不説別的，他的書裏有那麼多人物，總計起來，可以滿滿地向一個荒島去殖民。現在因戰事的影響，人口稀少，正宜提倡生殖，光就多產這一點，他該得國府獎勵，以爲同胞表率。"

不幸得很，世界語並不名副其實地通行於全世界。諾貝爾獎金的裁判人都是些陳腐得發霉的老古董，祇認識英、法、德、意、俄等國語言，還有希臘文和拉丁文，偏没有人懂世界語。他們把夾鼻老花眼鏡，擦了又擦，總看不明白我們這位作家送來審查的傑作。好半天，有位對於"支那學"素有研究的老頭子恍然大悟道："是了！是了！這並非用歐洲語言寫的，咱們攪錯了！

這是中國語文，他們所謂拉丁化的漢字，怪不得我們不認識。"
大家都透口長氣，放了心。和"支那學"者連座的老頭子問他
道："你總該認識中文的，它這上面講些什麼？""支那學"者嚴
肅地回答："親愛的大師，學問貴在專門。先父畢生專攻漢文的
圈點，我四十年來研究漢文的音韻，你問的是漢文的意義，那不
屬於我的研究範圍。至於漢文是否有意義，我在自己找到確切證
據以前，也不敢武斷。我這種態度，親愛的大師，你當然理解。"
主席的老頭子瞧"支那學"者臉色難看，忙說："我想，我們不
用考慮這些作品，因爲它們根本不合規則。按照我們獎金條例，
必須用歐洲語言中的一種寫作，纔能入選，這些東西既然是中文
寫的，我們不必白費時間去討論。"其餘的老頭子一致贊同，並
且對"支那學"者治學態度的謹嚴，表示欽佩。"支那學"者馬
上謙遜說自己還比不上獲得本屆諾貝爾醫學獎金的美國眼科專
家，祇研究左眼，不診治右眼的病，那纔算得一點兒不含糊。君
子禮讓的氣氛中，諸老盡歡而散。祇可憐我們這位作家的一腔
希望！

　　獎金人選發表以後，據說中國人民全體動了義憤，這位作
家本人的失望更不用提。有好多他的同行朋友，眼紅地羨慕他，
眼綠地嫉妒他，本來預備好腹稿，祇等他獲得獎金，就一致對他
的作品公開批評，說他不是理想人選。這些人現在都表示同情，
大聲地惋惜，眼睛的顏色也恢復了正常，也許由於同情之淚的洗
滌，有一種雨過天青的明朗。一家報紙的社論大罵諾貝爾獎金的
主持人"忘本"；因爲老諾貝爾在炸藥上發了大財，而我們中國
是世界上首先發明火藥的國家，這獎金原該給中國人的，希望主

持者對這點加以注意。那位"支那學"者還没研究到漢字的意義，所以這篇有力量的文章衹等於白寫。另一家報紙異想天開，用賀喜的方式來安慰這位作家，説他一向是成功的作家，現在又可以算是負屈的天才，被漠視、不得公平待遇的大藝術家："成功和負屈，兩者本來是對抗地矛盾的；但是他竟能一身兼備，這是多麽稀罕可羨的遭遇！"第三種報紙提出一個實際建議："借外債不失爲有利的政策，但是領外國人的獎賞是一種恥辱。爲爭回國家體面起見，我們自己該設立文學獎金來抵制諾貝爾獎金，以免喪失文藝批評的自主權。這獎金的根本條件是，惟有用中國各種方言之一寫作者，纔得入選；所謂中國方言，包括上海和香港人講的英文，青島人講的日文，哈爾濱人講的俄文。有了這獎金以後，諾貝爾獎金就不算稀罕。歐美作者自然努力讀寫中文，企圖獲得我們的獎金，中國五千年的文化也從此深入西洋了。諾貝爾獎金是私人名義的，所以這獎金也該用私人名義。譬如我們這位大作家爲什麽不採取上述的報復策略，貢獻些版税和稿費來設立這個獎金呢?"第四種報紙的編輯不但實際，並且流露出深刻的心理觀察。他以爲文學應當提倡，不過肯出錢提倡文學的人，也該受到獎勵；所以，要資本家給文學獎金，我們該先對若干資本家嘉獎，以資鼓勵，錢的數目不必大，衹要略表意思，好在資本家並不在乎，"我們這位大作家肯帶頭做個榜樣麽?"誰知道這些善意良言斷送了我們這位的性命！

他知道了獎金的確實消息，就氣得臥牀生病。同胞們代抱不平，稍稍替他出了些氣。他一面等看報紙上幫自己説話的文章，一面想該趕快口述一篇採訪自己的談話記，送去發表。報上關於他的消息照例是他本人送去的，常常有意在記載裏點綴些事實錯誤，一來表示出於旁人手筆，二來可以再來個更正，一椿小事能使他的大名兩次見報。他心上正在盤算著怎樣措詞，偏偏接二連三看到上面所説的社論。第一篇已經惱了他，因爲他想，這是自己私人的財産損失，一牽上國家民族等大題目，就把個人的形象比襯得渺小了。他一眼瞧見第二篇的標題是向自己賀喜，生氣得把報紙一撕兩半。他勉强捺住火，看完第三篇，背上像澆了冰水。讀到第四篇的結句，他急得昏厥過去。

　　那天晚上，他病榻前立着不少男男女女，來問病的團體代表、報館採訪和他的崇拜者。除掉採訪們忙在小本子上速寫"病榻素描"以外，其餘的人手裏都緊握一方準備拭淚的手巾，因爲大家拿準，今天是送終來了。有幾位多情善感的少女讀者，心裏還怙惙著，怕一方小手帕不够用，僅能遮没夾肢窝的旗袍短袖不像男人大褂的袖子，可以補充應急。我們這位作家攙眼看見病榻前擁擠的一大堆人，還跟平時理想中臨死時的情景符合；衹恨頭腦和器官都不聽命令，平時備下的告別人世的一篇演説，此刻記不全也説不清。好容易掙扎出："我的作品……將來不要編全集……因爲……"他想説的句子也許太長，至少他餘下的生命太短，不容許他説完。許多人竪起像獵狗般的耳朵，失望地像豬耳朵般下垂。出來以後，大家熱烈辯論他不要編全集的理由。有人説，這因爲他作品太多，竭力搜羅也收集不全。也有人説，他一定還有許多小説、劇本没有寫出來，已印行的作品不够表示他的全部才華。這兩派的爭論成爲現代中國文學史裏最有趣的一章。一位批評家在追悼會上激昂地説："他的精神是不死的，他的傑作永遠存在，是他給我們最寶貴的遺產!"一個小讀者私下舒一口氣說:"他的身體總算是死定了! 他不會再出版新書，否則我真要破產了!"這位讀者的書都是花錢買的，那位批評家所有的書當然是作者簽名贈送的。

我們這位作者一靈不昧，覺得死倒也不錯；精神輕鬆，彷彿在身體燥熱時，脫去了一件厚重的外衣，身上本有的病痛，也像衣縫寄生的蚤虱，隨同衣服解除。死是死了，死後境界不知怎樣。像自己這樣對社會和文化大有貢獻的人，天堂早該派代表來歡迎招待纔對。難道天堂真出於迷信，並没有那麽回事麽? 爲了安置自己，也得加工趕造一所呀! 不過，老住在天堂裏也怪乏味的。除非像摩罕默德安排下的天堂，那裏可以佔有七十二位隨時隨意恢復處女狀態的美人，空中成羣飛著脆皮的烤鵝和烤鴨，撲到嘴邊來挨吃，那還有點意思。衹恨寫作過勤，常發腸胃病，多吃了燒烤怕反而害事，鴨子的脖子上想來會也掛著一瓶"胃去病"、"若素"或者"清快方便丸"的。女人的數量也似乎太豐富了，一時享受不了那許多。假使七十二人相貌各各不同，個人的審美標準總有局限，難保不偏寵了誰，結果爭風吃醋；應付不了兩個吵嘴女人的他怎吃得消七十二位像泡菜那樣又酸又辣的娘兒們? 聽來這七十二個狐狸 (houris) 是一個模子裏刻出來的，都是黑頭髮，黑眼睛，水蛇腰，相貌没有絲毫兩樣。試想，老守著一個女人還嫌單調，這一個女人用乘法變了七十二倍……他嚇得不敢再想下去。文人講戀愛，大半出於虛榮，好教旁人驚歎天才吸引異性的魔力。文人的情婦衹比闊人的好幾輛汽車、好幾所洋房，不過爲了引起企羨，並非出於實際的需要。既然進天堂的每個人都有地煞星數目的女人，自己在性生活方面没法擺闊。藉此積累點抒情詩和懺悔錄的資料呢，那倒不錯，祇不知道天堂裏有人看書麼？自己去了也許可以開讀書的風氣，又何妨帶幾本作品去送人呢？因此，我們的作家踱進了他的書房。

他踏進書室，覺得腳下有些異樣。地面好像餓空的肚子給石塊壓得要陷下去，還在鼓氣掙扎著掀上來。原來書架上自己的著作太多了，地載不起這分量。看來地的面子有些保不住，漸漸迸出裂紋。他趕快搶架子上的書。誰知道"拍"的一聲，地面裂開一個大口子。架上的書，大的小的，七零八落地掉進地洞；他立腳不住，在崩塌的動力下，從亂書罅縫裏直陷下去。他抱著胸脯，縮著脖子，變成了一切書衝撞的目標，給書砸痛了頭，碰傷了肩膀，擦破了皮膚。他這時候纔切身認識自己作品的勢力多少重大，纔懊恨平日没有抑止自己的創作衝動，少寫幾本書，每本書少寫幾萬字。好容易，書都在身子前後左右摩擦過去了，遍體傷痕，一個人還是在無底的昏暗裏跟著這書陣的尾梢飄降。心裏益發慌張，想這樣沉下去，豈不通過地心，把地球跌個對穿。忽然記起在小學時讀的地理，地殼子那一面就是西半球，西半球就是美洲。美國是一切舊大陸作家的金銀島，不成功的人到那裏可以成功，成功的人到那裏可以收獲。每個作家都該去遊歷、演講，爲作品開闢市場，替美國人減少些金元的負擔。一跌直到美國，那是第一妙事，又爽快，又新鮮，又免得坐飛機、坐船出事故的危險。他想到這裏，身子愈低降，心氣愈高昂。感謝天道畢竟有知，没虧負一生的苦幹。原來好作家的報應，是跌坐到美國去，不是升天堂！俗語說"一跤跌在青雲裏"，真有這一回事。

他正自我陶醉著，身子碰得震盪一下，停止下降，居然沒摔痛。爬起來看，原來是一間大屋子，壁上掛有地圖。他從屋頂破裂處掉進來，他的書把地面鋪得又軟又厚，不致跌傷筋骨。他方纔懊悔寫的書太多太厚，現在忻幸書多書厚很有用處。祇是砸破了人家屋頂怎麼辦？腳下的書忽然掀動起來，掀倒了他。門外衝進許多穿制服的人，拉他下了書堆，把書搬的搬，扔的扔，踢的踢，從書底下扶起一位壓得頭腫臉青的大鬍子。屋裏的陳設也露出來了，是一間講究的個人辦公室。穿制服的人有的替那鬍子拍灰，拉衣服，有的收拾屋子，把翻倒的桌子和椅子整理好。作者一瞧這種官僚氣派，惶恐得不得了，怕冒犯了一位要人。那鬍子倒客氣地對他說：“隨意坐罷。”又吩咐手下人都出去。作者纔注意到那人繞嘴巴連下巴的鬍子，又黑又密，說的話從鬍鬚叢裏滲出來，語音也彷彿黑漆漆、毛茸茸的。

“先生的大作真是‘一字千斤’哪！”那鬍子也坐下來，撫摸頭上的包，說時苦笑，他的鬍子妨礙著笑容的發育完全。

我們的作者看見鬍子不但不和自己爲難，反而恭維“一字千金”，膽子立刻壯起來，傲然說：“沒有那麼貴。我先請問，貴處是不是美國？折合美金，我的稿費並不算貴。”

“這兒不是美國。”

“那末，這是什麼地方？”

“敝處就是世上相傳的地府。”

作者慌得跳起來說：“豈有此理！我自信一生爲人不該有這樣的果報，到地獄來受苦！”

鬍子揮手勸他坐下，說：“這一點，先生不用過慮，地獄早已搬到人間去了。先生忙於著述，似乎對最近的世界大勢不很瞭解。唉！這也難怪。"

作者想對話者一定就是閻王了，怪不得他敢留那樣威風的鬍子，忙從剛坐下的位子上站起，說："地皇陛下，恕我冒昧……"說時深深地像法國俗語所謂肛開臀裂地彎腰鞠躬（saluer á cul ouvert）。

那鬍子哈哈笑道："先生錯了！我給你的書壓得腰和背還隱隱酸痛，恕我不便還禮，生受你這一躬到底了。這兒雖是從前的地府，我可不是什麼退位的末代皇帝，也不是新任的故宮博物院院長。照例，帝制取消，宮殿該改成古物保管所，祇是十八層地獄裏所有的古物都是刑具。人類幾千年來雖然各方面大有進步，但是對於同類的殘酷，並未變得精緻文雅。譬如特務機關逼取口供，集中營懲誡俘虜，都保持野蠻人粗樸有效的古風。就把中國為例，在非刑拷打裏，你就看得到古為今用的國粹，鼻孔裏灌水呀，火烙夾肢窩呀，掙指頭呀，以及其他'本位文化'的遺產。所以地獄原有的刑具，並非過時的古董，也搬到人間世去運用了。這裏是'中國地產公司'，鄙人承乏司長。"

作者正後悔自己的大禮行得冤枉，聽見鬍子最後一句話，又發生興趣，想我有天才，他弄地產，這倒是天造地設的妙對。就問道："地皮當然值錢啦，可是這兒是地心，會有人來交易麼？想來是地皮給貪官污吏刮光了，所以你們這種無孔不入的商人，隨著戰時掘地洞躲空襲的趨勢，鑽到地底下來發利市了。"

那司長不動聲色說："照你那麼說，'中國地產公司'是要把中國出賣給人了。主顧當然不少，可是誰出得起這無價之寶的代價呢？假使我是地道的商人，我咬定要實實在在的利益，一不做虧本生意，二不收空頭支票。所以，中國這筆買賣決不會跟任何人成交，也決不會像愚蠢的政治家把中國零售和批發。你完全誤解了我們的名稱的意義。我們是專管中國地界裹生產小孩子的機關。地獄雖然遷往人間，人總要去世的，靈魂投胎轉世，六道輪迴該有人來管呀。一切中國地面上生育的人和動物都歸我們這兒分派。"

"爲什麼叫'公司'呢？"

"這'司'字是傳統稱呼，陰間不是原有'賞善司''罰惡司'麼？所以鄙人的銜頭是司長，不是經理。'公'字呢，那無非表示本機關辦事的公平、公正，決不納賄舞弊，冤屈好人錯投了胎。我這一部又濃又黑的鬍子就是本司辦事精神的象徵。"

"我明白這是雙關，"作者自作聰明說，"有鬍子的是老公公，因此司長的美髯可算是大公無私的表現。"

"先生敏銳的心思又轉錯了彎了！這是你們文人的通病吧？號稱'老公公'的不必要有鬍子，從前的太監不就叫'老公公'麼？先生總知道西洋大法官的標識，是頭上戴的白假髮。人世間風行的那些講中國文明而向外國銷行的名著，先生想也看過些。咱們的國家、人民、風俗、心理不是據說都和西洋相反麼？咱們是東方民族，他們偏要算西方民族；咱們是中國人，他們老做外國人；咱們招手，手指向下，他們招手，硬把手指朝上；咱們敬禮時屈膝，他們行敬禮反而舉手；他們男人在結婚前向女人下跪求愛，咱們男人在結婚後怕老婆罰跪；一切的一切，你瞧多彆扭！以此類推，咱們愛面子，他們就不要臉；咱們死了人穿白，

他們死了人帶黑；他們的公正官吏頭戴白假髮，我們這裏主持公
道的人下巴該培養天然的黑鬍子。這樣我們纔不破壞那些比較東
西文明的學者們歸納出來的規律，也表示除掉這一把鬍子的顏色
永遠是漫漫長夜，此外天下就沒有‘不白’的冤枉事！”

司長鬍子飄揚，講得十分有勁，鬚縫裏濺出口沫。我們的
作者邊聽邊打主意。公正的人最討厭，最不講情面，要是聽他安
排，怕到不了美國，早溜一步為妙。他起身含笑告辭：“今天兄
弟不小心，書架塌下來帶累貴處，又妨害了先生的公事，真是抱
歉得一言難盡。不過，藉此認識了先生，聽到許多高論，這也是
意外奇緣，哈哈。兄弟將來寫回憶錄，一定把貴司大大表揚一
下。兄弟不再耽擱了，請吩咐貴下人把掉下來的拙作搬進來。我
想挑一兩種簽字送給先生，一來留個紀念，二來有鄙人簽名的
書，收藏家都會出重價搶買，就算賠償貴處房屋的修理費。”

“那不消費心。可是先生既來，不能隨便去。”司長說時，捋
着鬍子，安坐不動。

“為什麼不能？”作者怒沖沖地質問。“你手下人敢攔我？你
知不知道我是天才？我並非有意跟你們搗亂，我這一次的墮落完
全是意外的、偶然的。”

“天下就沒有偶然，那不過是化了妝、戴了面具的必然。陽
世間人死後都到我這兒來，各有各的來法。可是，這不同的來法
根據一條不偏不頗的定律：‘作法自斃，請君入甕。’一輩子幹什
麼事，臨死就在那事上出個岔子，叫他投到。你是作者，所以你
的書壓破了地，你跟隨它們下來。今天早晨，有位設計衛生設備
的工程師的靈魂，你猜他怎麼來的？他掉在抽水馬桶裏，給什麼

莽撞人直抽下來！我這屋頂常常或破或漏，我自己有時給打痛了頭，有時淋了一身髒水。不過，爲公家辦事，吃苦是應該的。"

"那麼，你想派我做什麼呢？"

"這個，我還在考慮。你生前消耗了大量墨水，照例我該派你來世做烏賊魚，吐墨水。可是你又糟蹋了不少的紙，你該投胎變羊，供給羊皮紙的原料。你當然也在寫作生活裏用退了無數筆鋒，這樣，我派你做兔子、耗子或者還是羊。然而你是新作家，毛筆在你手裏好像外國人手裏的中國筷子。你常用的是鋼筆尖和自來水筆的白金筆頭，我不知道什麼生物身上出這兩種金屬。萬不得已，祇能叫你轉世做個大官，他心腸裏和臉皮上也許可以刮下些鋼鐵。白金呢，好在白金絲髮、藍寶石眼睛的女人是現成的典型人物。最後，按照你藏頭露尾、用好幾個筆名投稿的習慣，你該來生做個累犯盜案遭通緝的積賊，非得常常改姓換名不可。不過，你祇有一條命，總不成一身又是女人，又是男人，又是墨魚，又是白兔子呀！所以——喂，你走不了！門外有人在等著你，跟你算賬。"

我們的作者聽那鬍子愈說愈不像話，正要拉開門直向外跑，又停下來回頭冷笑道："什麼！跟我算賬！哈哈！司長先生，你笑我不知道'最近世界大勢'，那句話讓我原璧奉還，你以爲現代的天才還是潦倒寒酸不善理財的夢想者，一頭長髮、一屁股債麼？你還中著浪漫主義的餘毒，全沒有認識現實生活呢！我們不是笨人，瞭解經濟在生活裏的重要，還怕自己不够精明，所以雇用了經紀人和律師來保障我們的利益。大宗的版稅和稿費，我們拿來合股做買賣。當然有許多文化人是名副其實的斯文叫化，我可是例外哪！我臨死的時候，就有幾個劇本的上演稅沒收到，幾本小說的版稅沒領，幾千股股票沒有脫手，一家公司的本期利息沒領出。祇有我向人家討債，那有人和我算未清的賬目！你這話想哄誰？”

“先生善於抓住現實——我的意思是抓住現款和實利，那不消說。門外那些人也並非來算銀錢的賬，他們向我告你的狀。”

“告我什麼？大不了是誹謗、抄襲，或是傷害風化。文人吃官司不外這三種緣故。”——作者深知道，文人不上公堂對簿，不遭看管逮捕，好比時髦女人沒有給離婚案子牽涉出庭，名兒不會響的。

“告你謀財害命。”這後面四個字說得好像在鋼鐵模型裏鑄出來的。

作者嚇呆了。過去幾十年的生活，瞬息間在心上纖悉不遺地瞥過，全沒有那一會事。祇有一時期作品裏曾經宣傳革命，也許少年人傻氣，經不起煽動，犧牲了頭顱和熱血。這上面難保不造孽。那時候，自己想保人壽險，太太要生孩子，都非錢不行呀！爲自己的壽命跟老婆兒子的生命起見，間接地把作品害了人的性命，那也不算什麼。何況那許多志壯氣盛的孩子視死如歸，決不會後悔，向自己倒搬賬。他膽子又壯起來，“哼”了一聲，拉開辦公室門，身子還沒全出去，祇聽四面叫喊：“還我命來!”

院子裏擠滿了人，直溢出大門以外。穿制服的僕役在走廊的階石上攔住這羣人，不許他們衝進辦公室來。鬍子拍作者的肩說：“事已如此，你總得和他們對個是非了。”兩人在辦公室門前站住。那羣人望見作者，伸着雙手想湧上來，不住地喊：“還我命來!"人雖然那麼多,聲音卻有氣無力,又單薄又軟弱,各自一絲一縷,沒有足夠的粘性和重量來合成雄渾的吶喊。作者定睛細瞧,有男有女,有老有少,富的貧的,各色人都全。每人害大病似的,無精打采,身子不結實,虛飄飄地不能在地上投一個輪廓鮮明的影子。他們向自己伸出的手,都微顫著,彷彿悲憤時強自抑制的聲音。這種人有什麼可怕!他們中間有纏小腳的老婆婆,有三五歲的小孩子,有一團邪氣(雖然這氣像洩了)的女人,決不會是受他影響而革命的烈士。除非——除非他們的命被志士們革掉了,所以追究到他身上。他們壓根兒該死,有什麼可怕!作者雄赳赳上前一步,咳聲乾嗽,清一清嗓子,說:"別吵呀!你們認錯了人罷!我一個都不認得你們,一個都不認得。"

"我們認得你!"

"那當然,自己全不知道的人卻知道自己,這就是名氣。你們認識我,有什麼用?問題是,我不認識你們呀。"

"你不認識我們!你別裝假!我們是你小說和戲曲裏的人物,你該記得罷?"說著,大家挨近來,伸長脖子,仰著臉,叫他認,七嘴八舌:"我是你傑作《相思》的女主角!""我是你名著《綠寶石屑》裏的鄉下人!""我是你大作《夏夜夢》裏的少奶奶!""我是你奇書《落水》裏的老婆婆!""我是你劇本《強盜》裏的大家閨秀!""我是你小說《左擁右抱》裏的知識分子!""我是你中篇《紅樓夢魘》裏鄉紳家的大少爺!"

作者恍然大悟說:"那末咱們是自己人呀,你們今天是認親人來了!"

"我們向你來要命。你在書裏寫得我們又呆又死,生氣全無;

一言一動，都像傀儡，算不得活潑潑的人物。你寫了我們，沒給我們生命，所以你該償命。"

　　一個面目模糊的女人搶先説："你記得我麽？祇有我的打扮，也許還多少表示我是你書裏什麼樣的角色。你要寫我是個狠心美貌的女人，顛倒、毀滅了不知多少有志的青年。可是你筆下寫出來的是什麼？既不是像人的女人，又不是像女人的人，沒有可能的性格，留不下清晰的相貌。譬如你説我有'水淋淋的眼睛'，又説我有'鋭利得能透視靈魂的目光'，嚇！真虧你想得出！又滴水，又尖利，我的眼睛又不是融雪天屋簷上掛的冰楞！你描寫我講話'乾脆'，你聽我的嗓子是不是乾得要裂，脆得要破？你耽誤了我的一生，現在怎麼辦哪？"

　　旁邊一個衣冠端正的老頭子上氣不接下氣説："我在你的書裏一出世就老了，那倒不算什麼，可是老人該有老人的脾氣啊，像我這種身體，加上這一把年紀，還有興致和精力來討姨太太，自尋煩惱麽？你這人呀！不但不給我生命，並且糟蹋我的第二生命——名譽。我又沒有老命來跟你拚；好容易今天碰到你，我先向你要了命，然後跟你拚——"老頭子太緊張了，一陣嗆，説不下去。

　　一個黑大漢拍老頭子的肩，説，"老傢伙，你話也説得够啦，讓我來問他。喂，你認不認得我？我就是您筆下寫的粗人，您看我像不像哪？短褂子，捲上袖口，動不動拍着胸脯，開口'咱老子'，閉口'他媽的'。您書裏説我'滿嘴野話'，'咱老子'和'他媽'，倆口兒不就合成一家麽？'野'在那裏！我是你筆下的粗人，按理，我得先給你幾個耳刮子，再來算這筆賬，可是，天哪！你打我耳刮子，我也没有氣力還手。你説可憐不可憐!"

這時候角色都擠上來講話，作者慌得也没工夫欣幸，假如
自己真寫成一個生龍活虎的粗人，今天就免不了挨打。還有幾個
角色直接向司長呼籲，要求他快把作者定罪處罰。司長微笑道:
"這事雖比不上留聲機的唱片，咱們也得兩面都聽聽呀！作者先
生，你對他們的一面之詞，有什麼答覆?"

作者急出主意來了，對階下的羣衆説:"你們講的話，也有
片面的理由，但是，没有我，那來你們呢？我是産生你們的，算
得你們的父親。'天下無不是的父母'，爲人不要忘本，你們別跟
我爲難。"

司長捻着鬍子冷笑。

一個男角色怒叫道:"你在書裏寫我鬧家庭革命，爲理想逼
死老子，現在又講起孝順來了?"

一個女角色抿著嘴笑道:"你是我爸爸，那末媽媽呢?"

另一個不男不女的角色聲淚俱下説:"我祇知道'母親之
愛'，偉大、純潔的'母親之愛'。我在你的書裏，從不覺得父親
有存在的必要。"

一個中年人説:"養活孩子的父親還不能博得兒女們的同情，
何況你是靠我們養活的。你把我們寫得死了，你可以賣稿子生
活，這簡直是謀財害命，至少也是貪圖遺産。所以，我們該是你
的衣食父母。"

那老頭子聽了點頭讚歎説:"這纔像句話。"

那粗人指著自己鼻子説:"咱老子!"

那都會女人扭著身説:"'父母'的'母'? 我可不愛做。年

輕人也可以養活老人。反正爲父親而犧牲自己身體的年輕姑娘，有的是。”

一個意料不到的洪大的聲音在人堆裏叫：“我總不是你產生出來的!”把一切聲音都鎮下去。

作者一看，喜出望外。說話的人非别，是比自己早死幾天的一位提倡文化事業的資本家，生平最要好的朋友。這位資本家原是暴發財主的兒子，少年有志，嫌惡家裏發財的時期太短，家裏的錢還刺眼地亮、刺鼻地臭。他父親也有同感。於是老子一心和紳士、官僚結交，兒子全力充當頹廢派詩人，歌唱着煙、酒、蕩婦，以及罪惡。他相好的女人有一把；抽的煙、喝的酒的各種牌子也湊得成國際聯盟，祇是什麽罪惡也没有犯過，除了曾寫過幾首非由自出的自由詩。一天，他和情婦上飯館，忽然注意女人的口紅老是拌着飯和菜同吃下肚去，所以一頓飯吃完，嘴唇也褪了顏色，非重塗不可。遺傳的商業本能在他意識裏如夢初醒，如蛇起蟄。他不做頹廢詩人了，改行把老子的錢來開工廠。這工廠第一種出品就是“維他命唇膏”。這個大發明的功效，祇有引他的廣告部主任的妙文來形容：“美容衛生，一舉兩得”；“從今以後，接吻就是吃補藥”——下面畫個道士裝的少年人摟着一個帶髮尼姑似的女人，據説畫的是賈寶玉吃胭脂。“充實的愛情!”——下面畫個嘻開嘴的大胖子，手攙著一個嚕噪著嘴的女人，這嘴鼓起了表示上面濃塗著“維他命補血口紅”。這口紅的化學成分跟其他化妝的唇膏絲毫没有兩樣，我們這位企業家不過在名稱上輕輕地加上三五個字，果然迎合了一般人愛受騙的心理，把父親給他的資本翻了幾倍。他又陸續地發明了“補腦益智生髮油”，“魚肝油口香糖”，細腰身女人吃了不致發胖的特製罐頭“保瘦肥雞”。到四十歲，財發够了，他舊情未斷，想起少年時的嗜好，贊助文學事業。

他和我們這位作者一見如故，結下了生死交情。資本家五十生日，作者還徵集稿件慶祝呢。他現在看到朋友，膽子大壯，招手說：“你來得正好！快幫我分辯一下。”

“分辯！”資本家鼻孔裏出冷氣說：“我也要向你算賬呢！”

作家驚惶失措說：“唉！咱們倆翻起臉來了！你五十生辰那一天，我不是還爲你在報紙副刊上出慶祝專號，寫了幾千字的頌詞，把你大捧特捧麽？誰知道你多喝了酒，當天晚上就得急病死了！我沒有能和你訣別，正引爲憾事，今天不期而遇，大家都該高興，你爲什麽翻面無情？”

“嚇！我的命就害在你手裏，還説什麽交情！你的副刊簡直就是訃刊，你的壽文送了我壽終正寢，你捧我真捧上了西天。你不知道自己多利害，你的筆是刀筆，你的墨水等於死水，你的紙賽得閻羅王出的拘票。不但你小說劇本裏的人都是木雕泥塑的死東西，真正的活人經不起你筆下一描寫敍述，也就命盡祿絕。假使你不寫那篇文章，我還有好幾年的壽命呢。你試想你那篇文章的頌讚，像不像追悼會上講死人的好話？我那裏當得起這種恭維！把我的福分都折盡了！我在這裏專等你來討命。”

作者聽他數說時，忽然起一個不快意的念頭，梗在心中，像胃裏消化不了的硬東西。臨死以前，剛寫了一個自傳，本來準備諾貝爾獎金到手後出版的。照那資本家的説法，一到自己筆下，人物休想活命，那末自己這一次並不是自己氣死的，致命原

因怕就是那個自傳了。千不該，萬不該，不該有這樣一枝殺人不
見血的筆，不該自殺地寫什麼自傳，真是後悔無窮！且慢，好不
傻！事到如今正好將錯就錯，打發了這些討命鬼再説，就對羣衆
道："既然如此，我已經惡貫滿盈，自食其報，償過你們命了。
我不是寫自傳麼？這不等於自殺？算了，算了！咱們大家扯個
直，我也不虧你們什麼。"

那些人一齊叫起來："好便宜！你的死那裏算得自殺？好比
貪嘴吃河豚，中了毒送命，那算不得厭世。我們還是向你要命！
要命！"

作者慌得搓著手，在地上轉，喃喃自語説："這可真要了我
的命！"

鬍子説："現在我可以判決了。我想派你投生至——"

作者向他鞠躬行禮説："司長先生，我請求你先聽我一句話。
我這輩嘗够了文學生活的味道，本來妄想來生享受些人世間的榮
華富貴，現在我不指望了。我自知罪孽深重，求你從輕發落，按
照自作自受的原則，罰我來生還做個作者罷。"

鬍子驚奇道"還做作者？你不怕將來又有人向你要命麼？"
階下的人也都睜大了眼睛，不相信自己的耳朵。

作者解釋道："我祇翻譯，不再創作，這樣總可減少殺生的
機會。我直譯原文，決不意譯，免得失掉原書的生氣，吃外國官
司。譬如美國的時髦小説 '*Gone With the Wind*'，我一定忠
實地翻譯作 '中風狂走'——請注意，'狂走' 把 'Gone' 字
的聲音和意義都傳達出來了！每逢我譯不出的地方，我按照 '幽
默'、'羅曼諦克'、'奧伏赫變' 等有名的例子，採取音譯，讓讀

者如讀原文，原書人物的生命可以在譯文裏人壽保險了。再不
然，我不幹翻譯，祇編戲劇。我專編歷史悲劇，像關公呀，岳飛
呀，楊貴妃呀，綠珠呀，昭君呀，有的是題目。歷史上的人物原
是已死的，悲劇裏該有死人，經過這樣加倍雙料的死亡，總沒有
人會告我害他的命了。再不然，我改編沙士比亞。這位同行前輩
曾託夢給我，說他戲裏的人物壽命太長，幾百年活得不耐煩了，
願意一死完事，請我大發慈悲，送他們無疾而終罷。他說這是他
們洋人所謂‘mercy killing’。他還恭維我‘後生可畏’，向我
打拱作揖，說‘拜託拜託’呢。”

　　司長說：“我自有好辦法，大家聽著。他作自傳的本意雖然
並非自殺，他為人祝壽的用心也不是要使人減壽。這兩事可以抵
銷，他跟資本家之間就算扯個直了。他剝奪了書裏人物的生命，
這一點該有報應。不妨罰他轉世到一個作家的筆下也去充個角
色，讓他親身嘗嘗不死不活的滋味。問題是，這一類的作家太多
了，我派他到誰的筆下去？有了，有了！陽世有一位青年人，正
在計劃一部破天荒的綜合體創作，用語錄體小品文的句法、新詩
的韻節和格式，寫出分五幕十景的小說。紙、墨、筆都預備好
了，他祇等著‘靈感’，等他‘神來’之際，我就向他頭腦裏偷
偷送個鬼去。先生，”——鬍子轉臉向我們的作家道：“先生，你
去充當書裏主人翁最好沒有了！你是天才，你的那位後起者恰恰
要在書裏描摹天才的性靈和生活。”

　　書裏一個角色啞聲問：“司長說的是‘性靈和生活’，還是
‘性生活’？我沒有聽清楚。假如那青年作家注重在後者，豈不太
便宜了我們這個公敵？”

靈 感

鬍子笑說:"諸位放心。那個青年人傳授了這位先生的衣鉢,到他書裏,你就不知死活,更談不到什麼生活。"

"贊成!""公正的司長萬歲!"羣衆歡呼。我們這位作者提出最後希望的抗議道:"司長先生,我個人的利害,早已置之度外,逆來順受,這一點雅量我還有。可是你不該侮辱文藝呀!那位青年等候'神來',你偏派我的魂靈兒去'鬼混',他要求的是'靈感',不是'鬼迷'。你叫我受委屈可以,你要和崇高的文藝開惡毒的玩笑,那無論如何我不答應。文藝界同人知道了要動公憤抗議的。衆怒難犯,還請三思。"

"神者,鬼之靈者也,"司長說,"先生當之無愧,這事不要緊。"作者聽他通文,不知道是他杜撰的句子,以爲出於權威性經典著作,啞口無言。在大衆嗤笑聲中,他的靈魂給一個穿制服的小鬼押送上路。

這位青年作家等候靈感,實實足足有三年了,從前儲備的稿紙現在都漲不知多少倍的價,一張空白稿紙抵得上一元花花綠綠的紙幣,可是靈感左等不來,右等還不來,也許迷失了路,也許它壓根兒不知道青年作者的住處。青年人急智生,恍然大悟,要寫處女作,何不向處女身上去找。所以我們這位作者的靈魂押到的時候,青年正和房東的女兒共同探討人生的秘密。押送的小鬼是個守舊派,忙別轉了臉不窺看隱私。我們的作者在這生死關頭,馬上打定主意,想無論如何,總比送進那青年的腦子裏好。他趁那小鬼不注意,飛快地向房東女兒的耳朵裏直鑽進去,因爲那姑娘和那青年扭作一團,祇有兩隻耳朵還暢通無阻。這樣,他無意中切身證實了中世紀西洋基督教神學家對於童貞瑪利亞懷孕的解釋，女人的耳孔是條受胎的間道（quae per aurem conce-pisti）。那青年喪失了書裏的角色，那女孩子獲得了肚子裏的胎兒。他祇好和她成爲眷屬，書寫不出了，把寫書的手筆來替丈人家開的雜貨鋪子記流水賬。他惟一的安慰是：中國的老式賬簿每行另起，一行寫不到底，頗像新詩，而記賬的字句，不文不白，也充得過亦文亦白的語録體。那押送小鬼回去了大受司長申斥，纔認識到爲了公事就得窺探私情。

據説，那孩子一生下地就笑，看見父親，笑得愈有一種勝利的表情。親戚們都説這孩子的命運一定大吉大利。直到現在，我們還猜不出這孩子長大了是否成爲作家。

紀　念

　　雖然是高山一重重裹繞著的城市，春天，好像空襲的敵機，毫無阻礙地進來了。說來可憐，這乾枯的山地，不宜繁花密柳，春天到了，也没個寄寓處。祇憑一個陰濕蒸悶的上元節，緊跟著這幾天的好太陽，在山城裏釀成一片春光。老晴天的空氣裏，織滿山地的忙碌的砂塵，烘在傍晚落照之中，給春光染上熟黄的暈，醇得像酒。正是醒著做夢、未飲先醉的好時光。

　　曼倩從日光留戀著的大街，轉進小巷。太陽的氣息早在巷裏斂盡。薄暮的春寒把她警覺，纔知道迷迷糊糊地已到寓處。路不知怎樣走的，兩腿好酸。高低不平的石子路，使她腳痛，同時使她擔心；因爲她穿的高跟鞋還是前年路過香港買的，她到内地前最後的奢侈品。她懊悔没有讓天健爲她雇了洋車回來。然而經過今天的事，她還能接受天健的獻殷勤麽？這不是對天健表示，他的舉動獲得自己事後的默許麽？天健這般解釋的，他正是這種人！一面想著，曼倩疲乏地經過巷口人家，看見自己院子的那垛土圍墙。在這磚瓦稀罕的地方，土牆原是常事。但是比襯了鄰居的磚牆石墻，這個不自知寒傖的土牆曾使它的主婦好多次代爲抱愧。當初租屋時，曼倩就嫌這垛牆難看，屋主見她反對，願意減少租金；就爲這垛牆，這所屋反而租成了。到最近，她纔跟土牆相安，接受了它的保衛。她丈夫才叔對於這粗樸的泥屏，不但接受，並且擁護、誇傲、頌讚——換句話說，不肯接受，要用話來爲它粉飾。每有新到朋友上門，她總聽他笑呵呵說："這圍牆看上去很古樸，住慣都市裏洋房的人更覺得別有風味，所以我一看就中意。同巷孩子又多，鄰居的白粉牆上給他們塗滿鉛筆字，還有畫啦！可是我這泥牆，又黑又糙，他們英雄無用武之地。上次敵機轟炸以後，警察局通知市民把粉牆刷黑。我們鄰居怕吃炸彈，拖泥帶水，忙個不了。祇有我這圍牆是天然保護色，將就得過，省去我不少麻煩。否則，我們雇匠人來刷黑了，房東還是不肯認賬，我們得掏自己腰包。鄰居的圍墻黑了不多時，你看小孩又縱橫倒豎用粉筆書畫滿了。祇等於供給他們一塊大黑板，真不上算！"說到此，客人當然加進去笑；假使曼倩陪著招待，她出於義務地也微笑。才叔祇忘記提起，小孩子們因爲他牆上無地下筆，便在他板門上大大小小的寫了好多"徐寓"，多少仿著貼在門口高處紅紙上他所寫那兩個字的筆意。這一點，新來的客人當然也不便補充。

曼倩推推門，雇用的本地老媽子在門裏粗聲大氣地問："哪一個？"曼倩進來，順口問："先生回來麼？"老媽子答說還未。這是曼倩意料中的回答，然而曼倩今天聽了，心上一陣寬舒。她惴惴地怕才叔已先在家，會問她到哪裏去。她還沒想出撒一個最經濟而極圓滿的謊。當著他的面用話來騙他，比背了他做虧負他的事，似乎繁難得多。她明知近來本市一切機關爲防正午有空襲起見，延到三點後開始辦公，她丈夫要到上火後好半天纔會回來。但是天下難保没有意外，因爲她適纔就遇到意外。真的，她今天午後和天健相見，没準備有那樣的收場。不錯，她鼓勵天健來愛慕自己，但是她料不到天健會主動地强迫了自己。她祇希望跟天健有一種細膩、隱約、柔弱的情感關係，點綴滿了曲折，充滿了猜測，不落言詮，不著痕跡，祇用觸鬚輕迅地拂探彼此的靈魂。對於曼倩般的女人，這是最有趣的消遣，同時也是最安全的；放着自己的丈夫是個現成的緩衝，防止彼此有過火的舉動。她想不到天健竟那樣直捷。天健所給予她的結實、平凡的肉體戀愛祇使她害怕，使她感到超出希望的失望，好比腸胃嬌弱的人，塞飽了油膩的東西。假使她知道天健會那樣動蠻，她今天決不出去，至少先要換過裏面的襯衣出去，想到她身上該洗換的舊襯衣，她還面紅耳赤，反比方纔的事更使她慚憤。

　　曼倩到了家，穿過小天井，走進兼作客室和飯室的中間屋子，折入鋪磚的臥房。老媽子回到竈下繼續去煮晚飯；好像一切粗做的鄉下人，她全不知道奶奶回來，該沏茶倒水去侍候。曼倩此刻也懶跟任何人對答。心上亂糟糟的，没有一個鮮明輪廓的思想。祇有皮膚上零碎的部分，像給天健吻過的面頰和嘴唇，還不肯褪盡印象，一處處宛如都各自具有意識，在周身睏倦感覺之外獨立活動。舊式明角窗的屋子裏，這時候早已昏黑。曼倩願意這種昏黑，似乎良心也被著夜的掩庇，不致赤裸裸地像脱殼的蝸牛，一無隱遁。她也不開電燈，其實内地的電燈祇把暗來換去黑，彷彿是夜色給水沖淡了。曼倩在椅子上坐定；走路的熱從身子裏泛出來，覺得方纔和天健的事簡直不可相信，祇好比夢面上的浮雕。她想在牀上和衣歇一會，定定神，然而她畢竟是女人，累到這樣，還要換掉出門的衣服纔肯躺下。這皮大衣快褪毛了，這襯絨旗袍顏色也不新鮮了。去年夏天以後，此地逐漸熱鬧。附隨著各處撤退的公共事業，來了不知多少的時髦太太和小姐，看花了本地人的眼睛。曼倩身上從裏到外穿的還是嫁時衣，未嘗不想添些時裝。然而她陪嫁的一筆款子，早充逃難費用，才叔現在的月入祇够開銷，哪有錢稱她心做衣服呢？她體諒她丈夫，不但不向他要求，並且不讓他知道。是的，結婚兩年多了，她沒有過著舒服日子。她耐心陪才叔吃苦，把驕傲來維持愛情，始終沒向人怨過。這樣的妻子，不能説她對不住丈夫。

應該説，丈夫對不住她。在訂婚以前，曼倩的母親就説才叔騙了她寶貝女兒，怪她自己的丈夫引狼入室。曼倩的女伴們也説曼倩聰明一世，何以碰到終身大事，反而這樣糊塗。但是哪一個母親不事先反對女兒自由揀中的男人呢？哪一個女人不背後菲薄朋友們的情人呢？少年人進大學，準備領學位之外，同時還準備有情人。在强迫寄宿的大學裏，男女間的隔離減縮了，而且彼此失掉家庭背景的襯託，交際時祇認識本人。在學校裏，這種平等社交往往産生家庭裏所謂錯配。何況愛情相傳是盲目的，要到結婚後也許纔會開眼。不過愛情同時對於許多學生並不盲目；他們要人愛，尋人愛，把愛獻給人，求人佈施些殘餘的愛，而愛情似乎看破他們的一無可愛，不予理會——這也許反證愛情還是盲目的，不能看出他們也有可愛之處。所以，男女同學不但增加自由配合的夫婦，並且添了無數被戀愛淘汰下來的過時獨身者，尤其是女人。至少她們没有像曼倩肯錯配了誰！

曼倩是個不甚活潑的慢性格兒。所以她理想中的自己是個

雍容文靜的大家閨秀。她的長睫毛的眼睛、蛋形的臉、白裏不帶
紅的面色、瘦長的身材，都宜於造成一種風韻淡遠的印象。她在
同學裏出了名的愛好藝術，更使喜歡她的男學生從她體態裏看出
不可名言的高雅。有人也許嫌她美得太素淨，不够葷；食肉者
鄙，這些粗坯壓根兒就不在曼倩帶近視的彎眼睛裏。她利用天生
羞縮的脾氣，養成落落自賞的態度。有人說她驕傲。女人的驕傲
是對男人精神的挑誘，正好比風騷是對男人肉體的刺激。因此，
曼倩也許並不像她自己所想的那麽淡雅，也有過好幾個追求她的
人。不過曼倩是個慢性子，對男人的吸力也是幽緩的、積漸的。
愛上她的人都是多年的老同學，正因爲同學太久了，都給她看慣
了，看熟了，看平常了，喚不起她的新鮮的反應。直到畢業那
年，曼倩還沒有情人。在沉悶無聊的時候，曼倩也感到心上的空
白，沒有人能爲她填，男女同學的機會祇算辜負了，大學教育也
祇算白受了。這時候，憑空來個才叔。才叔是她父親老朋友的兒
子，因爲時局關係，從南方一個大學裏到曼倩的學校來借讀。她
父親看這位老世姪家境不甚好，在開學以前留他先到家裏來住。
並且爲他常設個榻，叫他星期日和假日來過些家庭生活。在都市
裏多年的教育並未完全消磨掉才叔的鄉氣，也沒有消磨掉他的孩
子氣。他的天真的鹵莽、樸野的斯文，還有實心眼兒的伶俐，都
使他可笑得可愛。曼倩的父親叫曼倩領才叔到學校去見當局，幫
他辦理手續。從那一天起，她就覺得自己比這個新到的鄉下大孩
子什麽都來得老練成熟，有一種做能幹姊姊的愉快。才叔也一見
面就親暱著她，又常到她家去住。兩人混得很熟，彷彿是一家
人。和才叔在一起，曼倩忘掉了自己慣常的矜持，幾乎忘掉了他

是有挑誘潛能的男人，正好像舒服的腳忘掉還穿著鞋子。和旁的男朋友在一起，她從沒有這樣自在。本是家常的要好，不知不覺地變成戀愛。不是狂熱的愛，祇是平順滑溜地增加親密。直到女同學們跟曼倩開玩笑，她纔省覺自己很喜歡才叔。她父母發見這事以後，家庭之間大起吵鬧，才叔嚇得不敢來住。母親怪父親；父親罵女兒，也怪母親；父親母親又同罵才叔，同勸女兒，說才叔家裏窮，沒有前途。曼倩也淌了些眼淚，不過眼淚祇使她的心更堅決，宛如麻繩漬過水。她父母始則不許往來，繼則不許訂婚，想把時間來耗她的愛情。但是這種愛情像習慣，養成得慢，也像慢性病，不容易治好。所以經過兩年，曼倩還沒有變心，才叔也當然耐心。反因親友們的歧視，使他倆的關係多少減去內心的豐富，而變成對外的團結，對勢利輿論的攻守同盟。戰事忽然發生，時局的大翻掀使家庭易於分化。這造就大批寡婦鰥夫的戰爭給予曼倩倆以結婚的機會。曼倩的父母親也覺得責任已盡，該減輕干係。於是曼倩和才叔草草結婚，淡漠地聽了許多"有情人終成眷屬"的祝詞，隨着才叔做事的機關輾轉到了這裏。

　　置辦內地不易得的必需品，收拾行李，省錢的舟車旅行，尋住處，借和買傢俱，雇老媽子，回拜才叔同事們的太太，這樣忙亂了一陣，纔算定下來。新婚以後，祇有忙碌，似乎還沒工夫嘗到甜蜜。嫁前不問家事的她，現在也要管起柴米油鹽來。曼倩並不奢華，但她終是體面人家的小姐。才叔月入有限，儘管內地生活當初還便宜，也覺得手頭不寬。戰事起了纔一年，一般人還沒窮慣。曼倩們恰是窮到還要諱窮、還可以遮飾窮的地步。這種當家，煞費曼倩的苦心。才叔當然極體恤，而且極抱歉。夫婦倆常希望戰事快結束，生活可以比較優閑些。然而曼倩漸漸發現才叔不是一個會鑽營差使、發意外財的能幹丈夫。他祇會安著本分，去磨辦公室裏比花岡石更耐久的檯角。就是戰事停了，前途還很渺茫。才叔的不知世事每使她隱隱感到缺乏依傍，自己要一身負著兩人生活的責任，沒個推託。自己祇能溫和地老做保護的母親，一切女人情感上的奢侈品，像撒嬌、頑皮、使性子之類，祇好和物質上的奢侈品一同禁絕。才叔本人就是個孩子，他沒有這樣寬大的懷抱容許她倒在裏面放寬。家事畢竟簡單，祇有早起忙些。午飯後才叔又上辦公室，老媽子在院子裏洗衣服，曼倩閑坐在屋子裏，看太陽移上牆頭，受够了無聊和一種無人分攤的岑寂。她不喜歡和才叔同事們的家眷往來，講奶奶經。在同地做事也有好多未嫁時的朋友，但男的當然不便來往，女的嫁的嫁了，不嫁的或有職業，或在等嫁，都忙著各人切身的事。又因爲節省，不大交際，所以過往的人愈變愈少。祇到晚上或星期末，偶有才叔的朋友過訪；本不來看她，她也懶去應酬。她還愛看看書，祇恨內地難得新書，借來幾本陳舊的外國小說，鋪填不滿一天天時間和靈魂的空缺。才叔知道她氣悶，勸她平時不妨一人出去溜達溜達。她閑得熬不住了，上過一次電影院，並非去看電影，是去看什麼在內地算是電影。演的是斑駁陸離的古董外國片子，場子裏長板凳上擠滿本地看客。每到銀幕上男女接吻，看客總哄然拍手叫著："好哇！還來一個嗎！"她回來跟才叔說笑了一會，然而從電影院帶歸的跳虱，咬得她一夜不能好睡。曼倩嚇得從此不敢看戲。這樣過了兩年，始終沒有孩子。才叔同事的太太們每碰到她就說："徐太太該有喜啦！"因爲曼倩是受過新教育、有科學常識的女子，有幾位舊式太太們談起這事，老做種種猜測。"現在的年輕人終是貪舒服呀！"她們彼此涵意無窮地笑著說。

去年春天，敵機第一次來此地轟炸。炸壞些房屋，照例死了幾個不值一炸的老百姓。這樣一來，把本市上上下下的居民嚇壞了；就是天真未鑿的土人也明白飛機投彈並非大母雞從天空下蛋，不敢再在警報放出後，聚在街頭仰面拍手叫嚷。防空設備頓時上勁起來。地方報紙連一接二發表社論和通信，說明本市在抗戰後方的重要性，該有空軍保衛。也有人說，還是不駐紮飛機的好，免得變成軍事目標，更惹敵人來炸——然而這派議論在報上是不反映的。入夏以後，果然本市有了航空學校，闢了飛機場，人民也看慣了本國飛機在天空的回翔。九月秋深，一天才叔回家，說本地又添一個熟人，並且帶點兒親。航空學校有才叔一位表弟，今天到辦公處來拜訪他。才叔說他這位表弟從小就愛淘氣，不肯好好唸書，六七年不見，長得又高又大，幾乎認不得了，可是說話還是嘻皮笑臉的胡鬧，知道才叔已結婚，說過一兩天要來"認"新表嫂呢——

"我們要不要約他來便飯？"才叔順口問。

曼倩不很熱心地說："瞧著罷。他們學航空的人，是吃慣用慣玩慣的，你請吃飯，他未必見情。咱們已經大破費了，他還是吃得不好，也許挨餓呢。何苦呢，與其請吃不體面的飯，還是不請好。他多半是隨口說著罷了；他看過你，就算完了。這種人未必有工夫找到咱們家來。"

才叔瞧他夫人這樣水潑不上，高興冷去了一半，忙說："我

們就等著罷。他説要來的，向我問了地址。他還説，風聞你是美
人，又是才女，‘才貌雙全’，非見不可——跟我大開玩笑呢。”

　　“哼！那麼請他不用來。我又老又醜，祇算你的管家婆子！
給他見到，不怕丟盡了臉！”

　　“笑話！笑話！”才叔摩著曼倩的頭髮，撫慰她説：“你看見
天健，不會討厭他。他有説有笑，很熱絡隨和。性情也很敦厚。”
於是話講到旁處。才叔私下奇怪，何以曼倩聽人説她“才貌雙
全”時，立刻會發牢騷。然而才叔是天生做下屬和副手的人，祇
聽命令吩咐，從不會發現問題。他看見夫人平日不吵不怨、十分
平靜，也没當她是個問題來研究。私下詫異一會，又不敢問。忙
著吃晚飯，也就完了。

　　兩三天後，就是星期日。隔夜才叔又想起天健明晨會來，
跟他夫人説了。當日添買幾色菜，準備天健來吃飯。因爲天健没
約定來，祇是家常飯菜略豐盛些；如果來，也不會覺得是特備了
等他的。又監著老媽子把客座和天井打掃得比平日徹底。夫婦倆
一面忙，一面都笑説準備得無謂，來的又不是大客人。雖然如
此，曼倩還換上一件比較不家常的旗袍，多敷些粉，例外地擦些
口紅。午刻過了好一會，還不見天健的影子。老媽子肚子餓了，
直嚷著要爲主人開飯。夫婦倆祇好讓她開上飯來對吃。才叔脾氣
好，笑著説：“原没説定那一天來，是我們太肯定了。今天祇算
我們自己請自己，好在破費無多！天井好久没有這樣乾淨了，不
知道老媽子平時怎麼掃的！”

　　曼倩道：“花錢倒在其次，祇是心思白費得可恨。好好一個
星期日，給他掃盡了興。來呢説來，不來呢説不來。他祇要浮皮

潦草，信口敷衍你一聲，哪知道人家要爲他忙。祇有你這樣不懂事的人，旁人隨口一句應酬，都會信以爲真的。"

才叔瞧他夫人氣色不好，忙説："他就是來，我們也不再招待他了。這孩子從小就是没頭没腦的。我們飯後到公園走走，乘天氣好，你也不必換什麽衣服。"曼倩口裏答應，心裏對天健下個"好討厭!"的評語。

又一星期多了，天健始終没來過。才叔一天回來，説在路上碰見天健和一個年輕女子在一起："他也含含糊糊，没明白介紹是誰。想來是他新交上的女朋友——這小子又在胡鬧了! 那女孩子長得不錯，可惜打扮有點兒過火，決不是本地人。天健聽説我們那天等他來吃飯，十分抱歉。他説本想來的，給事耽擱住了。過幾天他一定來，教我先向你致意，並且鄭重道歉。"

"'過幾天來'，過幾天呢?"曼倩冷淡地問。

才叔説："隨他幾時來，反正我們不必預備。大家是親戚，用不着虛文客套。我想他昏天黑地在鬧戀愛，一時未必有工夫來。我們怕是老了! 像我今天看見青年情人們在一處，全不眼紅。不知道爲什麽，我祇覺得他們幼稚得可憐，還有許多悲歡離合，要受命運的捉弄和支配。我們結過婚的人，似乎安穩多了，好比船已進港，不再怕風浪。我們雖然結婚祇兩年，也好算老夫妻了。"

曼倩微笑道："'別咱們，你!'"——這原是《兒女英雄傳》裏十三妹對没臉婦人説的話; 她夫婦倆新借來這本書看完，常用書裏的對白來打趣。才叔見夫人頑皮可愛，便走上去吻她。他給自己的熱情麻醉了，没感到曼倩的淡漠。

紀　念

　　那一宵，曼倩失了大半夜的眠。聽才叔倦懶地酣睡，自己周身感覺還很緊張、動盪。祇靜靜躺著詫異，何以自己年紀輕輕，而對戀愛會那樣厭倦。不，不但對戀愛，對一切都懶洋洋不發生興味。結婚纔兩年多，陳腐熟爛得宛似跟才叔同居了一世。"我們算穩定下來了"，真有如才叔所說！然而自認識才叔以來，始終沒覺到任何情感上的不安穩。怕外來勢力妨害他倆戀愛的發展，那當然有的。可是，彼此之間總覺得信託得過，把握得住。無形的猜疑，有意的誤解，以及其他精緻的受罪，一概未經歷到。從沒有辛酸苦辣，老是清茶的風味，現在更像泡一次，淡一次。日子一天天無事過去，跟自己毫無關係，似乎光陰不是自己真正度過的。轉瞬就會三十歲了，這樣老得也有些冤枉。還不如生個孩子，減少些生命的空虛，索性甘心做母親。當初原有個空泛的希冀，能做點事，在社會上活動，不願像一般女人，結婚以後就在家庭以外喪失地位。從前又怕小孩子是戀愛的障礙，寧可避免。不知道才叔要不要孩子，怕他經濟又負擔不起。這害人的戰事什麼時候會了結……

　　曼倩老晚纔起來。她起牀時，才叔已出門了。她半夜沒睡，頭裏昏沉沉，眼皮脹結得撐不甚起。對著鏡子裏清黃的長臉，自己也怕細看。洗面漱口後，什麼勁兒都鼓不起。反正上午誰也不會來，便懶得打扮。休息了一會，覺得好受些。老媽子已上街買菜回來，曼倩罩上青布裙子，幫她在廚房裏弄菜做飯。正忙得不可開交，忽聽見打門聲，心裏想這時候有誰來。老媽子跑去開門。曼倩記起自己蓬頭黃臉，滿身油味，絕對見不得生人，懊悔沒早知照老媽子一聲。祇聽老媽子一路叫"奶奶！"，直奔竈下，說有個姓周的，是先生那門子親戚，來看先生和奶奶，還站在院子裏呢，要不要請他進來。曼倩知道天健來了，窘得了不得。給老媽子那麼嚷，弄得無可推避，當時要罵她也無濟於事。出去招呼呢？簡直自慚形穢，畢竟客氣初見，不願意丟臉。要是進臥室妝扮一下再見他，出廚房就是天井，到中間屋子折入臥室，非先經過天井不可。不好意思見客，祇得吩咐老媽子去道歉，說先生不在家，等先生回來告訴他。老媽子大聲應著出去了。曼倩一陣羞恨，也不聽老媽子把話傳得對不對，想今天要算是無禮慢客了，天健明知自己在竈下不肯出見。也許他會原諒自己上竈弄得烏煙瘴氣，倉猝不好見客。然而號稱"才貌雙全"的表嫂竟給煙火氣熏得見不了生客，也够丟人了！這也該怪天健不好，早不來，遲不來，没頭没腦地這會子闖來。曼倩正恨著，老媽子進來報客人去了，說星期六下午再來。曼倩没好氣，教訓老媽子不該有人來直嚷。結果老媽子咕嘟起嘴，鬧著要不幹，曼倩添了氣惱。到才叔回家午飯，曼倩告訴他上午的事，還怨他哪裏來的好表弟，平白地跟人家搗亂。

夫婦倆雖說過不特地招待天健，星期六午時才叔還買些糕點帶回。飯後曼倩用意重新修飾一番。上次修飾祇是對客人表示敬意，禮儀上不許她蓬頭黃臉出來慢客。這回全然不同。前天避面不見的羞愧似乎還在她意識底下起作用。雖然天健没瞧見她，而曼倩總覺得天健想像裏的自己祇是一個煙熏油膩、躲在竈下見不得他的女人。今天需要加工夫打扮，才能恢復名譽。無意中脂粉比平日施得鮮明些，來投合天健那種粗人的審美程度。

三點多鐘，天健帶了禮物來了。相見之後，曼倩頗爲快意

地失望。原來他並不是粗獷浮滑的少年，曼倩竟不能照她預期的
厭惡他。像一切航空人員，天健身材高壯，五官却雕琢得很精
細，態度談吐祇有比才叔安詳。西裝穿得內行到家，沒有土氣，
更沒有油氣。還是初次見面呢，而他對自己的客氣裏早透著親熱
了，一望而知是個善於交際的人。才叔和他當然有好多話可講；
但她看出他不願一味和才叔敍舊，冷落著自己，所以他時時把談
話的綫索放寬，撒開，分明要將自己也圈進去。是的，事實不容
許她厭惡天健，除非討厭他常偷眼瞧自己。有一次，天健在看自
己時，剛跟自己看他的眼鋒相接，自己臉上立刻發熱，眼睛裏也
起了暈。像鏡面上呵了熱氣，而天健反坦白地一笑，順口問自己
平時怎樣消遣。這人好算得機靈！因爲天健送的禮不薄，夫婦倆
過意不去，約他明晚來便飯。那頓預定要請吃的飯，始終沒
省掉。

　　明天，曼倩整下午的忙，到百凡就緒，可以託給老媽子了，
纔回房換好衣服，時間尚早，天健已來，才叔恰出去訪友未回。
曼倩一人招待他，盡力鎮住腼腆，從腦子犄角罅縫裏搜找話題。
虧得天健會説話，每逢曼倩話窘時，總輕描淡寫問幾句，彷彿在
息息擴大的裂口上搭頂浮橋，使話頭又銜接起來。曼倩明白他看
破自己的羞縮，在同情地安撫自己，想著有點滑稽，也對他感
激。天健説，他很想吃曼倩做的菜，而又怕曼倩操勞，所以今天
的心理不無矛盾。更説他自己也會燒菜，找一天他下廚房顯顯手
段。曼倩笑道："虧得我没早知道你有這本領！我本不會做菜，
以後你來吃飯，我更不敢做，祇好請你吃白飯了。"天健有與人
一見如故的天才，興會蓬勃，能使一切交際簡易化。曼倩不知不

覺中鬆了拘束。才叔回來，看見他倆正高興説笑著，曼倩平時的
溫文裏添上新的活潑，知道他夫人對他表弟的偏見已經消釋，私
心頗爲欣慰。到坐下吃飯時，三人都忘了客套，尤其是曼
倩——她從來沒覺得做主婦這樣容易，招待客人的責任這樣輕
鬆。天健敍述許多到本地來以前的事，又説一個同鄉人家新爲他
佈置一間房，有時玩得太晚了，可以在校外住宿。才叔忽然想到
和天健一起走的那個女人，問道："同你一起玩兒的女孩子不會
少罷？那天和你逛街的是誰？"

天健呆了一呆，説："哪一天？"

曼倩頑皮地插嘴道："意思是説：'哪一個？'想他天天有女
朋友同玩的，所以多得記不清了。"

天健對她笑説："我知道表嫂説話利害！可是我實在記
不起。"

才叔做個鬼臉道："別裝假！就是我在中山路拐彎碰見你的
那一天，和你並肩走著圓臉紫衣服的那一位——這樣見證確鑿，
你還不招供麼？"

天健道："唉！那一個。那一個就是我房東的女兒……"曼
倩和才叔都以爲還有下文，誰知他頓一頓，就藉勢停了，好像有
許多待説出的話又敏捷地、乖覺地縮回靜默裏去。夫婦倆熬不住
了，兩面夾攻説："無怪你要住她家的房子！"

天健分辯似的忙説："是這麼一回事。我的房東是位老太太。
我在四川跟她的姪兒混得很熟。我到此地來，她姪兒寫信介紹，
湊巧她租的屋子有多餘，所以劃出一間給我用——是啊！我偷
空進城的日子，有一個歇腳點，朋友來往也方便。她祇有一子一

女。兒子還上學讀書，這位小姐今年夏天大學畢業，在什麼機關裏當科員。那女孩子長得還不錯，也會打扮。就是喜歡玩兒，她母親也管不了她——”說到此，天健要停，忽又補上道：“航空學校同事跟她來往的很多，不單是我。”

當科員的才叔聽著想：“原來是辦公室的‘花瓶’！”沒說出口。曼倩的笑像煮沸的牛奶直冒出來：“那位小姐可算得航空母艦了！”才叔不自主地笑了。天健似乎受到刺痛地閃了閃，但一剎那就恢復常態，也攙進去笑。曼倩說過那句話，正懊惱没先想想再說，看見天健表情，覺得他的笑容勉強，更恨自己說話冒昧，那女孩子没準是他的情人。今天話比平時說得太多，果然出這個亂子。曼倩想著，立刻興致減退，對自己的說話也加以監視和管束，同時，她看天健的談笑也似乎不像開始時的隨便坦率——但這或許是她的疑心生鬼。祇有才叔還在東扯西拉，消除了賓主間不安的痕跡。好容易飯吃完，天健坐了一會就告辭。他對曼倩謝了又謝，稱讚今天的菜。曼倩明知這是他的世故，然而看他這般鄭重其事地稱謝，也見得他對自己的敬意，心上頗爲舒服。夫婦倆送他出院子時，才叔說：“天健，你不嫌我這兒簡陋，有空常來坐坐。反正曼倩是簡直不出門的，她也閑得氣悶。你們倆可以談談。”

“我當然喜歡來的！就怕我們這種人，個個都是粗坯，够不上資格跟表嫂談話。”雖然給笑沖淡了嚴重性，這話裏顯含著敵意和挑釁。虧得三人都給門前的夜色蓋著，曼倩可以安全地臉紅，祇用極自然的聲調說：

“祇怕你不肯來。你來我最歡迎没有。可是我現在早成管家婆子，祇會談柴米油鹽了。而且我本來就不會説話。"

"大家無須客氣!"才叔那麼來了一句。這樣囑了"再會"，"走好"，把天健送走了。

兩天後的下午，曼倩正在把一件舊羊毛裡衣拆下的毛綫泡過晾乾了想重結，忽然聽得天健來。曼倩覺得他今天專爲自己來的，因爲他該知道這時候才叔還没下班。這個發現使她拘謹，失掉自在。所以見面後，她祇問聲今天怎麼有工夫來，再也想不出旁的話。前天的親熱，似乎已經消散，得重新團捏起來。天健瞧見飯桌上拆下的毛綫堆，笑道："特來幫你綳綫。"曼倩要打破自己的矜持，忽生出不自然的勇敢，竟接口説："你來得正好，我正愁没人綳綫，才叔手腕滯鈍，不會活絡地轉。我今天倒要試試你。祇怕你没耐心。讓我先把這毛綫理成一股股。"這樣，一個人張開手綳綫，一個人繞綫成球，就是相對無言，這毛綫還替彼此間維持著不息的交流應接，免除了尋話扯淡的窘態。繞好兩三個球以後，曼倩怕天健厭倦，説別繞罷，天健不答應。直到桌上的綫都繞成球，天健纔立起來，説自己的手腕和耐心該都過得去罷，等不及才叔回來，要先走了。曼倩真誠地抱歉説："太委屈了你! 這回捉你的差，要嚇得你下回不敢來了。"天健祇笑了笑。

從此，每隔三四天，天健來坐一會。曼倩注意到，除掉一次請她夫婦倆上館子以外，天健絶少在星期日來過。他來的時候，才叔總還在辦公室。曼倩猜想天健喜歡和自己在一起。這種喜歡也無形中增進她對自己的滿意。彷彿黯淡平板的生活裏，滴進一點顏色，皺起些波紋。天健在她身上所發生的興趣，穩定了她搖動的自信心，證明她還没過時，還没給人生消磨盡她動人的能力。要對一個女人證明她可愛，最好就是去愛上她。在妙齡未婚的女子，這種證明不過是她該得的承認，而在已婚或中年逼近的女子，這種證明不但是安慰，並且算得恭維。選擇情人最嚴刻的女子，到感情上回光返照的時期，常變爲寬容隨便；本來決不會被愛上做她丈夫的男子，現在常有希望被她愛上當情人。曼倩的生命已近需要那種證明、那種恭維的時期。她自忖天健和她決不會鬧戀愛——至少她不會熱烈地愛天健。她並不擔憂將來；她有丈夫，這是她最有效的保障，對天健最好的防禦。她自己的婚姻在她和天健的友誼裏天然地劃下一條界限，彼此都不能侵越。天健確討人喜歡——她心口相語，也不願對他下更著痕跡的評定，説他“可愛”——無怪才叔説他善交女友。想到天健的女友們，曼倩忽添上無理的煩惱，也許天健祇當她是那許多“女朋友”中的一個。不，她斷不做那一類的女友，他也不會那樣對待她。他没有用吃喝玩樂的手段來結交她。他常來看她，就表示他耐得住恬靜。天健來熟了以後，她屢次想把才叔説他的話問他，然而怕詞氣裏不知不覺地走漏心坎裏的小秘密，所以始終不敢詢問。這個秘密，她爲省除丈夫的誤會起見，並不告訴才叔。因此，她有意無意地並不對才叔每次提起天健曾來瞧她。她漸漸養成習慣，隔了兩天，就準備（她不承認是希望）他會來，午飯後，總稍微打扮一下。雖然現在兩人見慣了，而每聽到他進門的聲音，總覺得震動，需要神速的大努力，使臉上不自主的紅暈在他見面以前褪淨。

　　她活着似乎有些勁了。過了個把月，已入冬天，在山城裏正是一年最好的時季。連續不斷的晴光明麗，使看慣天時反覆的異鄉人幾乎不能相信天氣會這樣渾成飽滿地好。日子每天在嫩紅的晨光裏出世，在熟黄的暮色裏隱退。並且不像北方的冬晴，有風沙和寒冷來掃興。山城地形高，據説入冬就有霧圍裏繞，減少空襲的可能性，市面也愈加熱鬧。一天，天健照例來了，祇坐一會兒就嚷要走。曼倩説，時間還早，爲什麽來去匆匆。天健道："天氣好得使人心癢癢的，虧你耐得住在家裏悶坐！爲什麽不一同上街走走？"

這一問把曼倩難倒了。要説願意在家裏悶著，這句話顯然違心，自己也騙不信。要跟天健作伴在大街上走，又覺得不甚妥當，旁人見了會説閑話，有些顧忌——這句話又不便對天健明説。結果祇軟弱地答覆説："你在這兒無聊，就請便罷。"

天健似乎明白她的用意，半頑皮、半認真地説："不是我，是你該覺得枯坐無聊。我是常常走動的。同出去有什麽關係？不成才叔會疑心我拐走了你！"

曼倩愈爲難了，祇含糊説："別胡扯！你去罷，我不留你。"

天健知道勉強不來，便走了。到天健走後，曼倩一陣失望，纔明白實在要他自動留下來的。現在祇三點多鐘，到夜還得好半天，這一段時間橫梗在前，有如沙漠那樣難於度越。本來時間是整片成塊兒消遣的，天健一去，彷彿鐘點分秒間抽去了脊梁，散漫成拾不完數不盡的一星一米，没有一椿事能像綫索般把它們貫串起來。孤寂的下午是她常日過慣的，忽然竟不能再忍受。纔想起今天也不妨同天健出去，因爲牙膏牙刷之類確乎該買。雖然事實上在一起的不是丈夫，但是"因公外出"，對良心有個交代，對旁人有個藉口，總算不是專陪外人或叫外人陪著自己出去逛街的。

　　過一天，天氣愈加誘人地好。昨日的事還有餘力在心上盪漾著，曼倩果然在家坐不住了。上午有家事須料理；防空的虛文使店家到三點後纔開門。曼倩午後就一個人上街去。幾天沒出來，又新開了好幾家鋪子，都勉強模仿上海和香港的店面。曼倩站在一家新開的藥房前面，看櫥窗裏的廣告樣品，心裏盤算著進去買些什麼。背後忽有男人說話，正是天健的聲音。她對櫥窗的臉直燒起來，眼前一陣糊塗，分不清櫥窗裏的陳設，心像在頭腦裏舂，一時幾乎沒有勇氣回過臉去叫他。在她正轉身之際，又聽得一個女人和天健說笑，她不由自主，在動作邊緣停下來。直到腳步在身畔過去，纔轉身來看，祇見天健和一個女人走進這家藥房。這女人的側面給天健身體擋著，祇瞧見她的後影，一個能使人見了要追過去看正面的俏後影。曼倩恍然大悟，斷定是"航空母艦"。頓時沒有勇氣進店，像逃避似的迅速離開。日用化妝品也無興再買了，心上像灌了鉛的沉重，腳下也像拖著鉛，沒有勁再步行回家，叫了洋車。到家平靜下來，纔充分領會到心裏怎樣難過。她明知難過得沒有道理，然而誰能跟心講理呢！她並不恨天健，她祇覺得不舒服，好像識破了一月來的快活完全是空的——不，不是空的，假使真是空的，不會變成這樣的滋味。她希望立刻看見天健，把自己沸亂的靈魂安頓下去。今天親眼瞧見之事，似乎還不能相信，要天健來給她證明是錯覺。總之，天健該會向她解釋。但今天他不會來了，也許要明天，好遠的明天！簡直按捺不住心性來等待。同時首次感到虧心，怕才叔發現自己的變態。那晚才叔回家，竟見到一位比平常來得關切的夫人，不住地向他問長問短。曼倩一面談話，一面强制著煩惱，不讓它冒到意識面上來。到睡定後，又怕失眠，好容易動員了全部心力，扯斷念頭，放在一邊，暫時不去想它，像熱天把吃不完的魚肉擱在冰箱裏，過一夜再説。明天醒來，昨夜的難受彷彿已在睡眠時溜走。自己也覺得太可笑了，要那樣的張大其事。天健同女人出去玩，跟自己有什麼相干？反正天健就會來，可以不露聲色地藉玩笑來盤問他。但是一到午後，心又按捺不住，坐立不定地渴望著天健。

那天午後，天健竟没來。過了一天又一天，天健也不來，直到第五天，他還没來。彼此認識以後，他從没有來得這樣稀。曼倩忽然想，也許天健心血來潮，知道自己對他的心理，不敢再來見面。然而他怎會猜測到呢？無論如何，還是絶了望，乾脆不再盼他來罷。曼倩領略過人生的一些諷刺，也瞭解造物會怎樣捉弄人。要最希望的事能實現，還是先對它絶望，準備將來有出於望外的驚喜。這樣絶望地希望了三天，天健依然踪跡全無。造物好像也將錯就錯，不理會她的絶望原是戴了假面具的希望，竟讓它變成老老實實的絶望。

這八天裏，曼倩宛如害過一場重病，精神上衰老了十年。一切戀愛所有的附帶情感，她這次加料嘗遍了。疲乏中的身心依然緊張，有如失眠的人，愈睏倦而神經愈敏銳。她好幾次要寫信給天健，打過不知多少腹稿，結果驕傲使她不肯寫，希望——"也許他今天或明天自會來"——叫她不必寫。當才叔的面，她竭力做得坦然無事，這又耗去不少精力。所以，她不樂意才叔在家裏，省得自己强打精神來應付他。然而才叔外出後，她一人在家，又覺得自己毫無保障地給煩惱擺佈著。要撇開不想，簡直不可能。隨便做什麽事，想什麽問題，祗像牛拉磨似的繞圈子，終歸到天健身上。這八天裏，天健和她形跡上的疏遠，反而增進了心理上的親密；她以前對天健是不肯想念，不允許自己想念的，現在不但想他，並且恨他。上次天健告別時，彼此還是談話的伴侶，而這八天間她心裏宛如發著酵，醞釀出對他更濃烈的情感。她想把絕望哄希望來實現，並未成功。天健不和她親熱偏賺到她對他念念不忘。她祗怪自己軟弱，想訓練自己不再要見天健。──至多還見他一次，對他冷淡，讓他知道自己並不在乎他的來不來。

又是一天。曼倩飯後在洗絲襪。這東西是經不起老媽子的粗手洗的，曼倩有過經驗。老媽子說要上街去，曼倩因爲兩手都是肥皂，沒起來去關門，祗吩咐她把門虛掩。心裏盤算，過幾天是耶穌聖誕了，緊接著就是陽歷新年，要不要給天健一個賀年片──祗是一個片子，別無他話。又恨自己是傻子，還忘不下天健，還要去招惹他。一會兒洗完襪子，抹淨了手，正想去關門，忽聽得門開了。一瞧就是天健，自己覺得軟弱，險的站立不穩。他帶上門，一路笑著嚷：“怎麽門開著？一個人在家麽？又好幾天沒見面啦！你好啊？”

曼倩八天來的緊張忽然放鬆，纔發現心中原來收藏著許多酸淚，這時候乘勢要流出來。想對天健客套地微笑，而臉上竟湊不起這個表情。祗低著頭啞聲說道：“好一個稀客！”

天健感到情景有些異常，呆了一呆，注視著曼倩，忽然微笑，走近身，也低聲說：“好像今天不高興，跟誰生氣呢？”

　　曼倩準備對他說的尖酸刻剌的話，一句也說不出。靜默壓著自己，每秒鐘在加重量，最後掙扎說道："你又何必屈尊來呢？這樣好天氣，正應該陪女朋友逛街去。"說到這裏覺得受了無限委屈，眼淚更制不住，心上想："糟了糟了！給他全看透了！"正在迷亂著，發現天健雙手抱住自己後頸，溫柔地吻著自己的眼睛說："傻孩子！傻孩子！"曼倩本能地摔脫天健的手，躲進房去，一連聲說："你去罷！我今天不願意見你。你快去！"

　　天健算是打發走了。今天的事徹底改換了他對曼倩的心理。他一月來對曼倩的親密在回憶裏忽發生新鮮的、事先沒想到的意義。以前指使著自己來看曼倩的動機，今天纔回顧明白了，有如船尾上點的燈，照明船身已經過的一條水路。同時，他想他今後對曼倩有了要求的權利，對自己有了完成戀愛過程的義務。雖然他還不知道這戀愛該進行到什麼地步，但是被激動的男人的虛榮心迫使他要加一把勁，直到曼倩坦白地、放任地承認他是情人。曼倩呢，她知道秘密已洩漏了，毫無退步，祇悔恨太給天健佔了上風，讓天健把事看得太輕易，她決意今後對天健冷淡，把彼此間已有的親熱打個折扣，使他不敢託大地得寸進尺。她想用這種反刺激，引得天健最後向自己懇切卑遜地求愛。這樣，今天的事纔算有了報復，自己也可以掙回面子。她祇愁天健明天不來，而明天天健來時，她又先吩咐老媽子說"奶奶病了"，讓他改天再來。天健以爲她真害病，十分關切，立刻買了兩簍重慶新來的柑子，專差送去。因爲不便寫信，祇附了一個名片。過一晚，又寄一張賀束，附個帖子請才叔夫婦吃耶穌聖誕晚飯。回信雖由才叔署名，卻是曼倩的筆跡，措詞很簡單，祇說："請飯不敢辭，先此致謝，到那天見。"天健細心猜揣，這是曼倩暗示不歡迎自己去看她；有抵抗能力的人決不躲閃，自己該有勝利者的大度，暫時也不必勉強她。到聖誕晚上，兩人見面，也許是事情冷了，也許因有才叔在旁壯膽，曼倩居然相當鎮靜。天健屢次想在她眼睛裏和臉上找出共同秘密的痕影，祇好比碰著鐵壁。飯吃得頗爲暢快，但天健不無失望。此後又逢陽曆年假，才叔不上辦公室。天健去了一次，沒機會跟曼倩密談，並且曼倩疏遠得很，每每藉故走開。天健想她害羞遠著自己，心上有些高興，然而看她又好像漠然全沒反應，也感到惶惑。

才叔又上辦公室了，天健再來見曼倩的面。以前的關係好像吹斷的游絲，接不起來。曼倩淡遠的態度，使天健也覺得拘束，更感到一種東西將到手忽又滑脱的惱怒。他拿不定主意該怎麼辦，是冷靜地輕佻，還是熱烈地鹵莽。他看她低頭在結毛綫，臉色約束不住地微紅，長睫毛牢覆下垂的眼光彷彿燈光上了罩子，他幾乎又要吻她。他走近她面前，看她擡不起的臉紅得更鮮明了。他半發問似的説："這幾天該不跟我生氣了？"

"我跟你生什麼氣？沒有這會事。"曼倩強作安詳地回答。

天健道："咱們相處得很好，何苦存了心跡，藏著話不講！"

曼倩一聲不響，雙手機械地加速度地結著。天健逼近身，手擱在曼倩肩上。曼倩扭脱身子，手不停結，低聲命令説："請走開！老媽子瞧見了要鬧笑話的。"

天健祇好放手走遠些，憤憤道："我知道我不受歡迎了！我來得太多，討你的厭，請你原諒這一次，以後決不再來討厭。"説著，一面想話説得太絕了，假使曼倩不受反激，自己全沒退步餘地，便算失敗到底了。曼倩低頭做她的活，不開口。在靜默裏，幾分鐘難過得像幾世。天健看逼不出什麽來，急得真上了氣，聲音裏迸出火道："好罷！我去了！決不再來打擾你……你放心罷。"

天健說完話，回身去拿帽子。曼倩忽擡起頭來，含羞帶笑，看了發脾氣的天健一眼，又低下頭說："那末明天見。我明天要上街，你飯後有空陪我去買東西不？"天健莫名其妙，呆了一呆，醒悟過來，快活得要狂跳，知道自己是勝利了，同時覺得非接吻以爲紀念不可。然而他相信曼倩決不會合作，自己也顧忌著老媽子。他出門時滿腔高興，想又是一樁戀愛成功了，祇恨沒有照例接吻來慶祝成功，總是美滿中的缺陷。

這個美中不足的感覺，在以後的三四星期裏，祇有增無減。天健跟曼倩接近了，發現曼倩對於肉體的親密，老是推推躲躲，不但不招惹，並且不迎合。就是機會允許擁抱，這接吻也要天健去搶劫，從不是充實的、飽和的、圓融的吻。天生不具有騷辣的刺激性或肥膩的迷醉性，曼倩本身也不易被激動迷誘，在戀愛中還不失幽嫺。她的不受刺激，對於他恰成了最大的刺激。她的淡漠似乎對他的熱烈含有一種挑釁的藐視，增加他的慾望，攪亂他的脾氣，好比一滴冷水落在燒紅的炭爐子裏，"嗤"的一聲觸起蓋過火頭的一股煙灰。遭曼倩推拒後，天健總生氣，幾乎忍不住要問，她許不許才叔向她親熱。但轉念一想，這種反問祇顯得自己太下流了；盜亦有道，偷情也有它的倫理，似乎她丈夫有權力盤問她和她情人的關係，她情人不好意思質問她和丈夫的關係。經過幾次有求不遂，天健漸漸有白費心思的失望。空做盡張致，周到謹密，免得才叔和旁人猜疑，而其實全沒有什麼，恰像包裹掛號祇寄了一個空匣子。這種戀愛又放不下，又乏味。總不能無結果就了呀！務必找或造個機會，整個佔領了曼倩的身心。上元節後不多幾日，他房主全家要出城到鄉下去，他自告奮勇替他們今天看家，預約曼倩到寓所來玩。他準備著到時候嘗試失敗，曼倩翻臉絕交。還是硬生生拆開的好，這樣不乾不脆、不痛不癢地拖下去，沒有意思。居然今天他如願以償。他的熱烈竟暫時融解了曼倩的堅拒，並且傳熱似的稍微提高了她的温度。

他們的戀愛算是完成，也就此完畢了。天健有達到目的以後的空虛。曼倩在放任時的拘謹，似乎沒給他公平待遇，所以這成功還是進一步的失敗。結果不滿意，反使他天良激發，覺得對不住曼倩，更對不住才叔；自己有旁的女人，何苦"親上加親"地去愛表嫂。曼倩決然而去，不理他的解釋和道歉，這倒減少了他的困難，替他提供了一個下場的方式。他現在可以把曼倩完全撇開，對她有很現成的藉口：自覺冒犯了她，無顏相見。等將來曼倩再找上來，臨時想法對付。曼倩卻全沒想到將來。她一口氣跑回家，倒在牀上。心像經冰水洗過的一般清楚，知道並不愛天健。並且從前要博天健愛她的虛榮心，此時消散得不留痕跡。適纔的情事，還在感覺裏留下後影，好像印附著薄薄一層的天健。這種可憎的餘感，不知道多久纔會褪盡。等一會才叔回來，不知道自己的臉放在哪裏。

那天晚上，才叔並沒看出曼倩有何異常。天健幾星期不來，曼倩也深怕他再來，彷彿一種不良嗜好，祇怕它戒絕不斷。自從那一次以後，天健對她獲得了提出第二次要求的權力，兩人面對面，她簡直沒法應付。她相信天健不失是個"君子"，決不至於出賣她，會幫她牢守那個秘密。但是，萬一這秘密有了事實上的結果，遮蓋不下的憑據——不！決不會！天下哪有那麼巧的事？她祇懊悔自己一時糊塗，厭恨天健混賬，不敢再想下去。

天氣依然引人地好。曼倩的心像新給蟲蛀空的，不復萌芽生意。這樣，倒免去春天照例的煩悶。一天中飯纔吃完，才叔正要睡午覺，忽聽得空襲警報。和風暖日頓時喪失它們天然的意義。街上人聲嘈雜；有三個月沒有警報了，大家都不免張皇失措。本地的飛機掃上天空，整個雲霄裏佈滿了它們機器的脈搏，然後，漸漸散向四郊去。老媽子背上自己衣包，還向曼倩要了幾塊錢，氣喘吁吁跑到巷後防空壕裏去躲，忙忙説："奶奶，你和先生快來呀！"才叔懶在牀上，對曼倩説，多半是個虛驚，犯不著到壕裏去拌灰擠人。曼倩好像許多人，有個偏見，她知道有人被炸死，而總不信自己會炸死。才叔常對朋友們稱引他夫人的妙語："中空襲的炸彈像中航空獎券頭彩一樣的難。"一會兒第二次警報發出；汽笛悠懶的聲音，好比巨大的鐵嗓子，仰對著蕩蕩青天歎氣。兩人聽得四鄰畢靜，纔膽怯起來。本來是懶得動，此時又怕得不敢動。曼倩一人在院子裏，憋住氣遥望。敵機進入市空，有一種藐視的從容，向高射機關槍挑逗。那不生效力的機關槍聲好像口吃者的聲音、對天格格不能達意，又像咳不出痰來的乾嗽。她忽然通身發軟，不敢再站著看，急忙跑回臥室去。正要踏進屋子，一個聲音把心抽緊了帶著同沉下去，纔沉下去又托著它爆上來，幾乎跳出了腔子，耳朵裏一片響。關上的窗在框子裏不安地顫動著，茶盤裏合著的杯子也感受到這力量，相碰成一串急碎的音調。曼倩嚇得倒在椅子裏，攙了才叔的手，平時對他的不滿意，全沒有了，祇要他在自己身邊。整個天空像裝在腦子裏，那些機關槍聲，炸彈聲，都從飛機聲的包孕中分裂出來，在頭腦裏攪動，沒法顛簸它們出去。不知過了多少時候，纔又安靜。樹上鳥雀宛如也曾中止了啁啾，這時候重開始作聲。還是漠然若無其事的藍天，一架我們的飛機唥喇喇掠過天空，一切都沒了。好一會警報解除。雖然四鄰尚無人聲，意想中好像全市都開始蠕動。等老媽子又背包回來，才叔夫婦纔同到大街，打探消息。街上比平時更熱鬧，好多人圍著看防空委員會剛貼出的紅字佈告，大概説：“敵機六架竄入市空無目的投彈，我方損失極微。當經我機迎頭痛擊，射落一架，餘向省境外逃去。尚有一機被我射傷，迫落郊外某處，在尋探中。”兩人看了，異口同聲説，祇要碰見天健，就會知道確訊。才叔還順口詫異天健爲什麼好久沒來。

此時天健人和機都落在近郊四十里地的亂石坡裏，已獲得慘酷的平靜。在天上活動的他，也祇有在地下纔能休息。

這個消息，才叔夫婦過三天纔確實知道。才叔灑了些眼淚，同時傷心裏也有驕傲，因爲這位英雄是自己的表弟。曼倩開始覺得天健可憐，像大人對熟睡的淘氣孩子，忽然覺得他可憐一樣。天健生前的漂亮、能幹、霸道、圓滑，對女人是可恐怖的誘惑，都給死亡勾消了，揭破了，彷彿祇是小孩子的淘氣，算不得真本領。同時曼倩也領略到一種被釋放的舒適。至於兩人間的秘密呢，本來是不願回想，對自己也要諱匿的事，現在忽然減少了可恨，變成一個值得保存的私人紀念，像一片楓葉、一瓣荷花，夾在書裏，讓時間慢慢地減退它的顏色，但是每打開書，總看得見。她還不由自主地寒慄，似乎身體上沾染著一部分死亡，又似乎一部分身體給天健帶走了，一同死去。虧得這部分身體跟自己隔離得遠了，像蛻下的皮、剪下的頭髮和指甲，不關痛癢。

不久，本市各團體爲天健開個追悼會，會場上還陳列這次打下來一架敵機的殘骸。才叔夫婦都到會。事先主席團要請才叔來一篇演講或親屬致詞的節目，怎麼也勸不動他。才叔不肯藉死人來露臉，不肯在情感展覽會上把私人的哀傷來大衆化，這種態度頗使曼倩對丈夫增加敬重。一番熱鬧之後，天健的姓名也趕上他的屍體，冷下去了，直到兩三星期後，忽又在才叔夫婦間提起。他倆剛吃完晚飯，在房裏閑談。才叔説："看來你的徵象沒什麼懷疑了。命裏注定有孩子，躲避不了。咱們也該有孩子了，你不用恨。經濟狀況還可以維持，戰事也許在你產前就結束，更不必發愁。我説，假如生一個男孩子，我想就叫他'天健'，也算紀念咱們和天健這幾個月的相處。你瞧怎樣？"

曼倩要找什麼東西，走到窗畔，拉開桌子抽屜，低頭亂翻，一面説："我可不願意。你看見追悼會上的'航空母艦'麼？哭得那個樣子，打扮得活像天健的寡婦！天健爲人，你是知道的。他們倆的關係一定很深，誰知道她不——不爲天健留下個種子？讓她生兒子去紀念天健罷。我不願意！並且，我告訴你，我不會愛這個孩子，我沒有要過他。"

才叔對他夫人的意見，照例沒有話可説。他夫人的最後一句話增加了自己的惶恐，好像這孩子該他負責的。他靠著椅背打個呵欠道："好累呀——呀！那末，就看罷。你在忙著找什麼？"

“不找什麼。”曼倩含糊説，關上了抽屜，“——我也乏了，臉上有些升火。今天也没幹什麼呀！”

才叔懶洋洋地看著他夫人還未失去苗條輪廓的後影，眼睛裏含著無限的温柔和關切。

《寫在人生邊上》和
《人・獸・鬼》重印本序*

　　考古學提倡發掘墳墓以後，好多古代死人的朽骨和遺物都暴露了；現代文學成爲專科研究以後，好多未死的作家的將朽或已朽的作品都被發掘而暴露了。被發掘的喜悅使我們這些人忽視了被暴露的危險，不想到作品的埋没往往保全了作者的虚名。假如作者本人帶頭參加了發掘工作，那很可能得不償失，"自掘墳墓"會變爲矛盾統一的雙關語：掘開自己作品的墳墓恰恰也是掘下了作者自己的墳墓。

　　《寫在人生邊上》是四十年前寫的，《人・獸・鬼》是三十六、七年前寫的。那時候，我對自己的生命還没有愈來愈逼窄的邊緣感覺，對人、獸、鬼等事物的區別還有非辯證的機械看法。寫完了《圍城》，我曾修改一下這兩本書的文字；改本後來都遺失了，這也表示我不很愛惜舊作。四年前，擅長發掘文墓和揭開文幕的陳夢熊同志向我遊説，建議重印這兩本書。他知道我手邊没有存書，特意在上海設法複製了原本寄給我。在寫作上，我也

---

　　*《寫在人生邊上》與《人・獸・鬼》曾於一九八三年由福建人民出版社分別出版，本序即爲此次出版而寫。——本書編者注

許是一個"忘本"的浪子，懶去留戀和收藏早期發表的東西。《上海抗戰時期文學叢書》編委會成立，朱雯、楊幼生兩位同志都要把這兩本書收進《叢書》。我自信我謝絶的理由很充分：《寫在人生邊上》不是在上海寫的，《人·獸·鬼》不是在抗戰時期出版的，混在《叢書》裏，有冒牌的嫌疑。於是，《叢書》主要編委柯靈同志對我説："你不讓國内重印，事實上等於放任那些字句訛脱的'盜印本'在國外繼續流傳，這種態度很不負責。至於《叢書》該不該收，編委自有道理，你不用代我們操心。"他講來振振有詞，我一向聽從我這位老朋友的話，祇好應允合作。又麻煩夢熊同志複製一次，因爲我把他寄來的本子早丢了。

我硬了頭皮，重看這兩本書；控制着手筆，祇修改少量字句。它們多少已演變爲歷史性的資料了，不容許我痛删暢添或壓根兒改寫。但它們總算屬於我的名下，我還保存一點主權，不妨零星枝節地削補。

《叢書》的體例對作者提一個要求，他得在序文裏追憶一下當時的寫作過程和經驗。我們在創作中，想像力常常貧薄可憐，而一到回憶時，不論是幾天還是幾十年前、是自己還是旁人的事，想像力忽然豐富得可驚可喜以至可怕。我自知意志軟弱，經受不起這種創造性記憶的誘惑，乾脆不來什麼緬懷和回想了。兩本小書也值不得各有一序，這篇就一當兩用吧。

一九八二年八月